SCAR TISSUE

AS MEMÓRIAS DO VOCALISTA DO RED HOT CHILI PEPPERS

ANTHONY KIEDIS

COM LARRY SLOMAN

TRADUÇÃO
LUIZ ROBERTO MENDES GONÇALVES
ANDRÉIA MORONI

3ª reimpressão/2024

Belas Letras

FAMÍLIA VIAGEM GASTRONOMIA MÚSICA CRIATIVIDADE

Título original: Scar Tissue

Este livro é o resultado de um trabalho feito com muito amor, diversão e gente finice pelas seguintes pessoas:
Gustavo Guertler (publisher), Marcelo Viegas (edição), Fernanda Fedrizzi (coordenação editorial), Luiz Roberto Mendes Gonçalves e Andréia Moroni (tradução), Jaqueline Kanashiro (revisão) e Guilherme Theodoro (capa e projeto gráfico).
Foto da capa: Photoshot / Getty Images.
Obrigado, amigos.

2024
Todos os direitos desta edição reservados à
Editora Belas Letras Ltda.
Rua Antônio Corsetti, 221 – Bairro Cinquentenário
CEP 95012-080 – Caxias do Sul – RS
www.belasletras.com.br

Dados Internacionais de Catalogação na Fonte (CIP)
Biblioteca Pública Municipal Dr. Demetrio Niederauer Caxias do Sul, RS

K47s Kiedis, Anthony
Scar Tissue / Anthony Kiedis; tradução de Andréia Moroni e Luiz Roberto Mendes Gonçalves. - Caxias do Sul: Belas Letras, 2018.
368 p. : fotos.

ISBN 978-85-8174-424-7

1. Kiedis, Anthony – Biografia.
2. Red Hot Chili Peppers (Conjunto musical).
3. Músicos de rock – Estados Unidos. I. Moroni, Andréia. II. Gonçalves, Luiz Roberto Mendes. III.Título.

18/03 CDU: 784.8(73)

Catalogação elaborada por
Maria Nair Sodré Monteiro da Cruz CRB-10/904

Dedicado a Bill e a Bob

SUMÁRIO

AGRADECIMENTOS

AK gostaria de agradecer a:

Larry Ratso Sloman, pela sensibilidade constante e pelo empenho com as pessoas que contatou para compilar esta história. A sagacidade investigativa de Ratso foi inestimável para a construção deste projeto, mas sua consideração pelo bem-estar dos outros foi vital para o entendimento geral. Deus abençoe esse homem talentoso e seu estilo combativo. Obrigado também aos colegas de banda, parentes, amigos, inimigos, amantes, detratores, professores, criadores de caso, e a Deus, por permitir que esta história se tornasse realidade. Amo vocês todos.

LS gostaria de agradecer a:

Anthony, por sua incrível sinceridade, doçura, memória e abertura de espírito.

Michele Dupont, pelo chá, pela simpatia e por tudo o mais.

David Vigliano, superagente.

Bob Miller, Leslie Wells, Muriel Tebid e Elisa Lee, da Hyperion.

Antonia Hodgson e Maddie Mogford, na Inglaterra.

Bo Gardner e Vanessa Hadibrata, por toda a ajuda muito além das medidas.

Blackie Dammett e Peggy Idema, pela simpática hospitalidade no meio-oeste.

Harry e Sandy Zimmerman e Hope Howard, pela hospitalidade em L.A.

Michael Simmons, pela sessão de fisioterapia.

A todos os amigos e colegas de AK que cederam tanto de seu tempo para mergulhar nas lembranças, principalmente Flea, John Frusciante, Rick Rubin, Guy O., Louie Mathieu, Sherry Rogers, Pete Weiss, Bob Forrest, Kim Jones, Ione Skye, Carmen Hawk, Jaime Rishar, Yohanna Logan, Heidi Klum, Lindy Goetz, Eric Greenspan, Jack Sherman, Jack Irons, Cliff Martinez, D. H. Peligro, Mark Johnson, Dick Rude, Gage, Brendan Mullen, John Pochna, Keith Barry, Keith Morris, Alan Bashara, Gary Allen, Dave Jerden, Dave Ratt, Trip Brown, Tequila Mockingbird, Grandpa Ted, Julie Simmons, Jennifer Korman, Nate Oliver, Donde Bastone, Chris Hoy, Pleasant Gehman, Iris Berry, Sat Hari e Ava Stander.

Cliff Bernstein, Peter Mensch e Gail Fine, da Q-Prime.

Jill Matheson, Akasha Jelani e Bernadette Fiorella, pela incrível capacidade de transcrição.

Langer's, pelo melhor pastrami a oeste da Segunda Avenida.

Mitch Blank e Jeff Friedman, pelo conserto de emergência da fita.

Lucy e Buster, pela companhia canina.

E, principalmente, minha maravilhosa mulher Christy, que manteve a casa funcionando.

INTRODUÇÃO

Estou sentado no sofá da sala da minha casa nas colinas de Hollywood. É um dia claro e frio de janeiro, e daqui posso ver o maravilhoso vale de San Fernando. Quando eu era mais moço, acreditava na opinião geral de que o vale era o lugar aonde ia quem não conseguia vencer em Hollywood, para desaparecer. Mas quanto mais tempo eu vivo aqui, mais aprecio o vale como um lado mais tranquilo e espiritual da experiência de Los Angeles. Hoje não vejo a hora de levantar e olhar para essas majestosas cadeias de montanhas cobertas de neve.

Mas a campainha da porta interrompe meu devaneio. Alguns minutos depois, uma bela mulher entra na sala carregando uma pasta de couro elegante. Ela a abre e começa a montar seu equipamento. Depois calça luvas de borracha estéreis e senta-se ao meu lado no sofá.

Sua grande seringa de vidro é italiana, feita à mão. Ela é ligada a um pedaço de plástico em forma de espaguete contendo um microfiltro, para impedir que as impurezas passem para minha corrente sanguínea. A agulha é nova, completamente esterilizada e microfina.

Hoje minha amiga esqueceu seu torniquete médico, então tira a meia cor-de-rosa e a usa para amarrar meu braço direito. Passa um algodão com álcool na minha veia e depois a perfura com a agulha. Meu sangue flui pelo tubo em forma de espaguete e então ela empurra lentamente o conteúdo da seringa para minha corrente sanguínea.

Imediatamente sinto o peso conhecido no meio do peito, então me deito e relaxo. Costumava deixá-la me injetar quatro vezes em cada sessão, mas agora tomo apenas duas seringas cheias. Depois de ela reabastecer a seringa e me aplicar a segunda injeção, retira a agulha, abre uma atadura de algodão e pressiona o pequeno orifício durante pelo menos um minuto para evitar hematomas ou marcas em meus braços. Nunca fiquei com marca alguma de suas aplicações. Por fim, ela pega um pedaço de esparadrapo e prende o algodão ao meu braço.

Então ficamos sentados conversando sobre a sobriedade.

Três anos atrás, poderia haver heroína branca chinesa naquela seringa. Durante anos e anos enchi seringas e injetei-me com cocaína, anfetamina, heroína preta, heroína persa e uma vez até LSD. Mas hoje recebo as injeções de minha linda enfermeira, cujo nome é Sat Hari. E a substância que ela injeta em meu sangue é ozônio, um gás de cheiro maravilhoso que é usado legalmente na Europa há vários anos para tratar de tudo, de derrames a câncer.

Estou tomando ozônio por via intravenosa porque em minhas experiências com drogas acabei contraindo hepatite C. Quando descobri que tinha a doença, no início dos anos 1990, imediatamente pesquisei o assunto e descobri um regime de ervas capaz de limpar meu fígado e erradicar a hepatite. Funcionou. Meu médico ficou chocado quando meu segundo exame de sangue deu negativo. Então o ozônio é uma medida preventiva para garantir que o vírus fique longe.

Foram necessários anos e anos de experiência e introspecção para eu chegar ao ponto de conseguir enfiar uma agulha no braço para retirar as toxinas do meu sistema, em vez de introduzi-las. Mas não lamento nenhuma de minhas loucuras da juventude. Passei a maior parte da vida procurando um barato rápido e profundo. Tomei drogas embaixo de viadutos com delinquentes mexicanos e em suítes de hotel de mil dólares a diária. Hoje bebo água vitaminada e compro salmão natural, e não de criação.

Faz vinte anos que consegui canalizar meu amor pela música e pela escrita, e hoje bebo da fonte universal da criatividade e espiritualidade enquanto componho e apresento nosso cozido musical original com meus irmãos, presentes e partidos, no Red Hot Chili Peppers. Este é o meu relato desse período e a história de um menino que nasceu em Grand Rapids, Michigan, migrou para Hollywood e encontrou mais do que podia aguentar no final do arco-íris. Esta é a minha história, com cicatrizes e tudo.

CAPÍTULO 1

“EU, EU SOU DE MICHIGAN”

Eu estava injetando coca há três dias seguidos com meu traficante mexicano, Mario, quando me lembrei do show no Arizona. Minha banda, o Red Hot Chili Peppers, já tinha lançado um álbum e estava prestes a ir para Michigan gravar o segundo, mas antes disso, Lindy, nosso empresário, tinha marcado uma apresentação em uma churrascaria-discoteca no Arizona. O promotor era nosso fã e ia nos pagar mais do que valíamos, por isso aceitamos.

Mas eu estava destruído. Geralmente ficava assim quando ia para a cidade e andava com Mario, um mexicano magro, peludo e esperto, que parecia uma versão um pouco maior e mais forte de Gandhi. Usava óculos, por isso não parecia maldoso ou prepotente, mas sempre que nos picávamos com coca ou heroína, ele fazia confissões: "Precisei machucar alguém. Sou um agente da máfia mexicana. Eu recebo um telefonema e nem quero saber os detalhes, apenas faço meu trabalho, tiro a pessoa do ar e recebo meu dinheiro". Nunca soube se o que ele dizia era verdade.

Mario morava num velho prédio de oito andares no centro da cidade, em um apartamento minúsculo com sua velha mãe, que ficava sentada no canto da sala assistindo silenciosamente a novelas mexicanas.

Ele não era um traficante varejista, e sim um intermediário para os atacadistas, por isso eu conseguia muita droga por pouco dinheiro – mas precisava usá-la com ele. O irmão de Mario, que tinha acabado de sair da prisão, estava sentado ali no chão da pequena cozinha com a gente e gritava cada vez que tentava sem sucesso encontrar uma veia na perna. Foi a primeira vez que vi alguém ficar sem área útil nos braços e ser obrigado a tomar o pico na perna.

Fazíamos isso durante dias, às vezes até pedíamos esmola para conseguir dinheiro para a cocaína. Mas agora eram quatro e meia da manhã e eu me lembrei de que tinha de tocar naquela noite. "Bom, hora de comprar um pouco de droga, porque tenho de dirigir até o Arizona hoje e não estou muito legal", decidi.

Então, Mario e eu pegamos meu velho Studebaker Lark verde e fomos para uma parte do gueto central mais escura e assustadora do que aquela em que já estávamos, uma rua onde ninguém queria estar, mas onde os preços eram melhores. Estacionamos o carro e caminhamos algumas quadras até um edifício em ruínas.

– Acredite em mim, é melhor você não entrar – disse Mario. – Qualquer coisa pode acontecer lá dentro e não vai ser bom, por isso me dê o dinheiro que eu pego o negócio.

Parte de mim pensava: "Jesus Cristo, não quero ser passado para trás agora. Mario nunca fez isso, mas eu não poria a mão no fogo por ele". Mas uma parte maior de mim queria a heroína, então tirei os últimos quarenta dólares que eu tinha escondido e dei a ele, que desapareceu no prédio.

Eu estava injetando coca há tantos dias seguidos, que estava alucinado, num estranho limbo entre a consciência e o sono. E tudo em que eu conseguia pensar era que realmente precisava que ele saísse daquele prédio com minha droga. Tirei minha jaqueta de couro *vintage*, meu bem mais precioso. Anos antes, Flea e eu gastamos todo o nosso dinheiro nessas jaquetas de couro iguais, e ela era como uma casa para mim. Ali guardava meu dinheiro e minhas chaves e, num pequeno bolso secreto, minhas seringas.

Estava tão cansado e com frio que fiquei sentado na calçada e cobri o peito e os ombros com a jaqueta, como se ela fosse um cobertor. "Venha, Mario, venha. Você precisa sair agora", entoei meu mantra. Eu o via saindo daquele prédio com um jeito diferente, passando do sujeito encurvado com andar arrastado para o cara animado que assobiava no melhor estilo "vamos tomar um pico".

Fechei os olhos por um instante, mas logo senti uma sombra se aproximando. Olhei por cima do ombro e vi um índio mexicano grande, sujo, com cara de louco, vindo na minha direção com uma tesoura enorme. Ele estava no meio do golpe, por isso arqueei as costas para a frente o máximo que pude, para evitá-lo. Mas de repente um mexicano magrinho saltou na minha frente, segurando uma faca ameaçadora.

Tomei a decisão instantânea de não levar o golpe nas costas do grandão; preferia tentar a sorte com o espantalho na minha frente. Tudo isso aconteceu incrivelmente rápido, mas quando enfrentamos a própria morte, tudo se passa em câmera lenta, pois o universo expande o tempo para você. Então levantei de um salto e, jaqueta de couro à frente, investi contra o magrela. Joguei a jaqueta em cima dele e amorteci o golpe, então deixei-a cair e saí correndo como louco.

Corri sem parar até chegar ao carro, mas então lembrei que não tinha as chaves. Não tinha chaves, nem jaqueta, nem dinheiro, nem seringa e, pior de tudo, nenhuma droga. E Mario não era o tipo de sujeito que viria me procurar. Então caminhei de volta até a casa dele, mas nada. Agora o sol já havia nascido e tínhamos de partir para o Arizona dali a uma hora. Fui até um telefone público, encontrei uma moeda e liguei para Lindy.

– Lindy, estou na Sétima com a Alvarado, estou sem dormir há muito tempo e meu carro está aqui, mas estou sem as chaves. Pode me apanhar no caminho para o Arizona?

Ele estava acostumado com esses chamados de socorro, por isso uma hora depois lá estava nossa *van* azul, carregada com nosso equipamento e os outros caras. Imediatamente senti a recepção fria do resto da banda, então apenas me deitei de comprido embaixo do banco, apoiei a cabeça na coluna central entre os dois bancos da frente e desmaiei. Horas depois, acordei banhado em suor porque estava deitado em cima do motor e a temperatura lá fora era de pelo menos 45 graus. Mas me sentia ótimo. Flea e eu dividimos um comprimido de LSD e sacudimos a churrascaria.

A maioria das pessoas provavelmente considera o ato da concepção uma função meramente biológica. Mas, para mim, parece claro que em algum nível os espíritos escolhem seus pais, porque esses pais potenciais possuem certas características e valores que o futuro filho precisa assimilar durante sua vida. Assim, 23 anos antes daquele momento na esquina da Sétima com a Alvarado, reconheci John Michael Kiedis e Peggy Nobel como duas pessoas lindas, mas confusas, que seriam os pais ideais para mim. A excentricidade, a criatividade e a postura antiestablishment de meu pai, junto com o amor abrangente, o calor e a índole trabalhadora de minha mãe eram o equilíbrio ideal para mim. Assim, fosse por minha própria escolha ou não, fui concebido em 3 de fevereiro de 1962, numa noite terrivelmente fria de nevasca, em uma pequena casa no topo de uma colina em Grand Rapids, Michigan.

Na verdade, meus pais eram rebeldes, cada um à sua maneira. A família do meu pai migrara da Lituânia para Michigan no início do século 20. Meu bisavô, Anton Kiedis, era um homem forte e baixo que dirigia a casa com mão de ferro. Em 1914 nasceu meu avô, John Alden Kiedis, o caçula de cinco irmãos. Então a família se mudou para Grand Rapids, onde John fez o colégio e se destacou em atletismo. Quando adolescente, foi aspirante a *crooner* no estilo Bing Crosby e um excelente autor de contos. Fazer parte da família Kiedis significava que meu avô não podia beber, fumar ou dizer palavrões, mas ele nunca teve problemas com esse estilo de vida rígido.

Um dia, ele conheceu uma bela mulher chamada Molly Vandenveen, cuja ascendência era uma mistura de ingleses, irlandeses, franceses e holandeses (e, como descobrimos recentemente, um pouco de sangue moicano, o que explica meu interesse pela cultura indígena americana e minha identificação com a Mãe Terra). Meu pai, John Michael Kiedis, nasceu em Grand Rapids, em 1939. Quatro anos depois meus avós se divorciaram e meu pai foi morar com o pai dele, que trabalhava numa fábrica de tanques de guerra.

Depois de alguns anos, meu avô se casou novamente, e meu pai e a irmã dele tiveram uma vida familiar mais convencional. Mas a tirania de John Alden era demais para meu pai suportar. Ele tinha de trabalhar no negócio da família (um posto de gasolina e depois uma lanchonete), mas não podia se divertir com os amigos, ficar acordado até tarde e nem pensar em beber ou fumar. Além disso, sua madrasta, Eileen, era uma cristã reformista holandesa que o obrigava a ir à igreja cinco vezes durante a semana e três no domingo, experiências que o deixaram revoltado contra a religião formalizada.

Aos 14 anos, ele já tinha fugido de casa e tomado um ônibus para Milwaukee, onde passou a maior parte do tempo entrando em cinemas sem pagar e bebendo cerveja grátis nas cervejarias. Depois de algum tempo, voltou para Grand Rapids e entrou no colégio, onde conheceu Scott St. John, um rapaz bonito e irresponsável que levou meu pai para uma vida de pequenos crimes. Escutar as histórias de suas façanhas sempre foi deprimente para mim, porque eles sempre se davam mal.

Ao mesmo tempo em que Jack, como ele era conhecido na época, e Scott aprontavam em Grand Rapids e outros lugares, Peggy Nobel levava uma vida que parecia muito convencional. Caçula de uma família de cinco filhos, minha mãe era a personificação da doce garota do meio-oeste, moreninha e linda. Era muito chegada a seu pai, que trabalhava para a Michigan Bell. Ela sempre o descreveu como um homem maravilhoso, carinhoso e engraçado. Peggy não era tão ligada à mãe, que seguia as convenções da época e trabalhava como secretária. Ela sempre entrava em choque com minha mãe, cuja atitude rebelde a levara a gostar de música negra e a escutar quase exclusivamente James Brown e depois Motown. Ela também estava envolvida com o melhor atleta de sua classe, que era negro – um namoro tabu para o meio-oeste em 1958.

Surge Jack Kiedis, recém-saído de uma temporada na cadeia em Grand Rapids por causa de um furto em Ohio. Seu companheiro Scott estava mofando no xadrez do condado de Kent, por isso meu pai estava sozinho quando, numa noite de maio de 1960, foi a uma festa. Estava observando o pessoal quando avistou um pequeno anjo moreno usando mocassins indígenas. Empurrou as pessoas e correu até o lugar onde a tinha visto, mas ela já havia desaparecido. Ele passou o resto da noite tentando encontrá-la, mas se contentou em saber seu nome. Algumas noites depois, Jack apareceu na casa de Peggy segurando um enorme buquê de flores, metido num paletó esporte e em jeans passados. Ela aceitou ir ao cinema com ele. Dois meses depois, com a permissão de seus pais, a garota de 17 anos se casou com Jack, que tinha 20. Scott St. John foi o padrinho. Seis semanas depois o pai de Peggy morreu de complicações de diabetes. Algumas semanas depois disso meu pai começou a trair minha mãe.

No fim daquele ano, de algum jeito Jack convenceu Peggy a deixá-lo dirigir o Austin Healy azul novo em folha dos dois até Hollywood com seu amigo John Reaser. Reaser queria conhecer Annette Funicello, meu pai queria ser descoberto e tornar-se um astro do cinema. Mas, mais do que tudo, não queria ficar amarrado à minha mãe. Após alguns meses de trapalhadas, os dois amigos se instalaram em San Diego, até que Jack soube que Peggy estava saindo com um homem que tinha um macaco, lá em Grand Rapids. Loucamente enciumado, ele dirigiu a 150 por hora, sem descanso e voltou para a minha mãe, que tinha apenas uma amizade inocente com o dono do primata. Algumas semanas depois, convencido de ter cometido um grande erro, Jack voltou para a Califórnia, e no ano seguinte meus pais se alternaram entre casados e separados e entre a Califórnia e Michigan. Uma dessas reconciliações levou a uma dura viagem de ônibus da Califórnia ensolarada até o gélido Michigan. No dia seguinte, eu fui concebido.

Nasci no Hospital St. Mary, em Grand Rapids, às 5 horas do dia 1° de novembro de 1962, com cerca de três quilos e quatrocentos, e 53 centímetros. Quase fui um bebê do Halloween, mas acho ainda mais especial ter nascido em 1° de novembro. Na numerologia, o número um é tão poderoso que ter três uns em seguida é um ótimo começo na vida. Minha mãe queria me dar o nome de meu pai, o que teria me tornado John Kiedis III, mas meu pai preferia Clark Gable Kiedis ou Courage Kiedis. Afinal eles se decidiram por Anthony Kiedis, em homenagem ao meu bisavô. Mas desde o início fui conhecido como Tony.

Saí do hospital e me juntei ao meu pai, à minha mãe e ao meu cachorro Panzer na sua casa nova e minúscula financiada pelo governo, no campo próximo a Grand Rapids. Mas em poucas semanas meu pai começou a se sentir preso. Em janeiro de 1963, meu avô John Kiedis decidiu carregar toda a família para os climas mais quentes de Palm Beach, na Flórida.

Então vendeu sua loja e levou a mulher e os seis filhos, mais minha mãe e eu. Não me lembro de morar na Flórida, mas minha mãe disse que foi uma época agradável, depois que conseguimos sair do domínio do patriarca da família. Depois de trabalhar em uma lavanderia automática e economizar algum dinheiro, minha mãe encontrou um pequeno apartamento em cima de uma loja de bebidas em West Palm Beach. Quando recebeu uma cobrança por dois meses de aluguel do vovô Kiedis, imediatamente lhe escreveu: "Encaminhei a conta para o seu filho. Espero que o senhor tenha notícias dele logo". Mamãe trabalhava para a Honeywell na época, ganhando 65 dólares por semana, e uma semana do salário ia para o aluguel.

Por mais 10 dólares por semana eu ficava numa creche. Segundo minha mãe, fui um bebê muito feliz. Enquanto isso, meu pai ficou sozinho em sua casa vazia no campo.

Por coincidência, um de seus melhores amigos havia sido abandonado pela mulher, então os dois companheiros decidiram ir para a Europa. Papai simplesmente saiu da casa, com o carro ainda na garagem, arrumou seus tacos de golfe, a máquina de escrever e o resto de suas magras posses e partiu para a Europa no SS *France*. Depois de uma maravilhosa viagem de cinco dias, que incluiu a conquista de uma jovem francesa casada com um policial de Jersey, meu pai e seu amigo Tom instalaram-se em Paris. Nessa época, Jack tinha deixado o cabelo crescer e se sentia à vontade com os beatniks na margem esquerda do Sena.

Passaram alguns meses agradáveis, escrevendo poesia e bebendo vinho nos cafés enfumaçados, mas o dinheiro acabou. Então pegaram carona até a Alemanha, onde se inscreveram no exército para conseguir uma passagem grátis de volta para os Estados Unidos num navio de tropas.

De alguma forma, meu pai convenceu mamãe a deixá-lo morar com ela de novo. Depois que a mãe dela morreu num acidente de carro, todos voltamos para Michigan no final de 1963. Agora, meu pai estava decidido a seguir o caminho de seu amigo John Reaser: matricular-se no colégio, sair-se muito bem em todos os cursos e conseguir uma bolsa de estudos numa boa universidade, e com o tempo arrumar um bom emprego e ter uma posição melhor para criar a família.

Nos dois anos seguintes foi exatamente o que ele fez. Terminou o pré-universitário e teve muitas ofertas de bolsas, mas decidiu aceitar uma para a Universidade da Califórnia, em Los Angeles, para estudar cinema e concretizar seu sonho de morar naquela cidade. Em julho de 1965, quando eu tinha três anos, nos mudamos para a Califórnia. Tenho vagas lembranças do primeiro apartamento em que moramos, mas em menos de um ano meus pais já tinham se separado, novamente por causa de outras mulheres. Minha mãe e eu nos mudamos para um apartamento na rua Ohio, e ela conseguiu trabalho como secretária numa firma de advocacia. Apesar de ela estar no mundo "careta", sempre afirmou que era uma hippie "de armário". Lembro que me levava ao Parque Griffith nos fins de semana para uma nova forma de expressão social chamada *Love-In*. Os morros verdejantes ficavam cheios de pequenos grupos de pessoas que faziam piquenique, enfiavam colares de contas e dançavam. Era tudo muito festivo.

A cada período de algumas semanas, minha rotina era interrompida por um fato especial, quando meu pai vinha me buscar para passear. Íamos à praia, subíamos nas pedras e meu pai tirava seu pente de bolso para os caranguejos morderem. Então apanhávamos estrelas do mar, que eu levava para casa e tentava manter vivas num balde de água – mas elas morriam logo e deixavam o apartamento fedendo.

Cada um à sua maneira, todos prosperamos na Califórnia, especialmente meu pai. Ele estava vivendo uma explosão criativa na UCLA e me usava como protagonista em todos os seus filmes de estudante, os quais acabaram ganhando concursos. Mas a florescente carreira de meu pai como diretor saiu dos trilhos em 1966, quando ele encontrou uma jovem e bela patinadora que o apresentou à maconha. Eu tinha cerca de quatro anos e passeava com meu pai pela Sunset Strip, quando de repente ele parou e delicadamente soprou fumaça de maconha no meu rosto. Caminhamos mais algumas quadras, enquanto eu ficava cada vez mais eletrizado. Então parei e perguntei:

– Papai, eu estou sonhando?

– Não, você está acordado – ele disse.

– Está bem. – Encolhi os ombros e comecei a trepar num poste de farol de trânsito como um macaquinho, sentindo-me ligeiramente alterado.

Depois que meu pai adotou a maconha, passou a frequentar cada vez mais os clubes de música que faziam parte do novo panorama na Sunset Strip e a nos ver cada vez menos. Todo verão minha mãe e eu voltávamos para Grand Rapids para visitar os parentes. Vovó Molly e seu marido, Ted, me levavam à praia de Grand Haven e nos divertíamos muito. Durante o verão de 1967 minha mãe encontrou Scott St. John em Grand Haven. Depois de passarem algum tempo juntos, ele a convenceu a voltar para Michigan, em dezembro de 1967.

A mudança não foi muito traumática, mas o fato de Scott entrar em cena foi realmente perturbador. Não havia nada tranquilo ou reconfortante nesse personagem caótico. Ele era grande, duro, moreno e mau, com cabelo preto ensebado. Eu sabia que ele trabalhava em um bar e entrava em muitas brigas. Às vezes, chegava em casa ensanguentado. Era perturbador saber que minha mãe estava apaixonada por esse cara. Eu sabia que ele tinha sido amigo de alguém da família, mas não fazia ideia de que era o melhor amigo de meu pai.

Scott tinha pavio curto, temperamento difícil e era fisicamente explosivo. Foi a primeira vez na vida que recebi surras consideráveis. Morávamos num bairro muito pobre de Grand Rapids, e eu entrei em uma nova escola para terminar o jardim de infância. De repente, deixei de me interessar pelo aprendizado e me tornei um pouco rebelde. Lembro de caminhar pelo pátio da escola aos cinco anos, xingando loucamente, quarenta palavrões de uma tacada só, tentando impressionar meus novos amigos. Uma professora escutou e convocou uma reunião com meus pais. Comecei a desenvolver a mentalidade de que as figuras autoritárias eram contra mim. Outra manifestação de minha confusão emocional foi quando roubei alguns chicletes de uma loja e o proprietário ligou para minha mãe. Furtar não era muito comum entre meninos de seis anos em Grand Rapids.

Em junho de 1968 minha mãe se casou com Scott St. John. Carreguei a aliança e na festa da recepção ganhei uma bicicleta Stingray roxa, que me deixou maravilhado. Passei a relacionar aquele casamento com uma grande bicicleta com rodinhas de treinamento.

Foi um período em que não vi muito meu pai, pois ele tinha ido para Londres e se tornara hippie. Mas de vez em quando eu recebia pacotes da Inglaterra com camisetas e colares de contas. Ele me escrevia longas cartas e me falava de Jimi Hendrix, Led Zeppelin e todas as bandas que estava vendo, comentando que as garotas inglesas eram ótimas. Era como se meu pai estivesse numa espécie de passeio de Disneylândia psicodélico pelo mundo e eu estivesse enfiado em Lugar Nenhum, EUA. Eu sabia que existia essa magia no mundo e que meu pai de certa forma era a chave para ela. Mas também, olhando em retrospectiva, gostava de crescer num ambiente mais calmo.

Naquele verão fui para a Califórnia durante algumas semanas para ver meu pai, que tinha voltado de Londres. Ele tinha um apartamento em Hildale, em West Hollywood, mas passamos muito tempo no cânion Topanga, onde sua namorada, Connie, tinha uma casa. Connie era uma personagem fantástica, com fartos cabelos ruivos esvoaçantes e pele cor de alabastro, realmente linda e louca. Além de Connie, os amigos de meu pai eram todos típicos hippies-caubóis cheios de droga. Havia David Weaver, um homenzarrão que não parava de falar, que usava os cabelos até os ombros, um grosso bigode e as roupas básicas de um hippie da Califórnia (não tão estiloso quanto meu pai). Era um homem briguento que lutava como uma onça. A última ponta do triângulo de meu pai era Alan Bashara, ex-combatente do Vietnã que tinha uma enorme cabeleira afro e um grande bigode crespo. Bashara não era um hippie do tipo machista e durão; era mais o comediante do grupo. Assim, com David, o durão e briguento; meu pai, o criativo, intelectual e romântico; e Alan, o cômico, tudo dava certo e não faltavam mulheres, dinheiro, drogas e diversão. Era festa vinte e quatro horas por dia para aqueles caras.

Weaver e Bashara moravam perto de Connie e dirigiam um enorme negócio de maconha no cânion Topanga. Quando fui até sua casa pela primeira vez, não percebi tudo isso; só vi um monte de gente fumando maconha constantemente. Mas um dia entrei num quarto e Weaver estava sentado contando pilhas de dinheiro. Percebi que o clima era muito sério, então entrei em outro quarto, onde havia uma pequena montanha de maconha em cima de uma lona. Connie sempre vinha me pegar e levava para brincar no cânion. Viviam dizendo: "Não entre nesse quarto! Não entre nesse quarto! Fique esperto para ver se vem alguém". Havia sempre o suspense de que estávamos fazendo uma coisa pela qual poderíamos ser presos, o que era um pouco preocupante para um menino, mas ao mesmo tempo eu pensava: "Hum, o que está acontecendo aí? Por que vocês têm tanto dinheiro? O que fazem todas essas garotas bonitas aqui?".

Lembro-me de sentir certa preocupação por meu pai. Em certo momento, os amigos dele começaram a se mudar de uma casa para outra, depois encheram um grande caminhão aberto com todas as suas posses. Meu pai subiu e viajou em cima do colchão, que estava equilibrado precariamente sobre todas as outras coisas. Começamos a andar e a descer aquelas estradas do cânion, e eu olhava para meu pai e dizia: "Papai, não caia!". "Ah, não tenha medo", ele respondeu. Mas eu tinha. Isso foi o início de um tema, porque durante muitos anos senti pavor com a ideia de meu pai morrer.

Mas lembro que também me divertia muito. Meu pai, Connie, Weaver e Bashara iam todos para o Corral, um barzinho no meio do cânion Topanga onde Linda Ronstadt, os Eagles e Neil Young costumavam tocar. Eu ia com os adultos e era a única criança no lugar. Todo mundo estava acabado, bebendo e se drogando, mas eu não parava de dançar na pista.

Quando voltei para Michigan, as coisas não tinham mudado muito. A primeira série foi bastante sem graça. Minha mãe trabalhava na firma de advocacia e depois da escola eu ficava com uma baby-sitter. Mas minha vida deu uma virada decisiva para melhor no outono de 1969, quando nos mudamos para a rua Paris. Antes, morávamos numa área onde viviam os brancos realmente pobres da cidade, cheia de conjuntos habitacionais e cortiços, mas a rua Paris parecia saída de um quadro de Norman Rockwell, com residências unifamiliares, jardins bem cuidados e garagens limpas. A essa altura, Scott estava quase sempre fora de cena, mas ficara o suficiente para engravidar minha mãe.

De repente eu tinha um trio de lindas adolescentes cuidando de mim depois da escola. Aos sete anos eu era um pouco jovem demais para ter paixões, mas adorava aquelas garotas como irmãs, admirando sua beleza e sua feminilidade nascente. Ficava feliz de com elas assistir à TV, nadar na piscina pública ou passear nas pequenas áreas naturais próximas.

Elas me apresentaram ao riacho Plaster, que se tornaria meu esconderijo secreto nos próximos cinco anos, um refúgio do mundo adulto onde meus amigos e eu desaparecíamos no mato, fazíamos barcos, pegávamos lagostins e saltávamos das pontes na água. Por isso, foi realmente um grande alívio mudar para esse bairro, onde tudo parecia mais bonito e onde cresciam flores.

Eu até gostava da escola. Enquanto minha escola anterior parecia escura, sem graça e temível, a escola elementar Brookside era um prédio agradável, com um belo terreno e pista de atletismo junto ao riacho Plaster. Eu não era tão bem-vestido quanto meus colegas, porque depois que minha mãe deu à luz à minha irmã Julie, passamos a viver da assistência social. Usava roupas que ganhava das instituições de caridade e mais algumas camisetas inglesas mandadas por meu pai. Só entendi realmente que vivíamos de assistência social cerca de um ano depois, quando estávamos num armazém e todo mundo pagava com dinheiro, mas minha mãe tirou aquele dinheiro de Banco Imobiliário para pagar as compras.

Viver de assistência a incomodava, mas eu nunca fui marcado por esse chamado estigma. Viver só com um dos pais e ver que todos os meus amigos moravam com a mãe e o pai na mesma casa não me causava inveja. Na verdade, minha mãe e eu estávamos muito felizes, e quando Julie chegou, eu não poderia ter ficado mais contente por ter uma irmãzinha. Realmente a protegi até alguns anos depois, quando ela se tornou alvo de meus experimentos de tortura.

Na terceira série eu já tinha desenvolvido um verdadeiro ressentimento em relação à direção da escola, porque se qualquer coisa dava errado, se qualquer coisa era roubada ou quebrada, se um menino levava uma surra, eles costumavam me tirar da classe. Sim, provavelmente eu era responsável por noventa por cento das desordens, mas não demorou para eu me tornar um mentiroso e um trapaceiro eficiente para escapar da maior parte das confusões. Então fiquei amargo e comecei a ter ideias absurdas. Certa vez, eu e meu melhor amigo, Joe Walters, saímos de casa tarde da noite e atiramos os balanços do *playground* nas janelas da escola. Quando as autoridades chegaram, fugimos como raposas pelo riacho Plaster e nunca nos apanharam. (Muitos anos depois enviei à escola Brookside uma ordem de pagamento anônima, pelos prejuízos.)

Meu problema com as figuras autoritárias piorou com a idade. Eu não suportava os diretores, e eles não me suportavam. Gostei dos professores até a quinta série. Todos eram mulheres educadas e gentis, e acho que reconheciam meu interesse pelo aprendizado e minha capacidade de ir além do mero dever escolar naquela época. Mas na quinta série me voltei contra todos os professores, mesmo os que eram ótimos.

Nesse momento, não havia uma figura masculina em minha vida para conter meu comportamento antissocial. (Aliás, nunca houve.) Quando minha irmã Julie tinha três meses, a polícia começou a vigiar nossa casa em busca de Scott, porque ele tinha usado um cartão de crédito roubado. Certa noite, vieram até a porta e mamãe me mandou para a casa dos vizinhos enquanto a interrogavam. Semanas mais tarde, Scott apareceu e entrou em casa correndo, completamente furioso. Ele descobrira que alguém tinha ligado para minha mãe e contado que ele a traía, então correu para o telefone da sala e o arrancou da parede.

Comecei a segui-lo por toda a casa porque minha mãe estava aterrorizada, e isso eu não ia aceitar. Ele começou a entrar no meu quarto para acabar com o meu telefone, mas me atirei na frente dele. Acho que não tive muito sucesso, mas estava preparado para lutar, usando as técnicas que ele me ensinara alguns anos antes. Minha mãe finalmente me mandou chamar os vizinhos, e a partir daí ele não foi mais bem recebido em casa.

Um ano depois ele ainda tentou se reconciliar com minha mãe. Ela voou para Chicago com a pequena Julie, mas, ao chegar, ele tinha sido preso. Ela não tinha dinheiro para voltar, mas conseguiu uma passagem grátis com a companhia aérea. Fomos visitá-lo numa prisão de segurança máxima, o que achei fascinante, mas um pouco constrangedor. Ao voltar para casa, minha mãe disse: "Essa foi a primeira e a última", e pouco depois se divorciou dele.

Enquanto isso, minha admiração por meu pai crescia exponencialmente. Eu mal aguentava esperar pelas duas semanas no verão em que ia de avião para a Califórnia ficar com ele. Papai ainda morava no andar superior de um sobrado, em Hildale. Toda manhã eu levantava cedo, mas ele dormia até as duas da tarde depois da noitada, então eu caçava o que fazer. Examinando o apartamento, encontrei uma coleção de revistas *Penthouse* e *Playboy*, que devorei; li até as matérias. Não tinha noção de que eram "sujas" ou proibidas, porque ninguém disse isso. Meu pai era mais do tipo de dizer: "Essa garota não é muito sexy?" Sempre me tratava como um adulto, falando livremente sobre o sexo feminino e o que eu devia esperar quando chegasse lá.

O quarto dele ficava nos fundos da casa, junto a uma árvore, e ele me explicou seu esquema de alarme e fuga. Se os tiras aparecessem, eu devia segurá-los junto à porta, dando-lhe tempo para fugir pela janela, descendo pela árvore para o prédio e a rua de trás. Eu ficava um pouco confuso, mas ele me contou que tinha sido preso alguns anos antes por posse de droga e que os tiras haviam batido nele por causa do cabelo comprido. Fiquei apavorado, e tudo isso aumentou minha aversão pelas autoridades.

Essas viagens à Califórnia foram os momentos mais felizes que já vivi. Eu ia a shows de música e vi artistas como Deep Purple e Rod Stewart. Assistíamos a filmes de Woody Allen e até a alguns filmes proibidos para menores, ou ficávamos em casa vendo programas de TV psicodélicos como *The Monkees* e *The Banana Splits Adventure Hour.* Era assim que eu via a vida naquela época: psicodélica, divertida, ensolarada – tudo era bom.

De vez em quando meu pai nos fazia uma visita surpresa em Michigan. Aparecia cheio de malas pesadas, que guardava no porão. Em minhas idas à Califórnia, percebi que ele estava lidando com grandes quantidades de maconha, mas não liguei uma coisa à outra. Ficava eufórico por ele estar ali. Ele não podia ser mais diferente de qualquer outra pessoa do estado de Michigan. Todo mundo usava cabelo curto e camisa abotoada, de manga curta. Meu pai exibia sapatos de plataforma prateados de 15 centímetros, feitos de pele de cobra e decorados com arco-íris; jeans boca-de-sino cheios de remendos de veludo; cintos enormes com enfeites turquesa; camisetas muito justas e curtas, com grandes desenhos; e jaquetas justas de veludo, de Londres. Seu cabelo, com entradas, ia até a cintura, e ele tinha um bigode espesso e grandes costeletas.

Minha mãe não o considerava exatamente um bom amigo, mas reconhecia quão importante ele era para mim, por isso era sempre simpática e facilitava nossa conversa. Ele ficava em meu quarto e, quando ia embora, ela me ajudava a escrever bilhetes para agradecer os presentes que me trazia e dizer como era legal vê-lo.

Na quinta série comecei a mostrar certo talento empresarial. Organizava as crianças e fazíamos shows em meu porão. Escolhia um disco, geralmente da Partridge Family, e encenávamos as canções imitando os instrumentos com vassouras e o tubo do aspirador. Eu era sempre o Keith Partridge, e dublávamos e dançávamos para as outras crianças.

Eu sempre procurava descolar um trocado, então certa vez em que pudemos usar o porão de um amigo, decidi cobrar algo das crianças, qualquer quantia, para assistir ao show. Armava uma grande cortina e colocava o toca-discos atrás dela. Depois falava para o público: "A Partridge Family é muito tímida, e, além disso, é famosa demais para estar em Grand Rapids, por isso eles vão tocar para vocês detrás da cortina".

Eu ia para lá e fingia conversar com eles. Então tocava o disco. As crianças na plateia perguntavam:

– Eles estão mesmo aí?

– Sim, estão lá. E também precisam ir para outro lugar. Então vocês têm de ir embora agora – eu dizia. E realmente consegui um monte de moedas assim.

Na quinta série também inventei um plano para me vingar dos diretores e administradores da escola de que eu não gostava, especialmente depois que me suspenderam por ter furado a orelha. Numa aula de moral e cívica o professor perguntou: "Quem quer se candidatar a presidente?".

Levantei a mão e disse: "Eu, eu quero!" Então outro menino levantou a mão. Eu lhe dirigi um olhar de intimidação, mas ele insistiu, então tivemos uma conversinha sobre isso depois da aula. Eu disse que seria o próximo presidente da classe e que, se ele não desistisse imediatamente, poderia se machucar. Então tornei-me o presidente. O diretor ficou completamente decepcionado. Agora, eu era o encarregado das assembleias, e sempre que tínhamos convidados especiais visitando a escola, era eu quem os conduzia.

Às vezes, eu governava por intimidação, e com frequência entrava em brigas, mas também tinha um lado gentil. Brookside era uma escola experimental, com um programa especial que integrava crianças cegas, surdas e levemente retardadas nas classes regulares. Apesar de eu ser um prepotente, todas essas crianças se tornaram minhas amigas. E como as crianças podem ser malignas e atormentar todo mundo que seja diferente de alguma forma, esses alunos especiais levavam surras em todos os recreios e na hora do almoço, portanto eu me tornei seu protetor. Se algum dos idiotas as provocava, eu ia atrás do ofensor com um pedaço de pau e o espancava. Definitivamente tinha meu próprio código moral.

Na sexta série comecei a ir almoçar em casa, e meus amigos se reuniam lá. Fazíamos o jogo da garrafa, e, apesar de cada um ter sua namorada, as trocas não eram problema. Em geral apenas nos beijávamos na boca; às vezes, definíamos o tempo que o beijo devia durar. Eu tentava fazer minha namorada tirar o sutiã e deixar que a apalpasse, mas ela não cedia.

Em algum momento no fim da sexta série, decidi que estava na hora de ir morar com meu pai. Minha mãe estava cheia de mim e claramente perdia o controle. Quando não permitiu que eu fosse morar com meu pai, comecei a ter raiva dela. Certa noite, ela me mandou para o quarto, provavelmente por ter lhe respondido. Nem sei se peguei alguma coisa – saí diretamente pela janela do quarto para ir ao aeroporto, ligar para meu pai e descobrir uma maneira de pegar um avião para L.A. (nenhum ia direto para L.A., mas eu não sabia disso). Nem sequer cheguei até o aeroporto. Acabei na casa de uma amiga de minha mãe, a alguns quilômetros de distância, e ela ligou para minha mãe, que me levou de volta.

Foi aí que ela começou a pensar em me deixar ir. Um grande fator na decisão final foi a entrada de Steve Idema em sua vida. Como Scott St. John estava preso, minha mãe decidiu que talvez sua ideia de reformar meninos maus não fosse tão boa. Steve era um advogado que dava ajuda jurídica aos pobres. Tinha sido voluntário da Vista[1] e trabalhara com pobres nas Ilhas Virgens. Era um homem totalmente honesto, trabalhador, compassivo e com um coração de ouro, e minha mãe estava louca por ele. Assim que percebi que era um bom sujeito e que eles se amavam, comecei a aumentar a pressão para ir morar com meu pai na Califórnia.

1 Vista (Volunteers in Service to America) é um programa de voluntariado para ensinar profissões nas áreas mais pobres dos EUA (N. do E.)

CAPÍTULO

2

SPIDER E FILHO

Quando deixei Michigan, aos 12 anos, em 1974, disse a todos os meus amigos que estava me mudando para a Califórnia para ser astro do cinema. Mas assim que comecei a rodar com meu pai em seu Austin, acompanhando todas as canções pop no rádio (no que eu não era lá muito bom), anunciei: “Vou ser cantor. É isso que vou fazer”. Apesar dessa declaração, durante alguns anos não pensei no assunto.

Estava ocupado demais me apaixonando pela Califórnia. Pela primeira vez na vida, sentia que aquele era o meu lugar. Eram as palmeiras, os ventos de Santa Ana e as pessoas que eu gostava de olhar e de conversar. Eu forjava uma amizade com meu pai que crescia a cada dia. Ele achava ótimo ter aquele rapazinho que sabia cuidar de si mesmo e que todos os seus amigos e amigas adoravam. Eu não o atrapalhava em nada; pelo contrário, dava-lhe um certo apoio. A coisa funcionava em nosso benefício mútuo. E eu estava adorando as novas experiências.

Algumas das mais memoráveis aconteceram no pequeno bangalô de meu pai, na Palm Avenue. Ele vivia na metade de uma casa que fora dividida em duas. Tinha uma cozinha estranha e um papel de parede que provavelmente era dos anos 1930. Não havia exatamente quartos, mas meu pai transformou um pequeno depósito num quarto para mim. Ficava nos fundos da casa e era preciso passar pelo banheiro para alcançá-lo. O quarto do meu pai era o covil, fechado por três portas de vaivém que davam para a sala, a cozinha e o banheiro. Tinha um bonito papel de parede preto com grandes flores e uma janela que dava para o quintal lateral, cheio de florzinhas.

Fazia alguns dias que eu estava lá quando meu pai me chamou da cozinha. Estava sentado junto à mesa com uma bonita garota de 18 anos com quem estava saindo naquela semana. – Quer fumar um baseado? – perguntou.

Lá em Michigan eu teria respondido automaticamente não. Mas esse novo ambiente me tornava aventureiro. Então meu pai pegou uma caixa preta feita de um dicionário *American Heritage*. Abriu a caixa, que estava cheia de erva. Usando a tampa como área de preparação, picou um pouco de maconha, deixando as sementes rolarem até o final da tampa.

Então pegou alguns papéis para enrolar e me mostrou exatamente como se enrola um baseado perfeito. Achei todo o ritual fascinante.

Então acendeu o cigarro e o passou para mim.

– Cuidado, não aspire muito. Senão vai morrer de tosse – aconselhou.

Dei uma pequena tragada e passei-lhe o baseado. Ele deu a volta à mesa algumas vezes, e logo estávamos todos rindo e nos sentindo realmente relaxados. Então percebi que eu estava chapado. Adorei a sensação. Parecia um remédio para acalmar a alma e despertar os sentidos. Não tinha nada de estranho ou assustador – eu não sentia que tinha perdido o controle, na verdade sentia que estava no controle.

Então meu pai me passou uma câmera Instamatic e disse:

– Acho que ela quer que você tire algumas fotos dela.

Instintivamente entendi que alguma espécie de pele seria mostrada, então disse à garota:

– E se você levantar a camiseta e eu tirar uma foto sua?

– É uma boa ideia, mas acho que ficaria mais artístico se você a mandasse mostrar só um dos seios – disse meu pai. Todos concordaram.

Eu tirei algumas fotos e ninguém se sentiu mal por isso.

Assim, minha entrada no mundo da maconha foi suave como seda.

Na próxima vez que fumei eu já era um profissional e enrolei o baseado com precisão. Mas não fiz disso um vício, apesar de meu pai fumar todo dia. Para mim era apenas mais uma experiência única da Califórnia.

Minha maior prioridade naquele outono era entrar numa boa escola. Eu deveria me matricular em Bancroft, mas quando fomos até lá, vimos que o prédio ficava num bairro sujo e estava coberto de grafite. Então meu pai me levou para a Emerson, que ficava em Westwood. Era um prédio clássico da Califórnia, em estilo mediterrâneo, com belos gramados, árvores floridas e uma bandeira americana balançando orgulhosamente na brisa. E para todo lado que eu olhava havia lindas garotas de 13 anos em jeans apertados.

– Quero estudar aqui, de qualquer jeito – eu disse.

O jeito foi usar o endereço de Sonny Bono, em Bel Air, como minha residência. Connie trocara meu pai por Sonny, que havia se separado recentemente de Cher. Mas todo mundo continuava amigo: eu tinha conhecido Sonny em minha visita anterior e ele não se importou com o truque, assim eu me matriculei.

Agora, eu tinha de encontrar um meio para chegar à escola. Se pegasse um ônibus, era uma linha reta, cerca de sete quilômetros pelo Santa Monica Boulevard. O problema era que os ônibus estavam em greve. Meu pai estabelecera uma rotina de dormir tarde, acordar tarde, ficar alto a maior parte do tempo e estar com mulheres o tempo todo, por isso não ia exatamente ser do tipo que me levaria e buscaria na escola. Sua solução foi deixar uma nota de 5 dólares na mesa da cozinha para um táxi. Voltar para casa ficaria por minha conta. Para facilitar as coisas ele me comprou um skate Black Knight que tinha um shape de madeira e rodas de cerâmica. Então eu ia de skate e pegava carona ou caminhava os sete quilômetros para casa, o tempo todo descobrindo Westwood, Beverly Hills e West Hollywood.

Passei quase todo o meu primeiro dia na Emerson sem fazer um amigo. Comecei a ficar preocupado. Tudo parecia novo e desafiador. Vindo de uma pequena escola no meio-oeste, eu não era exatamente um acadêmico. Mas no final do dia tive uma aula de arte, e lá estava uma amizade esperando para acontecer – Shawn, um garoto negro com olhos vivos e um grande sorriso. Foi uma dessas vezes em que você se aproxima de alguém e diz: "Quer ser meu amigo?", a pessoa diz: "Quero", e pronto.

Frequentar a casa de Shawn era uma aventura. O pai dele era músico – uma novidade para mim, um pai que ia para a garagem ensaiar música com os amigos. A mãe era simpática e carinhosa, sempre me recebia bem e oferecia alguma comida exótica. Meu mundo culinário consistia em coisas como pão de fôrma, Velveeta e carne moída. Ali eles comiam iogurte e bebiam uma estranha substância chamada *kefir*. De onde eu vim, era Tang e Kool-Aid.

Mas a educação era uma rua de mão dupla. Ensinei a Shawn uma nova técnica de bater carteiras que inventei naquele semestre, à qual dei o nome de "O Tranco". Eu visava a uma vítima, aproximava-me dela e lhe dava um tranco, prestando atenção para acertar o objeto que eu desejava. Podia ser uma carteira ou um pente, geralmente nada de grande valor, geralmente o que as crianças tinham.

Meu comportamento antissocial na escola continuou na Emerson. Bastava alguém me confrontar, às vezes apenas me dizendo para sair do caminho, que eu o acertava. Eu era um cara pequeno, mas tinha um direto rápido, por isso logo fiquei conhecido como alguém com quem não se devia mexer. E sempre inventava uma boa história para evitar a suspensão depois de uma briga.

Talvez um dos motivos pelos quais eu não queria ser suspenso era não decepcionar um dos poucos modelos positivos em minha vida naquela época — Sonny Bono. Sonny e Connie tinham se tornado figuras paternas substitutas para mim. O programa *The Sonny and Cher Show* era provavelmente o melhor da televisão na época. Sonny sempre fazia de tudo para que eu recebesse toda a atenção. Sempre havia um quarto para mim em sua mansão em Holmby Hills e empregados atenciosos para cozinhar qualquer coisa que eu quisesse. Ele me enchia de presentes – incluindo um novo par de esquis e botas para esquiar e uma jaqueta, para que eu fosse esquiar no inverno com ele, Connie e Chastity, a filha de Sonny com Cher. Sentados no teleférico, Sonny me contava sua versão da vida, que era diferente da de meu pai ou mesmo da de Connie. Ele definitivamente seguia um caminho reto e estreito. Lembro que me ensinou que a única coisa inaceitável era dizer mentiras. Não importava que eu fizesse erros ou besteiras, tinha apenas de ser honesto com ele.

Certa vez, eu estava em sua mansão durante uma festa cheia de estrelas de Hollywood. Eu não me importava com os Tony Curtis do mundo naquela época, por isso fiquei subindo e descendo no antigo elevador de madeira esculpida. De repente, fiquei preso entre dois andares e tiveram de usar um machado de bombeiro para me libertar. Sabia que tinha feito uma besteira, mas Sonny não gritou comigo nem me censurou na frente dos adultos. Ele apenas me deu tranquilamente uma lição para respeitar a propriedade dos outros e não brincar com coisas que não são brinquedo.

Nunca gostei do fato de haver expectativas de como eu devia me comportar para estar naquele mundo. Era um menino de 12 anos destinado a ser malcomportado e fora da linha.

Mais tarde, naquele mesmo ano, estávamos fora da casa e Sonny e Connie me pediram para lhes trazer café.

– Por que vocês mesmos não vão pegar? – respondi, de modo atrevido. Achei que eles estavam sendo prepotentes.

Connie me chamou de lado.

– Isso é comportamento da rua – ela me disse. – Quando você agir assim, vou dizer apenas "rua", e você saberá que precisa pensar melhor no que acabou de fazer.

Besteira. De onde eu vim, eu podia agir como quisesse. Meu pai e eu nos dávamos muito bem exatamente porque não havia regras. Ele não me pedia para pegar café e eu não pedia a ele para me trazer o café. De onde eu vim, era "cuide de si mesmo".

Eu estava crescendo muito rápido e de uma maneira que definitivamente não agradava a Sonny. Cada vez mais eu me chapava, fazia festas com meus amigos, andava de skate e cometia pequenos crimes. Todas as coisas que eu não devia fazer eram as coisas que eu queria fazer já. Então comecei a me afastar de Sonny.

Da mesma forma, minha ligação com meu pai se reforçou. Assim que mudei para sua casa, ele imediatamente se tornou meu modelo e herói, então eu fazia o possível para reforçar a solidariedade entre nós. Ele também. Éramos um time de dois. Naturalmente, uma de nossas experiências mais fortes era sair juntos em suas viagens de negócios com maconha. Eu me tornei sua cobertura nessas viagens. Pegávamos sete malas Samsonite gigantes e as enchíamos de maconha. No aeroporto, íamos de uma companhia aérea para outra e despachávamos as malas, porque na época eles nem olhavam se você estava naquele voo. Pousávamos em um grande aeroporto, apanhávamos as malas e dirigíamos para algum lugar como Kenosha, Wisconsin.

Em nossa viagem para Kenosha ficamos num motel, porque os negócios de meu pai iam demorar alguns dias. Fiz questão de ir com ele na transação, mas ele ia lidar com uns motoqueiros barra-pesada e então me mandou para um cinema. A transação demorou três dias e eu fui ao cinema todos os dias, o que achei ótimo.

Tínhamos de voltar para L.A. com 30 mil dólares em dinheiro. Meu pai me disse para eu carregar o dinheiro, porque se pegassem alguém com o aspecto dele com tanta grana, ele seria preso na certa. Por mim estava bem. Eu preferia fazer parte da ação a ficar assistindo. Então improvisamos um cinturão de pano, que enchemos com o dinheiro e pregamos ao meu abdômen. "Se tentarem me prender, você desaparece", ele me instruiu. "Finja que não está comigo e continue andando."

Voltamos para L.A. e depois descobri que meu pai estava recebendo só 200 dólares por viagem para transportar maconha para seus amigos Weaver e Bashara. Também descobri que ele estava suplementando sua magra receita com um belo faturamento da venda de cocaína. Em 1974, o pó estava virando moda, especialmente em Los Angeles. Meu pai tinha arrumado uma conexão com um velho americano expatriado que trazia a droga do México. Papai comprava a coca, depois a misturava e vendia para seus clientes. Não vendia grandes quantidades, apenas gramas, meios gramas e quartos de grama. Mas em um dia ou dois a coisa deu para aumentar. Ele também lidava com Quaaludes, um sedativo e agente hipnótico. Contou para um médico uma história de que não conseguia dormir e o médico lhe deu uma receita para mil Quaaludes, que deviam custar 25 centavos cada e tinham um valor de mercado de 4 ou 5 dólares. Assim, entre a cocaína e os tranquilizantes, era um negócio bem lucrativo.

Papai nunca tentou esconder de mim que traficava drogas. Não abriu o jogo, mas como não desgrudava dele, observava todos os seus preparativos e as suas transações. Havia outro pequeno quarto semelhante ao meu junto à cozinha. Tinha até uma porta que dava para o quintal de trás, e meu pai montou uma oficina ali.

A peça principal de seus equipamentos era a balança, mais utilizada em nossa casa do que a torradeira ou o liquidificador. Sua superfície de trabalho e base para cheirar preferida era um belo azulejo mexicano azul e verde, perfeitamente quadrado e plano. Eu o via misturar a coca com um laxante chamado Mannitol, que tinha consistência parecida.

Muita gente passava por lá, mas não tanta quanto se poderia pensar. Meu pai era muito discreto em seus negócios e sabia que o risco aumentaria se houvesse grande atividade. Mas sua pequena clientela compensava em qualidade. Havia muitas estrelas de cinema e da TV, escritores e astros do rock, e toneladas de garotas. Certa vez, recebemos a visita de dois famosos jogadores dos Oakland Raiders na véspera do Super Bowl. Vieram bem cedo, por volta de oito ou nove da noite, e eram muito mais sérios que a maioria dos clientes, parecendo nervosos pelo fato de haver um garoto por perto. Mas tudo deu certo. Compraram a droga, foram embora e no dia seguinte ganharam o campeonato.

O que era um pouco perturbador nessa experiência toda era o tráfico tarde da noite. Então eu via o verdadeiro desespero que a droga pode provocar. Um cara que era insaciável por cocaína era o irmão de um ator famoso. Vinha de hora em hora até as seis da manhã, fazendo pedidos e voltando para pegar mais. Toda vez que ele batia, meu pai saía da cama e gemia: “Ah, de novo, não!”.

Às vezes, meu pai nem abria a porta, apenas falava com as pessoas através da tela. Eu ficava deitado na cama e escutava: “É muito tarde. Vá embora. Você já me deve muito dinheiro. Está me devendo 220”. Meu pai tinha uma lista das pessoas que lhe deviam. Eu espiava a lista e o ouvia dizer: “Se eu conseguisse fazer todo mundo me pagar, ficaria rico”.

Era difícil me convencer de que não vivíamos bem, especialmente nos fins de semana, quando meu pai me levava para as boates. Ele era conhecido como o Senhor da Sunset Strip, e também como Spider (Aranha), apelido que ganhou no final dos anos 1960 quando escalou um prédio para entrar no apartamento de uma garota por quem estava apaixonado.

No início dos anos 1970 a Sunset Strip era a artéria vital que percorria West Hollywood. As pessoas lotavam a rua constantemente, alternando entre os melhores clubes da cidade. Havia o Whisky a Go Go e o Filthy McNasty's. A duas quadras do Whisky ficava o Roxy, outro clube de música ao vivo. Em frente ao estacionamento do Roxy ficava o Rainbow Bar and Grill, que era o domínio do Spider. Toda noite ele chegava lá por volta das 9 e encontrava seu bando – Weaver, Connie, Bashara e um grupo rotativo de figuras.

Preparar-se para a noite era uma experiência ritualística para meu pai, pois ele era muito meticuloso sobre sua aparência. Eu ficava olhando-o se arrumar diante do espelho. Cada fio de cabelo tinha de estar no lugar, o perfume certo aplicado na quantidade certa. Então a camiseta justa, a jaqueta de veludo e as plataformas. Às vezes, íamos a alfaiates para copiar seus trajes para mim. O importante era imitar meu pai. Parte desse ritual era ficar no pique certo para começar a noite. Ele guardava o grande final de coquetel químico para mais tarde, mas não queria sair de casa sem o barato adequado, que era geralmente produzido por álcool e pílulas. Ele tomava Quaaludes e Placidyls, tranquilizante que prejudicava as funções motoras. Quando misturados com álcool, eram potencializados. Mas as pílulas preferidas de meu pai eram Tainals.

Quando eu ia sair com ele, papai me servia um copo de cerveja. Então abria uma cápsula de Tainal. Como o pó tinha um gosto horrível, ele cortava uma banana e colocava o comprimido aberto na banana. Ele comia a parte que continha mais pó e me dava a porção menor. Então estávamos prontos para sair.

Nossa recepção real começava assim que nos aproximávamos da porta do Rainbow. Tony, o *maître* do clube, cumprimentava meu pai como se ele fosse o melhor cliente da Strip. É claro, a nota de 100 dólares que meu pai lhe dava ao entrar ajudava. Tony nos levava até a mesa de meu pai – a mais prestigiosa, na frente de uma grande lareira. Desse ponto vantajoso, podia-se ver qualquer um que entrasse no clube ou descesse do Over the Rainbow, um clube dentro do clube. Meu pai era incrivelmente territorial. Se uma pessoa que não lhe agradasse se sentasse à mesa, Spider a confrontava: "O que pensa que está fazendo? Sinto muito, saia daqui".

Ele podia ser um grosso, principalmente quando a bebida e as pílulas estavam em ação, mas era um grande catalisador de pessoas interessantes. Se Keith Moon ou os caras do Led Zeppelin ou do Alice Cooper estivessem na cidade, sentavam-se com Spider, porque ele era o sujeito mais bacana na casa.

Passávamos a maior parte da noite no Rainbow. Ele não ficava na mesa o tempo todo, só o suficiente para que seus chapas chegassem e guardassem a mesa, então todos se revezavam dando voltas pelo bar do restaurante ou subindo as escadas. Sempre gostei do clube lá em cima. Quando uma das amigas de meu pai queria dançar me convidava, porque Spider não era bom nisso.

A noite não seria completa sem cocaína, e tornou-se um grande esporte ver quem conseguia dar um "tiro" mais clandestinamente. Os cheiradores mais experientes eram fáceis de identificar porque tinham a unha comprida no dedo mínimo. Eles cultivavam a unha até ter um centímetro a mais que o dedo, considerada a colher ideal para cheirar. Meu pai se orgulhava muito de sua "unha do pó" cuidadosamente tratada. Mas também percebi que uma de suas unhas era bem mais curta que as outras.

– E o que acontece com esta? – perguntei.

– É para não machucar as damas lá embaixo quando uso meu dedo nelas – ele disse. Cara, isso ficou na minha cabeça. Ele realmente tinha um dedo especial para elas.

Eu era a única criança presente em toda essa insanidade. Em geral os adultos que não me conheciam apenas me ignoravam. Mas Keith Moon, o legendário baterista do Who, sempre tentava me deixar à vontade. Nesse ambiente caótico e festivo onde todos gritavam, cheiravam, bebiam e transavam, Moon sempre achava um tempo para falar comigo.

Geralmente ficávamos até o bar fechar, às 2 da manhã. Então era hora de se reunir no estacionamento, que ficava cheio de garotas e rapazes com roupas vistosas no estilo glam-rock. O negócio ali era conseguir números de telefones, tietar e descobrir onde era a festa. Mas, às vezes, era o palco de uma discussão que com frequência envolvia meu pai. Ele enfrentava gangues de motoqueiros na minha frente, e eu saltava no meio dessas brigas e dizia: "Este é meu pai, que está chapado agora. Perdoem qualquer coisa que ele disse. Ele não quis dizer isso. E, por favor, não o acertem no rosto porque é difícil para uma criança como eu ver o pai levar um soco na cara".

Eu tinha a terrível sensação de que meu pai acabaria se ferindo seriamente em uma briga ou um acidente de carro. Àquela altura da noite ele estava tão alto que atravessar a sala parecia um número de vaudeville em que o sujeito tropeça, cai e de alguma forma consegue continuar de pé. Ele batia nos móveis, segurava-se em qualquer coisa estável, enrolando as palavras, mas sempre conseguia chegar ao carro e dirigir até a festa. Quando ele estava alto demais eu me tornava responsável por sua segurança, algo difícil para mim.

Tudo isso estava tendo um preço emocional, de maneiras que eu nem podia ainda articular. Apesar de eu ter amigos na Emerson, nos fins de semana ia com meu pai para o Rainbow, ficava muito sozinho e comecei a criar meu mundo próprio. Tinha de levantar de manhã e ir à escola, mas era um sujeito numa bolha particular. Não me importava, pois tinha esse espaço para fingir, criar, pensar e observar. Naquele ano, uma gata do vizinho teve gatinhos, e eu costumava levar um deles para o telhado da garagem atrás de casa. Era meu amigo, mas, às vezes, eu brigava com o gatinho sem motivo, só para exercer meu poder. Durante uma dessas brigas, comecei a bater na cara dele com os dedos. Nada mortal, mas não deixava de ser um ato de agressão, o que era estranho, pois eu sempre havia amado os animais.

Uma vez bati com força demais no gatinho, seu dente perfurou o lábio e saiu uma gota de sangue. Fiquei completamente maluco. Comecei a sentir um intenso desprezo por mim mesmo por ferir aquele animalzinho que continuou sendo meu amigo mesmo depois do incidente. Temia que minha incapacidade de me conter fosse um sinal de psicose incipiente.

Mas, de modo geral, não trocaria meu estilo de vida por nada, muito menos pelas realidades mundanas de alguns de meus amigos na Emerson. Ia à casa deles e via seus pais chegarem do escritório sem tempo ou disposição para os filhos. Apenas se sentavam, bebiam seu uísque, fumavam um charuto, liam o jornal e iam para a cama. Isso não parecia uma opção muito melhor.

Tentar dormir para poder ir à escola no dia seguinte enquanto as pessoas transavam no sofá, cheiravam cocaína e escutavam música alto não era uma realidade mundana. Mas era a minha. Nas noites de escola eu ficava em casa, mas Spider ia para sua mesa poderosa no Rainbow. E na metade das noites a festa pós-bar era em nossa casa. Eu estava dormindo e de repente ouvia a porta abrir e uma enxurrada de malucos invadindo a casa. Então começavam a música, os risos e a bagunça. Eu tentava dormir em meu quarto nos fundos, que era ligado ao único banheiro, e as pessoas entravam e saíam dali, urinando, gritando e tomando drogas.

Graças a Deus eu tinha meu radiodespertador. Toda manhã, às quinze para as sete, ele me acordava com a música de sucesso do dia. Geralmente eu estava semimorto, mas tropeçava até o armário, vestia uma camiseta, ia ao banheiro e me aprontava para ir à escola. Então andava pela casa e examinava os danos. Sempre parecia um campo de batalha. Às vezes havia pessoas desmaiadas no sofá ou nas cadeiras. As portas do quarto de meu pai estavam sempre fechadas. Geralmente ele dormia com alguma garota, mas, às vezes, ainda estava acordado, trancado em seu módulo.

Um dos motivos pelos quais eu adorava aquele despertador era que eu realmente não via a hora de chegar à escola todos os dias. Gostava de quase todos os meus colegas. Apesar da loucura do meu pai, ele me dava apoio total nos estudos, especialmente as possibilidades criativas oferecidas. Ele também expandiu meu gosto por literatura, dos Hardy Boys a Ernest Hemingway e outros ótimos escritores.

A aula de que eu mais gostava era inglês. A professora, Jill Vernon, foi a mais inspiradora de todas. Era uma senhora pequena de cabelo preto curto, com seus 50 anos. Realmente sabia se comunicar com a garotada e transformava tudo o que falava em algo interessante e divertido.

Todos os dias passávamos os primeiros 15 minutos da aula escrevendo um diário. Ela colocava uma frase no quadro-negro e devíamos improvisar com aquela frase qualquer outro assunto que quiséssemos. Alguns alunos escreviam durante cinco minutos e paravam, mas eu era capaz de escrever durante a aula inteira.

A senhora Vernon costumava me chamar no fim da aula e conversava sobre escrita, porque via que eu colocava o coração naquelas redações.

– Leio todos esses diários, e vejo que você tem um dom especial para escrever. Deve fazer alguma coisa nesse sentido – ela me disse. – Deve continuar escrevendo.

Ouvir uma coisa dessas de uma mulher realmente maravilhosa na sétima série foi como um sino que não parou de tocar o resto da minha vida.

Outro sino começou a tocar mais ou menos nessa época. Meu pai tinha me falado sobre sua primeira experiência sexual, que não foi agradável. Ele foi a um bordel no centro de Grand Rapids, onde todas as prostitutas eram negras. Meu pai foi mandado para um quarto e alguns minutos depois entrou uma senhora de meia-idade e gorda. Perguntou se ele estava pronto, mas ele estava tão assustado que disse: "Desculpe, mas não consigo". Acho que por isso ele queria que minha primeira experiência sexual fosse melhor. Não sei se imaginou que minha primeira vez seria com uma de suas namoradas.

Assim que fui morar com meu pai, a ideia de fazer sexo tornou-se uma prioridade para mim. Na verdade, a antecipação, o desejo e a atração pelo fato inevitável já existiam antes de eu ir para a Califórnia. Mas agora eu tinha 11 anos, quase 12, e estava na hora de agir. As garotas da minha idade na Emerson não queriam nada comigo. Meu pai tinha uma série de lindas amigas adolescentes com as quais eu tinha fantasias, mas não tinha coragem para abordá-las. Então ele começou a sair com uma garota chamada Kimberly.

Era uma ruiva linda de 18 anos, de pele branca como a neve e seios grandes e perfeitos. Tinha uma personalidade sonhadora e se recusava a usar óculos, apesar de ser terrivelmente míope. Certa vez, lhe perguntei se conseguia enxergar sem eles, e ela disse que as coisas ficavam muito desfocadas. Então por que não usava? "Realmente prefiro ver o mundo impreciso", respondeu.

Certa noite, pouco antes de eu completar 12 anos, estávamos todos no Rainbow. Eu estava alto de Quaalude que só, e juntei coragem para escrever um bilhete para meu pai: "Sei que ela é sua namorada, mas tenho certeza de que topa a parada; por isso, se você aceitar, podemos arranjar uma situação para eu acabar fazendo sexo com Kimberly esta noite?".

Ele fez o trato rapidamente. Ela estava decidida, então voltamos para casa e ele disse: "Muito bem, ali está a cama, ali está a garota, faça o que quiser". A cama do meu pai era estranha, porque ele tinha empilhado quatro colchões para criar um efeito de trono. Ele estava um pouco presente demais para o meu gosto, e eu muito nervoso, mas Kimberly fez tudo. Ela me conduziu o tempo todo, muito gentil e carinhosa, e tudo foi muito natural. Não me lembro se durou cinco minutos ou uma hora. Foi apenas um momento enevoado e sensual.

Foi uma coisa divertida e nunca me senti traumatizado, mas inconscientemente penso que deve ter sido algo que sempre me afetou de uma maneira estranha. Não acordei na manhã seguinte pensando: "Puxa, que diabos foi aquilo?". Acordei querendo contar vantagem para meus amigos e descobrir como eu podia fazer aquele trato acontecer de novo. Mas foi a última vez que meu pai me deixou fazer aquilo. Sempre que tínhamos uma nova amiga bonita, eu dizia: "Lembra daquela noite com a Kimberly? E se...".

Ele sempre interrompia: "Ah, não, não, não. Aquilo foi uma vez só. Nem fale nisso. Não vai acontecer".

O verão de 1975 foi minha primeira viagem de volta a Michigan desde que fora para a casa de meu pai. Spider me deu um grande pedaço de "dourada colombiana", que na época era o máximo em termos de maconha, alguns cigarros da tailandesa e um grande pedaço de haxixe libanês. Era meu suprimento para o verão. Naturalmente, fiz a cabeça de meus amigos Joe e Nate pela primeira vez. Fomos para o riacho Plaster, fumamos um bom baseado e saímos dando cambalhotas e gargalhadas.

Durante todo o verão, falei para as pessoas das maravilhas de morar em Hollywood, das pessoas diferentes e interessantes que conheci, da música que escutei – tudo da coleção de meu pai, de Roxy Music a Led Zeppelin, David Bowie, Alice Cooper e The Who.

Em julho, minha mãe se casou com Steve. Eles fizeram um belo casamento embaixo de um salgueiro no quintal de sua casa de fazenda em Lowell. Achei que as coisas iam bem para ela e minha irmã Julie. Voltei para West Hollywood no fim do verão, ansioso para retomar minha vida californiana e voltar para alguém que se tornaria meu novo melhor amigo e parceiro de crime nos próximos dois anos.

Conheci John M. no final da sétima série. Havia uma escola para meninos católicos ao lado da Emerson e costumávamos trocar xingamentos através da cerca. Um dia fui até lá e entrei numa discussão com um menino que dizia saber caratê. Provavelmente ele estava aprendendo e não fazia ideia sobre luta de rua, porque dei uma surra nele na frente da escola inteira.

No meio da confusão, fiz uma conexão com John. Ele morava no alto da Roscomar Road, em Bel Air. Embora ficasse na cidade, havia montanhas e uma represa atrás da casa dele, com uma queda-d'água gigante. Era o lugar perfeito para brincar. O pai de John trabalhava numa empresa aeroespacial e bebia muito, por isso nada era discutido, os sentimentos não eram conversados, eles apenas fingiam que estava tudo bem. A mãe de John era superlegal, e ele tinha uma irmã que sofria de uma doença degenerativa e ficava numa cadeira de rodas.

Quando comecei a oitava série, John se tornou meu melhor amigo. Tudo tinha a ver com skate e maconha. Em alguns dias conseguíamos fumo, noutros, não. Mas andar de skate era sempre. Até ali minha prática de skate tinha sido percorrer as ruas como meio de transporte e saltar das calçadas, mas no início dos anos 1970 o esporte começou a crescer e as pessoas praticavam em valas de escoamento de água e em piscinas vazias. Foi mais ou menos nessa época que os skatistas da Dogtown em Santa Monica começaram a elevar o skate a um nível semiprofissional. Para John e eu, a coisa era pura diversão e desafio.

John era o típico garoto americano. Adorava cerveja, e nós ficávamos na frente do mercado para convencer adultos a comprar cerveja para nós. Ficar bêbado não era meu barato preferido, mas era um pouco excitante perder o controle daquele jeito, sentir que não se sabia o que ia acontecer.

Certo dia, estávamos caminhando por Westwood e vimos funcionários de um restaurante descarregar caixas de cerveja num armazém no terceiro andar. Quando eles saíram por um segundo, subimos numa caçamba de entulho, pegamos a escada de incêndio, subimos, abrimos a janela e pegamos um caixote de Heineken que durou alguns dias.

Passamos do roubo de cerveja para o de uísque nos supermercados de Westwood. Pegávamos uma garrafa, enfiávamos pela perna da calça, puxávamos a meia por cima e saíamos mancando um pouco. Tinha um gosto horrível, mas nos forçávamos a beber. Depois saíamos de skate, batendo nas coisas e fingindo brigas.

John decidiu um dia cultivar a própria plantação de maconha, o que achei muito criativo. Depois percebemos que era mais fácil procurar plantações de outras pessoas e roubar a erva. Um dia, após procurarmos durante semanas, encontramos um canteiro que era guardado por cachorros. Eu distraí os cachorros, John roubou a erva e levamos as plantas enormes para a casa da mãe dele. Sabíamos que era preciso secar no forno, mas John teve medo de que a mãe voltasse; então sugeri usar o forno de alguém, já que a maioria das pessoas estava trabalhando.

Arrombamos uma casa perto da de John, ligamos o forno e enfiamos aquele monte de erva lá dentro. Ficamos lá por uma hora, e apesar de a erva não se tornar fumável, agora sabíamos como era fácil invadir a casa das pessoas. Começamos a fazer isso com certa regularidade. Não queríamos televisões ou joias; queríamos apenas dinheiro, coisas divertidas ou drogas. Procurávamos nos armários de remédios, porque eu já tinha visto muitas pílulas e sabia o que procurar. Um dia, encontramos um vidro enorme de comprimidos que dizia “Percodan”. Eu nunca tinha tomado, mas sabia que eram considerados os melhores analgésicos. Então peguei o vidro e fomos para a casa de John.

– Quantos devemos tomar? – ele perguntou.

– Vamos começar com três e ver o que acontece – sugeri. Ficamos sentados alguns minutos e nada aconteceu, então tomamos mais dois. De repente estávamos viajando com o ópio e adorando. Mas foi só essa vez. Não tomamos mais Percodan.

Nossos pequenos sucessos deixaram John mais ousado. Ele morava em frente à sua antiga escola primária, e sabia que todo o faturamento da lanchonete era guardado em um cofre colocado na câmara fria à noite. Acontece que, no final da sexta série, John roubara um conjunto das chaves do zelador da escola. Montamos um plano. Arranjamos máscaras, luvas e esperamos até depois de meia-noite. As chaves funcionaram. Entramos na lanchonete e encontramos o cofre. Nós o pegamos e saímos correndo para a casa de John. No quarto dele, abrimos a caixa e contamos 450 dólares. Era de longe nossa aventura de maior sucesso. E agora?

– Vamos comprar meio quilo de maconha, vender um pouco para ter lucro e teremos toda a erva que quisermos fumar – sugeri.

Estava cansado de ficar sem maconha e ter de limpar cachimbos para tentar achar um pouco de resina de THC. Eu sabia que Alan Bashara devia ter um monte de maconha em algum lugar – e tinha. Infelizmente era de má qualidade. Tive a ideia de vender na escola, mas era perigoso demais. Acabei levando a erva para casa e vendendo no meu quarto, enquanto fumava os melhores pedaços. Tentei vender aquela erva ruim para um casal de viciados que morava do outro lado da rua, mas até eles criticaram. Quando viram meu vidro de Percodan me ofereceram cinco dólares por pílula. Vendi o vidro inteiro.

O auge de minhas experiências com drogas na oitava série com John foram nossas duas viagens de ácido. Eu não conhecia ninguém que tomasse LSD; parecia ser uma droga de outra geração. Mas entrar numa viagem psicodélica para um estado alterado parecia uma experiência mais aventuresca do que ficar alto e conversar com as garotas. Nessa época era assim que eu via minha vida: fazer jornadas ao desconhecido, a lugares na mente e no reino físico que outras pessoas não conheciam. Perguntamos, mas nenhum de nossos amigos sabia como conseguir ácido. Quando fui à casa de Bashara para conseguir erva, por acaso vi que ele tinha algumas tiras com vinte pequenas gotas gelatinosas em forma de pirâmide, dez verdes e dez roxas. Peguei duas de cada e corri para a casa de John. Imediatamente planejamos as duas viagens. A primeira seria no próximo fim de semana. Guardaríamos a segunda para quando John e sua família fossem para sua casa de praia em Ensenada, no México.

Tomamos primeiro o ácido roxo. Como era muito puro e forte, logo ficamos incrivelmente altos. Parecia que estávamos vendo o mundo com um novo par de óculos. Tudo era vívido e brilhante, e nos tornamos motores a vapor de energia, correndo pelas florestas e saltando das árvores, sentindo-nos totalmente imunes ao perigo. Então entrou o lado espiritual do ácido e começamos a ficar introspectivos. Decidimos observar famílias em suas casas: entramos em vários quintais e ficamos espiando os moradores pelas janelas; acreditávamos estar invisíveis.

O sol começou a cair e John lembrou que o pai dele estava voltando de uma viagem de negócios naquele dia e precisava estar presente no jantar.

– Não acho bom. Eles vão perceber que estamos loucos de ácido – eu disse.

– Nós sabemos que estamos loucos de ácido, mas acho que eles não vão notar – disse John.

Eu estava em dúvida, mas fomos para a casa dele e tivemos um jantar formal com o pai de John, sua mãe e a irmã na cadeira de rodas. Dei uma olhada para a comida e comecei a alucinar, não conseguia nem pensar em comer. Então comecei a olhar fascinado para a boca do pai de John, que se abria, e dela saíam grandes palavras flutuando. Quando os pais dele começaram a se transformar em animais, nós dois rimos descontroladamente.

Não preciso dizer que ambos adoramos a viagem. Foi lindo, incrível e alucinógeno além da imaginação. Tínhamos alucinações suaves com maconha, víamos algumas cores, mas nada que se comparasse a viajar para uma galáxia distante e de repente compreender os segredos da vida. Por isso, mal podíamos esperar por nossa próxima viagem de ácido no México.

Os pais de John tinham uma bela casa numa praia de areia branca. Tomamos o ácido verde de manhã, caminhamos até um banco de areia e ficamos lá no meio do oceano por sete horas, viajando nos brilhos e reflexos da água, nos golfinhos e nas ondas. Essas duas vezes foram as melhores viagens de ácido que eu fiz. Mais tarde parece que deixaram de fazer LSD realmente bom, o ácido se tornou muito mais uma sensação de velocidade e intoxicação. Ainda alucinava bastante, mas nunca mais tive aquela sensação pura e pacífica.

John não era meu único amigo na Emerson, mas a maioria dos meus amigos era estranha ao esquema social das coisas. Às vezes, eu tinha um sentimento de inferioridade por não ser rico como a maioria dos garotos. Também me sentia por fora quando se tratava de garotas. Como todo menino na puberdade, ficava grudado em toda garota bonita que aparecia. E a Emerson estava cheia delas. Eram garotas ricas com nomes como Jennifer e Michele. Seus jeans justos tinham miríades de cores pastéis e faziam algo maravilhoso com o corpo das adolescentes, envolvendo-o de forma perfeita. Eu não conseguia desviar os olhos.

Mas sempre que abordava uma garota e lhe pedia para sair comigo ela dizia: "Você está brincando, né?". Eram lindas e gostosas, mas eram esnobes. Tudo o que aquelas garotas queriam era um cara alguns anos mais velho, que tivesse um negócio ou um carro. Para elas, eu era um maluco a ser evitado, e eu detestava isso. Não tinha com as garotas da escola a mesma sensação de confiança que eu tinha em minha outra vida, minha vida de clubes e festas com os amigos do meu pai. A exceção era Grace.

Antes de falar em Grace, devo recuar um pouco em minha história sexual. Depois da experiência com Kimberly, não me envolvi sexualmente com mulheres durante cerca de um ano. Mas mais ou menos na época de Kimberly, descobri a arte e a alegria da masturbação, graças às fotos da revista *National Lampoon*. Por algum motivo, a masturbação não era um tema tratado por meu pai. Ele me ensinou cada parte ínfima da anatomia feminina, mas nunca me disse que se eu precisasse de satisfação sexual poderia conseguir sozinho. A *National Lampoon* me inspirou a descobrir isso.

Essa experimentação ocorreu certa tarde em meu quarto. Mais ou menos no primeiro mês em que consegui ter um orgasmo e ejaculação, imaginei que poderia usar fotos para alcançar esse fim. Surpreendentemente, não usei a vasta coleção de *Playboy* e *Penthouse* do meu pai. Fui atraído pelo realismo das garotas da *Lampoon,* o fato de elas não estarem nas poses convencionais consideradas sensuais. Eram apenas garotas nuas reais. Em pouco tempo já tinha abusado de todas as revistas que conseguia, principalmente no colégio, onde havia quase um concurso para ver quantas vezes você conseguia gozar em um dia, e com que estímulos, e o que usava para incrementar o processo. Mas isso foi muito depois.

Na época em que meus hormônios ficaram enfurecidos, tive a maravilhosa experiência de certa noite ficar aos cuidados de Cher. Eu estava na oitava série e ainda saía com Sonny e Connie de vez em quando, mas por algum motivo eles se atrapalharam e Cher se ofereceu para cuidar de mim à noite. Acampamos no quarto dela e conversamos abertamente durante horas; ficamos amigos logo de cara.

A casa era enorme, e ela, para evitar que eu ficasse com medo, deixou-me dormir na sua cama até Sonny e Conny virem me pegar. Fiquei um pouco tenso – não que eu fosse cantar aquela mulher, era apenas a ideia de estar na cama com aquela criatura maravilhosa. Mas pensei que tudo bem, éramos amigos.

Então Cher foi até o banheiro se preparar para dormir. Deixou a porta bem aberta. Estava escuro no quarto, mas havia luz no banheiro, então a vi tirar as roupas, enquanto fingia estar adormecendo. Ali estava o corpo nu e esguio de uma mulher, simplesmente excitante. Não queria ter uma relação física com ela, mas foi um momento estimulante e quase inocente. Depois de vestir a camisola, ela voltou para o quarto e deitou na cama. Lembro de pensar: "Nada mal, deitar ao lado dessa linda mulher".

A próxima mulher que contribuiu para minha educação sexual também era mais velha que eu. Becky era uma ex-namorada de Alan Bashara. Tinha 24 anos na época, era pequena e linda, com um cabelo cacheado lindo. Também estava na do Quaalude. Saía com ela, ela quebrava algumas pílulas e então pegávamos seu Fiat e rodávamos pela cidade. Os dias sempre terminavam com a gente alto, voltando para casa e brincando. Nossas sessões foram muito instrutivas para mim, porque ela me mostrou exatamente como fazer sexo oral em uma garota. Certa vez até me disse para massagear suas nádegas. Fiquei maravilhado, nunca teria pensado nisso.

Sexo ainda era esporádico para mim na oitava série, mas também não conhecia nenhum menino que já tivesse transado. Todos os meus amigos estavam destinados a permanecer virgens por mais alguns anos, por isso parte da alegria da coisa toda era no dia seguinte dizer a eles : "Passei a noite com uma garota". Eles achavam incrível. Ficaram ainda mais impressionados depois de minha experiência com Grace na Emerson.

Como muitos dos meus encontros sexuais na época, este começou com um Quaalude. Ou meio, para ser exato. Levei um para a escola e dividi com John. Planejamos nos encontrar na hora do almoço para saber como tinha sido ficar alto durante as aulas. Na quarta aula eu estava totalmente chapado. Estava na aula de jornalismo com uma bela garota chamada Grace, que era muito desenvolvida fisicamente para 14 anos, especialmente para uma jovem japonesa. Sabia que ela tinha uma queda por mim. De repente tive uma ideia genial. Perguntei ao professor se podia levar Grace pela escola para ver se conseguíamos produzir alguma matéria para o jornal da classe. Fui convincente porque estava alto.

– Está bem, mas voltem antes do fim da aula – disse ele.

Grace e eu saímos da classe e fomos direto para o banheiro masculino, estilo anos 1930, cheio de cabines, com teto alto e janelas enormes. Comecei a brincar com os seios dela e a beijá-la, e ela adorou. Eu estava chapado e Grace não, mas estava com tanto tesão como eu e igualmente disposta àquilo. Quando comecei a enfiar-lhe o dedo, um menino pequeno entrou no banheiro, viu-nos na cabine e saiu gritando. Em vez de entrar em pânico, decidi encontrar um lugar mais seguro. Caminhamos pela escola e encontramos um depósito de ferramentas da zeladoria. Imediatamente tiramos a roupa e nos abraçamos. Para minha surpresa, ela parecia saber exatamente o que estava fazendo. Assim que gozei me levantei, e como era um adolescente, meu pau continuou duro. Imediatamente ela se ajoelhou e começou a me chupar, e eu gozei de novo. Fiquei surpreso. Como ela sabia fazer aquilo? Nós nos vestimos e corremos de volta para a classe, rindo sem parar. Na hora do almoço, contei a história aos meus amigos e eles ficaram chocados e com inveja. Agora eu estava disposto a fazer tudo o que aparecesse no caminho.

Em julho, voltei para Michigan e passei um verão típico, naquele reino relaxante de florestas, lagos e plantações de pêssegos, atirando com minha arma de chumbinho e saindo com Joe e Nate. Mas quando o verão terminou, minha mãe e eu decidimos que eu devia continuar em Michigan no primeiro semestre da nona série. Minha mãe estava grávida do terceiro filho e queria que eu estivesse lá para o nascimento, para eu conhecer meu novo irmão. Como ela e Steve moravam em Lowell, que ficava no campo, acabei frequentando a escola numa cidade com menos de dois mil habitantes.

A maioria dos garotos me evitava. Todos os caras populares, os imbecis filhos de fazendeiros, chamavam-me de "garotinha", "Hollywood" e "bicha" porque eu tinha cabelo comprido. Quando a escola começou, apareci com roupas diferentes, um corte de cabelo diferente e uma atitude diferente, e todos aqueles caipiras queriam me matar. Meu único alívio era meu relacionamento com as garotas, que pareciam gostar de mim um pouco mais. Naquele semestre saí com uma menina hispânica gostosa e loira chamada Mary, que tinha vencido o concurso de cabelos longos e sedosos da L'Oréal, no meio-oeste. Era linda e um ano mais velha, mas nossa relação não virou o romance total que eu imaginara. Passávamos a maior parte do tempo de mãos dadas e ela me deixava tocar várias partes de seu corpo, mas nunca entregou toda a *enchilada*. Não sabia se ela estava me gozando por eu ser mais novo e bem mais baixo que ela.

Em 3 de outubro de 1976 minha mãe deu à luz à minha segunda irmã, Jennifer Lee Idema. Foi um momento feliz na família, de grande união entre Steve, minha mãe, Julie, o novo bebê e o cachorro Ashley. Além de conhecer Jenny, passei alguns ótimos momentos com Steve. Ele sempre me apoiava em tudo.

Quando voltei para a Emerson na segunda metade da nona série, tinham ocorrido mudanças enormes. Quando saí, eu era o rei entre os delinquentes. Mas quando voltei, era um joão-ninguém. Havia novos garotos no comando, e alguns deles tinham bigodes (eu estava a quilômetros disso). Então criei uma nova identidade. Eu ia ser um ator, principalmente porque era isso que meu pai estava fazendo.

Spider sempre quis ser ator. A essa altura, estava cansado da vida de Senhor da Sunset Strip, cansado de vender drogas e das pessoas invadindo a casa a qualquer hora da noite. Então, quando Lee Strasberg abriu uma filial de seu instituto em Los Angeles, papai decidiu se matricular. Chegava em casa depois da aula entusiasmado com o Método de Stanislavski, a memória emotiva e tudo o mais.

Meu pai cortou o cabelo como parte da decisão de seguir um novo caminho. Da noite para o dia ele inventou um visual diferente de gângster de filme *noir* dos anos 1930. Dali a alguns dias eu estava na cadeira do barbeiro pedindo um corte de gângster dos anos 1930. Nessa época, os outros garotos estavam começando a me aceitar, e cabelo comprido não era mais um sinal de rebeldia e individualidade. Quando papai começou a usar ternos risca-de-giz de peito duplo com sapatos preto e branco e camisas de colarinho com belas gravatas, a primeira coisa que fiz foi mandar fazer um terno idêntico. Estava na hora de eu entrar na escola de atores. Tomei aulas para crianças com uma mulher chamada Diane Hull, e foram maravilhosas. Aprendi que atuar não era apenas fingir; você tinha de entrar na cabeça do personagem.

Depois de alguns meses de estudo, meu pai jogou uma bomba: ia mudar legalmente seu nome de John Kiedis para Blackie Dammett. O sobrenome era uma combinação dos nomes de um de seus autores preferidos, Dashiel Hammett.

– Como quer que seja seu nome artístico? – ele perguntou. Em mais um gesto de solidariedade com meu pai, eu disse:

– Bem, tem de ser alguma coisa Dammett, porque sou seu filho.

Então nasceu Cole Dammett.

A partir daquele dia, ele ficou conhecido apenas como Blackie, tanto profissional como pessoalmente. Nada de John, Jack ou Spider. Mas eu tinha duas identidades separadas. Não havia como apagar o Tony na escola. E minha família não ia começar a me chamar de Cole. Mas Blackie, sim. Ele me chamava de Cole com frequência, porque não saía dos personagens. Nomes artísticos escolhidos, agora precisávamos de agentes. Ele encontrou um agente para representá-lo, e obteve indicação de uma agente infantil para mim. Chamava-se Toni Kelman e era a mais quente em Hollywood. Logo em seguida fui escalado para um filme. Roger Colman estava fazendo uma versão super-restrita de *Love American Style* cheio de belas mulheres nuas, chamado *Jokes My Folks Never Told Me*. O diretor tinha estudado na UCLA com meu pai e veio nos visitar um dia. Ficou impressionado com minha confiança e me colocou em dois quadros como um garoto que conta piadas sujas numa sala de aula.

De repente, fui contratado para fazer um especial de fim de ano e um programa infantil na rede pública. É claro que fui o mau menino nos dois. Mas era trabalho. E vinha cada vez mais. Abri uma conta no banco do meu pai e logo tinha cerca de 2 mil dólares, quantia impressionante para mim.

Estava ficando mimado, escolhido para todos os papéis para os quais fazia teste. Uma tarde eu estava na casa de John quando Blackie telefonou para me dizer que eu tinha sido escolhido para fazer o filho de Sylvester Stallone em *F.I.S.T.*, seu próximo filme depois de *Rocky*. Fiquei tão excitado, que saí correndo da casa, saltando e cantando o tema de *Rocky* com os braços levantados no ar. Tinha certeza de que seria o próximo grande sucesso porque ia coestrelar com Stallone, mas tive apenas uma cena com ele numa mesa.

Quando cheguei ao set, fui até o trailer de Stallone e bati na porta, imaginando que devíamos nos conhecer melhor antes de filmar nossa grande cena.

– Quem é? – disse uma voz rouca lá dentro.

– É Cole. Vou fazer seu filho na cena que vamos filmar – respondi.

Ele abriu a porta cautelosamente.

– E por que está aqui? – perguntou.

– Vou fazer o seu filho, então achei que devíamos nos encontrar para eu desenvolver...

Stallone me interrompeu.

– Acho que não – ele disse e olhou em volta procurando um segurança.

– Alguém tire esse garoto daqui – ele gritou.

Fizemos a cena, e quando eu disse minha grande frase, "Pode me passar o leite?", a câmera não estava exatamente em close. Foi um daqueles papéis tipo não-pisque-ou-você-não vai-me-ver, mas ainda assim foi mais um crédito.

Ter participado de *F.I.S.T.* ajudou quando fui para a Paramount fazer teste para um filme chamado *American Hot Wax*, que era a história de Buddy Holly e do DJ Alan Freed. Era um grande filme e fiz teste para um dos papéis principais, o presidente do fã-clube de Buddy Holly. Depois da audição, vários retornos e até um teste filmado, ficaram só dois candidatos: eu e o ator mirim mais quente da época, Moosie Drier. Tinha certeza de que ia conseguir o papel porque Blackie tinha me ajudado a aprender todas as canções de Buddy Holly e comprado óculos grandes com aro de chifre. Então, quando Toni me ligou e disse que não tinha conseguido o papel, fiquei arrasado.

Naquela noite, Connie me levou para a casa de um amigo e fizemos um festival de drogas – cheiramos pó, fumamos maconha, bebemos e conversamos sobre como eu ia ser o maior astro do cinema e um monte de besteiras de cocaína. Isso foi até de madrugada, quando o pó finalmente acabou e a realidade voltou. A depressão química pós-drogas, combinada com o fracasso, proporcionaram-me vinte e quatro horas terríveis.

Apesar dos sucessos anteriores, eu não era o mais aplicado dos alunos de atuação. Gostava da coisa e aprendia, mas não estava disposto a colocar toda a minha energia naquele mundo. Divertir-me com meus amigos e andar de skate pela cidade ainda eram muito importantes. Ficar chapado era muito importante.

Eu já tinha descoberto os prazeres da cocaína antes daquela noite com Connie. Quando eu tinha 13 anos, Alan Bashara chegou à nossa casa no meio do dia e disse ao meu pai que tinha uma cocaína incrível. Nos anos 1970 a cocaína era muito forte e pura; não era tão química quanto hoje. Eu tinha visto os adultos cheirando lá em casa fazia um ano e meio, então disse que também queria.

Bashara fez uma carreira para mim e eu cheirei. Vinte segundos depois, meu rosto ficou amortecido e comecei a me sentir o super-homem. Foi uma sensação tão eufórica que eu parecia estar vendo Deus. Pensei que aquela sensação nunca desapareceria. Mas então, *bum*, começou a desaparecer.

– Puxa, podemos conseguir mais um pouco? – Eu estava frenético.

Mas Alan tinha de sair, meu pai foi cuidar de suas coisas e me deixaram. Felizmente, a química do jovem não demora tanto para se recuperar. Uma hora depois eu estava bem.

Mas me apaixonei à primeira vista pela cocaína. Sempre revirava a casa para ver se tinha sobrado alguma da noite anterior. Muitas vezes encontrava. Raspava os pratos com uma gilete, esvaziava os frascos e juntava os resíduos, depois levava para a escola e dividia com John. Mas sempre depois das aulas. Com exceção daquele meio Quaalude, nunca tomei drogas na escola.

Sem perceber, a cocaína me levou para a heroína. Eu tinha 14 anos e estava com Connie um dia quando ela me levou para passear em Malibu. Acabamos na casa de um traficante de coca onde vários adultos cheiravam quantidades enormes do pó branco que estava em fileiras na mesinha de centro. Eu estava lá com eles e os acompanhei. Em certo momento todos decidiram ir para algum lugar. Havia restado uma linha solitária sobre o espelho.

– Você pode ficar aqui, mas não cheire aquela carreira – eles disseram. Sorri e disse "está bem".

Bastou eles fecharem a porta para eu cheirar a carreira. Quando voltaram viram o que eu tinha feito.

– Onde está aquela carreira? – alguém perguntou.

– Bem, eu fiquei confuso... – tentei um álibi.

– É melhor levá-lo correndo para o hospital. Ele vai ter um treco! – Todo mundo estava enlouquecido. Aquela linhazinha na verdade era heroína branca chinesa.

Mas eu estava bem, muito bem. Percebi que gostava de heroína ainda mais do que de coca. Estava louco de pó, mas não me sentia nervoso ou inquieto. Não ficava batendo os dentes. Não estava preocupado em conseguir mais pó. Estava num sonho, e adorando. Claro, no caminho para casa vomitei, mas nada de mais. Pedi a Connie para parar o carro depressa e vomitei pela janela. Eles ficaram me observando, pensando que eu teria uma parada cardíaca, mas nada aconteceu. Adorei aquilo, mas não procurei mais.

No fim da nona série, superficialmente as coisas pareciam melhores. Blackie estudava teatro e, às vezes, entrava nos papéis de modo assustador. Passou a bater ponto no Hollywood Actors Theatre, um pequeno teatro perto do Hollywood Boulevard. Estivesse fazendo o papel principal ou uma ponta, ele mergulhava completamente no personagem. Preocupava-se muito em encontrar o visual certo. Tornou-se um grande mestre do disfarce, mudando de roupas, cabelo, óculos, postura e comportamento. Enfeitava seus scripts com fotos, textos e objetos que representavam o personagem.

Os problemas começaram quando ele passou a se transformar nos personagens. E a coisa ferveu quando lhe deram um papel de travesti numa produção do Hollywood Actors Theatre. Blackie não tinha o menor medo do que as pessoas pensariam dele e ficou tão fascinado com a ideia de ser esse personagem, que viveu como travesti durante meses. Tirou várias fotos de si mesmo como drag e as montou sobre a lareira, junto com cartazes, desenhos e gráficos relativos a travestis.

Então meu pai, um hetero convicto, começou a usar shorts muito curtos, prendendo o sexo para o lado nas meias-calças de náilon. Usava top justo e luvas com anéis por cima. Sua maquiagem era perfeita, até o batom rosa forte. Andava pela casa de salto alto, chupando um pirulito e falando como um gay maluco. A coisa piorou quando ele começou a sair desse jeito. Andava pelo Hollywood Boulevard a caráter e conversava com estranhos.

No começo dei grande apoio à sua dedicação à arte. Mas no final eu pirei. Toda a minha masculinidade estava sendo desafiada. Então, quando ele começou a gritar comigo um dia por causa de um problema na escola, chamei-o de bicha. Assim que a palavra saiu da minha boca ele me deu um soco. E meu pai era rápido. De alguma forma, consegui segurar sua mão antes de ele me acertar. Estava prestes a revidar, mas achei que não era uma boa ser violento com meu próprio pai. Ele me empurrou contra a estante de livros e ficamos num impasse, segurando nossos punhos. No fim, não houve derramamento de sangue, mas a energia foi violenta e feia.

E, durante décadas, a coisa nunca mais seria igual entre nós.

CAPÍTULO 3

O COLÉGIO FAIRFAX

Nunca esquecerei meu primeiro dia de colégio. Cheguei ao Uni e fui falar com a orientadora para pegar meu horário. Então ela despejou a bomba.

– Tony, sei que você frequentou a Emerson durante três anos com um endereço falso. Como não mora neste bairro, não pode frequentar esta escola.

Eu não sabia ainda, mas esse foi um dos golpes do destino mais sérios da minha vida.

Fui para casa para descobrir qual era o colégio do meu bairro. Era o Fairfax, uma escola grande na esquina da Fairfax com a Melrose. Fui até lá no dia seguinte e senti-me como um alienígena num mar de pessoas que já se conheciam. Como estava um dia atrasado, não havia vagas para muitas das aulas que eu queria. Não conhecia nenhum aluno ou professor, nem sabia onde ficava a lanchonete.

Comecei a preencher meus formulários, e quando perguntaram meu nome, impulsivamente escrevi "Anthony" em vez de "Tony". Quando faziam a chamada, os professores diziam "Anthony Kiedis" e eu não os corrigi. Simplesmente me tornei Anthony – um sujeito ligeiramente diferente, mais maduro, mais adulto.

A Fairfax era um verdadeiro cadinho de culturas. Havia imigrantes chineses, coreanos, russos, garotos judeus e toneladas de garotos negros, além dos brancos. Mais uma vez, comecei fazendo amizade com os mais solitários e desprezados da escola. Meus primeiros amigos foram Ben Tang, um chinês magricela e desengonçado, com grandes óculos, e Tony Shurr, um fracote de 45 quilos. Cerca de um mês depois, Tony e eu estávamos conversando durante o almoço quando um garoto pequeno com cara de maluco, falha nos dentes e cabeludo veio dançando até Tony, agarrou-o pelo pescoço e começou a sacanear. No início não entendi se era brincadeira ou se o cara estava importunando meu melhor amigo no colégio, mas agarrei-o e disse:

– Se você fizer isso de novo, vai se arrepender pelo resto da vida.

– Está louco? Ele é meu amigo – o garoto protestou.

Apesar de termos começado com agressividade, senti uma ligação instantânea com aquele pequeno estranho. Tony me disse que ele se chamava Michael Balzary, que logo seria conhecido fora da Fairfax como Flea [Pulga].

Mike e eu nos tornamos inseparáveis. Ele morava a uns cinco quarteirões da minha casa, na Laurel Avenue. Todos os dias voltávamos juntos da escola, juntávamos nossas moedas e comprávamos um prato de taquitos numa lanchonete. Depois jogávamos futebol na rua. Estranhamente, eu estava me afastando da vida adulta com meu pai e seus amigos para ter uma segunda infância despreocupada.

Mike também era um forasteiro na Fairfax. Tinha nascido na Austrália. O pai era um agente de alfândega que se mudou com a família para Nova York e levou uma vida bastante estável até a mãe de Mike se juntar com um músico de jazz. Os pais de Mike se separaram e ele se mudou com a irmã, a mãe e o padrasto para L.A.

Mike era extremamente tímido e inseguro, por isso assumi o papel de líder na relação. Essa dinâmica permaneceria por muito tempo, e era bonita porque compartilhávamos tudo. No entanto, ele também teria um certo ressentimento, porque, às vezes, eu era um filho-da-mãe prepotente.

Mike nunca ia a lugar nenhum sem seu trompete. Ele era o primeiro trompete na banda da escola e trabalhamos juntos na produção da peça daquele ano. Fiquei impressionado com sua técnica musical e com o fato de ele ter o lábio inchado de tanto tocar. Seu trompete também me abriu para um mundo totalmente diferente, o mundo do jazz. Um dia, Mike tocou para mim um disco de Miles Davis e percebi que existia esse tipo de música espontânea e improvisada.

A situação de Mike em casa era tão caótica quanto a minha. Seu padrasto descontrolado, Walter, teve problemas com o álcool durante anos. Agora tinha virado sóbrio, um conceito que eu não conhecia então, mas se transformou num verdadeiro ermitão. A mãe de Mike era um amor, mesmo com aquele sotaque australiano bizarro. Assim que conheci Mike, ele me falou de sua irmã, Karen, que tinha voltado para a Austrália. "Ela é uma gata selvagem", ele dizia. "É muito gostosa. Tem um milhão de namorados e é a melhor ginasta do colégio Hollywood." Eu precisava conhecer essa irmã...

Mais tarde naquele ano, Karen finalmente apareceu. Era jovem e incrivelmente avançada. Na época, era comum Mike e eu dormirmos um na casa do outro. A família dele tinha uma banheira quente no quintal de trás, e, certa noite, Mike, Karen e eu estávamos na banheira bebendo vinho. A mão de Karen ficava passeando sobre mim embaixo das bolhas. Quando Mike disse que ia dormir e eu, idem, Karen me segurou. – Fique – implorou.

Ela imediatamente assumiu o comando. Começou a fazer sexo comigo, mas depois me levou para seu quarto, onde passou as próximas três horas me apresentando a uma variedade de experiências sexuais que eu nem sabia serem possíveis. Fazia coisas como ir até a pia, voltar com a boca cheia de água quente e me chupar. O que eu teria feito para merecer essa experiência maravilhosa?

No dia seguinte Mike perguntou: – Que tal minha irmã? – Eu poupei os detalhes porque afinal era sua irmã, mas agradeci muito por nos apresentar. Muitos anos depois ele me disse: – Somos amigos de verdade, mas tem uma coisa que me incomoda há anos. Enquanto você estava no quarto com minha irmã, saí da casa e fiquei espiando pela janela por alguns segundos. – Então não me incomodei, mas provavelmente foi bom ele ter demorado assim para me contar.

Mike fumava maconha quando o conheci, então comecei a pegar cada vez mais erva do meu pai para nós. Eu conhecia os esconderijos em cima das prateleiras onde ele guardava as baganas. Mas ele trancava o estoque no armário onde guardava a balança. Um dia, eu estava com Mike na oficina de seu padrasto no sótão e encontrei um grande molho de chaves mestras. Era uma chance única, mas perguntei a Mike se podia experimentar as chaves no armário de Blackie. Claro, com certeza encontrei uma que funcionou. Então comecei cuidadosamente a pilhar o estoque de maconha, Quaalude e coca do meu pai. Mike ficou impressionado como eu conseguia pegar as coisas e deixar tudo tão intacto, que Blackie nunca perceberia.

Minha primeira viagem com Mike foi naquele semestre, quando fomos esquiar na montanha Mammoth. Na viagem, o ônibus estava cheio de malucos e nós dois, garotos inexperientes. Imediatamente fui para o banheiro no fundo, fumei meio baseado e depois o passei para Mike.

Quando chegamos a Mammoth, havia começado uma nevasca e estava muito escuro. Nosso plano era passar a noite na lavanderia dos condomínios, uma dica que um de meus amigos na Emerson tinha me dado, mas o ônibus nos deixou no meio do nada. Partimos na direção dos condomínios, mas de repente Mike teve uma dor de estômago terrível. Andamos muito, quase congelando, e Mike quase chorava de dor. Então encontramos os condomínios. Entramos na lavanderia, tiramos nossos sacos de dormir, coloquei algumas moedas na máquina de secar e dormimos.

Na manhã seguinte fomos alugar esquis. Escolhemos o equipamento e Mike tentou pagar com o cartão de crédito que sua mãe tinha nos dado, mas a garota de 17 anos atrás do balcão não quis aceitar. Insistiu que a mãe de Mike tinha de estar lá pessoalmente.

Mike tentou explicar que a mãe estava esquiando, mas ela não cedeu. Eu tinha de salvar a viagem, então fui lá fora e pedi emprestado a jaqueta, os esquis e os óculos de uma mulher que se preparava para esquiar com os filhos. Não sei como a convenci, mas vesti o casaco dela, o boné e os óculos quadrados. Peguei nossas luvas e bonés e os enfiei no casaco para fazer peitos, então lembrei da voz da mãe de Mike e voltei para a loja.

– Não acredito que você me tirou da pista por causa disso. Dei o meu cartão para meu filho. Qual é o seu problema? – eu disse à menina.

Ela ficou apavorada, escutando a voz daquela mãe louca por trás da máscara de esqui, e conseguimos o que queríamos. Nós nos divertimos muito ficando chapados no teleférico e furando filas. Mike não sabia esquiar. Na primeira vez que desceu a montanha caiu umas 50 vezes. Na terceira vez já me acompanhava. Conseguiu aprender a esquiar em uma hora.

Naquela noite, voltamos à lavanderia para dormir. Tivemos mais um dia de esqui e então já era hora de voltar para casa. Por algum motivo, achei que a loja de esquis não tinha um bom sistema de controle e que agora os esquis eram nossos. Fomos para a estação de ônibus e colocamos o equipamento alugado no ônibus junto com os das outras pessoas. Já íamos embarcar quando um carro de polícia se aproximou. O delegado saiu e disse:

– Vocês dois, venham aqui agora.

– Qual o problema? – eu disse inocentemente.

– Esses esquis são roubados. Identidade, por favor – ele disse.

– Oh, não, não, não estamos levando esses esquis. O senhor pensou isso? Não, nós os alugamos, e íamos devolver. Na verdade, podemos apenas deixá-los aqui e ir embora – no desespero, eu improviso.

Finalmente convencemos o cara a apenas nos dar uma multa e prometemos voltar e resolver a questão. A viagem foi um enorme sucesso, mesmo com o gosto amargo na boca pela história do xerife no final.

O tempo passou e não recebemos nenhuma má notícia lá do norte. Então um dia aconteceu: Blackie e Walter receberam cartas.

Agora o negócio era sério. Walter era severo, meu pai não estava tendo aborrecimentos em sua vida, e em Mammoth os pais dos menores tinham de ir ao tribunal. Agora eles teriam de lidar com nosso problema. Pensamos que seria o fim do mundo, mas estranhamente nossos pais usaram a viagem para estreitar os laços com os filhos. No fim, recebemos apenas uma repreensão e tivemos de escrever uma carta de dois em dois meses durante seis meses dizendo o que andávamos fazendo.

Mas isso não foi nada comparado ao que aconteceria com Blackie naquele outono.

Era um dia maravilhoso na Califórnia e eu cheguei da escola por volta das três e meia, como sempre, mas meu pai parecia um pouco incomodado. Estávamos na sala, que tinha uma grande janela para o jardim, quando Blackie congelou. Olhei para fora e vi uns sujeitos grandões do tipo lenhador espiando no jardim. Meu pai pôs a mão no meu ombro e disse: – Acho que esses caras são tiras disfarçados.

Imediatamente, a sólida porta de carvalho da frente foi chutada e ao mesmo tempo a porta dos fundos foi derrubada e entrou uma falange de sujeitos com rifles, coletes à prova de balas e pistolas. Apontaram as armas para nós e gritaram: – Parados! Parados! Deitem no chão! –, como se fosse uma grande operação. Eles nos algemaram no sofá e começaram a destruir sistematicamente nossa casa.

Meu pai tinha chamado uma prostituta algumas noites antes, mas quando ela chegou lá não agradou. Para ser simpático, ele lhe ofereceu um pouco de cocaína. Ela saiu correndo, chamou a polícia e disse que Blackie poderia ser o estrangulador de Hillside, que aterrorizava L.A. nessa época.

Os tiras passaram duas horas destruindo colchões, examinando cada peça de roupa no armário e roubando os belos canivetes que eu tinha comprado em Tijuana. Por sorte não tinham encontrado nenhuma droga, mas foi só eu pensar isso para um dos imbecis fazer um buraco no teto do armário do fundo e encontrar tudo. Naquele momento, meu pai e eu sabíamos que a coisa ia ficar feia. Eles levaram as grandes pedras de coca, os sacos de maconha e o grande vidro de Quaalude.

Começaram a discutir o que iam fazer comigo. Falaram em me levar para o juizado de menores, mas eu sabia que tinha de ficar fora para ajudar a tirar Blackie. Eu os convenci de que não tinha nada a ver com aquilo e precisava ir à escola no dia seguinte. Eles concordaram e levaram Blackie.

Então liguei para Connie e ela conseguiu que seu novo namorado desse a casa como fiança. No dia seguinte Blackie estava solto. Ele tinha economizado cerca de sete mil dólares, que teve de pagar imediatamente para um bom advogado; isso arrasou ainda mais nossas finanças, porque ele reduzira muito o tráfico e vinha se dedicando a ser ator.

Felizmente, alguns meses antes eu tinha sido escolhido para um comercial de Coca-Cola e foi um bom cachê para um menino de quinze anos. Mas gerou mais atritos com meu pai, porque eu estava ganhando mais que ele. Ele até tentou me fazer pagar o aluguel, o que se tornou um motivo de discórdia entre nós, assim como os vinte por cento que ele já tirava do meu dinheiro como empresário. Tudo isso estava criando um racha na sociedade.

Mas eu estava totalmente preocupado com minha vida social na Fairfax. Alguns meses depois de conhecer Mike, encontrei outra pessoa que se tornaria um dos meus melhores amigos. De vez em quando as bandas de rock dos colégios locais tocavam no palco ao ar livre na quadra da Fairfax. Naquele primeiro semestre vi um grupo bobo chamado Anthym. Quando eu digo bobo, não me entendam mal: todos eram muito talentosos, mas, para mim, estavam meio atrasados no tempo. Eles faziam covers do Queen e do Led Zeppelin, bandas cujo tempo terminara, e tinham cabelos compridos e cacheados, parecendo *poodles*.

No intervalo algumas pessoas distribuíram broches caseiros do Anthym. Eu estava usando o broche um dia quando encontrei um dos guitarristas do Anthym, Hillel Slovak. Começamos a conversar e ele me convidou para lanchar em sua casa.

Depois de alguns minutos com Hillel, percebi que ele era absolutamente diferente da maioria das pessoas que eu conhecia. Em geral, eu me sentia o líder nas relações com os garotos da minha idade, por causa das experiências loucas que tive quando criança, mas imediatamente vi que Hillel era pelo menos meu igual, e, na verdade, sabia muitas coisas que eu não sabia. Conhecia muita música, era um ótimo artista visual e tinha uma atitude tranquila que era interessante. Hillel era judeu, parecia judeu e falava de coisas judias. Conversamos sobre tudo.

Quando saí de lá, pensei: “Bem, esse é o meu novo melhor amigo para o resto da vida”. Foi como quando conheci Mike e Joe Walters. Às vezes, você simplesmente sabe. Uma coisa era encontrar Mike e Hillel, que se tornariam pessoas tão importantes na minha vida, mas quais eram as chances de encontrar três almas gêmeas naquele primeiro ano na Fairfax? Antes mesmo de Mike e Hillel, eu tinha conhecido Haya Handel na primeira semana de aulas, na aula de espanhol. Meus olhos foram atraídos por aquela garota incrivelmente linda, com cabelo castanho ondulado comprido, pele muito clara e grandes olhos castanhos de um brilho louco. Ela era judia e também a pessoa mais inteligente da classe, mas era muito simples e adorava flertar.

Fiquei imediatamente apaixonado por ela. Mas Haya logo me informou que não estava disponível para namorar. Primeiro pensei que estava saindo com um loiro chamado Johnny Karson, que mais tarde teria grande importância em minha vida, mas ela me disse que eram apenas amigos. Estava saindo mesmo com um cara chamado Kevin, um negro belo e alto, que era o astro da equipe de ginástica. Eu sabia que Haya era de uma família judia conservadora e que seu relacionamento com o atleta negro era um grande segredo. Ela fazia confidências para mim sobre isso, mas eu não perdi o interesse.

Sentamos lado a lado em outra classe naquele semestre. Era logo depois do almoço, então sempre via seu namorado acompanhá-la até a classe e os dois se despediam. Um dia eu decidi: "Foda-se, vou trazer flores". Comprei um buquê e escrevi um poema, mas quando cheguei à escola a aula já tinha começado. Entrei correndo na classe e o professor disse:

– Você tem algum bom motivo para estar atrasado?

– Bem, na verdade não – eu disse, e entreguei as flores e o poema para Haya. Todo mundo fez "oooh" e ela ficou envergonhada, mas percebeu que este cara devia estar louco por ela. Foi o começo de nosso namoro, mas foi um começo acidentado que se estendeu até o início do próximo ano.

Na segunda metade da décima série, eu tinha conseguido queimar todo o dinheiro que economizara com o trabalho de ator, agora dormente, pois eu queria me concentrar na escola. Como o fluxo de caixa de Blackie estava baixo, arranjei um emprego de meio período fazendo entregas para uma grande loja de bebidas. Adorava o trabalho. Dirigia como um louco, infringindo todas as leis, para fazer as entregas rapidamente e voltar sem pressa para a loja. Depois de algumas semanas percebi que se escondesse uma garrafa de bebida ou um pacote de seis latas de cerveja na lata de lixo podia voltar mais tarde e recuperá-los. Mais os 30 dólares de gorjetas que eu conseguia se trabalhasse alguns dias por semana, dava para o gasto.

Mas meu primeiro ano na Fairfax foi principalmente livre de responsabilidade. Eu tinha muito tempo livre para passear, brincar, descobrir, conversar, fazer besteiras, roubar, procurar maconha para fumar e talvez jogar um pouco de basquete. Não havia pressão ou ansiedade. Se tinha lição de casa, fazia depois do jantar. Mike era meu companheiro constante. Em nossas caminhadas, passávamos por prédios de apartamentos que eram construídos ao redor de uma piscina. Um dia tive uma ideia incrível. Olhei para o prédio e disse: – Isso é um trampolim, meu amigo.

Eu tinha certa experiência de saltar de pontes na água, em Michigan. Às vezes, esperávamos até pouco antes de o trem chegar, e era uma emoção incrível. Mike topava tudo, então começamos pulando dos prédios de dois andares para a piscina. Depois chegamos aos prédios de cinco andares. Nosso preferido ficava na King's Road. Subíamos no teto, olhávamos para baixo, víamos a piscina lá embaixo e pulávamos.

Meu pai soube dos saltos e não gostou. Não tentou impedir, mas fazia sermões. A essa altura não nos comunicávamos muito. Ele se queixava; eu ignorava e dizia: – Não importa. Foda-se.

Um dia, em junho daquele ano, Mike e eu começamos a observar um edifício a duas quadras da minha casa. A piscina era pequena e a parte funda era mais estreita. Para chegar ao topo do prédio tínhamos de pular umas grades, e alguém começou a gritar para descermos.

Disse a Mike para ir em frente e ele saltou; ouvi o barulho da água. Então subi na grade. Nem olhei para baixo para ver o ângulo. Estava mais preocupado com as pessoas gritando.

Saltei, e quando estava no ar, percebi que ia cair além da piscina, mas não podia fazer nada. O concreto se aproximava de mim, e errei a piscina por cerca de 30 centímetros. Fiquei tonto, caí de costas na piscina e comecei a afundar. De algum modo, apesar de estar num choque paralisante, consegui sair da piscina; rolei sobre a borda de concreto e soltei um som desumano que parecia ter vindo das profundezas do Hades.

Olhei para cima e vi Mike, mas não conseguia me mexer. Alguém chamou uma ambulância, e os paramédicos me colocaram numa maca, quase me deixando cair. Não prenderam a maca na ambulância e fiquei batendo de um lado para outro, sofrendo até chegar ao hospital. Eu sabia que havia algo sério, porque não conseguia me mexer.

Eles me levaram para o hospital Cedars Sinai e tiraram um raio X, e depois de algum tempo o médico entrou no quarto e disse:

– Você quebrou a espinha e não parece muito bem.

Até ali eu estava muito otimista, mas quando ele fez o diagnóstico comecei a chorar.

– Lá se vai meu verão. Lá se vai meu atletismo. Lá se vai minha vida.

Comecei a abordar todas as enfermeiras que passavam, pedindo analgésicos desesperado, mas elas não queriam me dar nada sem autorização do médico. Então Blackie chegou correndo e gritando:

– O que eu lhe disse? Eu não disse que isso ia acontecer? Você fumou maconha e saltou. Eu sabia que isso ia acontecer.

Eu apenas olhei para a enfermeira e disse:

– Alguém tire-o daqui. Ele não tem permissão para estar aqui.

Finalmente me deram um remédio e montaram um sistema de roldanas com um arreio e um colete médico. Disseram que minhas vértebras ficaram achatadas como panquecas e que um mês de tração ajudaria a esticá-las.

Na primeira semana no hospital recebi visitas de Mike, Hillel e alguns outros amigos. A essa altura, tinha conquistado Haya e ela era meio que minha namorada. Um dia veio me visitar, deitou na cama comigo e me deixou apalpá-la, o que foi incrível.

Depois de duas semanas de tração comecei a enlouquecer. Um dia Hillel veio me visitar e eu lhe disse:

– Não consigo ficar aqui nem mais um dia. Você tem de me tirar daqui.

Ele desceu para preparar o carro; soltei o arreio e me apoiei sobre minhas duas pernas fracas. Com a bunda aparecendo pela camisola do hospital, manquei como um Frankenstein pelo corredor. Todas as enfermeiras enlouqueceram, gritando que eu não podia sair, mas não me importei.

Consegui descer a escada e Hillel me ajudou a entrar no carro. Antes de ir para casa, pedi que me levasse até o prédio onde eu tinha caído para tentar entender o que eu fizera errado.

Passei as próximas semanas deitado em minha própria cama. Recebi algumas visitas adoráveis de uma amiga de meu pai chamada Lark, que era linda, uma atriz relativamente bem-sucedida de vinte e poucos anos.

Ela vinha a toda hora, durante o dia, tarde da noite, a qualquer momento para me dar um trato sexual. Eu estava com o colete, e tinha de lembrá-la para tomar cuidado, mas era totalmente cavalgado por uma ninfomaníaca selvagem. Isso tornou minha convalescença bem mais agradável.

Naquele verão voltei para Michigan, mas ainda tinha problemas nas costas. Toda vez que eu tirava raio X, os médicos diziam que não estava bem, estava torto, as vértebras continuavam amassadas. Mas com o tempo minhas costas melhoraram. A certa altura, Mike pegou um ônibus e veio me visitar. Apareceu na minha casa depois da viagem torturante, parecendo totalmente exausto. Ele tinha trazido uma *Penthouse* e lembro que quando a abri as páginas estavam todas coladas. Mas ele ficou feliz como um coelhinho quando se instalou. Minha mãe o tratava como seu filho e Steve nos deixava pegar o carro para explorar Michigan. Fizemos uma viagem para acampar na península Superior, visitamos minha tia e meus primos e fizemos esqui aquático. Éramos dois meninos, adultos de certa forma, mas crianças de outras, e, certamente, pensávamos ser os senhores do universo. Éramos mais descolados, bacanas, inteligentes e sabíamos mais sobre quase tudo. A adolescência é tão divertida porque você acha que sabe tudo, não chegou ainda ao ponto em que percebe que não sabe quase nada.

Voltei para meu segundo ano na Fairfax, mas as coisas estavam cada vez mais problemáticas em casa. Depois da prisão, enquanto meu pai esperava a sentença, ficou muito mais cuidadoso. Parou de vender drogas e tornou-se o estereótipo do ator esfaimado. Brigávamos pelas coisas mais corriqueiras, até por causa de um sanduíche. Nessa época, Blackie também tentou me impor um toque de recolher. Decidiu arbitrariamente que eu devia estar em casa à meia-noite, senão ficaria trancado do lado de fora. Certa noite, fui andar de skate e cheguei em casa alguns minutos depois da meia-noite. A porta estava trancada. Eu bati, bati, mas não houve resposta. Finalmente ele veio até a porta, furioso.

– O que eu lhe disse? Nada de chegar aqui depois da meia-noite!

Ele se queixou de que tinha de levantar cedo para as aulas de teatro e eu interrompi seu sono. Isso vindo do mesmo cara que me deixava acordado até as seis da manhã. Na outra vez que isso aconteceu, um vizinho apareceu e me convidou para dormir no sofá, mas recusei. Eu tinha tentado deixar uma fresta na minha janela para poder entrar, mas meu pai verificava se a casa estava segura antes de dormir. Então tive de acordá-lo de novo, e ele ficou ainda mais bravo. Disse que ou eu seguia as regras ou ia embora.

Liguei para Donde Bastone, um amigo, e perguntei se ele queria dividir o aluguel. Eu tinha conhecido Donde no primeiro ano na Fairfax, mas na décima primeira série ele largou a escola e estava vendendo maconha em sua casa, na rua Wilcox. Era o único garoto de 16 anos que eu conhecia que tinha o suficiente para ter seu próprio apartamento e um pequeno carro. Ele concordou que eu morasse com ele, mas explicou quanto eu tinha de pagar de aluguel e quais seriam minhas responsabilidades na casa.

Durante o dia, Haya chegou com seu carro enorme e começamos a carregar minhas coisas. Eram algumas roupas, meu som e um grande anúncio de neon do bilhar Shamrock que meu pai tinha me dado. Infelizmente, quando eu estava saindo, Blackie chegou.

– Epa, epa, epa! Aonde pensa que vai? – ele perguntou.

– Estou saindo. Vou embora. Você não vai me ver mais.

– E o que são essas coisas no carro? – ele perguntou.

– São as minhas coisas – afirmei.

– Essas coisas não são suas, são minhas.

– Você me deu isso – eu retruquei.

– Desde que você estivesse morando sob o meu teto. Se você não está na casa, as coisas não são suas.

Tivemos uma grande discussão sobre os objetos, que eu perdi, mas àquela altura não importava. Eu queria apenas ir embora. Passei a morar com Donde e imediatamente concluí que ele estava muito à frente de seu tempo, de diversas maneiras. Tinha uma coleção de discos extraordinária (com prateleiras especiais para guardá-la) e um equipamento de som excelente. Parte do acordo era tocar música dia e noite. A qualquer momento naquela casa havia um disco girando. Por sorte, ele tinha um gosto incrível para música. Não era um desses caras que escuta só ska, punk rock ou blues; ele gostava de tudo. E como tinha amigos que trabalhavam em gravadoras, sempre recebia antecipadamente cópias de álbuns de David Bowie ou Talking Heads.

Nossa casa também se tornou uma casa de festas, e fazíamos festas de gala a cada quinze dias. Foi um período em que as drogas e o álcool funcionavam perfeitamente, sem interferir com o trabalho, e ninguém ficava exausto. Donde sempre conseguia um pouco de cocaína para as festas, mas era um luxo, não uma coisa que tivéssemos o tempo todo.

Nessa época, minha relação com Hillel se intensificou. Mike e Hillel também estavam se tornando amigos e desenvolvendo uma ligação musical interessante. A Anthym ia fazer uma série de shows em outras escolas, e de repente Hillel começou a ensinar Mike a tocar baixo. Todd, o baixista do Anthym, não era muito bom, mas possuía os amplificadores da banda. Hillel e Alan Mishulsky, o outro guitarrista, e Jack Irons, o baterista, eram verdadeiros talentos, e Hillel tentava encontrar o mesmo no baixo.

Quando Todd chegou ao ensaio um dia e viu o pequeno Mike tocando músicas do Anthym com o baixo dele e o amplificador dele, pegou seu equipamento e saiu da banda. Então Mike entrou.

Pouco antes de eles começarem a tocar, perguntei a Hillel se podia apresentar a banda. Na verdade, quem deu a ideia foi Blackie, que estava apresentando bandas de seus amigos com falas cômicas do tipo Las Vegas. Hillel concordou, e na minha primeira apresentação aproveitei um dos textos clássicos de Blackie. Usei Cal Worthington, que tinha ficado famoso em L.A. com seus anúncios de carros usados no rádio, tarde da noite.

– Senhoras e senhores, Cal Worthington os chama de os melhores roqueiros de L.A. Os pais deles os chamam de loucos e as garotas os chamam o tempo todo, mas eu os chamo de os melhores e os chamo de Anthym – gritei. Então voei do palco para cima do público e dancei durante todo o show. Não importava que eu fosse a única pessoa dançando, pois estava apoiando a arte de meus amigos.

Mas apesar de ser um fã da banda toda, a coisa realmente era entre mim, Mike e Hillel. Hillel conhecia Jack e Alan há muito mais tempo, mas quando nos conheceu sentiu que éramos iguais a ele. Ele curtia maconha, e aqueles outros caras não. Nós gostávamos de loucuras e experiências, e Alan e Jack eram muito mais filhinhos da mamãe. Então eu, Mike e Hillel nos tornamos verdadeiros três mosqueteiros nos dois anos de escola seguintes. Criamos identidades alternativas, três mexicanos que falavam com sotaque estilizado: eu era Fuerte (forte), Mike era Poco (pequeno) e Hillel era Flaco (magro). Juntos, formávamos Los Faces. Éramos uma gangue, mas não uma gangue de bandidos; uma gangue de comédia. Passávamos horas fazendo esses personagens e isso nos ajudou a criar uma camaradagem que durou anos.

Enquanto isso, minha amizade com Haya progredia, mas não muito tranquilamente. Ainda tínhamos um grande problema: eu não era o menino judeu bonzinho que sua família queria. Nunca esqueço o modo como ela explicou a situação: – Eu o amo. Mas meus pais não querem que eu namore alguém que não seja judeu. Eles pensam que nós somos bons amigos e estudamos juntos, e só. Quando estiver em casa, aja como um amigo.

O pai dela mal falava comigo. A mãe era mais simpática, mas eu via a repressão se manifestar em Haya. Por mais que ela tentasse, eles exerciam uma forte influência que ela nunca conseguiria superar. Eu sabia que Haya me amava, mas ela tinha medo de ir longe demais nesse amor. Na décima primeira série eu estava louco para fazer amor com ela. Havia tido várias experiências sexuais, mas nunca baseadas no verdadeiro amor. Eu sabia que transar era divertido, mas ali estava a chance de ter a coisa de verdade. Eu tentava fazê-la dormir comigo, mas ela não cedia. – Não. Me dê um tempo. Não estou pronta. Tem a questão do anticoncepcional. – Nesse meio-tempo, Haya me masturbava, e era ótima, mas eu queria sentir aquela garota nos meus braços enquanto estava dentro dela.

Era enlouquecedor. Eu a adorava, mas ela não cedia. Sete meses depois de começarmos a namorar, estávamos no meu quarto sem intenção de qualquer coisa e começamos a nos beijar. Tiramos nossas roupas e entramos numa esfera de amor, luz e calor, e o resto do mundo desapareceu. Foi melhor do que eu poderia sonhar, uma coisa que eu esperava há muito tempo, aquele amor misturado com o êxtase do sexo.

Quando Haya e eu passamos a ter um relacionamento sexual regular, eu não podia estar mais feliz. Queria fazer sexo com ela o dia todo. Cada canção que escutava era sobre ela. Nossas músicas especiais eram "Heroes", de David Bowie; e "Here, There and Everywhere", dos Beatles.

Meu último ano de colégio foi cheio de contradições. Eu e meus amigos éramos mesmo marginais, vivendo segundo um código moral próprio. Mike e eu aperfeiçoamos um método de roubar comida que foi imbatível durante quase dois anos, até que os supermercados finalmente perceberam. Eu entrava no mercado e enchia uma cestinha plástica com os melhores produtos – filé mignon, lagosta, conhaque etc.

Depois levava a cesta até a estante de revistas, que ficava perto da entrada. Escolhia uma revista e colocava a cesta no chão enquanto a folheava; disfarçadamente empurrava a cesta por baixo da grade metálica. Então Mike, que ficava esperando lá fora, entrava, pegava a cesta e saía. Em pouco tempo tínhamos uma pilha de cestas vermelhas atrás de casa, uma prova de nossa habilidade para nos alimentar com estilo.

Ainda usávamos nosso método de roubar bebida na perna da calça. Certa vez roubei um par de esquis. Fui até o fundo da loja de artigos esportivos e perguntei: – Qual é o melhor par de esquis que você tem do meu tamanho? – O vendedor disse: – São estes esquis de corrida. – Esperei ele se afastar, peguei os esquis e simplesmente saí pela porta da frente. Cheguei à conclusão de que se passasse diretamente pelo caixa eles pensariam que estava levando algo que já tinha pago.

De certo modo, nossos impulsos antissociais eram reforçados pela música que escutávamos. Quando comecei na Fairfax, em 1977, o punk rock tinha apenas começado a aparecer em Los Angeles, mas era uma pequena subcultura. Blackie estava na vanguarda do novo cenário musical. Ele foi uma das primeiras pessoas a frequentar um clube de punk rock chamado Masque, que ficava no Hollywood Boulevard.

Sempre que os grupos de punk rock de Nova York vinham à cidade, tocavam no Whisky, e Blackie e eu sempre acabávamos no motel Tropicana, um velho paraíso no Santa Monica Boulevard, onde as bandas ficavam e davam festas depois dos shows. Na época, meu disco favorito era o primeiro do Blondie. Cada uma daquelas canções ficou marcada para sempre na minha alma, e eu era totalmente apaixonado por Deborah Harry.

Por isso, quando o Blondie veio à cidade, fomos ao Tropicana para a festa. Eles tinham uma suíte e Debbie estava na sala da frente. Começamos a conversar; eu estava derretido. Em meu estado de ilusão, pensei:

"Essa é uma oportunidade única. Talvez você nunca mais veja essa mulher. É melhor agir". Com uma sinceridade total, eu disse:

– Sei que não conheço você há muito tempo, mas quer se casar comigo?

Ela sorriu e disse:

– Você é muito gentil. Acho você ótimo, mas não sei se sabe que esse guitarrista que está ali atrás no quarto, bem... é meu marido. Somos muito felizes e realmente não tem lugar na minha vida para outro homem.

Fiquei arrasado.

Mike e eu começamos a frequentar os ambientes punk por necessidade. Pouco depois de começarmos a Fairfax, levei Mike ao Rainbow certa noite. Antes de chegarmos lá bebemos muita cerveja. Eu tinha tolerância para o álcool, mas parece que ele não. Estávamos sentados na mesa de Blackie, cheia de garotas, quando Mike olhou para mim e disse que não estava se sentindo bem. Ele começou a correr para fora, mas antes de andar dois metros começou a vomitar, esguichando por todo o clube. Não era o que eles queriam de dois menores no estabelecimento. Vomitou até chegar ao estacionamento, onde lhe deram um pontapé e me disseram para nunca mais voltar lá. Continuei tentando durante um ano, mas não consegui mais entrar. Estava na hora de encontrar meu próprio ambiente.

Meu primeiro show punk foi durante o dia, no Palladium. O Devo estava tocando, junto com os Germs. Eu estava de pé no fundo, fascinado. A música era incrivelmente legal, as pessoas eram incríveis, quase demais para mim – eu nunca seria aceito por aquela turma, porque eles estavam anos-luz à minha frente em termos de estilo. Lembro que andei até a lateral do palco, onde as pessoas entravam e saíam dos bastidores, e encontrei uma garota com um cabelo punk incrível, que estava pegando alfinetes de fralda enormes e perfurando o rosto com eles, um depois do outro. Aquilo era novo para mim.

Mike e eu começamos a tentar entrar nesse ambiente, onde, ao contrário do Rainbow, eu não tinha pistolão. Havia uma explosão de bandas incríveis em L.A. na época, como X, Circle Jerks, Black Flag e China White. Era uma energia incontida, mais criativa, excitante e bombástica do que qualquer coisa que eu já vira. Do ponto de vista de moda, energia, dança, música, parecia que o Renascimento estava acontecendo em minha cidade. O rock tinha se tornado uma velha fera aborrecida, pronta para morrer, e agora havia sangue fresco percorrendo as ruas de Hollywood.

A primeira onda de punk rock já tinha arrebentado, mas uma segunda estava chegando. Não era um ambiente violento, como as bandas de Orange County. Em Hollywood tinha mais a ver com criatividade e originalidade. Os Screamers e os Weirdos foram duas das primeiras bandas punk rock de Hollywood, mas não eram nada parecidas.

O que todas essas bandas tinham em comum era um elemento de anarquia e inconformismo. O primeiro disco do X, ou mesmo todos os discos do Black Flag daquela época, são obras-primas. As letras de Darby Crash para os Germs foram as melhores do mundo punk rock. Ele estava em um nível de inteligência totalmente novo.

Então Mike e eu ficávamos no estacionamento do Starwood, provavelmente o melhor lugar punk rock na época, e começamos a espiar esse mundo. O Starwood era um clube difícil de entrar, mas tinha uma porta lateral perto do estacionamento, guardada por um segurança enorme. Se acontecesse uma briga e ele se distraísse, entrávamos o mais rápido possível. Às vezes, quando um monte de gente estava entrando, nós entrávamos agachados. Quando não conseguíamos entrar no show, ficávamos no estacionamento, mas nenhum de nós tinha muito charme e ninguém nos convidava para nada.

Certa vez, Mike e eu conseguimos entrar no Starwood para um show do Black Flag. Parecíamos peixes fora d'água. Nós adorávamos aquelas bandas, mas estávamos vestidos errado, tínhamos o cabelo errado, os sapatos errados e nem sabíamos dançar como punks. Aqueles caras tinham umas botas lindas com correntes enroladas neles e a combinação certa de roupas rasgadas e cabelos espetados. Mike e eu tínhamos apenas uma jaqueta de couro para os dois.

Um dos motivos pelos quais não mergulhamos nesse ambiente é que de certa forma ainda éramos alunos-modelos na Fairfax. Pelo menos eu era. Era uma estranha dicotomia. Eu fumava toneladas de maconha, tomava pílulas e bebia nos fins de semana. Mas nunca perdi o controle.

Nunca faltei às aulas. Para mim era importante tirar as melhores notas. De certa maneira, eu era um rebelde por tirar boas notas, porque a maioria dos fumadores e drogados não tirava. Eu não queria ser como eles. No penúltimo ano, recebi um boletim que tinha só A, do começo ao fim, o que adorei. Eu queria ser o melhor em qualquer coisa que aparecesse na minha frente. Mas nos meus termos. Não precisava estudar horas para chegar lá, porém, queria fazer o suficiente no último minuto.

Nessa época, todos estávamos pensando em faculdade. No final do último ano de colégio, minhas notas começaram a cair e tive de chegar para a senhorita Lopez, minha professora de espanhol, e suplicar para tirar um B. Mike também tinha problemas com as notas. Ele sempre oscilava entre ser um aluno absolutamente brilhante e ser absolutamente péssimo. Ele tinha aula de história com o professor Don Platt, que era um verdadeiro general. Mike não estudou antes do exame e colou. Platt não teve medo de chamá-lo na frente da classe e humilhá-lo.

Mike saiu da classe branco como um fantasma. Tirar um D na matéria de Platt ia prejudicar as chances de Mike ter uma boa média. Mas isso não me dizia respeito, pois já tinha boas notas e na verdade pretendia pedir uma recomendação a Don Platt para a UCLA. Eu fora aluno dele por três anos e tirara notas máximas em todas as suas aulas.

Alguns dias depois fui procurá-lo e ele não parecia nada amistoso. Pedi a recomendação, mas ele parecia já ter um discurso pronto. – Qualquer um que se associe a Michael Balzary não é meu amigo, nem vai receber recomendação minha. Acho que você e Michael colaram o tempo todo em que estiveram nas minhas classes.

Isso era absurdo. Provavelmente fui o melhor aluno que ele teve em dez anos. Tentei defender minha posição, mas ele não aceitou. – Saia – ele disse. Saí dali chocado e acabei procurando o professor de geometria, que foi simpático e escreveu uma ótima recomendação. Mas queria me vingar de Platt.

Eu tinha encontrado umas caixas de papelão cheias de grandes letras plásticas pretas e vermelhas. No final do feriado do Memorial Day[2], na véspera de voltarmos às aulas, Mike e eu estávamos circulando de carro chapados, escutando música, e tive uma ideia brilhante.

---

2 O Memorial Day, em 30 de maio, homenageia americanos mortos nas guerras. (N. do E.)

Dirigimos até a marquise na frente da escola e comecei a subir pelo mastro, carregando letras. Então escrevemos O FOFO DON PLATT CHUPA CU e passamos óleo de carro no mastro e na plataforma, para que ninguém pudesse subir e tirar a mensagem.

Depois fomos para casa dormir. No dia seguinte chegamos à escola e havia uma grande atividade em torno da marquise, pessoas tirando fotos e trabalhadores tentando tirar as letras.

Ninguém perguntou nada a mim ou a Mike. Não éramos suspeitos. Talvez Platt tivesse estrepado muitos outros garotos que teriam motivo para isso. Mas a coisa não acabou aí. No fim daquele verão decidimos deixar uma mensagem para a próxima classe de Platt. Então pegamos novamente as letras de plástico, subimos no mastro e escrevemos O FOFO DON CONTINUA CHUPANDO CU.

CAPÍTULO

4

SOB O SOL DA ZERO ONE

Fiquei muito feliz ao saber que fui aceito para a UCLA. Não apenas eu ia para a mesma universidade de meu pai, como Haya, que poderia ter entrado em qualquer universidade do país, decidira fazer a mesma faculdade que eu. Foi como se os planetas se alinhassem.

Mas caí de volta à terra rapidamente. Nunca me senti à vontade na UCLA. Entre os estudantes havia muitos que não estavam lá para se relacionar ou se divertir. Tudo era muito sério o tempo todo. Não fiz um único amigo lá. Além disso, ir aos clubes e às festas na casa de Donde e ficar com Hillel e Mike era muito mais importante para mim do que estudar história chinesa, que, não me pergunte por quê, foi um dos cursos em que me inscrevi.

Além disso, minhas finanças estavam completamente abaladas. Não tinha nenhuma renda além dos vinte dólares por mês que minha mãe me mandava. Então voltei às minhas velhas práticas. Para comprar livros de estudo, incrivelmente caros, fazia o truque da cestinha. Para a comida, enchia uma bandeja na lanchonete da faculdade e antes de chegar ao caixa começava a voltar na fila, como se estivesse pegando coisas que tivesse esquecido, até chegar ao final. Então saía com a comida. Nunca me pegaram. Hillel muitas vezes me acompanhava, e esses foram os momentos mais felizes da minha carreira universitária.

Naquele ano, Hillel, Mike e eu desenvolvemos uma coisa que chamamos de jantar e correr. Escolhíamos restaurantes com muito movimento e muitas garçonetes, comíamos e depois saíamos sem pagar, um a um. Hillel tinha muito tempo livre no primeiro semestre, porque ele não foi para a faculdade depois do colégio. Eu o encontrava depois das aulas e saía com ele nos fins de semana e fumávamos maconha. Adorava o tempo que passava com ele e detestava todas as minhas aulas, exceto uma aula de redação dada por uma jovem professora. Toda semana tínhamos de escrever uma redação, que depois ela criticava. Apesar de só fazer os trabalhos na véspera, tirei A em todos e, como Jill Vernon, a professora me incentivava a escrever mais.

Se algumas de minhas outras aulas fossem Consumo de Drogas Recreativo ou, melhor ainda, Cheiração de Coca Avançada, talvez tivesse me saído melhor na UCLA.

Eu tinha 14 anos na primeira vez em que cheirei pó, numa festa do meu pai. No fim do último ano na UCLA comecei a cheirar de novo. Não via isso como um caminho para a morte e a loucura, apenas como uma coisa que dava uma sensação maravilhosa. Mas a descida é horrível. Você cai em um estado agonizante de desconforto, porque todas as substâncias químicas que normalmente o corpo libera lentamente desaparecem e não há nada que o faça se sentir bem. Foi por isso que comecei a tomar heroína alguns anos depois. Era como uma almofada para aparar a queda da cocaína.

Nunca tive problema nenhum em usar agulhas para tomar drogas. Uma vez até transformei a injeção num estranho projeto artístico. Tive uma briga com Haya, então fui até a frente da loja de seu pai, onde ela trabalhava. Enfiei uma seringa no meu braço e tirei um pouco de sangue. Aí fui até o carro dela, espirrei o sangue na palma da minha mão, passei na boca e dei beijos de sangue no para-brisa e na janela lateral.

Meu projeto romântico funcionou. Fui para casa e depois ela me ligou dizendo que entendera o recado e que me amava muito. Infelizmente, o sangue manchou o vidro, e apesar de várias lavagens, nunca conseguimos apagá-lo totalmente.

Meu consumo de drogas aumentou exponencialmente no primeiro ano da faculdade. Fui a todos os shows que pude, como os dos Talking Heads e do Police. Fui até Nova York com Donde para visitar a família dele e ver alguns shows. Era aniversário de Donde, então tomamos um ácido e fomos para o Tracks ver John Lurie e os Lounge Lizards, depois ao Bottom Line para ouvir Arthur Blythe. Para nossa surpresa, Blythe estava tocando com Kelvyn Bell, o ótimo guitarrista do Defunkt. O show foi incrível, e quando terminou fui até o bar e conversei com Kelvyn sobre música, sobre tocar guitarra e os discos em que eu sabia que ele participou. Ele ficou muito contente em conversar com aquele garoto de dezoito anos de Hollywood viajando de ácido.

Fiquei empolgado porque Kelvyn foi uma das pessoas que me levou seriamente para a música. Donde tinha um disco do Defunkt, e sempre que vinha gente em casa ele o colocava e dizia: "Abram espaço. Anthony vai dançar", e eu fazia meu número. Depois começamos a ir a concursos de dança. Hillel, Mike e eu inventávamos passos, enquanto a maioria das pessoas fazia coisas convencionais e conhecidas.

Além de tocar discos constantemente, Donde também tinha uma guitarra e um amplificador. Nos fins de semana, quando não estava trabalhando com o pai, ficava sentado moendo a velha guitarra. Ele sabia alguns acordes, mas seu tom era estridente demais, então quando ele começava a tocar eu geralmente saía de casa. Ainda assim, um dia Donde sugeriu que ele, eu e Mike devíamos formar uma banda. Ele na guitarra, eu cantando e Mike no baixo. Era mais uma brincadeira que qualquer outra coisa, mas ensaiamos algumas vezes no teatro do pai dele em Hollywood. A maior contribuição para esse projeto foi o nome. Nosso amigo Patrick English costumava chamar seu pinto de Spigot [Torneira], e eu achei o nome tão fantástico, que me tornei Spigot Blister. Donde se batizou de Skid Mark. Esqueci o nome de Mike. Nós nos chamávamos de Spigot Blister and the Chest Pimps, sendo as "pimps" [espinhas] as espinhas que Mike tinha no peito. Nossos ensaios eram principalmente barulho. Vendo em retrospectiva, era mais um exercício de inventar personagens do que música. Não escrevíamos canções nem letras, apenas fazíamos muito barulho, gritávamos e batíamos nas coisas. Afinal perdemos o interesse pelo projeto.

Mas ver Kelvyn Bell foi uma inspiração para mim, e tive a sensação nítida de que queria fazer as pessoas sentirem o que a música me fazia sentir, apesar de concretamente não ter como fazer isso. O único problema era que eu não era guitarrista, nem baixista, nem baterista, nem cantor, era um dançarino e um maluco por festas, e não sabia como transformar isso em trabalho.

Todas as minhas tentativas de trabalhar fracassaram. Na Fairfax passei por diversos empreguinhos que ressaltaram minha incapacidade de me encaixar na sociedade. Trabalhei em diversas coisas, como balconista e garçom, mas sempre fui dispensado. Na UCLA fiquei tão desesperado por dinheiro, que li um anúncio no quadro de avisos de que uma rica família precisava de alguém para passear com seus dois pastores-alemães. Não me importava o passeio diário, nem ficar com os cachorros, mas era patético ter de sair com eles para ganhar 25 dólares por semana.

No primeiro ano acabei não podendo mais pagar o aluguel a Donde e tive de sair. Voltei para aquele quadro de avisos e achei um que dizia: "Quarto e comida para jovem estudante que ajude a cuidar de um menino de nove anos. Mãe solteira precisa de ajuda para levar e trazer o menino da escola". A mulher vivia numa pequena casa em Beverlywood.

O filho era o chamado hiperativo, com déficit de atenção, e tomava Ritalin. Ela gostou de mim imediatamente. Minhas responsabilidades não eram muitas, basicamente levar o menino à escola de manhã, apanhá-lo à tarde e dar-lhe um lanche.

Para mim era ideal. Tinha um teto, alguma comida no estômago e um belo quarto onde Haya me visitava e fazíamos sessões de amor barulhentas. Depois de um tempo passei a gostar do menino. Quando estávamos juntos ele não tinha espasmos ou crises. Eu tinha lido que quando adultos tomam Ritalin ele estimula o equilíbrio químico pós-adolescente, em vez de ter um efeito calmante. Certa noite Hillel e Mike vieram em casa e decidimos testar a teoria. Combinado com uma garrafa roubada de vodca finlandesa, enlouquecemos. O menino se divertiu muito, e quando sua mãe e o namorado chegaram, um pouco alegres, ela fez a festa conosco, sem perceber que estávamos de barato com os remédios do filho. Mas no fim me demitiu.

Eu quase não ia mais à escola. Decidi cortar meu cabelo bem curto, exceto atrás, que ficou comprido até os ombros. Foi minha ideia de um corte punk rock. Provavelmente foi inspirado por David Bowie e sua época de *Pin Ups*, mas não era vermelho. Para o pessoal da universidade, era abominável. Até meus amigos se assustaram. Mas Mike aprovou. Ele sempre disse que uma das minhas grandes conquistas foi eu ter inventado o *mullet*.

O auge da minha alienação da UCLA veio naquele mesmo ano. Mike, Hillel e eu tínhamos terminado um dos nossos jantares com fuga. Estávamos viajando de ácido, andando pelas ruas. Passamos por um beco e vi umas roupas que tinham sido deixadas por um mendigo. Tive um momento de clareza do ácido, me despi e vesti aquela estranha combinação de roupas. De certa maneira eram lindas e chiques; as calças tinham uma espécie de estampa sedosa na vertical. Combinou com o corte de cabelo Spigot Blister. Eu estava uma figura. Fiquei acordado a noite toda e de manhã fui para a aula usando aquele traje de mendigo místico. Mas ainda estava meio viajando e fiquei deitado no gramado.

Haya me viu.

– O que há de errado com você? – perguntou.

– Fiquei acordado a noite toda, de ácido, não dá para encarar a aula de astronomia.

– Você parece péssimo – ela disse.

Haya tinha razão. Eu parecia e me sentia péssimo, e foi aí que percebi que não ia aguentar aquele ambiente. O que não percebi foi que Haya e eu também não íamos dar certo. Tive dois momentos lamentáveis de infidelidade naquele ano. O primeiro foi com uma garota bem-dotada que sempre aparecia em casa e não me deixava em paz. Antes de sairmos para dançar uma noite deixei claro que era comprometido. Mas acho que dividimos um Quaalude a certa altura e fomos para o apartamento dela. Perdi totalmente o controle e dormi com ela. Foi ótimo, mas depois eu me senti desmoralizado e enojado de mim mesmo.

A segunda foi pior. Eu estava fazendo um trabalho da faculdade e precisei de ajuda, e Karen, a irmã de Mike, tinha certa experiência naquela área. Ela morava numa casinha no Laurel Canyon e Haya me levou até lá. Karen já estava bêbada de vinho quando cheguei e tinha tomado sopa de alho, o que não me excita lá muito, mas foi insistente e acabamos tendo um verdadeiro festival de sexo. Depois senti uma culpa enorme, vergonha e decepção comigo mesmo.

Esses episódios não destruíram minha relação com Haya. Eu sabia que não significavam nada perto do que eu sentia por ela. Mas havia outros problemas. O maior deles era o conflito entre sua lealdade a seus pais e seu sentimento por mim.

Uma noite, ainda na casa de Donde, Haya e eu estávamos deitados na cama, conversando e rindo, e ela estava radiante porque achava que seus pais pensavam que ela estava em algum outro lugar. Já era um pouco tarde quando o telefone tocou. Atendi esperando que fosse para Donde, mas a voz masculina do outro lado era fria como gelo e séria como pedra.

– Anthony, quero falar com Haya.

Ela sabia que devia atender. Ficou escutando as broncas do pai e começou a chorar. Tentei lhe dizer que a amava e que ela não desse importância, mas ela apenas suspirou e disse:

– Não, é minha família. Não posso decepcioná-los. – E voltou para casa.

Aos poucos nossa relação se desintegrou, de maneira profunda, quando ambos compreendemos que talvez nossos mundos fossem muito diferentes e que não houvesse futuro para nós. Tivemos nossa última conversa na casa de Hillel, que se tornara um santuário para mim naquele ano difícil. Hillel nos emprestou seu quarto, e Haya e eu olhamos um para o outro e dissemos: – Você sabe que isso não vai dar certo. – Então ficamos deitados na cama de Hillel abraçados e chorando pelo que pareceram horas, porque os dois sabiam que aquele grande amor tinha chegado ao fim.

Não decidi abandonar a faculdade no fim do primeiro ano. Minhas aulas tinham terminado, e mais uma vez fui ao quadro de anúncios e encontrei algo muito interessante. Era um emprego de faz-tudo numa empresa de filmes de animação, e eles pagavam dez dólares por hora, o que era muito mais que o salário mínimo. A firma tinha um escritório compacto em La Brea. O escritório era moderno e high-tech, e o dono da empresa, David, era muito arrumadinho e claramente gay. Só de olhar percebi que David comandava um navio muito eficiente. Minha entrevista foi bem (claro que o fato de eu ser do sexo masculino e ter dezoito anos ajudou) e comecei a trabalhar no dia seguinte.

O trabalho era basicamente levar os filmes para os laboratórios, cuidar desses pagamentos e fazer qualquer coisa que David quisesse. Essa foi uma das primeiras empresas a se especializar em animação gráfica para comerciais e logotipos de redes, e estava ganhando uma fortuna. Embora eu fosse apenas um office-boy, ele gostou de mim e começou a me explicar os complexos programas gráficos. Não era coisa sexual. Desde o primeiro dia conversamos abertamente sobre querer homens ou mulheres. Embora eu fosse o tipo de rapaz que ele constantemente procurava, nunca me assediou ou me fez sentir incomodado no trabalho.

Não demorei muito para aplicar minha antiga técnica de aproveitar as situações, e quando ele me mandava comprar coisas para sua casa, como uma nova colcha, eu geralmente encomendava dois itens de cada e ficava com um. Ninguém parecia perceber, e como ele tinha uma casa nas montanhas, uma Ferrari e um Porsche Carrera, achei que não faria falta. Ele devia me ver muito mais como o que eu era e muito menos como o papel que eu representava, porque não era bobo, mas nada fez. Eram as férias de verão e eu estava ganhando mais do que podia gastar. Mike trabalhava num hospital veterinário, e nosso amigo Johnny Karson (JK), que costumava sair com Haya no colégio, trabalhava na Warner Bros. Durante anos Mike e eu tínhamos sonhado em ter nossa casa em Hollywood, então os três decidimos juntar nossos recursos e alugamos uma bela casinha perto do Formosa Café. Três semanas depois uma casa ainda melhor na mesma quadra estava para alugar. Tinha um quintal maior e era algumas centenas de dólares por mês mais barata.

Então conseguimos receber de volta nossa caução e mudamos. Logo ficou claro que JK era o estranho no ninho, pois trabalhava das nove às cinco na Warner Bros. Mike e eu não deixávamos nossos empregos atrapalhar nossas festas, que ainda na primeira casa consistiam em tomar muito pico de cocaína. Colocávamos uma música do Police chamada "Fall Out", e Mike e eu tomávamos coca e corríamos em volta da casa eufóricos, com os braços levantados para parar de sangrar.

Quando JK planejou esquiar em Mammoth por alguns dias, Mike, Hillel e eu decidimos dar a festa definitiva. Mike e eu saímos numa expedição para roubar bebida e abastecemos a casa. Depois tiramos todos os móveis para deixar espaço para dançar. Hillel nos ajudou a distribuir flyers e eu colei grandes letras adesivas no chão da sala que diziam "DANCE".

Mike tinha roubado umas pílulas coloridas do hospital veterinário, apenas como suvenir. Em volta da casa havia um enfeite saliente, então colocamos ali as pílulas azuis, amarelas e vermelhas, criando uma espécie de efeito jardim japonês.

Então as hordas chegaram. A bebida começou a correr, a música bombava e as pessoas dançavam, desapareciam nos quartos e se enfiavam nos arbustos, e foi a melhor festa a que eu já fui. Com o passar da noite, todo mundo começou a tomar as pílulas, sem saber se eram para prisão de ventre de cachorro, psicose felina ou qualquer coisa.

A certa altura a casa adquiriu vida própria, como se sua energia pulsasse através das janelas para o mundo. Desmaiamos de manhã cedo. Quando acordamos Mike e eu olhamos para o lugar e parecia uma zona de guerra. O chão estava coberto com três centímetros de meleca: havia comida, pílulas esmagadas, vômito, garrafas vazias, pontas de cigarro e lixo em toda parte. Eu sabia que JK ia voltar naquela noite, então passei o dia todo limpando a casa e parecia que nada tinha acontecido ali.

Apesar de manter o emprego na empresa de animação, eu estava definitivamente viciado em cocaína. Tínhamos um suprimento bastante constante, porque Mike e eu estávamos ganhando dinheiro e ele também dava aulas de baixo para um traficante de pó. Nunca havia o suficiente para durar mais de uma hora, mas eu sentia uma verdadeira necessidade de ter aquela droga em mim. A dependência psicológica estava a toda. Fisicamente eu não estava fraco, mas psicologicamente queria cocaína o tempo todo.

Isso acabou explodindo em alguns episódios de psicose total. Um dia, consegui um monte de pó e me injetei a noite toda, até o dia seguinte. Estava sozinho no quarto e tinha certeza de que alguém tinha arrombado a casa em plena luz do dia. Então comecei a ter alucinações visuais do invasor percorrendo a casa. Eu corria de um quarto para o outro, convencido de que ele tinha saltado pela janela logo antes de eu entrar. Então pensei: "Já sei". Subi no telhado da casa segurando um velho pneu de carro, pensando que conseguiria atrair o cara e jogar o pneu nele para imobilizá-lo, como num desenho animado. Felizmente Mike chegou e me convenceu a descer.

Eu não estava abusando só de cocaína. Nessa época, conheci uma garota punk rock que perguntou por que eu tomava cocaína se por 20 dólares podia tomar bola e ficar dois dias alto. Acabei passando a noite com ela, tomando bola e ficando maluco. Toda vez que eu me drogava com coca ou bola, uma coisa se ligava na minha cabeça e não importa onde estivesse eu conseguia lápis ou tinta e começava a desenhar em papel, papelão ou na parede. Simplesmente tinha de desenhar no instante em que a droga me atingia. Quando não estava desenhando, estava fazendo sexo.

Naquele verão de 1981 a heroína não tinha destaque no cenário das drogas. Lembro que estava com Mike no Al's Bar no centro da cidade, vi toda uma mesa de jovens punk rockers chapados e pensei que não parecia muito divertido. Mas tinha uma voz na minha cabeça que de vez em quando me dizia: "Você precisa encontrar heroína de novo. É a droga de que as pessoas têm medo, então deve ser a melhor".

Um dia apareceu um cara novo no trabalho. Parecia um cantor rockabilly, com um topete preto, grandes óculos pretos, pele superpálida e um comportamento bizarro. Perguntei ao meu colega Bill o que significava aquilo.

– É assim que você fica quando toma heroína – ele disse.

Pronto, ali estava minha conexão com o mundo da heroína.

Alguns dias depois me aproximei do cara e disse:

– Pode me conseguir um pouco dessa heroína de merda?

Ele disse:

– Claro, claro.

Os viciados sempre querem arrumar drogas para os novatos, porque podem extorqui-los. Então combinamos de tomar heroína naquela noite em minha casa. Estava tão animado que corri para casa e contei a Mike e Hillel que ia tomar heroína.

– O quê? Você não pode tomar heroína. Vai morrer – eles avisaram. Eu lhes disse que aquele cara tomava há algum tempo e eles ficaram tão intrigados que decidiram me observar.

O sujeito chegou e ficou desapontado ao ver uma plateia sentada ao redor da mesa da cozinha. Mas preparou as colheres e fizemos todo o ritual de cozinhar a droga persa, que eu nunca tinha visto. Como era à base de óleo, precisava de um limão para cozinhar junto. Primeiro ele se aplicou e ficou um pouco chapado, depois disse: – Sua vez. – Preparou a dose, e era da marrom. Eu nunca tinha tomado nada marrom antes. Tomei o pico, mas não senti muita coisa. Pedi um pouco mais e ele disse que sim, mas que ia acabar por ali. Deu-me mais um pico mas mesmo assim não senti grande coisa. Mais tarde descobri que era uma droga muito fraca, o que não me inspirou a procurar mais heroína.

No outono de 1981, embora não tivesse tomado uma decisão consciente, deixei de ser aluno da UCLA. A faculdade não cabia no estilo de vida maluco de drogas e clubes que eu levava. Eu certamente não parecia um estudante. Tinha raspado o cabelo dos lados e atrás da cabeça, deixando três centímetros espetados no topo. Foi como se tivesse apagado totalmente minha ligação com o passado. Agora eu era um punk rocker louco e descontrolado. Quando apareci no trabalho no dia seguinte, David ficou surpreso. – Meu Deus, você cortou todo o cabelo – ele disse.

Nesse momento, começou a tocar no rádio uma música do Devo. Aumentei o volume ao máximo e comecei a dançar pelo escritório. – Esse é um estilo de dança muito violento – ele comentou. Mas eu estava mergulhado na minha nova identidade.

Todo o tempo em que trabalhei lá eu avançava na caixa do troco, cada vez tomando mais cocaína, bebendo muito e tomando um monte de bola. Não percebia, mas a coisa estava começando a degringolar. Não estava nem aí com o trabalho, nem com minha saúde, nem com pagar o aluguel; estava simplesmente numa viagem desgovernada. A terrível ironia da dependência de drogas é que elas são muito divertidas no começo, mas quando as consequências se manifestam você não tem mais condições de dizer "Bom, já deu". Você perde essa capacidade e cria um padrão de condicionamento e reforço.

Depois que faltei ao trabalho várias vezes, David me despediu. Senti-me realmente triste por tê-lo decepcionado, mas também porque a galinha dos ovos de ouro tinha desaparecido. Então recebi mais más notícias. Parece que JK levara uma cópia do flyer da nossa festa para o senhorio. Disse que tínhamos distribuído os convites em lojas de discos na Melrose e fizemos uma festa maluca que pôs a casa em perigo. Enquanto isso, JK já tinha engatilhado dois outros amigos para morar com ele. Nossas vidas estavam se autodestruindo a ponto de não podermos pagar o aluguel regularmente.

Antes de sair da casa, consegui juntar algum dinheiro e comprei um carro usado. Vinha usando um Capri que Steve e Peggy me deram de presente de formatura no colégio. Nunca fiz manutenção, então no último ano ele não tinha escapamento nem freios. Eu costumava bater na calçada com as rodas quando queria parar. Certa manhã o carro simplesmente não pegou, e quando chequei o óleo não tinha uma gota. O motor tinha se transformado em pedra, então larguei o carro na rua. Comprei um belo T-Bird 62 por 600 dólares que logo se tornou meu quarto ambulante.

Por algum motivo, Mike e eu não ficamos chateados quando nos vimos na rua. O conceito de dormir não fazia muito sentido para nós naquela época. Havia muitos novos clubes e todo um ambiente pós-punk surgindo em Hollywood. Havia o Lasa Club e o bar Zero One, e o CASH Club, que significava Creative Artist Space of Hollywood [Espaço Artístico Criativo de Hollywood]. Acabávamos nesses lugares porque ficávamos na rua a noite toda, todas as noites.

Mike estava em melhor forma que eu. Não tomava tanta droga e ainda recebia o salário do hospital veterinário. Quando ficamos sem casa ele acabou dormindo no CASH Club, dirigido por uma mulher chamada Janet Cunningham, que trabalhava arranjando extras para filmes. Se você fosse ator, pintor ou músico, Janet o deixava dormir de graça naquele espaço, onde à noite havia apresentações. Quando Mike se mudou, Larry Fishburn morava lá, com um grande baterista chamado Joelle, um pintor francês chamado Fabrice e um verdadeiro punk rocker chamado Animal Boner. O cara não só tinha as primeiras tatuagens que eu vi, como elas ficavam em seus joelhos e diziam FÁBRICA DE RÓTULAS METÁLICAS.

Eu também acabava dormindo ali de vez em quando. Foi quando começamos a tomar heroína. Além de ser artista, Fabrice começou a receber um suprimento constante de heroína branca chinesa. Era tão pura, que você podia cheirar uma linha e ficar bem. Mike também começou a cheirar, mas sempre foi discreto.

Certa noite, estávamos numa festa no vale e pedi para Hillel me fazer um corte moicano. O cabelo já estava acostumado a ficar de pé, não precisava de fixador. O corte me deu uma nova personalidade e energia.

Embora não tivesse nem lugar para morar nem emprego, não me importava, porque tinha aquela nova armadura e me sentia bem. Eu vestia uma roupa de franjas brancas sem cueca, botas de combate pretas e saía para dançar. Um dos novos lugares que descobri foi o Radio Club, o primeiro clube hip-hop de L.A. Eu ia lá com Mike e Gary Allen, nosso amigo negro estilista louco, que era de Arkansas e cantava numa banda chamada Neighbor's Voices. Dançávamos cinco horas direto e ficávamos completamente exaustos.

Eu dormia onde desse. Meu lugar preferido era o sofá de Hillel. A família dele sempre me recebeu bem e nunca me fez sentir um fracassado, mas uma vez fiquei tempo demais e Hillel me disse: – Acho que se você ficar mais uma noite minha mãe vai chiar. – Acabei dormindo no meu T-Bird estacionado em frente à casa de Hillel. Não consegui ficar confortável, então saí e apaguei no jardim da casa. Ele acabou me convidando para o café.

Quando não era a casa de Hillel era a de meu amigo Keith Barry. Ele morava com seu pai hippie numa pequena casa de dois quartos, em Hollywood. O pai dele fumava maconha, então a casa se tornou mais um ponto para fazer a cabeça. Keith sempre fora um marginal, mas também era um ótimo músico e me apresentou a algumas velhas estrelas do jazz. Ele me deixava dormir no chão do seu quarto, e para mim estava bem. Eu enrolava uma toalha e colocava embaixo da cabeça. Mas assim como na casa de Hillel, o pai de Keith começou a se incomodar com minha presença, então terminei dormindo no pequeno quintal deles. Mal cabiam duas cadeiras, mas era o suficiente para eu me ajeitar.

Sempre que conseguia algum dinheiro, eu fazia uma festa de drogas. O problema é que não tinha uma casa para tomá-las. Então começava usando na casa de alguém, e quando terminavam eu saía para conseguir mais. Comecei a tomar drogas em estacionamentos subterrâneos, ou escondido numa esquina atrás de um carro. Ficava louco e saía andando pela rua, então encontrava um beco, um pátio de escola ou algum arbusto para me esconder e tomava mais.

Naquela primavera meu período de sem-teto terminou. Encontrei Bill Stobaugh, um amigo meu da empresa de animação gráfica. Ele era branco, mas tinha um cabelão estilo Eraserhead. O belo trabalho artístico psicodélico de Bill lhe valeu o apelido de "The Hallucinogenius".

Era uma espécie de homem do Renascimento: cineasta, guitarrista, colecionador de guitarras antigas de doze cordas. Trabalhava para algumas outras casas de design gráfico e me ajudava a conseguir trabalhos de meio período que me rendiam algum.

Um desses lugares se chamava Mid-Ocean. O dono era um gigante irlandês chamado Ray. Era capaz de fazer vinte coisas ao mesmo tempo e terminar todas. Sua pequena mulher loira dirigia o lado financeiro da empresa. Eles faziam animação de vanguarda, incluindo toda a animação de *Blade Runner.* Ray e sua mulher mais ou menos me adotaram, e novamente consegui um emprego de office-boy. Mas novamente comecei a tomar heroína. Passava a noite toda acordado, depois ia trabalhar e tinha de levar os filmes para ser processados em Orange County. Dirigia a caminhonete vermelha e cochilava na autopista. É incrível que não tenha morrido em um acidente.

Quando eu estava na Mid-Ocean, Bill percebeu que eu não tinha casa, por isso me convidou para morar com ele. Ele tinha um enorme porão com muitas janelas que davam para a calçada. Ficava num clássico prédio de apartamentos de Hollywood, cujos moradores eram na maioria mexicanos. O espaço era rústico, sem paredes, mas ele me ofereceu um canto se eu o ajudasse a colocar grades nas janelas.

Uma noite, pouco depois de me mudar, decidi fazer uma orgia de coca. Tive uma daquelas noites malucas em que ficava andando para cima e para baixo no Hollywood Boulevard, entrando nas lojas pornô, fazendo coisas estranhas. Voltei para casa no meio da noite para pegar dinheiro ou agasalho, mas acabei ficando fora a noite toda.

No dia seguinte entrei na Mid-Ocean e Bill me olhou de um jeito que eu nunca tinha visto. – Eu mato você, seu filho da mãe. – Perguntei o que havia de errado. Ele se conteve, talvez porque tenha visto que eu não estava entendendo, e disse que todas as suas lindas guitarras tinham desaparecido naquela noite e que eu era a única pessoa que podia ter feito isso.

– Bill, sei que sou louco, que tomo drogas e faço maluquices e entendo que você me culpe, mas não fui eu. Se você não se focar em outra possibilidade, quem fez isso vai se safar – eu disse.

Bill não conseguia se convencer de que outra pessoa tivesse feito isso. Eu era o único que tinha as chaves. Eu tinha certeza de que o negócio tinha sido feito por alguém de dentro, que o pessoal da manutenção do prédio o tinha roubado.

Foi o fim de minha convivência com Bill. Não dava para viver com um cara que achava que eu o havia roubado. Agora precisava encontrar outro lugar. Na Mid-Ocean eles tinham um pequeno espaço em cima da sala de arte, ao qual se chegava por uma escada e onde havia alguns colchões. Comecei a dormir lá e levantava cedo para ninguém perceber.

Agora, Mike (que fora apelidado de "Flea" [Pulga] numa viagem que fez com Keith Barry e JK) morava num apartamento que chamávamos de Wilton Hilton, um grande prédio antigo de tijolos na Wilton com a Franklin. O lugar, cheio de artistas e músicos, era administrado por uma senhora maluca de setenta anos. Flea morava com Joel e Fabrice, seus amigos da CASH. Acabei passando muito tempo lá. Nessa época, a What Is This (o novo nome, mais maduro, da Anthym) continuou a fazer shows e a criar um público fiel. Quanto mais tocavam, mais Flea era reconhecido como o astro da banda. Sempre que lhe davam um solo de baixo, era o clímax da noite.

Naquela época, o Fear era a banda de punk rock mais famosa de L.A. Por isso, quando seu baixista deixou o grupo, era natural que chamassem Flea para substituí-lo. Um dia ele me contou que fora convidado para fazer um teste para o Fear. Era uma situação delicada, porque Flea e Hillel eram meus dois melhores amigos, mas conversamos e eu o aconselhei a ir em frente.

Ele voltou do teste contratado, mas agora tinha de enfrentar Hillel, o cara que tinha lhe ensinado a tocar baixo. Hillel não aceitou bem a notícia. Enquanto a What Is This substituía Flea por diversos baixistas medíocres, ele saltava para o miniestrelato do punk rock. Depois de vários meses sem se falarem, Hillel foi obrigado a perdoá-lo. Entendeu que era o destino de Flea. Com o tempo eles voltaram a ser amigos e a tocar juntos.

Eu continuava trabalhando na Mid-Ocean, dirigindo aquela caminhonete durante todo o verão de 1982. Uma canção incrível tocava sem parar no rádio, "The Message", de um grupo de rap de Nova York chamado Grandmaster Flash and the Furious Five. Comprei a fita cassete e a tocava sem parar. Algumas semanas depois eles vieram para L.A. tocar em um lugar chamado Country Club e foi incrível. Mas "The Message" me fez começar a pensar, principalmente.

Aqueles caras estavam escrevendo versos, coisa pela qual Hillel e eu éramos apaixonados há muito tempo. Ele e eu invadíamos o andar superior do Continental Hyatt House na Sunset, que era um clube privado, e dali tínhamos uma visão espetacular da cidade. Fumávamos um baseado, inventávamos uns personagens malucos e espontaneamente fazíamos sessões de rimas. Foi a primeira vez que tentei fazer rap.

Então, quando "The Message" se tornou a música mais quente daquele verão, comecei a entender que você não precisa ser Al Green ou ter uma voz incrível de Freddie Mercury para ter um lugar no mundo da música. Fazer rimas e desenvolver um personagem era outra maneira de fazer isso.

CAPÍTULO

5

GRANDES BARATOS

De certa maneira, devo minha carreira a meu amigo Gary Allen. Em fevereiro de 1983, Gary e o Neighbor's Voices tocariam no Rhythm Lounge do Grandea Room, na rua Melrose. Alguns dias antes, ele sugeriu que Flea, Hillel e eu abríssemos o show e tocássemos um número, comigo à frente.

Hillel e Flea ficaram um pouco céticos no início, porque eu não era cantor, mas Gary tinha reconhecido meu potencial artístico, devido à minha mania de me exibir nas pistas de dança de vários clubes. Decidimos ensaiar alguma coisa e imediatamente ficou claro para mim, graças ao Grandmaster Flash, que eu não precisava cantar, podia subir lá e fazer um rap de um poema. Todos nós curtíamos a energia do Defunkt, o nervosismo cru da Gang of Four e, é claro, a liberdade cósmica da guitarra de Jimi Hendrix, então canalizaríamos todas essas influências, mas, principalmente, queríamos fazer alguma coisa baseada no funk, porque a What Is This não tinha absolutamente nada a ver com o funk.

Não tínhamos espaço para ensaiar, e não estávamos levando a coisa tão a sério, então decidimos que só precisávamos nos juntar na sala da casa de Flea e fazer um ensaio a capela. Flea e Hillel tinham uma estranha telepatia entre eles, bastava se olharem para saber o que tocar. Flea inventou uma linha de baixo, Hillel inventou um improviso de guitarra funk e Jack Irons, o baterista do What Is This, deu o ritmo. Então fui escrever uma letra.

Tive sorte. Decidi escrever sobre algo que eu conhecia – meus amigos muito coloridos e nossa vida noturna selvagem. Chamei a canção de "Out in L.A." [Nas Ruas de L.A.] e havia referências a Flea, Tree (o apelido de Keith Barry) e Slim, que era Hillel. Na tradição do rap, escrevi versos sobre minha proeza sexual, e me chamei de "Antoine the Swan" [Antônio, o Cisne] pelo simples motivo de que rimava. Durante anos as pessoas me perguntaram: "Qual é a verdade por trás do cisne? Você tem uma curva no pau?" De certa maneira era uma referência irônica ao meu estilo de dançar, muito desajeitado e diferente de um cisne. Eu tentava fazer passos de bailarina e acabava caindo, derrubando uma mesa ou puxando as cortinas.

Foi uma primeira música muito ambiciosa. Escrevi partes para um solo de baixo, um solo de guitarra e um breque vocal. Depois de ensaiarmos bastante, inventei um nome para nós. Não queríamos um nome de banda permanente, porque ia ser uma apresentação única, então nos chamei de Tony Flow and the Miraculous Masters of Mayhem [Tony Fluxo e os Mestres Milagrosos da Confusão].

Chegamos ao Rhythm Lounge e havia cerca de 30 pessoas no clube para ver o Neighbor's Voices. Eu estava usando um roupão três quartos de veludo cotelê estampado e um boné de caça laranja fluorescente. Estranhamente, estava totalmente sóbrio. Não fazia ideia de como ia me sentir na apresentação; só sei que quando subimos no palco havia uma estranha sensação de um campo de força nos atravessando.

Eu tinha visto Flea, Hillel e Jack tocarem um milhão de vezes, mas nunca havia notado tamanha intensidade em seus rostos ou intenção em sua linguagem corporal. Flea parecia um cilindro de energia reluzente. Sem que eu soubesse, ele tinha cheirado heroína antes do show.

O palco era microscópico. Se eu estendesse os braços tocaria Hillel ou Flea. Não nos apresentaram direito, mas as pessoas começaram a prestar atenção quando estávamos ligando os instrumentos. Instintivamente percebi que o milagre de manipular energia, usar uma fonte de poder infinita e dominá-la num pequeno espaço com os amigos era o que eu tinha vindo fazer nesta terra.

Então Jack Irons, abençoado seja, inclinou a cabeça para trás e bateu suas baquetas, contando "um, dois, três, quatro". Quando a música começou, eu não sabia o que ia fazer. Mas tinha tanta seiva fluindo por mim que fiz uma pirueta naquele pequeno espaço e deu certo. E nós simplesmente irrompemos. Enquanto tocávamos, todos os que estavam na sala e não prestavam atenção foram se aproximando do palco como zumbis. Quando terminamos, a plateia estava completamente atônita e sem fala, congelada.

Solomon, o francês que promovia o show, saiu correndo da cabine do DJ e me perguntou: – Vocês poderiam tocar de novo na semana que vem? Talvez com duas músicas? – Embora não tivéssemos planejado tocar de novo, eu disse: – Claro, estaremos aqui na semana que vem, com mais uma música. – Estávamos tão altos com aquele show, que a ideia de tocar de novo pareceu completamente natural.

Nos reunimos durante a semana e compusemos uma canção chamada "Get Up and Jump" [Levante-se e Salte]. Flea estava trabalhando há muito tempo em um trecho de baixo que era sincopado, entremeado e complexo, combinando dedilhado com batidas de uma maneira maravilhosamente funkeada. Eu tinha de escrever a letra, então inventei mais coisas baseadas num personagem. Peguei o tema do salto e escrevi versos sobre diferentes versões de saltos, como uma história em quadrinhos.

Mas o verso mais memorável foi sobre Rona Frumpkin, uma garota que Hillel adorava. "Hillel be jumping on that little baby Frumpkin/Say what, you got a pumpkin in your pants?"[3]

Decidimos ser teatrais para o show número dois, então coreografamos uma dança engraçada para a canção popular "Pac Jam". Na noite do show, o clube estava lotado, então começamos a apresentação marchando pela porta da frente e abrindo caminho entre o público com "Pac Jam" estourando num som portátil. Quando chegamos ao palco, começamos uma dança de robô retardado. Jack não conseguia fazer os

---

3 Hillel saltando sobre a pequena bebê Frumpkin/O que é isso, você tem uma abóbora na calça? (N. do T.)

movimentos sincronizados, então abandonamos a dança na metade e começamos "Out in L.A." e depois "Get Up and Jump".

Acho que meu verso sobre Frumpkin funcionou, porque ela estava na plateia e naquela noite Hillel finalmente conseguiu ficar com ela. Então sempre que alguém da banda estava tendo problemas para conquistar uma garota eu colocava o nome dela e pronto, em menos de 24 horas a garota estava enfeitiçada.

Depois do segundo show percebemos que era bom demais para desistir. Finalmente eu tinha algo para fazer que tinha significado e objetivo. Sentia que podia colocar qualquer ideia de filosofia idiota que eu tivesse numa canção. Um indício de que estávamos ficando sérios foi que encontramos um nome para o grupo. Começamos fazendo aquelas listas enormes de nomes idiotas. Até hoje, Tree e Flea afirmam que eles inventaram Red Hot Chili Peppers. É uma derivação de um blues ou jazz clássico da velha guarda. Houve Louis Armstrong com seu Hot Five, e outras bandas com "Red Hot" ou "Chili" não sei quê. Houve até uma banda inglesa que se chamava Chilli Willi and the Red Hot Peppers, que mais tarde achou que tínhamos roubado o nome. Mas ninguém tinha sido Red Hot Chili Peppers, nome que seria para sempre uma bênção e uma maldição. Se você pensar em Red Hot Chili Peppers em termos de um sentimento, uma sensação ou uma energia, é perfeito para nossa banda, mas se você pensar em termos de um vegetal, ele assume várias conotações bregas. Existe uma rede de restaurantes com nome de pimenta e há pimentas comercializadas de toda forma, desde decoração para casa a enfeite de árvore de Natal. Basta dizer que achamos louco quando as pessoas começaram a trazer pimentas para nossos shows, numa espécie de oferenda.

Mais ou menos nessa época, Hillel, Flea e eu juntamos nossos recursos e encontramos uma casa de três quartos incrivelmente barata numa rua infame chamada Leland Way, que tinha só um quarteirão, também conhecida como Beco da Maconha, porque era uma boca da máfia mexicana. Era uma vizinhança perigosa, cheia de traficantes e mendigos, mas não importava. Na verdade, deu-me material para nossas músicas. Toda noite eu olhava pela janela do quarto e via os helicópteros da polícia circulando em cima do quarteirão, iluminando com seus holofotes aquele turbilhão de tráfico.

"Police Helicopter"

Police Helicopter sharking through the sky
Police Helicopter landin' on my eye
Police Helicopter takes a nosedive
Police Helicopter no he ain't shy[4]

Aquela casa se tornou uma colmeia de atividade musical. Hillel sempre estava tocando guitarra. Eu chegava em casa e Flea estava na varanda tocando. Provavelmente deveria estar praticando para o Fear, mas, em vez disso, inventava harmonias emocionais e espirituosas. Eu escutava e dizia:

– Está ótimo! Vou trabalhar nisso – e corria para o quarto, pegava meu bloco e escrevia uma canção. É a mesma fórmula que usamos até hoje.

Começamos a improvisar e eu vou tomando notas. É o que nos diferencia de muitas bandas, porque entre nós as coisas nascem do improviso. Nosso terceiro show foi notável. Foi no Cathay de Grande, uma casa de shows bastante animada. A noite foi promovida por um cara chamado Wayzata Camerone, que nos ofereceu 200 dólares, mais que o dobro do que tínhamos recebido no último show. Infelizmente, o lugar tinha pouca gente naquela noite, talvez 30 pessoas, mas tivemos uma sessão de enraizamento. Eu estava saindo com uma linda garota francesa chamada Patricia, que estava lá, junto com a namorada de Flea, e Tree e também meu pai, que tinha se reconciliado comigo. O show foi excitante, enérgico, explosivo e descontrolado como os dois primeiros.

Fizemos quatro músicas – as duas antigas e duas novas, "Police Helicopter" e "Never Mind". Esta era um audacioso deboche de várias outras bandas (Gap, Duran Duran, Soft Cell, Men at Work, Hall and Oates), dizendo ao mundo para esquecê-las, porque agora éramos nós que eles iam curtir.

---

4 [Helicóptero de polícia] Helicóptero da polícia voando como um tubarão/ Helicóptero da polícia pousando no meu olho/ Helicóptero da polícia mergulha de nariz/ Helicóptero da polícia não se intimida. (N. do T.)

Em certo momento, eu, que estava bebendo uma cerveja no palco, saltei para a pista quase vazia e comecei a girar como um dervixe com a garrafa, de modo que todos que estavam a três metros de distância se molharam. Entre as canções da noite, fizemos algumas a capela, tiradas de canções escolares e de acampamento.

Apesar de não haver muita gente lá, todo mundo adorou o show. Mas no fim da noite Wayzata estava estranho e reclamou quando cobrei nosso dinheiro.

– Realmente foi uma pena, mas tinha uma garantia na história, e como promotor de um clube é um risco que você corre – eu disse.

Ele pegou o dinheiro no bolso.

– Bem, tome estes 40. Talvez na próxima vez a gente compense – disse, e entrou no banheiro para me evitar.

Corri atrás dele, agarrei-o, enfiei-o no mictório e tirei todo o dinheiro que ele tinha, que não chegava a 200, mas eu não conseguia aceitar que alguém quebrasse um acordo e tentasse escapar. Outro indício de que estávamos fazendo barulho no pedaço foi que começamos a ser citados no *L.A. Weekly*, na "L.A. Dee Dah", uma coluna social sobre o cenário musical da cidade. Flea e eu nos tornamos astros dessa coluna de fofocas, não por causa do nosso novo número, mas porque estávamos malucos pelas ruas toda noite até as cinco da manhã em todos os clubes underground. Fiquei empolgado.

Uma das minhas primeiras citações me ligou a "uma certa cantora avant-germânica", Nina Hagen. Não sabia muito sobre Nina quando a conheci no show do Cathay, mas sabia que era uma cantora alemã interessante que tinha um certo culto no cenário punk de Hollywood. Estávamos atrás do palco depois do show quando Nina entrou no pequeno camarim-banheiro e começou a me olhar loucamente. Ela me puxou de lado e começou a falar com seu forte sotaque alemão que tinha adorado nossa banda. – Vocês são a mais linda banda do mundo que já vi e daqui a cinco anos o resto do mundo vai conhecer vocês. – Eu pensei: – Está bem, moça, que seja.

Mas ela tinha tanto estilo e graça e era tão dominante e imponente que lembro de ter olhado para Patricia, que estava fervendo com todo aquele amor alemão. Nina me deu seu telefone e eu rapidamente embarquei. Liguei para ela no dia seguinte e ela me convidou para o café da manhã.

Tinha uma casa simples, mas bonita, com piscina. Também tinha uma bela garotinha chamada Cosma Shiva. Tomamos café e Nina realmente tinha uma alimentação saudável. Conversamos muito naquele dia e ela me contou sobre a vida na Alemanha Oriental e sobre os diversos homens de sua vida, incluindo o novo namorado, que estaria fora por um mês. Começamos um romance tórrido naquele dia mesmo. Durou cerca de um mês, mas continuamos bons amigos e ela apoiou muito nossa música. Quando nosso namoro terminou, ela perguntou se Flea e eu poderíamos compor uma música para o disco que ela estava gravando, e nós fizemos "What It Is".

Enquanto isso, estávamos constantemente expandindo nosso repertório. Uma das primeiras canções que escrevemos na casa da Leland Way foi "Green Heaven" [Paraíso Verde]. Eu havia lido muitos livros sobre baleias e golfinhos, e sempre tive uma aguda percepção da injustiça social. Em L.A., no início dos anos 1980, o departamento de polícia estava cheio de corrupção. Então comecei a compor uma canção para comparar a vida acima do mar com a vida abaixo do mar, relatando os excessos da era Reagan e comparando-os àquele lugar idílico no mar, com animais que eu considerava tão inteligentes quanto nós.

"Green Heaven"

Here above land man has laid his plan
And yes it does include the Ku Klux Klan
We got a government so twisted and bent
Bombs, tanks and guns is how our money is spent...
Time now to take you to a different place
Where peace-loving whales flow through liquid outer space
Groovin' and glidin' as graceful as lace
Never losing touch with the ocean's embrace...
Back to the land of the policeman
Where he does whatever he says he can
Including hating you because you're a Jew

Or beating black ass that's nothing new[5]

Passamos 24 horas compondo a música, que se tornou o épico central de nossos shows. Hillel fazia uma introdução incrível para a canção: usava um tubo plástico junto ao microfone e os sons da guitarra iam para a boca dele, que mexia os lábios e formava palavras com o som da guitarra. Era incrivelmente psicodélico, na mais pura acepção da palavra.

Por mais que essas letras pareçam políticas, nunca considerei o Red Hot Chili Peppers um grupo sociopolítico, como, por exemplo, os Dead Kennedys. Apenas sentia que estávamos lá para criar beleza, provocar alegria e fazer as pessoas rirem, e se as letras por acaso tivessem um comentário político ou social, tudo bem. Mas nunca foi nossa responsabilidade ser o U2 da nossa geração.

Apesar de agora sermos uma banda, Flea continuava ensaiando com o Fear, e Hillel e Jack ensaiavam com o What Is This, e nunca houve qualquer conflito quanto a isso. Para nós, tocar nossas músicas era uma coisa divertida, não uma profissão. Nenhum daqueles caras pensava em deixar seus empregos durante o dia para ser o Red Hot Chili Peppers, e para mim estava bem. Eu ficava feliz em planejar nosso próximo show, porque cada um era monumental para mim. Nem conseguia dormir na véspera, pensando na apresentação. E quando dormia sonhava com o show. Ao acordar, a primeira coisa que pensava era "Hoje tem show!", e passava o dia todo pensando nos números.

Alguns meses depois de nossa banda começar a se apresentar, decidimos gravar uma fita demo com nossas músicas. Pegamos Spit Stix, o baterista do Fear, para ser nosso engenheiro de som, e alugamos um pequeno estúdio no Hollywood Boulevard por três horas. Para dar uma ideia do nível de profissionalismo, todo o nosso orçamento era de 300 dólares, incluindo o estúdio, o engenheiro e a fita. Por algum motivo, eu era o único que tinha dinheiro naquela semana, então alegremente o dediquei à causa.

---

5 [Paraíso verde] Aqui na terra o homem fez seu plano/Mas ele inclui a Ku Klux Klan/ Temos um governo tão retorcido e desviado/Bombas, tanques e armas são feitos com nosso dinheiro/Agora vou levá-lo a um lugar diferente/Onde as baleias pacíficas flutuam no espaço líquido/Deslizando graciosamente como uma renda/Sem perder contato com o abraço do oceano/De volta à terra do policial/Onde ele faz o que quer/ Inclusive odiar você porque é judeu/Ou bater nos negros, o que não é novidade. (N. do T.)

Essas sessões foram as mais produtivas e inspiradas que já fizemos. Nos últimos vinte anos, nunca atingimos um momento de tanta energia e união. Tudo foi gravado em uma passagem só e ficou perfeito. Terminamos as seis canções tão depressa, que tivemos tempo para gravar as canções infantis a capela, o que não tínhamos planejado.

Saímos dali com uma fita master e algumas cópias em cassete. Quando chegamos em casa e escutamos, ficamos maravilhados. As pessoas sempre disseram que éramos um espetáculo ao vivo que não poderia ser transferido para gravação, mas agora tínhamos a prova de que isso era besteira. Flea e eu pegamos as fitas, escrevemos nossos nomes nas caixas e começamos a batalhar shows. Nem estávamos pensando em contrato de gravação. Para mim, todo esse processo era uma coisa em duas partes. Você compunha e ensaiava as canções, depois as tocava. E nós queríamos fazer shows cada vez maiores.

Também queríamos estender nossos domínios a Nova York.

Cerca de uma semana depois de gravar as fitas, nosso amigo Pete Weiss se ofereceu para nos levar até lá. Pete era um nativo de Los Angeles que conhecera Flea nas filmagens de um filme sobre o ambiente do punk rock em L.A., no qual Flea atuou. Pete era operador de microfone e músico, e tinha um apartamento num porão em Hollywood que se tornou um clube para nós. Também tinha um belo carro antigo americano no qual íamos à praia ou passeávamos fumando maconha e paquerando as garotas.

Pete trabalhava para o roteirista Paul Schrader, que ia se mudar para Nova York e tinha contratado Pete para dirigir o caminhão da mudança até seu novo apartamento na Quinta Avenida. Flea e eu agarramos a oportunidade. Tínhamos nossa arma secreta, nossa fita cassete, e visões de tocá-la para as pessoas em Nova York. Quando a escutassem, as portas se abririam, os mares se separariam e as pessoas dançariam nas ruas. Em nossa cabeça não havia dúvida de que seríamos contratados por todos os clubes de Nova York.

Nosso amigo Fab também embarcou na viagem, o que foi ótimo, porque em certo momento no deserto da Califórnia, ele me contou que tinha um pouco de heroína. Pete nos deixou no SoHo e depois foi para a Quinta Avenida descarregar a mudança. Flea e eu sentíamos a fita queimando no bolso, mas primeiro precisávamos sobreviver. Não tínhamos onde ficar, mas Fab conhecia duas modelos que moravam na rua Broome, então passamos pelo prédio delas.

– Vou ficar com elas, mas não posso levar vocês – ele disse.

– Está bem, mas será que podemos subir para nos lavar? – sugeri.

Subimos até o apartamento e nos instalamos. Durante quatro dias aquelas lindas modelos ficaram nos chutando de suas camas e seus quartos.

Parecíamos sanguessugas.

Tentamos tocar nossa fita demo para vários clubes. Mas não tínhamos contatos nem tática. Chegávamos a um clube e perguntávamos pelo gerente. Então tocávamos a fita e fazíamos uma dança selvagem. Mas ninguém queria comprar. A recepção mais calorosa foi de um italiano que fumava charuto no Peppermint Lounge. Ele nos deu alguns minutos de atenção. A maioria das pessoas nos punha para fora.

Então Flea e eu passamos um dia fazendo turismo. Fomos ao Central Park, sentamos num banco e colocamos nossa fita num som portátil em alto volume. Queríamos que alguém soubesse que tínhamos feito aquela porra de fita. Muita gente nos olhou com desdém, mas surpreendentemente toda a garotada que se aproximava começava a dançar. Isso foi interessante. Quando voltamos para L.A. escrevemos uma canção chamada "Baby Appeal", que se tornou uma marca do nosso início.

Pouco depois de voltarmos de Nova York, Hillel foi morar com sua namorada. O aluguel estava atrasado e Flea e e eu tínhamos cerca de 200 dólares cada. Tínhamos a opção de juntar nosso dinheiro e pagar mais um mês de aluguel ou sair e comprar jaquetas de couro de boa qualidade, posse absolutamente necessária para qualquer punk de respeito. Então fomos para a avenida Melrose, que estava se tornando um centro de roupas originais.

Flea e eu escolhemos as jaquetas perfeitas, estilo James Dean, mas quando fomos pagar os preços eram astronômicos.

– Escute, eu tenho 150 e meu amigo tem 170, então por que não nos vende as jaquetas por esse valor? – sugeri ao dono da loja, Danny.

– Estão loucos? Saiam da minha loja – ele gritou.

Mas depois de ver essas jaquetas não dava para não tê-las, então

tive a ideia de boicotar a loja. Fizemos placas dizendo "PRÁTICAS COMERCIAIS INJUSTAS. DANNY É UM MONSTRO MESQUINHO".

Imaginei que ele fosse achar engraçado, mas ele saiu da loja gritando:

– Que porra vocês estão fazendo, seus pequenos punks? Saiam daqui antes que eu quebre essas placas na sua cabeça!

Então inventamos outro plano: encenar uma greve de fome na frente da loja até ele concordar em vender as jaquetas. Finalmente o convencemos. Ele tentou nos dar algumas de menor preço, mas fomos firmes e conseguimos as duas que queríamos.

Mais tarde, naquele dia, estávamos desfilando no Hollywood Boulevard com nossas jaquetas, sem perceber a ironia de que éramos a banda punk mais quente de L.A. sem lugar para morar e sem dinheiro, quando um sujeitinho de óculos e cara de maluco, com uma jaqueta engraçada, se aproximou de nós.

– Ei, vocês são do Red Hot Chili Peppers!

Ele tinha conhecido Flea quando era DJ num clube e tocava um disco do Defunkt. Flea tinha pulado na cabine e virado o disco, porque achou que o cara estava tocando o lado errado.

O nome dele era Bob Forrest, e além de trabalhar ocasionalmente como DJ também dirigia o Sunday Club, um dos lugares mais quentes de música ao vivo. Bob perguntou o que andávamos fazendo e contamos que não tínhamos onde morar.

– Que loucura! Meia hora atrás minha mulher me deixou – ele disse. – Se quiserem, podem dormir na minha casa.

Bob morava no terceiro andar de um prédio antigo chamado La Leyenda, cheio de punk rockers. Tinha um apartamento de um quarto lotado de livros e discos. Flea se instalou na sala e eu no canto que servia de cozinha.

Bob estava trabalhando numa livraria, provavelmente pelo salário mínimo, mas seu emprego se tornou uma grande fonte de renda para nós, porque eles compravam livros usados. Flea e eu roubávamos livros de coleções pessoais ou de bibliotecas. Uma pilha de livros dava 10 dólares, e com isso comprávamos drogas. Geralmente era cocaína, droga ruim de tomar quando você não tem muito dinheiro, porque no minuto em que passa o efeito você quer mais. Nós comprávamos, voltávamos para a casa de Bob, colocávamos a coca numa taça de martíni com a quantidade certa de água, enfiávamos nossas seringas ali e tomávamos a droga líquida. Fizemos isso algumas vezes até terminar, mas aí nos sentíamos muito mal e saíamos para beber, encontrar uma garota ou mais coca.

Naquele verão fizemos uma "conexão bola" confiável, um sujeito do Oriente Médio que tinha um estúdio de ensaios. Começamos a tomar anfetamina, que é muito diferente de cocaína. A coca é uma sensação ultraeufórica que dura cerca de três minutos. Seus ouvidos se abrem, sua mandíbula se abre e durante aqueles três minutos você se sente totalmente unido com o universo. A bola é muito mais suja e menos eufórica, um pouco mais física. Cada centímetro de sua pele começa a coçar e fica arrepiado.

Começamos a fazer aquelas sessões de bola a três e ficávamos acordados dias, jogando cartas. Até começamos uma banda, a La Leyenda Tweakers. Infelizmente, decidimos nos apresentar fora do apartamento e fizemos um show tão chapados que parecíamos três doentes mentais. A *L.A. Weekly* nos deu nossa primeira crítica ruim. Sabíamos que estávamos destruindo nossos corpos, mas estávamos tão iludidos que pensamos que bastava comer melancia que limparíamos nossos corpos e nossas almas daquela terrível tortura química que não conseguíamos parar. Comprávamos enormes quantidades de melancia e voltávamos para casa, e depois de comer melancia íamos para o telhado e fazíamos um ritual de atirar as cascas e vê-las explodir no estacionamento lá embaixo. Então tentávamos dormir um pouco antes de acordar e começar tudo de novo.

Na metade de julho, conseguimos fazer uma apresentação dos Chili Peppers que se tornaria lendária. Foi no Kit Kat Club, clube de *striptease* que estava apresentando shows de rock. Nós quatro demos duro para preparar o show. A pedido de Hillel, aprendemos a fazer um cover de "Fire", de Jimi Hendrix. Chegamos ao clube naquela noite e nos deram um camarim enorme que devia ser usado pelas strippers. Então escrevi a lista de canções, uma responsabilidade que foi minha desde o começo. Tivemos uma surpresa especial naquela noite. Como estávamos tocando num clube de *striptease* e as garotas estariam dançando no palco junto conosco, decidimos que um final apropriado seria aparecermos nus, exceto por meias atléticas que usaríamos em cima do negócio. Já tínhamos tocado sem camisa, e sabíamos do poder e da beleza de nossa nudez no palco.

Eu tive a ideia das meias, porque quando morava com Donde ele tinha uma cliente de maconha que se apaixonou por mim. Era bonita, mas eu resistia a seus avanços, que incluíam me mandar cartões com réguas dobradas para medir o tamanho do pau e até fotos dela chupando um marinheiro. Um dia ela apareceu em casa e decidi abrir a porta pelado, exceto por uma meia em volta do meu sexo.

Estávamos no ponto para tocar. Nossa interação estava cada vez melhor. Antes, nossos shows eram um espetáculo de fogos de artifício do começo ao fim; agora, estávamos desenvolvendo diferentes dinâmicas no palco. Cerca de dez minutos antes de tocarmos, alguém acendeu um baseado. Nunca tínhamos fumado antes de um show, mas nesse dia todos fumamos, até Jack. Quando a maconha começou a fazer efeito, fiquei paranoico e aterrorizado. Hillel e Flea começaram a sentir a mesma coisa. Dei uma corrida em volta do quarteirão para limpar a cabeça, e funcionou.

Tínhamos de tocar depois da apresentação fantástica de um conjunto anarquista chamado Roid Rogers and the Whirling Butt Cherries. Mas isso só serviu para me deixar ainda mais alto, porque eu queria mostrar para todos que éramos ainda mais fortes. Então subimos ao palco naquela noite e simplesmente arrasamos. Jack e Flea estavam incrivelmente tensos, e Hillel estava em outra dimensão. Eu tinha um ótimo retorno, então me escutava bem, o que nem sempre acontecia. Terminamos a sequência e saímos do palco empolgados. Jack estava rindo, como sempre que ficava nervoso.

Quando voltamos ao palco vestindo só as meias, o público congelou. Não nos abalamos com o choque coletivo em que a plateia mergulhou. Começamos a fazer "Fire" e nossa amiga Alison Po Po foi até a fila da frente e começou a mexer na minha meia. Enquanto eu olhava, um grupo de amigas nossas subiu ao palco e começou a pegar as meias, e eu tive uma sensação totalmente libertadora e poderosa. Você é jovem e ainda não está gasto, e a ideia de estar nu tocando essa música linda com seus melhores amigos e gerando tanta energia, cor e amor é ótima. Mas você não está apenas nu, também tem essa imagem gigante de um falo a seu favor. Eram meias compridas. Geralmente quando você toca seu pau entra em modo de proteção, por isso não fica relaxado e alongado, fica mais compacto. Então ter aquele apêndice era uma sensação ótima. Mas não imaginávamos que as meias iriam se tornar uma imagem icônica associada a nós. Nunca pensamos que mais adiante faríamos isso de novo e os promotores iriam querer colocar isso no contrato. Deixou uma impressão mais duradoura do que pretendíamos.

Uma pessoa na plateia que ficou realmente impressionada foi um empresário de uns 30 anos chamado Lindy Goetz. Lindy trabalhava como promotor da MCA Records e era empresário dos Ohio Players, um dos nossos grupos favoritos. Flea e eu juntamos dinheiro suficiente para ir até o vale, onde ficavam os escritórios de Lindy. Ele era um ruivo bigodudo de dois metros de altura, judeu do Brooklyn que chegara a L.A. no final dos anos 1960. Naquela tarde fumamos um baseado, cheiramos uma ou duas carreiras de pó e contamos histórias.

Não sei se percebemos na época, mas Lindy estava em decadência. Ele gerenciava os Ohio Players, mas isso quando a carreira deles já estava em declínio. Tentava manter uma fachada de empresa, porém, não pagava as contas e o dinheiro não entrava. Mas parecia um cara simpático.

Depois de um longo papo, Flea e eu pedimos um minuto para conversarmos a sós.

– Vamos perguntar se ele nos convida para almoçar – disse Flea. – Se convidar, está contratado.

Nós voltamos à sala.

– Está bem, se você nos levar a um restaurante chinês agora pode ser nosso empresário – eu disse.

Ganhamos porco agridoce e um novo empresário. E um tíquete-refeição.

Nos próximos meses, acordávamos e dizíamos: – O que há para comer? Nada? Vamos ver Lindy. – Ele morava em um prédio de luxo em West Hollywood e era casado com uma garota chamada Patty. Ela fazia frango frito e comíamos tudo. Se a noite era boa, cheirávamos um pouco, fumávamos erva e falávamos sobre o futuro. Lindy nos disse que sua primeira tarefa era conseguir um contrato de gravação, coisa que não estava muito nos meus planos. Parecia empolgante e bacana, e acho que é isso que as bandas fazem, mas eu não sabia nada sobre gravar um disco. Se íamos tentar um contrato de gravação, precisaríamos de um advogado. Alguém nos recomendou um sujeito chamado Eric Greenspan.

A firma dele ficava num prédio opulento no Wilshire Boulevard, que parecia a catedral mórmon. Sua firma representava Israel e ao mesmo tempo o Egito. Pegamos o elevador e falamos com a moça da recepção:

– Somos os Red Hot Chili Peppers e viemos falar com Eric Greenspan – eu disse.

– Bem, não sei... Deixe-me... – ela estava desconfiada.

Por algum motivo desconhecido, decidimos espantá-la. Demos meia--volta, exclamamos "Nós somos os Red Hot Chili Peppers, puta merda, e queremos ver Eric", e baixamos as calças. Nesse instante Eric apareceu correndo e nos levou para seu escritório. Havia ótimas pinturas de Gary Panter nas paredes e ele nos disse que representava Gary, assim como alguns grupos de reggae como o Burning Spear. Cortei o papo.

– Não temos um contrato de gravação e não temos dinheiro. Temos só um empresário e precisamos de um advogado.

Ele não piscou.

– Está bem, serei seu advogado e vocês não precisam me pagar enquanto não ganharem dinheiro de verdade, aí poderemos fazer um acordo padrão de cinco por cento.

Então ele se tornou nosso advogado e não ganhou um centavo até que começamos a ganhar dinheiro para valer. Ainda é nosso advogado. É bastante raro um sujeito nesse ramo que faz isso. Nós não parecíamos uma galinha dos ovos de ouro naquele momento. As bandas mais conhecidas que ganhavam dinheiro na época eram bandas de cabeludos como Poison, Warrant e RATT. Nós éramos simplesmente antitudo.

Provavelmente éramos antiganhar dinheiro. Em cinco meses conseguimos um canto no cenário musical de L.A.

Saímos no *L.A. Times* e tocamos em alguns lugares respeitáveis, como o Club Lingerie. Quanto mais destaque conseguíamos, mais Lee Ving perturbava Flea por estar em duas bandas. Lembro que uma vez ele ligou e disse:

– Você vai ficar na minha banda ou vai ficar nessa outra banda? – Flea disse: – Bem, eu ia ficar nas duas, mas sendo assim vou ficar na minha banda.

Em agosto, Flea e eu fomos a uma festa de uma revista de arte numa casa em Hollywood Hills. Eu estava usando na época uma camisa de pijama de flanela rasgada, e meu cabelo moicano tinha crescido e caía para um lado. Estávamos nos divertindo no quintal dos fundos quando olhei para a casa e vi uma garota que era uma criatura cósmica. Andava como uma princesa, em câmera lenta, com as mãos para os lados. Tinha um chapéu que era um disco branco gigante com jóias e usava um vestido largo futurista feito de papel. Era um pouco cheinha, mas linda.

E tinha um magnetismo absolutamente bizarro, circulando e falando com animação, mas lentamente, como se fosse Alice no País das Maravilhas e o resto do mundo não fosse. Mas também tinha um ar de Mae West versão punk rock. Exatamente o tipo de garota que eu gostava – a estranha do grupo.

Entrei na casa e me aproximei dela.

– Oh, quem é você? – ela disse. Começamos a conversar e ela falava em charadas, sem me dar respostas diretas. Seu nome era Jennifer Bruce, era estilista de moda e tinha criado seu chapéu A Marca do Zorro.

Em poucos minutos, fiquei dominado por sua presença, sua aura e sua manifestação de moda. Em uma cidade cheia de gente que tentava parecer diferente e agir diferente e ser isso ou aquilo, lá estava uma pessoa que conseguia isso com facilidade, porque era uma supermaluca natural com tendência a parecer o lado interno de uma ostra.

Ela não estava exatamente derretida por mim; mantinha-me a distância. Acho que não me deu seu telefone, mas eu insisti: – Vamos, você não tem escolha. Você vai ser minha namorada, queira ou não. – Ela deve ter sentido alguma coisa, porque me permitiu continuar, depois desapareceu e foi em outra direção. Mas ficou marcada na minha consciência.

Eu tinha outras coisas para fazer, uma delas a estreia do Oingo Boingo no Anfiteatro Universal. Essa banda tinha vindo do mesmo ambiente de clube em que estávamos e continuava avançando. Não era nossa banda favorita, mas tinha uma instrumentação interessante.

Nós conhecíamos o trompetista, e ele nos convidou para tocar na abertura do seu grande show. Ali estávamos nós, sem contrato de gravação, com um repertório de dez músicas e íamos tocar para um público de quatro mil pessoas.

Subimos ao palco naquela noite com nossas roupas mais malucas. Na metade da primeira canção Flea quebrou uma corda do baixo. De repente, tive de conversar com o público enquanto ele trocava a corda. Em segundos, a multidão estava vaiando e atirando coisas em nós, gritando "Queremos Oingo Boingo". Mas isso foi um combustível para manter a energia rolando. Começamos de novo e Flea estava tão nervoso que quebrou outra corda. Então Danny Elfman, vocalista do Oingo Boingo e também nosso fã, entrou no palco usando um roupão de banho e com o rosto cheio de espuma de barbear, como se estivesse saindo do camarim. Pegou o microfone e disse à multidão que realmente gostava de nós e que eles deviam nos respeitar, e depois saiu. Mas alguns sujeitos grossos não aceitaram seu endosso. Nós fomos valentes e continuamos. Quando terminamos, acho que eles tinham entendido que éramos para valer e que tinham sido atingidos por alguma coisa da qual não iam esquecer tão cedo.

Depois do show, estávamos comemorando nos bastidores quando Blackie se aproximou de Flea e de mim. Estava usando luvas pretas e mostrou uns envelopes com passagens de avião.

– É para você, Anthony, e quero que você leve Flea – ele disse.

– Levar para onde? – Eu estava surpreso. Olhei no envelope e vi duas passagens de ida e volta para Londres. Havia chegado a hora do meu rito de passagem para a Europa.

Tínhamos algumas coisas a fazer antes de viajar, uma delas relacionada a complicações com um contrato de gravação. Tínhamos o palpite de que as gravadoras estavam nos observando, especialmente depois de nossos shows no Lingerie e no Anfiteatro Universal e de uma volta triunfal ao Kit Kat Club, em setembro. Um executivo da EMI/Enigma, Jamie Cohen, procurava-nos de modo especialmente agressivo. Certa noite, Flea e eu estávamos no La Leyenda quando recebemos uma ligação de Lindy. Ele disse que tínhamos um contrato com a EMI/Enigma.

Fiquei tão animado que nem pensei que poderia haver problemas. Lembro-me de comemorar e pensar que tudo estava indo conforme planejado, que precisávamos apenas ficar sérios, estudar e trabalhar.

Então o telefone tocou de novo. Flea atendeu e eu o ouvi dizer:

– Tem certeza? Nossa, nossa... É mesmo uma má notícia.

Eu fiquei perguntando:

– O quê? O quê? O quê?

Então Flea desligou e olhou para mim.

– Jack e Hillel acabam de sair da banda. O What Is This conseguiu um contrato de gravação e eles preferem ficar lá – ele disse.

Fiquei sem fala e chocado, como se um piano tivesse caído sobre meu coração. Desabei no sofá e comecei a chorar. Não era possível. Nós tínhamos inventado uma banda, criado essa coisa que o mundo precisava conhecer, e de repente era como se estivéssemos abortando um feto de seis meses. Flea estava sentado dizendo "Que merda, que merda..."

Nosso som se baseava na bateria de Jack e na guitarra de Hillel. Não era como se eles fossem incidentais, eles faziam o nosso pique. Éramos amigos de colégio, éramos um time, aquilo não podia acontecer. Então Flea disse:

– Vamos ter de conseguir mais dois caras.

E eu:

– Hã, outros caras? É possível?

– Sim, conheço uns músicos bons.

Quando comecei a pensar, percebi que nós tínhamos as canções, tínhamos um contrato, tínhamos Flea e eu, e ainda amávamos o que fazíamos. Apenas ainda precisávamos encontrar uma maneira de fazer acontecer. Flea imediatamente sugeriu que contratássemos Cliff Martinez como baterista. Ele tinha tocado nos Dickies, nos Roid Rogers, nos Weirdos e no Captain Beefheart. Eu sabia que ele era uma lenda. Fomos falar com Cliff, que morava num apartamento destruído de um quarto ao qual se chegava por uma garagem subterrânea. Era só um quarto de despejo que fora transformado. Estava tocando com os Weirdos e tinha ideias estranhas sobre apresentação em cena. Quando tocava com os Roid Rogers se apresentou com um tampão pendurado da bunda. Era de longe o mais excêntrico de todos nós, mas de uma maneira bacana. Quando o convidamos para entrar na banda, ficou muito feliz, sorrindo e dizendo: – Vamos fazer isso. Espero que eu seja o que vocês querem, porque pode ser uma viagem incrível. – Fizemos um primeiro improviso, e ficou claro que Cliff não apenas podia tocar ritmos malucos e batidas de vanguarda como fazia diversos estilos, e todos bem.

Agora, tínhamos de encontrar um guitarrista. Cliff sugeriu Dix Denney, com quem tinha tocado nos Weirdos. Flea já tinha brincado com Dix, um sujeito legal que eu tinha conhecido em festas. Nos sentimos à vontade para seguir em frente com esses dois. E Flea e eu podíamos ir para a Europa.

Nós nos divertimos muito explorando Londres, Paris e Amsterdã. Em Paris, abandonei Flea durante alguns dias para ficar com uma linda dinamarquesa. Ele me deu um gelo quando voltei, mas então comprei num camelô umas xícaras de lata azuis e as coloquei nas ombreiras de nossas jaquetas de couro, e imediatamente nos tornamos os Brothers Cup. Fomos para Amsterdã e passamos mais alguns dias em Londres antes de voltar para casa, mas percebi que durante toda a viagem não conseguia tirar Jennifer da cabeça, apesar do caso com a dinamarquesa e uma rápida paixão por uma garota de programa francesa.

Quando voltamos havia uma situação interessante no apartamento do La Leyenda. Estávamos brigando com a senhoria há meses por causa do aluguel atrasado, e ela tinha mandado várias ordens de despejo, mas as ignoramos. Alguns meses antes de viajarmos para a Europa, ela mandou arrancar a porta do apartamento. Nem isso nos conteve. Continuamos morando ali como se ter uma porta da frente não importasse. Não havia nada de valor para roubar, mesmo. Chegou a um ponto em que não podíamos entrar no prédio porque ela escutava e vinha perturbar, então começamos a subir pela escada de incêndio e entrar pela janela. Aí ela entrava pela porta, via Flea dormindo pelado e ficava furiosa. Quando voltamos da Europa, ela tinha convencido a polícia a aparecer e eles colocaram avisos de que iríamos direto para a cadeia se ocupássemos o lugar novamente.

Flea foi morar com a irmã, que tinha um apartamento de um quarto em cima de uma garagem num bairro mexicano. Em pouco tempo eu também estava lá, e os três dormíamos na sua cama queen-size. Não fiquei muito tempo, mas o suficiente para encontrar Jennifer.

Ela morava em Encino, no fundo do vale, com o pai e a irmã menor. Era um típico prédio de apartamentos de megalópoles, sem a menor personalidade ou charme. A melhor amiga de Jennifer era sua prima, duas garotas do vale loiras oxigenadas que adoravam declarações personalizadas, passavam horas se pintando com maquiagem exagerada e criando roupas bregas antes de sair para dançar.

Adoravam seus Kamikazes e fumavam cigarros molhados em PCR. Era uma dupla de malucas, mas havia algo em Jennifer que eu achava fascinante, não apenas esteticamente, mas espiritualmente, e me apaixonei.

Logo estávamos namorando. Agora, eu tinha uma nova pessoa na minha vida que começou a ocupar boa parte do meu tempo e da minha energia, mas que contrabalançava isso sendo uma musa e uma grande amante. Jennifer tinha só dezessete anos, mas estava terminando uma relação com um conhecido punk rocker de Hollywood. Eu era fã dele, daí sentia um pouco de ciúme de ouvir suas histórias, mas também a considerava por isso. Ela estudava no Instituto de Moda de Los Angeles e tinha um carro, um MG amarelo.

Como eu, Jennifer era um ser muito sexual, apesar da pouca experiência. Quando começamos a fazer amor pela primeira vez, perguntei se já tinha tido um orgasmo, e ela disse que não. Chegava perto quando estava na banheira usando o chuveirinho, mas nunca tivera um durante o ato sexual. Prometi que íamos trabalhar nisso, e comecei a chupá-la por um tempo que pareceu enorme. Ela chegou cada vez mais perto e finalmente encontramos o código, e ela se tornou um ser orgástico.

Logo no início de nosso relacionamento ela quis tomar ácido comigo. Tomamos alguns e estávamos passeando no carro dela, loucos para fazer sexo, então a levei para o apartamento da irmã de Flea. Achei melhor não fazer sexo na cama de Karen, e sim no chuveiro. Acabamos ficando muito tempo lá e fizemos barulho, foi uma experiência quase espiritual com alucinações de arco-íris. Então Karen chegou. Ela era uma pessoa muito sexual também, e éramos como amigos sexuais que compartilham experiências, então pensei que ela não se importaria de eu estar transando no chuveiro. Mas me enganei, e como! Quando saí do banheiro, Flea me puxou de lado e disse que Karen estava furiosa e que o que eu tinha feito não era legal. Então foi o fim de minha temporada morando com Flea e sua irmã.

Comecei a ficar em Encino, mas o pai de Jennifer também não gostou muito. Ele porém amava as filhas, e se isso significava que tinha de tolerar um maluco, que fosse. Para mim, a casa de Encino era mais uma fonte de comida e um lugar onde eu podia ser cuidado, especialmente quando fiquei doente no outono. De repente perdi toda a força, até sair da cama era difícil. Quando finalmente fui ao médico, ele me disse que eu estava com hepatite. Ironicamente, não era do tipo que se pega com agulhas, mas de comer moluscos estragados. Depois de uma semana de cama fiquei bom.

Estava na hora de retomar o negócio da banda. Um de nossos primeiros problemas é que Dix não estava acertando na guitarra. Cliff tinha apreendido todas as canções rapidamente. Ensaiava a noite toda, mas Dix era um ótimo músico que não conseguia se empenhar nas criações de outras pessoas. Não conseguia aprender os improvisos de Hillel. Isso era um grande problema, porque pretendíamos gravar todas as nossas primeiras músicas. Então Flea e eu decidimos despedir Dix.

Mas como demitir aquele homem gentil, adorável e tranquilo? Armamos um plano de convidá-lo para um jogo de croquê. Íamos explicar de maneira educada que o estilo dele e o nosso estilo não estavam combinando bem, portanto devíamos ter liberdade para nos manifestar cada um à sua maneira.

Havia um pequeno quintal em frente à casa de Flea e começamos a jogar croquê sem consultar os vizinhos. Estávamos batendo nas bolas quando eu disse:

– Então, Dix, como vão as coisas?

– Bem.

– Estivemos pensando e... Flea, por que você não diz a ele o que pensamos?

– Bem, nós pensamos, estritamente em termos musicais... Anthony, é melhor você dizer – Flea se esquivou.

– Você é um gênio musical de uma variedade própria, e está indo naquela direção... – eu disse.

– E a sua direção e a nossa direção não parecem destinadas a se unir. Sentimos muito – dissemos.

Dix escutava, como sempre, e não falava nada. Depois de tudo virou para nós e disse:

– Está bem. Então o ensaio amanhã é na mesma hora?

Tivemos de explicar com todas as letras que não podíamos tocar com ele na banda, e finalmente Dix arrumou suas coisas, entrou no carro e foi embora. Essa foi a primeira de muitas demissões dolorosas que Flea e eu tivemos de encarar. Pensamos que sempre seríamos quatro malucos de Hollywood, mas agora estávamos vendo que teríamos de enfrentar as realidades da vida.

Fizemos testes com vários guitarristas e afinal encontramos dois caras: Mark Nine, um refugiado da escola de arte que tinha tocado numa banda com Cliff; e Jack Sherman. Eu não conhecia sua história, nem sabia como ele apareceu no ensaio, mas vi que era um nerd no minuto em que entrou. Tinha um cabelo afro-judeu penteado para trás sem nenhum cacho e era todo limpo e arrumado. Entrou com um grande sorriso e não parecia muito bom na improvisação, mas se encaixou com Flea e Cliff e a música fluiu. Além disso, tinha uma técnica maluca, achava natural as coisas mais complicadas. Tocamos algumas de nossas músicas, e apesar de o som dele não ter um elemento sujo e feroz, era tecnicamente eficiente. Sua música não tinha o mesmo espírito que a de Hillel, mas pelo menos ele tocava bem. Quando saímos do local do ensaio naquela noite, Jack falou:

– Puxa, foi um improviso realmente incrível, vocês são muito bacanas. Não tocava um funk como esse desde 1975, quando toquei na banda Top Forty.

Nós dissemos que nosso primeiro passo era gravar um disco e depois fazer uma turnê.

– Oh, puxa, gravar um disco, que legal! – Jack disse. Então parou.

– Mas se vocês me quiserem na banda, preciso ver com meu astrólogo antes de fazer a turnê, porque não posso fazer turnês quando a terceira lua está em Vênus em ascensão, na projeção central de Júpiter...

Ficamos esperando ele dizer "brincadeira", mas ele continuou falando em conjunções e outras coisas, então tivemos de perguntar se estava falando sério.

– Sim, é sério. Acho que tudo bem, mas preciso checar com meu astrólogo – ele disse.

Dissemos que voltaríamos a falar com ele. Pensamos bem e afinal decidimos aceitar o nerd. Achamos que tinha muita experiência e era um ótimo guitarrista. Não era o demônio explosivo do funk que estávamos procurando, mas seria capaz de entrar no estúdio e tocar as músicas, então o contratamos. Foi mais um momento de comemoração, pois tudo estava se encaixando.

Com a banda resolvida, eu precisava de um lugar para morar. Bob Forrest e eu ouvimos falar de uns escritórios num antigo prédio de dois andares no Hollywood Boulevard que estavam para alugar por bom preço. Na época, o bairro estava decadente. O prédio se chamava Outpost e provavelmente era dos anos 1920, do tipo que na época teria abrigado detetives particulares. Era lindo, com uma escadaria elegantíssima e corredores de teto alto, luminárias antigas, janelas altas e grandes banheiros, tudo feito com bom material. Eu tinha economizado algumas centenas de dólares e disse ao senhorio que era escritor, precisava de um lugar para trabalhar. Não podíamos dizer que queríamos morar num prédio de escritórios, apesar de haver outras pessoas morando ali. Eles me mostraram alguns lugares e escolhi o maior e mais bonito. Tinha pé-direito duplo e várias janelas enormes dando para o Hollywood Boulevard. Era uma sala grande e comprida sem banheiro, com uma bela porta de madeira. Bob estava mais duro, então alugou o espaço menor e mais barato, que dava para o estacionamento.

Meu aluguel era 135 dólares por mês e o de Bob, provavelmente 85. Incrivelmente barato. Não nos importamos de não haver banheiros nos escritórios; podíamos nos lavar nas pias. Essas salas no Outpost iam ser o cenário de muita decadência, deboche e declínio de jovens mentes. Pouco depois de mudarmos, Greg, um velho amigo de Bob, mudou-se para o mesmo andar. Ele vendia coca e queria ser guitarrista. Ao meu lado morava uma designer junto com seu namorado, um guitarrista enorme chamado Carlos Guitarlos, que eu já conhecia. Comecei a decorar minha nova casa.

Coloquei uma cama no canto, no estilo loft, e arranjei uma escrivaninha. A namorada de Carlos me deu um pequeno sofá redondo forrado de pele de leopardo, maravilhoso.

Ter Bob tão perto foi ao mesmo tempo uma bênção e uma maldição. Ele sempre aparecia e juntávamos todos os trocados para comprar droga. O fornecedor de heroína tinha desaparecido, então estávamos tomando coca e depois bebendo para baixar. Nosso vizinho Greg tinha um estoque interminável. Uma noite eu estava numa balada, comprando material de Greg, e não conseguia parar, nem ele, então ele começou a me adiantar a droga sem eu pagar. Eu pegava cada vez mais. Cheguei a lhe dar os esquis como garantia até poder empenhar a guitarra de manhã, o que era um monte de mentira para manter o pó fluindo, porque eu não tinha nem dinheiro nem guitarra. Pensei que Greg fosse desmaiar e dormir durante cinco dias sem me incomodar.

A festa finalmente terminou e eu desmaiei, em péssimo estado. Depois de dormir algumas horas, ouvi batidas fortes na porta. Era Greg, querendo o dinheiro. Pensei que se eu não atendesse, ele iria embora. Errado. Ele continuou voltando de tempos em tempos, batendo cada vez mais forte. Afinal ouvi a porta rachar. Saí da cama e vi um machado atravessando a linda porta de madeira.

Voei para a porta, abri-a e gritei:

– Seu filho da puta! Olhe o que você fez com minha porta!

O ar pareceu escapar daquele maluco furioso. Ele olhou para a porta, depois para mim e disse:

– Oh, meu Deus, sinto muito. Vou consertar a porta agora mesmo.

Eu decidi tirar vantagem:

– O que estava pensando? – disse. – Agora você tem de me pagar por isso.

Greg parecia confuso.

– Não, você é que tem de me pagar.

– Pagar? Olhe o que você fez na minha porta. Acho que podemos apenas ficar quites.

– Não sei... devo muito dinheiro para o homem.

– Olhe, fique com os esquis. Saia daqui, você destruiu minha porta.

Greg deu meia-volta e saiu como um cachorrinho com o machado na mão.

Havia uma grande fenda cortada na porta, por onde se podia enxergar minha casa, então peguei um papelão, tapei-a e voltei a dormir. Esse não foi um dia atípico no Outpost, sinto dizer. Muitos dias passei com Bob, tomando drogas à noite, acordando no dia seguinte sem dinheiro e juntando 95 centavos para comprar uma fatia de pizza lá embaixo.

Flea não participava mais de nossa loucura. Enquanto ainda morávamos no La Leyenda, ele lera sobre uma banda de Washington chamada

Minor Threat, que divulgava uma filosofia antidrogas numa canção chamada "Straight Edge". Flea ficou tão desmoralizado e deprimido por causa das drogas, que recortou a letra da revista, raspou a cabeça e tentou adotar essa filosofia. Não durou muito, mas o impediu de cair ainda mais. Passou a tomar menos drogas, enquanto Bob e eu estávamos descontrolados. Certa vez, eu estava no Outpost e tinha tomado coca e bola, mas fiquei sem nada. Chega um ponto em que você quer tomar qualquer coisa, só para ter um novo barato. Alguém me deu um pedaço de ácido e eu tinha uma garrafa de vodca, então peguei o ácido, coloquei numa colher, derramei um pouco de vodca, dissolvi o ácido e o injetei. Foi a primeira vez que atingi o pico do ácido em um segundo. E em vez de sentir o gosto de heroína ou cocaína no fundo da boca, senti o sabor da vodca.

Em algum momento voltei a encontrar a heroína branca chinesa. Lembro de gastar todo o meu dinheiro em coca e ficar deitado na cama sem conseguir dormir. Ligava para Jennifer e pedia que ela viesse cuidar de mim, o que significava trazer dinheiro para eu poder comprar heroína para baixar. Geralmente eram às quatro da manhã; o Hollywood Boulevard estava morto e eu era uma alma vazia deitada no colchão esperando ouvir o barulho de seu MG. Estava tão viciado que podia ouvir claramente o som do carro quando ela saía da autopista, dez minutos antes de aparecer. Ela me dava 20, 40 ou 60 dólares, o que tivesse. Jennifer não estava tendo problema com drogas, então, por isso, estava lá para me salvar. Mas minhas baladas de drogas começaram a prejudicar a banda.

Eu perdia ensaios, ficava siderado e comecei a me afastar de Flea. Tínhamos o contrato de gravação e tínhamos trabalho a fazer, mas eu ficava deitado no chão do apartamento enrolado em cobertores, tentando dormir.

Um dia Flea chegou, olhou para a bagunça no quarto e olhou para mim. – Anthony, levante.

Eu me sentei.

– Não posso mais continuar nisso com você. Você está uma merda. Vou sair da banda.

Acordei, porque não era o que eu esperava que ele dissesse. Todas as minhas células vibraram e eu dei um salto. Pela primeira vez senti que podia estar destruindo o som que tínhamos criado com aquela incrível banda funk que tinha tudo a ver com dança, energia e sexo. Eu queria estar na banda com Flea mais do que tudo. Mas como poderia lhe comunicar isso? Então tive uma ideia.

– Flea, você não pode sair – eu implorei. – Eu vou ser o James Brown dos anos 1980.

O que ele poderia dizer?

CAPÍTULO 6

OS RED HOTS

Depois de assinar nosso contrato de gravação, Flea e eu transformamos o escritório da EMI em nossa segunda casa. Algumas pessoas lá ficaram nossas amigas, mas tínhamos a sensação de que não éramos prioridade. Tínhamos até problemas para passar pela segurança na porta. Sempre que chegávamos lá, passávamos por um Rolls-Royce gigante estacionado perto da entrada. Perguntamos de quem era e disseram: – Ah, é do Jim Mazza. Ele dirige a empresa. – Mas sempre que pedíamos para encontrá-lo, diziam que ele não participava das decisões cotidianas das bandas. Garanto que nem sabia que sua gravadora tinha uma banda chamada Red Hot Chili Peppers.

Um dia Flea e eu fomos lá à tarde e Jamie Cohen, que nos contratara, havia saído. Pedimos para ver um diretor, e a secretária dele apareceu.

– Ele está ocupado numa reunião muito importante com o conselho internacional.

Flea e eu nos escondemos num canto e decidimos aumentar drasticamente nossa visibilidade na EMI. Entramos num pequeno banheiro, tiramos as roupas e entramos correndo na sala. Pulamos em cima da mesa e corremos de um lado para o outro gritando. Então olhamos em volta e percebemos que não havia só homens na reunião. Era toda a equipe multicultural da EMI do mundo inteiro, com suas maletas, documentos, planilhas, gráficos e tabelas, e tínhamos bagunçado as coisas de todo mundo. Então saímos correndo, lutando para nos vestir enquanto éramos perseguidos pelos seguranças. Conseguimos fugir dos guardas pelo estacionamento e subimos o Hollywood Boulevard até o Waddle's Park. Então sentamos e acendemos um grande baseado de erva havaiana para comemorar. Na metade do cigarro, comecei a ficar um pouco paranoico.

– Foi uma boa ideia, não foi? – perguntei a Flea. – Mas e se eles nos chutarem? Pareciam muito chateados. Oh, Deus, e se não tivermos mais o contrato?

Quando o barato passou, ligamos para Lindy para descobrir se ele já sabia.

Mas tudo ficou por isso mesmo, e estávamos prontos para gravar nosso primeiro disco. Jamie e Lindy perguntaram quem queríamos para produzir o álbum, e Flea e eu, sem hesitarmos, recomendamos Andy Gill, o guitarrista da Gang of Four. O primeiro disco deles, *Entertainment*, tinha me inspirado a começar a dançar quando eu morava com Donde.

Lindy entrou em contato com o empresário de Gill e ele aceitou nos produzir, o que consideramos uma grande vitória. Quando o encontramos e ele fez comentários negativos sobre seu trabalho anterior, devíamos ter notado o aviso. Mas começamos a fazer a pré-produção do álbum nos estúdios SIR em Santa Monica, a poucos quarteirões de minha nova casa com Jennifer. Juntamos o pouco de dinheiro do meu contrato com o da venda do MG de Jennifer e alugamos uma pequena casa na Lexington Avenue, em uma área perigosa de Hollywood onde vivia todo tipo de prostitutas, de transsexuais a garotos.

Andy Gill começou a pré-produção com Cliff, Jack, Flea e eu, mas para mim não fazia sentido. Eu não sabia que diabos fazia um produtor. Era uma situação estranha e desconfortável para mim; a pressão começou a me afetar. Entrei em baladas de drogas horríveis, desaparecia durante dias, geralmente tomando coca. Bob tinha me apresentado para um cara que era de um grupo de rock importante de L.A. Ele morava num edifício enorme em Hollywood. Eu era tão importuno, que no final ele não me deixava mais subir. Quando eu aparecia, ele baixava uma lata por um cordão, eu colocava o dinheiro dentro e só então ele jogava a coca para baixo. Mas minha fonte mais confiável eram os manobristas de um shopping próximo. Bastava dizer "Preciso de um tíquete" ou "Preciso de meio tíquete", o código para comprar cocaína. Eu ia lá de manhã, ao meio-dia e à noite e comprava muitos tíquetes. A heroína também começou a entrar mais na cena. Jennifer me detestava quando eu tomava cocaína, porque eu desaparecia, ficava estranho e não era a pessoa mais simpática do mundo. Ela dizia isso na minha cara, gritava e me dava socos. Mas uma noite fomos ao Power Tools Club no centro da cidade e encontrei Fab, que tinha acabado de mudar para um loft enorme a um quarteirão do clube. Fomos até lá e ele me vendeu uma microdose da heroína branca chinesa mais forte que já vi, tão forte que você nem precisava injetar.

Cheiramos um pouco e foi como mergulhar no paraíso. Jennifer adorou; voltamos para casa e fizemos sexo durante doze horas seguidas, o início de um carrossel interminável de heroína de que ela e eu participamos. Mas esse barato inicial é a sensação que você está condenado a procurar pelo resto da vida, porque na próxima vez que você usa é bom, mas nem tanto. Mesmo assim, a chinesa era barata e parecia inofensiva.

Parecia elegante estar naquele loft com pinturas e pessoas francesas, cheirar um pouquinho e se sentir eufórico. Durava muito, e quando você acordava no dia seguinte, ainda tinha um pouco de dinheiro. A branca chinesa era um organismo ilusório. No início lhe mostrava o paraíso, não o inferno. Jennifer e eu começamos a tomar mais, mas eu ainda fazia aquelas baladas maníacas de coca. Quando podia, roubava o carro novo de Jennifer, um velho táxi que ela chamava de Circus Peanut, porque era colorido como as balas dessa marca. Quando não conseguia, era obrigado a andar até meu novo traficante, um escritor que morava a alguns quilômetros da distância. Ele vendia heroína e coca, o que era muito conveniente para mim. Mas eu nunca conseguia bom preço, porque ele mesmo também usava. É claro que eu era o típico cliente pentelho, sempre o acordando ou perturbando até ele me deixar entrar.

Um dia, eu estava tomando um pico na casa dele, mas fiquei louco e ele me chutou para fora. No começo, eu tinha o cuidado de usar seringas esterilizadas e algodão, mas agora não me importava muito. Se necessário, usava qualquer seringa encontrada na rua. Em vez de algodão esterilizado, usava um pedaço da meia ou até um filtro de cigarro.

Antes, eu só usava água esterilizada para dissolver o material, mas agora simplesmente puxava a tampa da descarga no banheiro ou procurava um aspersor de jardim ou até uma poça de água.

Esse comportamento louco começou a emperrar minha vida profissional. Comecei a faltar aos ensaios e às sessões de composição. Depois comecei até a faltar a alguns shows, incluindo um grande show de punk rock no Olympic Auditorium no centro da cidade, onde íamos tocar com nossos amigos Circle Jerks e Suicidal Tendencies.

Eu tinha começado uma balada dias antes, e quando chegou o dia do show, simplesmente não consegui parar de me drogar. Ficava dizendo para mim mesmo: "Está bem, este é o último grama, depois vou para o show". Abandonar a banda desse jeito foi a sensação mais horrível que já tive. Mas meu amigo Keith Morris, dos Circle Jerks, me substituiu. Ele cantou a mesma frase sem parar – "O que você vê é o que você tem" – em todas as canções. Em outra ocasião convidaram os garotos da plateia para cantar as letras. Em outra, o irmão de Lindy cantou. Decidimos gravar o disco nos antigos estúdios El Dorado, que têm um ótimo equipamento. Como engenheiro contratamos Dave Jerden, um homem tranquilo, experiente e competente na mesa de mixagem.

Andy Gill era muito diferente do que esperávamos. Era muito simpático, mas também muito inglês, meio distante, inteligente, mas sem pique. Nós éramos indivíduos agressivos e voláteis, e embora gostássemos dele, Andy certamente não abraçava nossa estética ou ideologia musical.

Um dia dei uma olhada no caderno de anotações de Andy e ao lado da canção "Police Helicopter" ele tinha escrito "merda". Fiquei arrasado. "Police Helicopter" era uma joia de nossa coroa. Representava nosso espírito, uma força de assalto cinética e chocante de som e energia. Então a coisa ficou muito ele contra nós, especialmente Flea e eu, e foi uma verdadeira batalha gravar o disco.

O negócio de Andy era ter um sucesso a qualquer custo, o que era um grande erro. Ele deveria simplesmente ter feito de nós a melhor banda possível. Nós trazíamos sons realmente belos e interessantes, mas ele dizia:

– Ah, não, não, vocês nunca vão pôr essa música no rádio. – E nós: – Mas o que é isso? Não estamos fazendo para pôr no rádio. – Ele dizia: – Bem, eu estou trabalhando para pôr alguma coisa no rádio. – Jack Sherman também não era como Flea e eu. Era novo na banda e muito mais cooperativo com Andy, procurando sons limpos, supostamente "viáveis para o rádio".

Andy considerava Jack um bobo que ele podia controlar no estúdio. Discutíamos o tempo todo sobre o tom da guitarra de Jack. Andy tentava suavizá-lo e nós ficávamos furiosos.

– Está fraca e suave, mas essa canção é punk rock e tem de ser dura e rasgando – gritávamos.

Parte da frustração com Jack foi por ele ser um guitarrista educado que não tinha um pedigree punk rock. Um dia, Jack estava com um paninho na mão limpando delicadamente o braço da guitarra. Então pegou em sua sacola um frasco e começou a borrifar um produto.

– Que merda é essa? O que você está fazendo com a guitarra? – perguntei.

– Ah, isto é Fingerease. Ajuda os dedos a deslizar.

Eu estava acostumado com Hillel, que tocava com tanta força que os dedos rachavam. Ele sabia que a noite tinha sido boa quando a guitarra ficava coberta de sangue.

Nos primeiros dias no estúdio tudo parecia se resolver, mas logo percebi que Andy procurava um som que não era o nosso. No fim das sessões, Flea e eu entrávamos na sala de controle e gritávamos:

– Foda-se! Odiamos você! Isto é uma merda! – Andy ficava completamente calmo o tempo todo. E o engenheiro Dave Jerden parecia dessas bonecas que balançam a cabeça: – Temos de acatar Andy.

Também fizemos algumas coisas engraçadas. Estávamos no meio de uma discussão acalorada com Andy certa noite no estúdio quando Flea disse:

– Vamos parar um pouco. Vou dar uma linda cagada.

– Ah, está bem, não esqueça de trazer para mim depois – disse Andy fazendo graça.

– Está bem – disse Flea.

Eu o acompanhei até o banheiro, dizendo:

– Vamos trazer mesmo a merda para ele.

Então Flea evacuou e colocamos a merda numa caixa vazia de pizza que estava no estúdio, voltamos correndo pelo corredor e a entregamos para Andy.

Ele apenas revirou os olhos e disse:

– Tão previsível…

Até hoje Flea cita esse caso para demonstrar por que éramos uma banda tão boa: porque levamos merda para Andy Gill. Lembro de surtos de felicidade naquela época. As novas canções como "Buckle Down", "True Men", "Mommy, Where's Daddy" e "Grand Pappy DuPlenty" pareciam ótimas e eletrizantes. Mas fiquei terrivelmente decepcionado quando ouvi as mixagens de "Get Up and Jump", "Out in L.A.", "Green Heaven" e "Police Helicopter". Todas pareciam ter passado por uma máquina de esterilização. Quando as tocávamos tinham um som vicioso, mas agora pareciam pop-chiclete.

A tensão afetou Dave Jerden, que teve de tratar uma úlcera e perdeu uma semana de trabalho. Então Andy foi hospitalizado para remover um testículo canceroso. Enquanto ele estava internado, Flea eu tentamos fazer Dave refazer o disco, mas ele não quis.

O álbum foi lançado e não era algo para se comemorar. Eu me sentia como se tivéssemos pousado entre dois picos, no vale do meio-termo. Não chegava a me envergonhar, mas não parecia em nada nossa fita demo. Mas nossa postura foi: "Está bem, este é o nosso disco e vamos em frente", especialmente depois que li a primeira resenha. A revista musical *BAM* simplesmente assassinou o álbum. Fiquei muito magoado, mas percebi que, às vezes, as pessoas conseguem, às vezes não. Não podia dar crédito demais ao que os redatores tinham a dizer sobre nossa música. Então tivemos uma crítica excelente em uma das primeiras edições da revista *Spin*, assim tínhamos o *yin* e o *yang* das resenhas de discos. Pelo menos éramos reconhecidos em outros lugares além da coluna "L.A. Dee Dah".

Pouco antes de o disco sair, posamos para nosso primeiro cartaz. Antes tínhamos feito uma sessão de fotos com nossas meias, que ficou infame, mas esse era nosso primeiro cartaz oficial. Pouco antes da sessão, peguei um pincel atômico e desenhei sobre o peito, o estômago e os ombros de Flea. Apenas linhas e rabiscos, mas ficou ótimo. Então apareceu Cliff, que era o que se vestia mais diferente de nós. Usava uma máscara enorme com um chapéu e uma espécie de luva; parecia um robô coberto de pano. Então Flea me deu uma chave de braço no pescoço e tiramos as fotos.

Fizemos caretas em todas. Tínhamos nascido numa época em que fazer poses e caras bonitas dominava a paisagem. O negócio era ser o mais bonito possível e fazer música rala e vazia. E nós éramos contra qualquer coisa popular. Então, distorcer nossos rostos pareceu a reação natural a toda aquela gente que tentava ser perfeita.

Também fizemos nosso primeiro videoclipe. A Enigma/EMI entrou com algum dinheiro e contratamos Graham Wiffler, que tinha feito filmes que adoramos. Ele criou um vídeo para "True Men" e nós passamos dezoito horas fazendo coisas como brotar debaixo do palco por buracos de areia, porque um fazendeiro estava regando a plantação de milho. Entregamos completamente o corpo. Se tivéssemos de mergulhar em um monte de pregos dez vezes seguidas, teríamos feito isso. Lembro de acordar no dia seguinte e sentir que eu tinha cem anos. Adorei o clipe, mas era estranho olhar para ele e ver Jack Sherman em vez de Hillel.

Provavelmente uma semana depois que o disco saiu, sem eu saber, Flea recebeu uma ligação de Johnny Lydon, que fora dos Sex Pistols, para fazer um teste de baixista para seu novo grupo, o Public Image. Flea fez o teste sem dizer nada, foi muito bem, e era sua primeira opção. Então consultou Hillel, como tinha feito comigo quando foi convidado pelo Fear. Hillel perguntou a Flea se ele queria ser um membro de apoio na viagem de Lydon ou um membro criativo de uma coisa nova. Flea decidiu ficar com nossa banda. Graças a Deus, porque naquele momento eu era um boneco de trapos rasgado. Tenho certeza de que Flea pensava o tempo todo: "Jesus Cristo, não posso contar com esse maluco. Ele está morrendo, cheio de marcas no braço, roubando carros, desaparecendo e sendo preso. Um maldito pirado. Como vou aguentar isso?".

Certa vez não apareci em um ensaio. Jack queria começar, mas Flea estava sentado com o baixo no colo, de cabeça baixa.

– Vamos fazer alguma coisa – disse Jack.

– Cale a boca – Flea rosnou.

– O que há de errado com você? Por que está tão mal? Por que não trabalhamos um pouco? – Jack queixou-se.

– Se seu amigo pudesse morrer a qualquer minuto, você também ficaria mal – disse Flea.

Eu só soube dessa conversa neste ano. Pelo que me lembro, Flea nunca disse nada parecido para mim. Quando conversávamos a respeito, ele nunca dizia "Estou preocupado com você", ou "Você está querendo morrer jovem". Era sempre: "Não aguento isso. Você me deixou na mão. Preciso de alguém em quem confiar". Eu imaginava que ele fosse mais como Jack e não se considerasse um protetor de irmão, apenas um profissional que precisava de um parceiro confiável.

O disco foi lançado naquele verão, e para promovê-lo estávamos agendados para tocar em Nova York, no Seminário de Nova Música CMJ, o evento mais importante para novos grupos serem conhecidos. Quase não cheguei a Nova York, não por causa de cocaína e heroína, mas porque abusei de outra droga: álcool. Eu estava em Michigan em minha visita de verão anual. Tinha levado Jennifer, que apareceu com seu típico cabelo de três cores, com penas cor-de-rosa espetadas. Quando a apresentei para minha família, eles não sabiam o que fazer. E a primeira coisa que ela fez foi sair para o campo de pêssegos atrás da casa e construir uma tenda indígena. Pensei que fosse fazer uma tenda de brinquedo, mas ela era realmente apaixonada pela cultura indígena americana, então passou a tarde toda e parte da noite na floresta, colhendo paus para a tenda. Não sei se tinha levado ferramentas, porque sempre tinha sacolas cheias de roupas e matérias-primas, mas acabou construindo uma tenda de cinco metros de altura que suportou todo o duro inverno de Michigan.

Antes de deixar L.A., eu estava usando mais heroína do que desejava. Começava com aquelas regras de tomar só uma vez por semana, porque senão corria o risco de me viciar. Depois pensava: "Vou tomar duas vezes esta semana, mas nenhuma na próxima". No terceiro dia dizia: "Vou tomar dia sim, dia não, porque assim nunca vou ficar viciado". Eu estava perdendo a batalha.

Enquanto isso, Jennifer ficou muito amiga de minhas irmãs.

Minha mãe não sabia o que pensar daquela linda ave maluca. É claro que, como todas as mães, ela não percebeu que o pássaro mais maluco da casa era seu próprio filho. Certa noite, eu estava me sentindo mal porque havia acabado a pequena quantidade de droga que tinha levado. Intuitivamente sabia que precisava tomar algum remédio contra a dor, então deixei Jennifer em casa e fui encontrar meu amigo Nate, que estava num bar com um grupo de caretas do meio-oeste. Todos usavam a mesma roupa, bebiam a mesma coisa, dirigiam os mesmos carros, tinham o mesmo tipo de emprego e moravam no mesmo tipo de casa. E bebiam muito. O álcool nunca foi minha droga preferida, nem a segunda preferida.

Eu bebia regularmente, mas nunca tive a história da tolerância. Mas estava me sentindo doente e acompanhando aquele pessoal num bar brega e sem graça em Grand Rapids. Então comecei a beber cerveja em pequenos baldes. Eu acompanhava a turma, estávamos ficando bêbados e tudo bem para mim, substituía a coisa que não tinha. Mas não percebi o quanto estava alto.

Para voltar à casa de minha mãe tinha de dirigir cerca de 30 quilômetros por uma estrada secundária totalmente reta. Nunca usei cinto de segurança até hoje, mas quando estava me despedindo de Nate, coloquei o cinto, fazendo brincadeira. Então acelerei a perua Subaru de minha mãe, provavelmente a 130 ou 150 quilômetros por hora. Estava ficando cansado de verdade e comecei a cochilar e despertar assustado. Fiz isso algumas vezes, então decidi que ia fechar os olhos só por um segundo. Mas apaguei.

O carro passou para a outra pista, saltou o acostamento e atingiu um calombo, o que me fez acordar. Então vi um grupo de árvores na minha frente. "Árvores? O que é ..." *BUM!* O carro se esmagou numa grande árvore, e o motor estava agora ao meu lado no banco, o volante tinha quebrado com o impacto no meu rosto. Eu teria ficado ali, inconsciente e sangrando, se alguém não tivesse escutado o choque a distância. Por sorte, essa pessoa era um paramédico que por acaso estava com a ambulância em casa.

Em poucos minutos ele chamou os bombeiros para me tirar do carro. Os paramédicos estavam sobre mim perguntando quem era o presidente. Respondi a todas as perguntas, mas não entendia por que estavam me testando para danos cerebrais. Não tinha percebido que minha cabeça estava aberta e eu parecia um prato de espaguete com almôndegas.

Fui levado para o hospital mais próximo e avisaram a minha pobre mãe. Ela estava em casa ajudando seu marido, Steve, a se recuperar de uma cirurgia de quatro pontes de safena. Em poucos minutos, minha mãe e minha irmã Jenny entraram na sala de operação. Olharam para mim como se eu fosse um fantasma. Perguntei se eu podia usar o banheiro e as enfermeiras deixaram, com relutância. Fui direto para o espelho e vi o Homem Elefante. Meu lábio superior estava tão inchado que cobria o nariz. O nariz parecia uma couve-flor espalhada por todo o rosto. O olho esquerdo estava completamente fechado, como se tivesse uma bola de bilhar lá dentro. E havia sangue por toda parte. Imediatamente pensei: "Oh, meu Deus, nunca mais vou parecer um ser humano". Só podia enxergar através de um olho, mas vi o suficiente para saber que era o fim do rosto que eu conhecia. Fiquei no hospital uma semana, tomando Percodan todos os dias e adorando essa nova fonte de heroína. Finalmente o médico percebeu meu jogo e o cortou. Depois de alguns dias o inchaço diminuiu e eles consertaram os ossos quebrados. Eu tinha fraturado o crânio, a órbita ocular e o piso orbital, que é um osso fino que segura o olho. O cirurgião plástico teve de trabalhar com uma foto que minha mãe lhe deu, mas com um pouco de titânio e um pouco de teflon ele me recuperou razoavelmente.

Liguei para Lindy, pedi desculpas e disse que não conseguiria fazer o show no CMJ. Mas Flea perguntou se eu poderia aparecer. Os médicos tinham me colocado um gesso no rosto que parecia interessante, então decidimos que eu me apresentaria com aquilo. Jennifer tinha feito para mim um chapéu de caubói da era atômica, anguloso e roxo. Entrei no avião com o rosto engessado, o chapéu roxo e a jaqueta de couro com as xícaras, e a banda arrasou tocando naquele espaço enorme. Lembro de que estava nervoso, aterrorizado e energizado, e que foi a primeira vez que percebi que precisava encontrar uma maneira de pegar essa adrenalina e esse medo e transformá-los em apresentação. É uma sensação que me acompanhou durante toda a vida, porque se eu não a sentir antes de um show, a seiva não está fluindo.

Depois do show, Flea e eu invadimos a sala de mídia da MTV. George Clinton, Madonna, Lou Reed e James Brown estavam em um painel de debates, mas Flea e eu tomamos conta da área de entrevistas. Foi o início de nossa rotina de "monstro de duas cabeças"; ao contrário de algumas bandas, nós não tínhamos um único porta-voz. Fomos os dois bocas-grandes desde o início, sentando na mesma cadeira e usando o mesmo microfone. Infelizmente isso se dissipou com os anos. Ficávamos felizes em ter um refletor para compartilhar. Acho que a simbiose é uma coisa que diminui com o tempo, sem motivo. É triste. Íamos ao Zero Club no início e nos apresentávamos às pessoas como In e Out. Dormíamos lado a lado nas estações de trem. Hoje não poderíamos morar na mesma casa.

Achávamos que éramos a melhor banda do mundo. Nem sequer achávamos que as bandas que vendiam muitos discos e tocavam em estádios estavam tendo mais sucesso. A EMI ficou decepcionada com nossas vendas, e eu respondi: – E qual é o problema? – Não tinha crescido sonhando com discos de ouro. Para mim, a vida era o que estava na minha frente, e isso era fazer uma turnê pelo país em uma van Chevy azul. Em todo lugar que nos apresentamos havia público; eles gostaram, nós sacudimos e demos tudo.

Nada poderia descrever como eu estava despreparado para tudo isso. Lindy disse: – Vamos fazer uma turnê. – E eu disse: – Está bem. Aonde vamos? – Foi quando nos ligamos a Trip Brown, nosso primeiro agente musical. Eu nem sabia o que era um agente musical, mas acontece que além de um empresário você precisava ter outro esperto do ramo. Então Trip agendou essa turnê com 60 apresentações em 64 dias, pelo país inteiro. Nunca passou pela nossa cabeça dizer: "Ei, são muitos shows sem folga".

Antes de sair, a banda investiu em uma linda van Chevy azul com listras brancas que Lindy comprou de uma igreja. Era um V8 grande e pesado, e nas poucas vezes que Lindy me deixou dirigir eu a fiz voar. Bob Forest acabou dirigindo até a primeira etapa, Detroit. Bob era um compositor e músico talentoso, mas se ofereceu para ser nosso ajudante e o contratamos. Ele não conseguia administrar 5 dólares, gastava todo o dinheiro nas coisas mais inúteis possíveis, nenhuma das quais tinha a ver com gasolina ou acomodações. Quando chegamos a Detroit ele era um bêbado arruinado. Estava magoado e furioso.

– Por que vocês foram de avião e eu tive de dirigir?

– Porque nós o contratamos para trazer o equipamento. É o seu emprego – dissemos.

Nosso primeiro show foi em um lugar antigo maravilhoso chamado St. Andrews Hall. Naquele tempo, fazíamos teste de som antes de quase todo show. Jack era o mais minucioso e apontava todos os problemas concebíveis. Fomos fazer a passagem com "True Men" e soltei tudo na primeira nota, só para começar. Devo ter feito um movimento que desligou Jack, ou chutei sua guitarra, ou chutei ele, ou derrubei seu pedal.

Não foi intencional, mas ele saiu do palco e disse: – Não posso ficar numa banda com esse tipo de teste de som. Quero minha passagem de volta. – Lindy o acalmou e ele tocou naquela noite.

Jack me acusou de tentar deliberadamente puxar o cabo do seu pedal. Mas para Flea e para mim, uma parte da experiência de palco era se machucar. Se machucar era sinal de uma apresentação poderosa. Quando você saía do palco sangrando na cabeça ou no corpo, tinha dado tudo. O palco não era um lugar para limites. Jack chegou até a colocar fita adesiva no palco para me dizer que aquele espaço era dele. Por que alguém ia querer se separar de seu colega de banda, espiritual ou fisicamente?

Logo no início da turnê eu já sabia que nossa relação com Jack não ia dar certo. Íamos de cidade em cidade sem ganhar um tostão e Flea quebrava as cordas do baixo toda noite. Então ele disse: – Tenho de trocar as cordas do baixo quase todo show e elas são muito caras, acho que devia ser uma despesa da banda. – Jack chiou: – Isso não é despesa da banda. Você que escolheu esse instrumento. Não vou contribuir para cordas de baixo. – Flea quase pulou em cima dele dentro da perua. Várias coisas estranhas aconteceram nessa turnê. Tocamos em Grand Rapids e o velho amigo de meu pai Alan Bashara era o promotor. Ele nos colocou num lugar chamado Thunder Chicken, galpão onde se apresentava música country ou bandas cover. Apesar de toda a minha família estar lá, isso não nos impediu de fazer nosso show habitual.

Naquela noite, Flea, que não pode com bebida, tomou umas cervejas antes, então mostrou o pau no palco. No dia seguinte, o jornal local deu uma enorme manchete: SE EU TIVESSE UM FILHO ASSIM, O MATARIA. Todos os moradores cristãos reformistas de Grand Rapids falavam que éramos a semente do demônio.

Minha mãe escreveu uma carta para o editor, dizendo: "Você não conhece meu filho. Ele é um dos melhores homens do mundo. Insisto em que você desminta todas as coisas negativas que disse sobre ele". Algumas semanas depois do início da turnê, ficou claro que Bob não era o ajudante mais responsável do mundo. Então Lindy contratou um cara chamado Ben. Ben e Bob recebiam cerca de 20 dólares para a alimentação, então Bob fez um acordo com Ben: ele lhe daria a metade de sua grana se Ben fizesse todo o trabalho de ajudante. Bob gastou o resto do dinheiro em cerveja.

E drogas. Toda noite conseguíamos algum barato. Eu não era viciado em heroína, mas sentia uma fissura constante por cocaína, principalmente depois de beber. Quem é ligado em drogas consegue farejá-las no deserto, se preciso. É estranho, eu queria tanto fazer parte da vida e ao mesmo tempo tentava jogar fora a vida que havia em mim. Eu tinha essa duplicidade de tentar me matar com drogas, depois comer alimentos realmente saudáveis e fazer exercícios, nadar, e tentar fazer parte da vida.

Às vezes tínhamos droga, mas não as seringas. Em Cleveland não conseguimos, mas em Chicago, sim. Tocamos para uma casa lotada, e eu subi no palco usando o capuz de carrasco que usei no videoclipe de "True Men". Tirei a máscara e mergulhei na plateia enquanto ainda estava cantando. Uma linda garota me agarrou, caiu de joelhos e começou a me chupar ali mesmo. Gostei do gesto, mas não tinha nem tempo nem disposição para sexo naquela hora. Queria era botar para quebrar.

Terminamos o show e Bob conseguiu uma boa quantidade de coca. Estávamos hospedados em um hotel decadente no centro, mas não nos importávamos porque tínhamos coca, seringas e um monte de cerveja.

Fomos para o quarto e começamos a injetar muita cocaína. Então a coca desapareceu, como sempre, e nos vimos acordados às cinco da manhã com o cérebro gritando por mais. Não era nada engraçado. Algumas das sensações mais deprimentes conhecidas pela humanidade vêm nessa hora da manhã, quando não se tem mais coca, o sol está subindo e você tem de ir a algum lugar. Às vezes, na turnê, eu me drogava a noite inteira e depois entrava na van para dormir no chão embaixo dos bancos até chegar ao show. Eu me sentia como uma estátua de cera com coração de isopor, mas tinha de achar energia para tocar.

Quando chegamos a Nova York, cerca de um mês depois, Bob não aguentava mais. Ficamos no Hotel Iroquois na Times Square, perto de um hotel para mendigos. Eu ia revelar um novo visual em NY: uma touca de banho, óculos de sol enormes e meu paletó de smoking estampado, e, para o show no Pyramid Club, um colete salva-vida inflável que eu roubara no voo para Detroit. No momento certo eu puxaria os cordões para inflar. Naquela noite, tivemos um público fantástico – uma mistura de drag queens e viciados, góticos e punk rockers. Nós bombamos, cumprimos nossa missão e partimos para as festas. No dia seguinte, nos reunimos em frente ao hotel na van. Íamos tocar no Maxwell, em Hoboken, Nova Jersey. Bob tinha passado a noite acordado e realmente chegara ao fim da linha. Batia os pés na calçada e gritava:

– Não vou ser tratado assim.

– Tratado como? Você está sendo pago e tem onde ficar. Ben faz todo o seu trabalho; você só bebe e nunca aparece. Como assim? – perguntamos.

– Sabe quem eu sou? Não posso fazer isso se Ben estiver aqui. Eu me demito dessa turnê fodida!

– Ótimo, temos de ir; então até L.A.

– Estou falando sério, não vou mais com vocês – ele insistiu.

Ficamos muito aliviados. Por mais que gostássemos de Bob, sua anarquia já tinha perdido o encanto. Então fomos embora e o deixamos lá, gritando e chiando sem parar. Continuamos a turnê e ele ficou em Nova York, trabalhando para traficantes para conseguir voltar a Los Angeles.

Quando se está tomando muito álcool ou cocaína, o pensamento fica distorcido e você topa fazer muitas coisas que normalmente não faria. Mas não sei se dormir com uma garota diferente mais da metade das noites enquanto o amor da minha vida estava em L.A. foi consequência das drogas. Nesse ponto da minha vida eu não tinha moral. Não deixara de amar Jennifer, pensava nela todo dia e ligava para ela, mas não tinha problemas em traí-la. Tornou-se uma coisa de momento.

Naquela época, eu queria ser o centro das atenções. Isso mudaria alguns anos depois. Assim que aquela energia mudou e eu já não precisava me esforçar para ter sexo porque minha banda era famosa, parei de querer transar com todas as garotas. Quando éramos punk rockers de que ninguém tinha ouvido falar, eu queria chamar a atenção e me mostrar às pessoas. Tudo era divertido e fazia sentido, e eu não me sentia estranho. É claro que dizia a Jennifer que era fiel – então não apenas estava traindo como também mentindo. Mas eu era um egomaníaco egoísta e descontrolado.

Às vezes, ficava difícil transar quando éramos pelo menos dois em um quarto. Tínhamos de ser criativos. Às vezes usávamos o banheiro do camarim ou um quarto numa festa. Quando estava dividindo o quarto com Lindy, não era problema. Certa noite encontrei uma garota de Nebraska. Foi engraçado, porque Nebraska é o estado do milho e ela tinha pelos púbicos que pareciam exatamente cabelos de milho. Você encontra muitos pelos púbicos diferentes no caminho – crespos, longos, curtos, raspados etc. Essa garota tinha cabelo de milho preto crescendo no monte de Vênus. E era uma gracinha, delicada, não uma tiete-piranha de bastidores. Eu a levei para nosso quarto e Lindy não se abalou: deitou na cama, colocou os fones de ouvido e uma máscara e apagou.

Quando chegamos a Nova Orleans, a turnê estava terminando, mas o nível de excitação era alto. Estávamos tocando em um dos antigos prédios da Feira Mundial, que tinha camarins luxuosos, com chuveiros, sofás e carpete. Tínhamos terminado o show quando uma garota adorável entrou no camarim. Tinha cabelo loiro platinado, lábios bem vermelhos e cílios gigantes, que a faziam parecer uma versão sulina reencarnada de Marilyn Monroe. Como era meu hábito na época, avancei antes que alguém pudesse falar com ela. Puxei-a para o banheiro e perguntei se podia me fazer companhia enquanto eu tomava uma ducha.

Quando entrei no chuveiro, ela fez uma interpretação impecável de Marilyn cantando o "Happy Birthday" para JFK. Saí do chuveiro pronto para tudo. Ela imediatamente tirou as roupas e fizemos amor no chão. Passamos a noite juntos e a conheci melhor, inclusive o fato de que frequentou uma escola católica. (Ela seria a inspiração para uma canção mais tarde, "Catholic School Girls Rule".)

No dia seguinte, fomos para Baton Rouge e é claro que ela também foi. Quando saímos do palco ela me disse:

– Preciso lhe dizer uma coisa. Meu pai é o delegado de polícia e o estado da Louisiana inteiro está me procurando porque desapareci.

Ah, além disso, tenho 14 anos. – Não fiquei tão apavorado, mas queria mandá-la de volta para casa mesmo assim. Então transamos mais uma vez e ela me fez um elogio interessante, que nunca esqueci: "Quando você faz amor comigo parece um profissional". Eu disse que provavelmente era porque ela não tinha muitos homens para comparar. Coloquei-a num ônibus de volta para Nova Orleans.

As coisas tinham chegado ao limite com Jack Sherman na noite anterior, em Nova Orleans. Ele já quase havia desistido algumas vezes na turnê, mas agora estávamos realmente tocando bem e os shows eram cada vez melhores. A pausa cômica entre as canções era uma parte importante do nosso número. Costumávamos dar um tempo e conversar com a plateia. Isso fazia Jack pirar. Em Nova Orleans Flea quebrou uma corda na primeira música e então comecei a improvisar. Jack estava me olhando feio, ou me dizendo para continuar o show, ou alguma coisa negativa, e respondi despejando umas jarras de água gelada em cima dele enquanto ele fazia um solo. Não foi um ato de ódio, foi mais teatral, uma provocação. Jack olhou para mim chocado e agarrou o microfone.

– Quero que vocês todos saibam que este é um show histórico, porque é a última vez que vou tocar com os Chili Peppers.

Então peguei meu microfone.

– Quero que vocês todos saibam que este é um show histórico, porque é a última vez que vamos ter de tocar com esse imbecil.

Tínhamos o público na palma da mão. Todos comentavam: "Isso faz parte do show? É de verdade?". Ficaram em silêncio. Jack e eu nos encaramos e ele se aproximou do microfone e disse:

– Acho que você me deve desculpas, cara.

Outra pausa. Então fui até o microfone.

– Acho que é você quem me deve desculpas, cara.

A essa altura, Flea já tinha trocado a corda. Continuamos tocando e arrasamos.

Jack era o careta definitivo, porque era um careta de verdade. Era disso que as pessoas gostavam em nós. Diziam: – A música é interessante mesmo. Dançamos para caramba, mas vocês são a coisa mais estranha que já vimos.

Graças a Deus Jack manteve a banda inteira por um ano, senão provavelmente não continuaríamos pelos próximos anos. Apesar de estranha e combativa, nossa relação com ele era importante. Naquela turnê, cada vez que íamos para trás do palco, eu sentia que estava levitando. Foi o maior barato de todos os tempos. Às vezes, não tinha camarim e estava gelado lá fora, nós saíamos suando e dizendo: – Dá para acreditar? Eles adoraram. Vamos voltar lá e dar um bis.

Voltamos da turnê com talvez 500 dólares cada, por isso Jennifer e eu tivemos de abandonar a casa da Lexington. Jennifer foi morar com a mãe dela e meu objetivo básico na vida tornou-se ficar chapado. Cada vez mais eu tomava speedballs, doses misturadas de coca com heroína. O barato disso é que você vai em duas direções ao mesmo tempo, o que é uma sensação divina. Em vez de ter só aquele choque puro de luz branca da cocaína, você também sente a onda suave e escura da heroína. É o melhor de dois mundos; a serotonina e a dopamina são liberadas ao mesmo tempo.

Quando voltamos da turnê, percebemos que tínhamos de demitir Jack Sherman, o que foi triste. Mas sabíamos que estava na hora de voltar para algo mais cru, longe do lugar-comum.

Então nós três fomos ao apartamento de Jack em Santa Monica. No caminho, Flea e eu começamos a rir histericamente de pura excitação e emoção do inesperado, do início de uma nova era para nós. Chegamos à porta de Jack tentando conter o riso, mas não conseguimos. Entramos e dissemos:

– Acabou. Você não está mais na banda. – Ele ficou surpreso e bravo. Demos meia-volta e saímos.

Mais tarde Flea me disse:

– O que você acharia se Hillel quisesse voltar para a banda?

Eu disse:

– O quê? – Eu sabia que ele não iria sugerir isso se não tivesse algum contato com Hillel. Eu disse: – O que eu acharia? Eu daria um braço para tê-lo de volta na banda. Vamos nessa!

CAPÍTULO

7

O ANO DA MARMOTA

Quando Hillel voltou à banda, em 1985, foi uma sensação monumental, como se tivéssemos voltado ao caminho certo. Finalmente tínhamos um guitarrista que sabia quais canções davam certo para nós e quais eu podia cantar. Além disso, Hillel era nosso irmão. E, como irmão, ele se preocupava com a quantidade de droga que eu estava tomando. E, às vezes, eu não ia aos ensaios. Na época eu tinha aparecido no apartamento de dois quartos da mãe de Jennifer, que me aceitou, mas eu estava péssimo. Eu era o parasita sem dinheiro que vivia sob seu teto, comia as coisas e nunca trazia nada.

Eu desaparecia durante dias em minhas baladas, depois voltava como um cachorrinho e tentava entrar silenciosamente na casa para descansar. Mas Jennifer não suportava isso. Certa vez, ela abriu a porta segurando umas tesouras enormes que usava para fazer suas roupas. Eu sabia quando ela estava blefando e quando não estava para brincadeira, e daquela vez teria enfiado a tesoura na minha cabeça se eu tivesse me aproximado mais.

– Onde você estava? Com quem estava dormindo? – ela gritou.

– Está louca? Não dormi com ninguém. Eu estava me chapando. Você me conhece – supliquei. Afinal consegui convencê-la a me deixar entrar.

Quanto mais Jennifer tomava heroína, mais fácil para mim era entrar na casa, porque ela precisava de um cúmplice e eu precisava de dinheiro. Ela não se importava que eu tomasse heroína, porque quando fazia isso ficava calmo e podíamos ficar juntinhos ou dormir abraçados na frente da televisão às quatro da manhã, na abençoada e mortal onda do ópio. Mas detestava quando eu tomava cocaína. Então virava um louco e desaparecia. É claro que eu nunca queria tomar só heroína. Quando estávamos tomando heroína no quarto dela, eu fugia para tomar um pouco de coca. Mas ela ficava alerta. – Me dê a coca. Me dê a seringa. Você não vai tomar coca!

Eu inventava maneiras horríveis de me chapar com coca. Na época, meu cabelo estava tão comprido e embaraçado que eu escondia seringas nele. Antes eu escondia a coca em uma caixa de cereais na cozinha, então corria para baixo e tomava o pico antes que Jennifer, sua irmã ou sua mãe chegassem. Eu estava perdido no vício e a coisa ia ficar muito pior.

Eu não fazia ideia de como estava ficando dependente de heroína. Era como se houvesse um suprimento infinito. Havia traficantes imbecis por toda parte em Hollywood. Tinha o traficante russo que morava num apartamento nojento com sua mulher e mal falava inglês, mas tinha um estoque constante de branca chinesa. Tinha o mendigo branco de Hollywood, na esquina do Sunset Boulevard. Havia cinco ou seis franceses, desde meu velho amigo Fabrice a mais outros cinco que ele conhecia.

De alguma forma, eu ainda compunha música e comparecia mais do que faltava aos ensaios. Mas, sem perceber, minha vida estava começando a me abandonar. Fiquei magro como um cabo de vassoura. Meu vício estava piorando e meu dinheiro diminuía rapidamente, então eu precisava penhorar coisas. Todo dia eu acordava o mais tarde possível, porque sabia que ia ficar doente da droga. Pedia 20 dólares para Jennifer. Ela não tinha.

– Temos alguma coisa para vender? – eu suplicava.

– Já vendemos tudo.

– Podemos vender esse quadro? Podemos vender o extintor de incêndio? Podemos vender esse tapete? Não tem um rádio velho que ninguém usa?

Eu ia à casa de penhor com qualquer coisa que encontrasse para conseguir 20 ou 30 dólares. Então comprava o material e ia para um pequeno morro que dava para a autopista, jogava a droga numa colher, misturava com água e tomava o pico imediatamente. Quando a droga me atingia, era como despejar água numa esponja ressecada. Eu deixava de ser doente, miserável e sem vida, e passava a ser esperto e falante. Assim que tomava a droga ficava com tesão e queria transar com Jennifer na hora. Mas ela ficava louca com tudo aquilo.

Apesar de tanta droga, as músicas para o segundo álbum iam bem. Eu via Hillel e Flea tocarem juntos e percebia que eles conseguiam saber o que o outro estava pensando e se comunicavam através da música. Naquele tempo longe de nós, Hillel tinha crescido muito como guitarrista. Ele começou como um músico influenciado pelo Kiss, com um pouco de rock progressivo. Depois experimentou as primeiras músicas do Red Hot Chili Peppers e agora tinha adotado um elemento estranho e sensual no seu estilo. Não era só o funk maníaco sincopado, também havia algo de suave e fluido.

Quando estávamos ensaiando no espaço da EMI recebemos a notícia de que o lendário empresário Malcolm McLaren queria falar conosco. McLaren era o homem misterioso que tinha criado os Sex Pistols e o Bow Wow Wow. Agora procurava algo novo, e, se tivéssemos sorte, o fazedor de estrelas nos aceitaria. Ele veio para o ensaio com alguns amigos e tocamos nossas músicas mais loucas e complexas – rápidas, caóticas, densas e superpostas, sem rima ou razão mas com muito sentimento e muito funk. Ele não ficou impressionado.

– Tudo bem, vamos conversar, amigos.

Fomos para uma pequena sala de reunião junto à sala de ensaio. Alguém passou um baseado do tamanho de um charuto cubano.

– Olhe, o que vocês estão tocando é ótimo, mas não faz sentido. Ninguém vai se ligar nesse tipo de música. O que estou imaginando...

Ele começou a dizer coisas como "cacofonia" e "epifania" e nós ficávamos cada vez mais chapados, sem entender nada.

Finalmente ele chegou ao ponto. Como demonstração, pegou algumas fotos de surfistas que usavam cores como rosa-punk rock.

– Quero pegar essa banda e simplificar toda a música. Transformá-la em rock and roll dos anos 1950, bem simples, batida básica. E transformar Anthony na estrela, para não haver confusão. O resto de vocês ficará atrás, tocando o rock and roll mais simples que existe.

Fez uma pausa para ver nossa reação, e eu olhei para Flea. Tinha desmaiado.

Acho que Malcolm entendeu que seu recado não foi bem recebido. Fiquei lisonjeado por ele pensar que eu tinha potencial para ser uma estrela, mas tudo o mais que ele disse nos decepcionou. Era como se o Mágico de Oz tivesse falado, mas dito algo risível demais para ser levado a sério.

Agora estava na hora de fazer o segundo disco. A EMI nos perguntou quem queríamos para produzi-lo. Sem hesitar, dissemos "George Clinton", porque depois do primeiro disco as pessoas diziam "Vocês devem beber do P Funk", que era o lendário grupo funk de George. Tínhamos pegado o bonde andando do Funkadelic, mas sabíamos que se James Brown era considerado o pai do funk, George era o tio.

Então a EMI colocou George no telefone e dissemos:

– George, somos os Red Hot Chili Peppers, de Hollywood, uns roqueiros fodidos da pesada, e queremos que você produza nosso disco.

Mandamos para ele nosso disco e nossa fita demo e ele gostou, e quando Flea e Lindy foram para Detroit encontrá-lo, ele aceitou nos produzir.

Até hoje, quando as pessoas perguntam como o conseguimos, eu digo que pedimos a ele por telefone, mas Flea sempre diz "25 mil", que foi quanto a EMI lhe pagou. Não acredito que ele tenha feito só pelo dinheiro. Acho que também viu algo especial naqueles quatro garotos que tentavam manter vivo o espírito do funk pesado, sem copiar, mas ajudando a inventar um novo gênero de funk.

Fomos para Detroit com cerca de setenta por cento das canções prontas. Tínhamos "Jungle Man", minha ode a Flea, esse cara metade homem metade fera nascido num vulcão na Austrália, que usa o polegar como condutor do trovão no baixo; "American Ghost Dance"; "Catholic School Girls Rule"; e "Battleship". "Nevermind" e "Sex Rap" eram canções da primeira demo, e "Thirty Dirty Birds" era uma antiga canção de acampamento de Hillel. George queria que ficássemos com ele em Detroit por um mês antes de irmos para o estúdio, assim sempre haveria tempo para compor mais.

Gravamos no estúdio de George, o United Sound. Nos anos 1970, George tinha tirado o estúdio da Motown, e foi lá que gravou todos os discos clássicos do Parliament-Funkadelic. Era um estúdio ótimo, com grandes mesas de som analógicas, uma bela sala de bateria e salas separadas para instrumentos de sopro.

O plano era ficar na casa de George por uma semana, até alugarmos uma casa para a banda. Encontramos uma no lago Wabeek, que era o subúrbio mais chique. George morava em uma casa de campo moderna em Brooklyn, a cerca de uma hora de Detroit.

A ideia era ficar fora da cidade para trabalhar, porque não queríamos que as sessões fossem perturbadas logo pelas drogas. Mas assim que cheguei lá senti uma espécie de intoxicação alimentar. Comecei a vomitar, minha pele ficou de uma cor estranha e eu não conseguia comer. Não sabia o que estava errado, mas Flea disse: – Você está doente da droga. – Eu não percebia que estava passando por uma típica abstinência de heroína.

Por algum motivo estúpido, mandamos buscar 500 dólares de coca e cheiramos tudo. Isso me fez sentir ótimo por meia hora. Aí voltei a não conseguir dormir e a me sentir doente. Depois de alguns dias isso passou e montamos a banda na sala de George. Começamos a tocar e a conhecer melhor George.

Conhecer George é amá-lo. Ele é um homem enorme com um cabelo enorme, mas há outra coisa nele do tamanho de um elefante – sua aura. George é um cara que adora contar histórias e não tem vergonha de admitir todo tipo de comportamento estranho. Parecíamos garotos no acampamento escutando o grande mestre da experiência funk psicodélica.

Além disso, George nos ensinava a importância de ser constantes. Ele caminhava pela casa dizendo: – Vocês sabem a minha idade. E sabem que eu posso trabalhar o dia todo e a noite toda. É por isso, porque sou constante.

Depois de uma semana morando com George, mudamos para nossa casa ao lado de um campo de golfe. Então começamos a gravar demos em um estúdio na cidade cujo dono era um cara chamado Navarro, um cafetão/traficante da velha escola. Não se entendia boa parte do que dizia, mas com certeza conseguíamos entender o que ele queria dizer. Quando entrava numa sala, impunha respeito.

Começamos a fazer as demos. E também a tomar coca, que era fácil de encontrar. Encomendávamos frango frito e cocaína. Às vezes, não comíamos o frango. Ao contrário de nós, George nunca se comportava como um maluco quando estava chapado de coca. Não dava para saber se ele tinha tomado uma tonelada de coca ou não; seu físico era realmente forte.

Eu ficava baratinado e tentava terminar as músicas que tinha começado, e, às vezes, ficava andando em círculos, com combinações de palavras complexas. George ficava escutando aqueles garotos tocando funk pesado excêntrico e adorava. Eu pedia sua opinião sobre as letras e ele dizia: – Está incrível. Adorei. Escreva mais uma, precisamos de mais um verso.

Na pré-produção, Flea, que andava escutando muito Meters, sugeriu que fizéssemos um cover de sua canção "Africa". George pensou e disse:

– E se vocês fizessem a canção, mas Anthony a reescrevesse para não ser mais "Africa", mas a sua África, que é Hollywood?

Então eu a reescrevi e depois George colocou um de seus incríveis arranjos vocais por trás. Acho que ele até cantou uma ou duas frases naquela canção.

"Freaky Styley" foi outra inovação interessante de George. Era originalmente a abertura instrumental de outra música, mas George gostou tanto daquele ritmo que fez questão que fosse uma canção por si, mesmo que o vocal fosse só entoado. Quando gravamos, estávamos todos na sala de controle, escutando essa que é até hoje uma das melhores peças que compusemos. George começou a cantar: *Fuck 'em, just to see the look on their face. Fuck 'em, just to see the look on their face*[6]... Todos nós o acompanhamos e foi um momento espontâneo de combustão musical. A outra parte vocal na canção, *Say it out loud, I'm Freaky Styley and I'm proud*[7], foi outra coisa criada no ato. Na época chamávamos tudo que era cool de "Freaky Styley". Uma dança, uma garota, um ritmo de bateria, qualquer coisa. Quando o processo terminou e estávamos sentados ao redor da mesa pensando no título do álbum, Cliff disse:

---

6 Fodam com eles, só para ver a cara deles. (N. do T.)

7 Diga bem alto, sou Freaky Styley e me orgulho disso. (N. do T)

– Por que não o chamamos simplesmente como chamamos tudo o mais? Freaky Styley!

Depois de algum tempo no estúdio de Navarro, finalizamos os arranjos e fiz algumas letras novas. George tinha um estilo único de produzir. Nada era muito refinado, era mais como vinha do coração. Ele era um mestre em escutar as partes do backing vocal, especialmente nas partes esotéricas da canção, onde normalmente não se ouvem vocais.

Quando você escuta os discos do Funkadelic ou do Parliament, percebe que os arranjos vocais no corpo da música são obras-primas por si só. Então ele começou a escutar isso em nossas músicas, e estávamos abertos para tudo: se ele dizia "quero cinco pessoas fazendo backing vocal aqui", pulávamos de alegria.

Fomos para o United Sound e começamos a gravar as faixas básicas. George me colocava no meio da sala e não numa sala separada, então eu me sentia parte da banda, o que foi ótimo, porque todo mundo sempre dizia: "Ah, os Chili Peppers são ótimos ao vivo, mas você nunca vai captar aquela química num estúdio".

Durante o processo de gravação, recebemos um visitante incomum, Louie, um cara pálido e careca do meio-oeste. Era a conexão-pó de George. Depois de algumas visitas, ficou claro que George estava devendo muita grana para ele. Louie começou a aparecer com alguns trogloditas e dizia num sotaque arrastado:

– George, estou falando sério, homem, você precisa comparecer antes que eu lhe dê mais alguma coisa. Eu tenho um negócio, e esses caras não estão aqui para brincar.

E George dizia:

– Olhe em volta. Acha que tenho grana? Nesse negócio a gente recebe quando recebe. Quando eu receber, você será o primeiro sacana a quem vou pagar.

George tinha um plano. Ele sabia que Louie era fascinado por música, então ele achou que colocar Louie no processo ia garantir um fluxo constante de cocaína. Finalmente George prometeu que Louie podia fazer sua estreia vocal em nosso disco.

Eu pensei: "Tudo bem, confio em George, sei que tudo isso tem um motivo, mas não vou deixar esse sacana entrar no meu disco. Essa merda é sagrada". George me disse: – Não se preocupe, todo mundo vai ficar contente. Ele vai entrar no disco e vocês não vão se importar.

Ele tinha razão. No início de "Yertle the Turtle", você ouve uma voz estranha fora do contexto entrar e dizer: *Look at the turtle go, bro*[8], e então a música entra num funk sincopado. Foi a estreia de Louie, que o deixou suficientemente feliz para não machucar ninguém. E continuar trazendo pó.

Pouco antes de gravar os últimos vocais, decidi que não ia tomar cocaína por duas semanas, algo como decidir ser celibatário morando num bordel. Minha decisão não teve nada a ver com sobriedade, porque apesar de eu ter 23 anos, ainda era um jovem emocionalmente instável.

Eu apenas não queria voltar para Hollywood e dizer: "Tive a chance de fazer um disco com George Clinton e fodi tudo". O período de duas semanas era o tempo que eu tinha para fazer os vocais. Acho que eu tinha percebido que é mais difícil cantar quando você tem coca pingando no fundo da garganta.

Um dos motivos pelos quais estava tão preocupado é que durante o processo de pré-produção Flea começou a tocar no baixo uma canção de Sly Stone, "If You Want Me to Stay". Hillel e Cliff entraram na onda e decidimos fazer um cover dessa música, o que para mim era um desafio, porque é sempre difícil cantar a música dos outros – quanto mais de Sly Stone, um dos vocalistas mais originais em termos de fraseado.

George deve ter percebido minha hesitação. "Não se preocupe, você é capaz", ele me tranquilizou. Então me convidou para sua casa no fim de semana, para trabalhar na canção. Decidi primeiro visitar minha mãe por alguns dias; levei a fita da música e pratiquei bastante. No caminho de volta parei na casa de George. Falamos sobre a canção e a ensaiamos, fazendo longos passeios pela propriedade dele. Eu não percebia, mas ele estava reforçando minha confiança para eu ficar à vontade e criar magia no estúdio. Acho que ele percebeu que Hillel era um guitarrista muito talentoso, Flea sabia exatamente o que estava fazendo no baixo e Cliff era um ótimo baterista, mas eu era um cara com habilidade lírica mas sem muita confiança em sua voz.

---

8 Veja a tartaruga andar, irmão. (N. do T.)

De manhã cedo saímos para pescar no lago. O comportamento dele mudava totalmente, do mestre do universo funk para um sujeito introspectivo com uma vasta experiência. Pescar era sua meditação. Ele comia qualquer coisa que pegasse. Nós levamos o peixe para casa e a mulher de George o fritou para o café da manhã.

Quando fui embora, estava à vontade com a canção. George também foi meu mentor durante o processo de gravação. Ele tinha um microfone em sua cabine e dava gritos ou cantava junto comigo. Quando montamos a cabine vocal, e era só eu cantando, George entrava no estúdio, colocava fones de ouvido e cantava e dançava junto comigo. Era como um irmão mais velho para mim, atencioso, totalmente sensível e compreensivo sobre o lugar maluco e colorido de onde vínhamos. Eu não queria decepcioná-lo.

Terminamos o disco e para nós ele superava qualquer coisa que tivéssemos imaginado, achamos que estávamos na estrada para a fama. Alguns executivos da EMI foram para Detroit para ouvir parte do material. Tocamos algumas faixas, e em vez de eles dizerem "Vocês vão ser o máximo", nada disseram. Era uma gravadora que não tinha a menor consciência para perceber algo diferente e original, reconhecer seu valor e apresentá-lo ao mundo. Procuravam outro Roxette.

Voltamos para L.A. nos sentindo totalmente realizados e mais experientes, e então todo mundo mergulhou novamente na loucura. Nessa época a mãe de Jennifer tinha mudado para um conjunto de apartamentos em Pasadena. Ao lado havia um prédio abandonado, então Jennifer e eu começamos a morar lá. A água quente e fria ainda funcionava e puxamos uma extensão para o prédio para poder ouvir música; montamos uma cama e algumas velas.

Foi quando realmente comecei a entrar na do sexo com heroína. Percebia que se você estava apaixonado por alguém e sexualmente inspirado, o barato da heroína podia ampliar a experiência dez vezes, porque você podia fazer sexo a noite inteira e não gozar, mas continuar interessado.

Lembro de ter umas maratonas sexuais com Jennifer naquela cama e pensar: "A vida não pode ser melhor que isso. Estou numa banda, tenho uns trocados no bolso, um teto, uma namorada linda, sexy e louca, e droga". Esses sentimentos desapareciam e no dia seguinte eu saía atrás de droga. Jennifer fazia o possível para lidar com minha insanidade, enquanto trabalhava lentamente com a dela. Quando voltei de Detroit, intensifiquei minha relação com uma garota chamada Kim. Meu amigo Bob Forrest era apaixonado por ela, mas ela o dispensara. Ele continuava obcecado, levava-me ao apartamento dela em Echo Park e batíamos na porta para ver se ela estava.

Bob me contava todas as suas virtudes – era brilhante e linda, tinha estudado na China, escrevia para o *L.A. Weekly*, e, além disso, era lésbica, porque deixara Bob por uma garota linda. Acontece que ela não era lésbica, mas todas as outras virtudes eram verdadeiras. Assim que a conheci, soube que seríamos ótimos amigos. Éramos os dois de Escorpião, e nunca houve qualquer tensão sexual entre nós.

De certa forma, Kim era o equivalente feminino de Hillel, porque estava sempre pronta a perdoar e a ver o lado bom das pessoas. É claro, ela também era uma confusão total. Inteligente, mas atordoada, viciada em drogas. Comecei a ficar cada vez mais ligado a ela porque era uma fonte de amor e conforto, amizade e companheirismo, sem as dificuldades de uma namorada. Kim não se importava se eu sumisse por três dias. Sabia que eu ia gastar todo o dinheiro, olhar para todas as outras garotas e desaparecer.

Nunca perdi a atração sexual por Jennifer, mas nunca fui um bom namorado. Dizia que ia chegar em certa hora e aparecia três dias depois. Hoje, se alguém fizesse isso comigo, eu teria um ataque, mas na época era muito criança.

Em pouco tempo fui morar com Kim, e nossa missão diária era ficar chapado. Ela recebia uma pensão porque o pai tinha morrido, além de cheques do *L.A. Weekly* ou de sua mãe no Tennessee. Comprávamos heroína, e se sobrasse algum dinheiro, também um pouco de coca. Logo os dois estávamos viciados.

De vez em quando a banda fazia turnês para San Francisco. Ainda éramos muito jovens e não tão danificados, e podíamos tocar bem, apesar das drogas. Em setembro de 1985 fizemos dois shows com o Run-DMC, um em San Francisco e um em L.A. O show de L.A. foi no Palladium, nosso maior show até então sem contar quando abrimos para o Oingo Boingo. Mais ou menos na metade, George Clinton entrou no palco dançando, e nós dois começamos a fazer uma dança funk enquanto improvisávamos. Ele injetou uma grande dose de cor, amor, energia e significado naquele show.

Também foi memorável porque pouco antes de George sair, eu decidi interromper a música e fazer um discurso de dez minutos sobre os perigos das drogas. Eu não tinha planejado isso, mas uma coisa tomou conta de mim quando olhei para meus braços cheios de marcas roxas e comecei a fazer um rap.

Expliquei em detalhes por que era um grande erro usar drogas. Não conseguia parar, enquanto a banda olhava para mim como se dissesse "Ah, meu Deus, que filho da puta idiota". Depois do show, tive medo de enfrentar os caras. Pensei que iam me odiar por dizer aquilo e ser tão hipócrita. Então meu amigo Pete Weiss, baterista do Thelonious Monster, entrou no camarim.

– Foram as coisas mais legais que você já disse – ele falou. – Foi emocionante e você chamou a atenção de todo mundo. Eles sabem que você é um filho da mãe fodido, mas que também se preocupa. E não deixe essa banda enganá-lo. Você fez a coisa certa esta noite.

Um mês depois, na época de nossa turnê nacional com *Freaky Styley*, nada havia mudado entre nós. Hillel e eu estávamos chapados, mas pela primeira vez percebi que ele não estava muito bem. Parecia fraco, e enquanto eu conseguia me recuperar rapidamente ele parecia ter perdido o pique. Isso ficou evidente quando começamos nossa diversão habitual nas turnês, as lutas livres. Hillel e eu éramos uma dupla; eu era seu empresário e ele devia lutar com Flea. Embora Flea fosse muito sólido, Hillel era maior e tinha pernas fortes. Foram duas semanas de combates até chegar a essa luta, e quando eles lutaram num quarto de hotel, Flea destruiu Hillel em dez segundos. Pude ver que o vício tinha roubado de Hillel a força vital que lhe permitia pelo menos se defender. Foi um momento triste.

Hillel e eu não tomamos heroína em turnê, então bebíamos garrafas de Jägermeister, porque nos dava a sensação mais próxima da heroína. Ele sempre caçoava de mim porque eu ficava bêbado, tirava a roupa no motel e andava pelo corredor batendo nas portas das pessoas, enquanto ele agia de forma gentil.

Fazer uma turnê era uma provação para mim por causa de minha relação volátil com Jennifer. Embora estivesse morando principalmente na casa de Kim, Jennifer ainda era minha namorada. Ela tinha certeza de que Kim e eu fazíamos sexo. Um dia, ela passou pela casa de Kim e nós dois estávamos dormindo nus e abraçados. Mas estávamos só tendo um barato gostoso, sem namoro, só amizade. Jennifer não entendeu assim. Kim e eu acordamos com ela destruindo a janela do quarto com uma bengala esculpida. Depois de quebrar a janela ela tentou me matar com a bengala.

Quando eu tinha de viajar em turnê, evitava Jennifer durante alguns dias porque sabia que ela ia me atirar alguma coisa. Certa vez, estava sentado com Kim no banco da frente de um carro, no estacionamento da EMI na Sunset, e estávamos completamente chapados de heroína. Acho que no barato eu tinha desabotoado a blusa de Kim porque queria ver seus seios muito brancos. Então ouvi golpes na janela e era Jennifer, furiosa. Ela disse que estava grávida, mas eu disse que sabia que não estava porque ela tinha acabado de menstruar e eu não tinha feito sexo com ela depois disso. Mas não havia como detê-la e Kim acabou envolvida na briga, então entrei no prédio da EMI. Jennifer me seguiu, puxando meu cabelo e arranhando meu rosto. Eu ainda estava louco de heroína e não queria perder um olho, por isso saí correndo pelos corredores.

Jennifer me perseguiu. Por algum motivo, eu tinha um saco de biscoitos e comecei a atirá-los nela. Ela agarrou alguma coisa para me agredir e eu coloquei o pé para mantê-la afastada. Ela ficou ainda mais furiosa.

– Não tente me chutar no estômago só porque estou grávida. Sei que você quer se livrar do bebê – ela gritou.

Felizmente, Lindy veio me socorrer.

– Jennifer, nós só vamos viajar por algumas semanas. Eu sei como esse garoto ama você. Ele fala em você o tempo todo!

De alguma forma, conseguimos sair para a turnê inteiros.

Apesar de nossas viagens, a EMI nunca deu apoio ao álbum, nem dinheiro para um videoclipe. Isso não nos deteve. Lindy, que tinha uma câmera de vídeo caseira, uma das primeiras, gravou-nos durante a turnê e misturou com um documentário da BBC que nos filmara cantando

"Jungle Man" no Club Lingerie em Hollywood. Ele conectou dois aparelhos de vídeo em alguma sala da EMI, fez uma edição e tivemos um clipe por 100 dólares. Mais tarde, nosso amigo Dick Rude gravou um clipe de "Catholic School Girls Rule", em que eu aparecia pregado a uma cruz, entre outras coisas blasfemas, por isso só era exibido em clubes.

Quando não estávamos em turnê, eu me chapava, mais do que tudo. Todo santo dia era exatamente igual. Kim e eu acordávamos e olhávamos pela janela para ver a direção do tráfego na autopista, para saber se estava amanhecendo ou entardecendo. Então juntávamos algum dinheiro, conseguíamos droga, a tomávamos e íamos passear no lago do Echo Park de mãos dadas, num barato total. Se eu tivesse ensaio, provavelmente faltaria. Se aparecesse, estaria louco demais para fazer qualquer coisa, então cochilava ou desmaiava num canto da sala.

Todo dia Kim e eu ficávamos chapados, e no meio do barato prometíamos que amanhã íamos sair daquilo. No dia seguinte começávamos tudo de novo. Muitos amigos nossos estavam agora viciados e com frequência só nos víamos quando estávamos nos carros esperando o traficante. Comprávamos do mesmo francês. Nós lhe passávamos um bip, ele ligava de volta e dizia: "Estejam na Beverly com a Sweetzer em dez minutos". Íamos até a esquina e víamos Hillel e Maggie em seu carro, e noutro canto víamos Bob Forrest e sua namorada. O traficante ia de carro em carro, e Kim e eu sempre éramos servidos por último, porque provavelmente não tínhamos a quantia certa de dinheiro ou íamos ficar devendo. Mas éramos pacientes e aceitávamos qualquer coisa que conseguíssemos. Voltávamos para casa e eu era encarregado de dividir a droga e carregar as seringas. Como eu sabia que tinha uma tolerância muito maior para heroína que Kim, sem ela saber eu sempre pegava 75 por cento e lhe dava o resto. Ironicamente, essa prática quase a matou.

Aconteceu certa noite, na casa de Hillel. Ele tinha mudado para um lugar infame de Hollywood chamado Milagro Castle, onde Marilyn Monroe viveu por um tempo, mas que agora era povoado por traficantes e punk rockers. Certa noite, depois de conseguirmos um pouco da branca chinesa, Kim, Hillel e eu fomos para a casa dele tomar a droga.

Hillel tinha o papelote dele e Kim estava com o nosso, e por algum motivo Hillel se ofereceu para dividir o dele com Kim, assim eu podia ficar com o meu inteiro. Eu estava tão frenético para tomar meu pico que não pensei que Hillel fosse dividir o dele meio a meio com Kim. O barato foi incrível, e lembro que Hillel e eu fomos para a cozinha, dançando e conversando sobre a potência da droga. Então percebi que não ouvíamos Kim dizer nada há algum tempo. Aí passou pela minha cabeça que ela devia ter tomado muito mais do que estava acostumada. Corri para a sala e vi Kim sentada dura na cadeira, parecendo morta. Estava fria e branca, com os lábios roxos e não respirava. De repente, me lembrei de todas as técnicas para reanimar uma pessoa que Blackie me ensinara quando eu tinha 13 anos. Eu a peguei, arrastei até o chuveiro, liguei a água fria e comecei a fazer respiração boca a boca.

Dava-lhe tapas no rosto e gritava: – Kim, não morra, caralho. Não quero ter de contar para a sua mãe que a filha dela morreu. Não quero tomar café da manhã sozinho amanhã.

Ela despertava e desmaiava de novo. Eu a sacudia como uma boneca de trapo, gritando: – Fique acordada! – Hillel tinha ligado para a emergência e quando os paramédicos apareceram eu pulei pela janela e corri, porque tinha vários mandados de prisão por infrações de trânsito. Hillel foi para o hospital com ela e cerca de doze horas depois eu liguei para seu quarto no hospital.

– Venha me buscar. Esses sacanas cortaram meu barato – ela disse.

– Estou passando mal. Precisamos arrumar drogas.

De vez em quando eu fazia tentativas brandas de ficar "limpo". Uma delas foi a pedido de Flea, que pediu para eu deixar a droga por um tempo para me reconectar com a banda. Ele morava num belo apartamento na rua Carmen e propôs que eu dormisse na sala. Apareci com alguns vidros de NyQuil e disse: – Flea, o negócio vai ser feio. Não vou conseguir dormir e vou sentir dores fortes. Tem certeza que quer que eu fique na sua casa?

Ele disse que sim, então escutamos música e eu me acalmei. Depois de algum tempo Flea disse que eu devia conseguir um apartamento no prédio, e foi o que fiz. É claro, Jennifer logo veio morar comigo. Infelizmente, um novo traficante chamado Dominique, que tinha usurpado todos os outros franceses, morava a apenas um quarteirão dali. Então chegou a hora de fazer outra turnê. Na noite anterior, Jennifer e eu fizemos uma daquelas maratonas de sexo e heroína. Fazíamos sexo durante algumas horas e depois brigávamos durante uma hora porque eu ia viajar no dia seguinte, e ela gritava muito nas duas situações.

Então um vizinho que me detestava chamou a polícia dizendo que era um caso de violência doméstica. Eu estava rodeado de seringas, colheres e heroína quando a polícia bateu na porta.

– Recebemos uma denúncia de violência doméstica – disse um policial.

– Como assim, violência doméstica? Somos eu e minha namorada, só isso.

– Podemos entrar e dar uma olhada? – o tira perguntou.

Eu ia dizer não quando Jennifer se aproximou da porta. Obviamente ela não tinha sido espancada, mas estava de cabeça quente e continuava gritando comigo. Um tira tentava enfiar a cabeça pela porta e iluminar Jennifer com a lanterna. Enquanto isso, o outro tinha feito uma verificação e encontrou os mandados de prisão, então me prenderam no ato e me arrastaram algemado, seminu. Todos os vizinhos olhavam, certos de que eu estava sendo preso por bater na garota. Jennifer e eu gritávamos um para o outro quando me levaram. Felizmente, Lindy pagou minha fiança e partimos em turnê no dia seguinte, mas durante essa fase da minha vida era preciso prever uma coisa desse tipo antes de uma viagem. Ou na volta. Certa vez, estávamos voltando de uma viagem com *Freaky Styley* quando encontrei Bob Forrest nos esperando no estacionamento da EMI. Bob era o típico espalha-merda da cidade. Se ele pudesse causar confusão, causaria. Ele sabia sobre minhas aventuras nas viagens, mas fiquei surpreso quando chegou para mim e disse:

– Você fica fazendo essas maluquices por aí... Não se preocupa com Jennifer?

Era a última coisa com que me preocuparia. Para mim, ela nunca faria nada para me trair, mesmo que eu a estivesse traindo o tempo todo. Ele sorriu.

– Tenho más notícias para você, amigo.

Meu coração começou a bater forte.

– Vou lhe dar algumas informações que talvez você não aprecie – ele continuou. – Talvez certa pessoa não tenha sido leal enquanto você estava longe.

– Você está louco – eu disse. – Jennifer jamais se interessaria por outro homem. Ela me ama com todas as células do seu corpo. Ela é fisiológica e emocionalmente incapaz de se entregar a outro homem.

– Não, ela é capaz disso. Porque eu tenho provas.

Ameacei quebrar a cabeça dele se não me contasse tudo. Finalmente Bob contou que Jennifer tinha dormido com Chris Fish, o tecladista do Fishbone, enquanto eu estava viajando. Mas isso ainda não me convenceu. Fish era um sujeito com dreadlocks feios e uma péssima noção de moda.

Fiquei mortificado. Não importava que tivesse dormido com centenas de garotas no último ano. Aquilo me matava. O meu amigo e minha namorada fazendo isso enquanto eu estava longe era uma desmoralização incompreensível. Mas o que poderia fazer?

Por algum motivo fui à casa do meu pai e elaborei um plano. Primeiro peguei o telefone e liguei para Chris.

– Chris, você trepou com a minha namorada?

Houve uma longa pausa e então uma voz lenta e surpresa disse:

– Puxa vida, o Bob andou falando...

Respirei fundo.

– Você não vai me pegar, vai?

– Eu não vou lhe pegar, mas você não é meu amigo e fique longe de mim – eu avisei.

Fim da conversa. Ele não era o problema. Era Jennifer. Liguei para ela.

– Jennifer, sei o que aconteceu.

– Nada aconteceu – ela protestou.

– Não, sei exatamente o que aconteceu. Falei com Chris e estamos terminados.

Ela começou a protestar, dizendo que Chris estava mentindo, mas eu estava decidido.

– Terminou. Nunca mais me procure, eu a odeio. Adeus para sempre.

Desliguei, e falava sério. Estava na hora de seguir adiante. Senti uma grande animação e liguei para Flea; e ele, eu e Pete Weiss saímos de carro. Fiquei de pé em cima do carro enquanto percorria as ruas de Hollywood, gritando:

– Sou um homem livre.

Viajamos intermitentemente até a primavera de 86 e estava na hora de pensar no próximo disco. Um dos produtores que estávamos considerando era Keith Levene, que trabalhara com o Public Enemy. Eu conhecia Keith e o achava um cara ótimo, mas também sabia que ele era viciado em heroína. Mas isso me pareceu perfeito, porque eu estava destruído.

Quanto mais confusa fosse a paisagem, menos eu pareceria fodido. A EMI tinha nos dado uma verba de 5 mil dólares para a demo, o que pareceu muito para mim. Não era possível que uma demo custasse tanto.

Quando conversei com Hillel e Keith, descobri que eles tinham reservado 2 mil para drogas para fazer a fita. Acho que Flea não tinha concordado, e sei que Cliff não fazia ideia da coisa, apenas fora apanhado no turbilhão da loucura.

Cheguei atrasado para a sessão, e pensava se eles falavam sério sobre reservar uma verba para nos chapar. A primeira coisa que vi quando entrei na sala foi uma montanha de cocaína e um montinho de heroína. Hillel estava pirado. Eles me contaram que os primeiros 500 dólares de droga já tinham sido consumidos, então comecei a tomar o que podia tão rápido, e fiquei tão chapado, que não conseguia fazer parte de um processo criativo.

O pobre Cliff estava num canto do estúdio, mexendo com um equipamento supernovo na época, uma máquina de percussão. Você batia nas teclas para criar um som de bateria programado; podia gravar seu próprio som e tocar a bateria com o som que quisesse. O favorito de Cliff era um bebê chorando. Cliff mexia nele de modo obsessivo enquanto tomávamos drogas, rindo de maneira estranha e nervosa. Olhou para mim e disse: – Eu poderia tocar essa coisa durante dez anos. É como uma banda inteira. – Lembro de ter pensado: "É isso que ele quer fazer. Cansou desse circo; olha para essa máquina e vê seu futuro".

Era óbvio que o coração de Cliff não estava mais na banda. Ele não saiu, mas sentíamos que não queria continuar, então Flea foi até a casa dele e deu a má notícia. Ele não aceitou bem e ficou magoado durante alguns anos. Então Jack Irons, nosso primeiro baterista, decidiu voltar para a banda, o que para mim foi um choque. Alguma coisa devia ter acontecido com a What Is This para abalar a lealdade de Jack, porque ele não era o tipo de pessoa que abandonaria uma coisa por uma oportunidade profissional melhor. Ele sentia falta de nós, nos amava e queria tocar com a gente.

Então voltou e começamos a compor novamente como o quarteto original. Então outra pessoa voltou à minha vida. Tinha passado cerca de um mês desde que me separei de Jennifer. Eu continuava tomando muita heroína e cocaína, sem aprender nada. Não estava crescendo como pessoa. Não tinha objetivos nem trabalhava meus defeitos de caráter. Era apenas um maldito viciado.

Certa noite, por volta das três da manhã, alguém bateu na minha porta na rua Carmen. Era Jennifer. Estava trabalhando num clube como dançarina go-go, e evidentemente tinha vindo direto do trabalho, porque estava vestida com mil cores diferentes, plumas, botas, correntes e uma maquiagem louca.

– Por favor, deixe-me entrar. Estou com saudades – ela pediu.

– De jeito nenhum. Vá embora. Não crie problemas, não comece a gritar. Não quero os tiras aqui.

Fechei a porta e voltei a dormir. Quando acordei, vi Jennifer deitada no capacho diante da porta, dormindo. Isso aconteceu durante algumas semanas. Toda noite ela vinha e batia na porta ou se deitava e dormia no capacho. Até comecei a sair pela janela da cozinha e descer por um grande limoeiro que havia lá.

Certa noite, eu sucumbi. Não me lembro se cedi ao seu amor ou se estava tão ruim que precisava de 20 dólares ou se ela ofereceu droga ou se foi alguma outra circunstância triste e bizarra, mas deixei-a entrar e recomeçamos. Chapados, voltamos a uma relação totalmente disfuncional, mas apaixonada. Tão apaixonada, que seria documentada em um vídeo que se tornou cult na cena dos clubes underground de L.A.

Aconteceu certa noite no Roxy. Alguém tinha organizado uma festa em benefício da Sea Shepherd, uma versão barra-pesada do Greenpeace, e os Chili Peppers foram convidados a tocar. O tema da noite era Jimi Hendrix, e cada banda faria um cover de uma música dele. No cartaz estavam Mike Watt, nosso amigo Tree e o Fishbone.

Quando cheguei, o Fishbone estava tocando. Antes houvera certa discussão sobre Jennifer fazer backing vocal com o Fishbone, mas fui contra. – Você não vai subir no palco com aquele cara. – Fui para o balcão. Quando olhei para baixo, lá estava Jennifer no palco. Agora, eu tinha de fazê-la pagar por me desrespeitar na frente dos meus amigos. Ao mesmo tempo, fiquei concentrado porque era realmente importante para mim cantar bem "Foxy Lady". Pouco antes de entrarmos em cena, uma jovem hippie entrou nos bastidores. Tinha cabelos castanhos e era muito bonita, com dois grandes seios apontando por baixo da blusa. Uma lâmpada acendeu na minha cabeça. Fui até ela e sussurrei no seu ouvido: "Vamos tocar 'Foxy Lady' e quando chegar ao fim, vamos enlouquecer no palco, e quero que você dance nua comigo". A deusa hippie concordou.

Nós tocamos e parecíamos estar levitando. Dei tudo o que podia. Quase esqueci que haveria uma convidada de surpresa. Quando chegamos ao fim da canção, a hippie entrou no palco, não completamente nua, mas sem a blusa, balançando os grandes peitos pelo palco. Ela se aproximou de mim e começou a dançar. Norwood, o baixista do Fishbone, também entrou e fizemos um sanduíche com a garota seminua.

De repente uma figura subiu no palco voando como uma bala de canhão. Era Jennifer. Ela agarrou Norwood, que é um sujeito grande, e atirou-o para baixo. Depois agarrou a garota e literalmente jogou-a fora do palco. A banda continuou tocando. Percebi que ia ser agredido. Mas então estava deitado de costas no palco, cantando. Jennifer veio para cima de mim chutando, tentando acertar meu saco. Eu tentava evitar os golpes sem parar de cantar. Ela chutou minha bunda até a música terminar e eu consegui escapar correndo.

Minha vida continuou em uma espiral descendente. Escolhemos o produtor para nosso terceiro álbum, Michael Beinhorn, um sujeito muito inteligente de Nova York. Mas eu acordava todo dia para a mesma realidade cinzenta de me drogar para me sentir bem. Deixei de ser produtivo e estava murchando mental e fisicamente. Eu estava morrendo e não percebia. Nas poucas vezes em que aparecia no ensaio não levava nada para o grupo. Não tinha o mesmo impulso ou desejo de inventar ideias e letras.

Nós tínhamos escrito quatro ou cinco músicas para o disco, mas precisávamos de muito mais. Toda a banda sofria com isso. Um dia apareci num ensaio e Jack, Hillel e Flea disseram: –Anthony, vamos tirar você da banda. Queremos tocar e você obviamente não quer, então precisa sair. Vamos conseguir outro vocalista.

Tive um breve momento de clareza quando vi que eles tinham todo o direito de me demitir. Eu só queria ser lembrado pelos dois ou três anos em que estive no Red Hot Chili Peppers como seu fundador, um cara que tinha começado alguma coisa; o que viesse depois era deles.

Para mim estava sendo fácil aceitar isso porque eu sabia que não teria mais responsabilidades e poderia só ficar chapado com Kim.

Para surpresa deles, dei de ombros e disse: – Têm razão. Desculpem por não contribuir esse tempo todo, é uma vergonha, mas entendo completamente e desejo a vocês toda a sorte. – E saí.

Como agora não tinha qualquer obrigação, fui ficando cada vez pior. Kim e eu estávamos cada vez mais desesperados e devíamos muito dinheiro aos traficantes, então começamos a caminhar da casa dela, que não era longe do centro, para as zonas de drogas, como a Sixth e Union. Começamos a nos apresentar para tipos diferentes na rua.

Conheci um mendigo branco descontrolado e viciado que foi nossa ligação para outras conexões. Era cheio de marcas de pico, abscessos e doenças dos pés à cabeça. Kim e eu éramos compradores tão pobres, que ele nos servia bem. Comprávamos papelotes de cocaína e heroína e andávamos alguns quarteirões para tomar pico na rua. Ainda tínhamos um ar de invencibilidade e invisibilidade, pensávamos que nada podia nos atingir.

Cerca de uma semana depois de eu ser expulso da banda, tive um momento definitivo de tristeza. Estava conversando com Bob e ele me disse que a banda fora indicada para banda do ano de L.A. no primeiro L.A. *Weekly* Music Awards. Para nós, era a mesma coisa que ser indicado para o Oscar. Bob perguntou se eu ia à cerimônia. Eu lhe disse que não estava falando com os rapazes, então não ia aparecer.

Mas o show da premiação foi no teatro Variety Arts, um lugar antigo bem no centro da cidade. Por acaso eu estava na mesma área naquela noite, tentando conseguir mais drogas por pouco dinheiro. Eu só tinha 10 dólares e quase não estava chapado. Lembro que tomei uns speedballs com um traficante quando percebi que a festa da L.A. *Weekly* estava acontecendo.

Entrei no saguão do teatro envolto numa espécie de neblina. Lá dentro parecia muito escuro e estava quase vazio porque o show tinha começado. Comecei a procurar meus velhos companheiros de banda na plateia.

É claro que estavam lá na frente. Então encontrei um conhecido, que disse: – Cara, você não deveria estar aqui. Vai ser muito triste para você. Então eles anunciaram o vencedor da banda do ano de L.A.: Red Hot Chili Peppers!

– Ganhamos! Ganhamos o maldito prêmio! – gritei sozinho. Olhei para os rapazes e todos estavam sorrindo e subiram no palco com segurança, vestindo roupas e chapéus bonitos. Cada um deles recebeu seu prêmio e fez um pequeno discurso. Nenhum deles mencionou "nosso irmão Anthony, que fez isso conosco e merece uma parte desse prêmio".

Foi como se eu não tivesse estado lá naqueles três anos. Nada de "Descanse em paz" ou "Deus salve sua alma". Nada. Foi um momento poeticamente trágico e surreal para mim. Eu entendia ser expulso, mas não podia entender por que eles não tiveram coragem de me dar um grito do palco. Então eu apenas disse para mim mesmo: "Fodam-se", e tentei pedir 5 dólares emprestados para alguém no saguão.

Conseguir dinheiro para drogas era um problema sério para nós, mas um dia Kim recebeu um grande cheque. Compramos um monte de heroína e fomos para a casa dela. Fiquei tão alto e me sentia tão bem, que disse para Kim:

– Preciso largar isso.

Às vezes, quando você fica muito chapado, pensa que vai se sentir muito bem para o resto da vida e realmente acredita que pode largar a droga; não imagina que aquela euforia vai terminar.

– Vou ligar para minha mãe, voltar para Michigan e fazer um tratamento com metadona – eu disse para Kim. Pelo que eu sabia, essa era a cura para o vício.

Kim achou uma ótima ideia, então liguei para minha mãe.

– Você não vai acreditar, mas tenho um grande problema com heroína aqui. Gostaria de voltar para Michigan e tomar metadona, mas não tenho um tostão – eu disse.

Tenho certeza de que minha mãe ficou chocada, mas tentou agir racionalmente. Deve ter percebido que minha vida estava na corda bamba e que se ela me censurasse talvez eu nunca voltasse para casa. Então, no dia seguinte, a passagem chegou, mas não conseguíamos parar de enlouquecer.

Quando chegou o dia da viagem, fomos para o centro comprar várias doses de heroína e um pouco de coca.

Kim estava dirigindo um velho Falcon que pegou emprestado e eu subia e descia do carro procurando bons negócios na rua, enchendo os bolsos da minha capa com heroína, cocaína, colheres, algodão, seringas etc. De repente um tira gritou:

– Ei, rapaz, você de capa. Por que não chega até aqui?

Pelo canto do olho vi Kim estacionada. Ela se abaixou e começou a gemer. Fui detido. Agora o tira tinha chamado reforço.

– Vimos você andando de modo suspeito – disse o primeiro tira. – Por que não mostra sua identidade?

– Ah, identidade não tenho, mas meu nome é Anthony Kiedis e estou atrasado para pegar um avião e ver minha mãe... – gaguejei.

Enquanto continuava o interrogatório, o outro tira começou a me vasculhar. O primeiro tira continuou me fazendo perguntas e ia anotando tudo enquanto o segundo estava chegando perto dos meus bolsos laterais, que estavam cheios de más notícias.

– Esse casaco tem bolsos internos? – ele perguntou. Eu comecei a enrolar; mostrei a passagem de avião e tudo o mais que tinha nos bolsos internos.

Justamente quando ele esgotou os outros bolsos e ia começar os que estavam carregados, o parceiro dele olhou para o meu tênis e disse:

– Você é judeu? Por que tem a Estrela de Davi no tênis?

Olhei o crachá dele, que dizia COHEN.

– Não, mas meu melhor amigo é judeu e nós gostamos da Estrela de Davi – eu disse.

Cohen olhou para o outro e disse:

– Kowalsky, deixe-o ir.

– O quê? – Kowalsky perguntou.

– Deixe-me falar com ele por um segundo. – Cohen me puxou de lado. – Olhe, você não deveria estar aqui – sussurrou. – Seja o que estiver procurando, não vai dar certo, então que tal pegar esse avião e se mandar? Nunca mais quero ver você aqui.

Eu assenti, e assim que o farol abriu atravessei a rua. Foi assim que cheguei ao aeroporto.

Quando o voo chegou a Michigan eu ainda estava chapado. Vi minha mãe na área de espera e caminhei em sua direção, mas ela nem percebeu que era eu, porque eu parecia um cadáver.

– Oi, mãe – eu disse timidamente. O olhar de choque e de horror, medo, tristeza e descrença no rosto dela era insuportável. – Vamos direto para a clínica – eu disse.

Dirigimos até o prédio e perguntei a um funcionário onde era a clínica de metadona. Ele disse que o estado de Michigan tinha cancelado o uso de metadona seis meses antes. O conselheiro ofereceu me internar num centro de tratamento de longo prazo, mas era um compromisso de um ano. Eu preferia ir para a rua e morrer a ter que me internar por um ano.

– A única alternativa é o Exército de Salvação – o cara disse –, mas lá não tem desintoxicação.

Dirigimos para uma área pobre de Grand Rapids e eu me inscrevi no Exército de Salvação.

– Obrigado, nós devolveremos seu filho em 20 dias – eles disseram, e minha mãe foi embora. Levaram-me para uma grande sala e deram-me uma cama. Olhei em volta e vi rapazes brancos, negros, hispânicos, alcoólatras, viciados, e muitos caras mais velhos. Eu estava enfrentando a abstinência. Sabia o que me esperava, porque já tinha passado por isso. Sabia que ficaria muito enjoado, que cada osso do meu corpo ia doer. Fica um gosto ruim na boca, durante uma semana o nariz escorre descontroladamente. Não vomitei muito, mas a pior agonia era não conseguir dormir. Passei vinte dias sem dormir, sentado no saguão, assistindo à TV.

Alguns dias depois, um membro da equipe disse: – Você precisa ir a uma reunião todos os dias. – Estava frio e nevando lá fora, eu me sentia péssimo, então aceitei meu destino e fui com os outros garotos para uma pequena sala. Não entendia muito bem as coisas, porque sentia dor e estava em agonia, mas sentei-me e vi os doze passos escritos na parede. Eu tinha zombado de tudo o que se relacionava a sobriedade ou recuperação durante a vida inteira. Eu era um enganador, um mentiroso, trapaceiro, ladrão, tudo isso; então, naturalmente, comecei a procurar qual era a jogada. Era dinheiro? Deus? Religião? Que merda estava acontecendo ali?

Mas enquanto ficava na reunião, senti alguma coisa na sala que fazia sentido. Era só um bando de caras como eu, ajudando-se uns aos outros a largar as drogas e encontrar um novo modo de vida. Eu queria descobrir a sacanagem, mas não havia.

Aquilo não era um culto, nem uma farsa, nem um truque. Eram apenas viciados ajudando viciados. Alguns deles estavam limpos e alguns estavam ficando limpos porque falavam com os que estavam limpos, eram honestos e não tinham medo de dizer como estavam fodidos. De repente, pensei que se eu pudesse fazer isso ficaria limpo.

Passei vinte dias lá, sem dormir, mas seguindo as reuniões todo dia, lendo os livros e entendendo alguns princípios básicos. Depois, voltei para a casa de minha mãe em Lowell, sentindo-me muito diferente. Aos 24 anos eu estava totalmente limpo pela primeira vez desde os 11. Consegui dormir à noite, e minha mãe e eu comemoramos no dia seguinte. Meu padrasto, Steve, foi muito compreensivo, assim como minhas irmãs. Eu me sentia bem, aceitando estranhamente os problemas que havia criado. Há muito otimismo naquelas reuniões, em que as pessoas se libertam das prisões que elas mesmas criaram.

Tudo parecia novo e revigorado.

Durante minha estada no Exército de Salvação, percebi que se eu não quisesse continuar fazendo o que tinha feito teria de esquecer Jennifer. Eu queria ficar sóbrio e não a estava culpando por meu problema, mas sabia que com ela as probabilidades de ficar limpo diminuiriam.

Continuei indo às reuniões enquanto estive na casa de minha mãe, e aprendi que o alcoolismo e a dependência de drogas são doenças. Quando você reconhece que existe um nome e uma descrição para o estado que você achava ser loucura, identifica o problema e pode fazer algo para resolvê-lo.

Há um verdadeiro alívio psicológico quando você descobre o que está errado e por que vem tentando se medicar desde que teve idade suficiente para encontrar remédios. Sentia ondas de compaixão por todos aqueles pobres coitados que estavam destruindo suas vidas. Olhava para as pessoas nas reuniões e via belos jovens que tinham se tornado esqueletos porque não conseguiam largar as drogas. Via outros que amavam suas famílias mas não conseguiam parar. Foi isso que me atraiu. Decidi que queria fazer parte de uma coisa que desse às pessoas uma oportunidade de sarar, de recuperar suas vidas.

Depois de um mês em Michigan, decidi ligar para Flea para ver como iam as coisas. Contei sobre a abstinência e as reuniões, disse que eu não me chapava mais.

– Como assim? Não está tomando nada? Nem maconha? – disse Flea.

– Não. E nem quero.

– Que loucura! Estou muito feliz por você.

Perguntei como ia a banda, e Flea me disse que tinham contratado um novo cantor que tinha um monte de tatuagens, mas percebi pela voz dele que não estava contente. Eu não me importava. Não estava tentando voltar à banda.

Alguns dias depois Flea me telefonou.

– Você acha que poderia vir aqui fazer algumas canções e ver o que acha de voltar para a banda? – perguntou.

Essa foi a primeira vez que considerei a possibilidade. Gaguejei:

– Puxa, hmm... sim, eu vou. Não há nada que eu queira mais.

– Está bem, volte e vamos trabalhar – disse Flea.

Peguei um avião para casa, numa nova onda de entusiasmo por minha nova vida. Decidi escrever uma canção sobre minha experiência de reuniões, ficar limpo e ganhar a batalha do vício. Olhando para ela agora parece ingênua, mas é exatamente onde eu estava naquele ponto.

Peguei um bloco de papel, olhei para as nuvens pela janela do avião e comecei a escrever aquela cascata de palavras que passava por mim.

"Fight Like a Brave"

If you're sick-a-sick 'n' tired of being sick and tired
If you're sick of all the bullshit and you're sick of all the lies
It's better late than never to set-a-set it straight
You know the lie is dead so give yourself a break
Get it through your head, get it off your chest

Get it out your arm because it's time to start fresh
You want to stop dying, the life you could be livin'
I'm here to tell a story but I'm also here to listen
No, I'm not your preacher and I'm not your physician
I'm just trying to reach you, I'm a rebel with a mission
Fight like a brave – don't be a slave
No one can tell you you've got to be afraid[9]

Dois meses depois de voltar para L.A. estava novamente tomando heroína e cocaína. Minha sobriedade não durou muito, mas agora eu sabia que havia uma saída da loucura se eu quisesse e estivesse disposto a isso. Eu havia recebido as ferramentas; apenas não queria usá-las ainda.

9 [Lute como um bravo] Se você está cansado de estar doente e cansado/ Se está cansado de toda a merda e toda a mentira/ É melhor consertar antes tarde do que nunca/ Você sabe que a mentira está morta, então dê um tempo a si mesmo/ Ponha na sua cabeça, tire do seu peito/ Tire do seu braço porque está na hora de recomeçar/ Você quer parar de morrer, a vida que você poderia viver/ Estou aqui para contar uma história mas também para escutar/ E não sou um pregador e não sou seu médico/ Estou apenas tentando alcançá-lo, sou um rebelde com uma missão/ Lutar como um bravo – não ser um escravo/ Ninguém pode lhe dizer que você precisa ter medo. (N. do T.)

CAPÍTULO 8

THE ORGANIC ANTI-BEAT BOX BAND

Voltar para a banda não foi a única coisa sobre a qual conversei com Flea quando ele me ligou em Michigan. Naquele meio-tempo, ele participara de um filme de ficção científica chamado *Stranded* e conhecera uma linda atriz, Ione Skye, que ele tinha certeza de ser o meu tipo. Planejamos que ele iria apresentá-la quando eu voltasse para casa.

Quando cheguei a L.A. fui morar com Lindy em seu apartamento de dois quartos, em Studio City. Isso, claro, significava que ele barraria todas as ligações de Jennifer. Eu não queria falar com ela, especialmente depois de conhecer Ione. Assim que a vi, alguns dias antes de ela fazer 16 anos, soube que aquela deusa ia ser minha namorada. Enquanto Jennifer era uma superestrela punk rocker moderna e autofabricada, Ione parecia uma ninfa da floresta, natural e suave. Tinha cabelos castanhos longos e cacheados, um lindo jeito de andar e era um pouco dentuça. Sempre adorei dentuças.

Ione vinha de uma família alternativa de Hollywood. O pai era o cantor folk Donovan, mas ele estava distante. A mãe, Enid, era uma linda hippie de cabelos loiros cacheados. Ione tinha um irmão com o mesmo nome do pai. Todos moravam em uma grande casa antiga, cheia de vibração calorosa. Ione se vestia como uma criança hippie e tinha um sexto sentido. Também era muito curiosa sexualmente. Provavelmente era a garota mais linda, inteligente, sexy e carinhosa de Hollywood, e nossa atração foi mútua, graças a Deus. Foi incrível a rapidez com que me apaixonei profundamente.

Agora estava pronto para voltar ao trabalho. Sentei-me com nosso produtor, Michael Beinhorn, e analisamos as canções. Devíamos entrar no estúdio e fazer as faixas básicas em dez dias, então pretendia compor durante todo o processo de gravação. Não era uma quantidade de trabalho terrível; na época, bastavam doze canções para um disco. Trabalhamos em "Fight Like a Brave", e Beinhorn colocou um coro de torcida de futebol cantando atrás. "Me and My Friends", canção que escrevi enquanto viajava de San Francisco para Michigan com meu amigo Joe Walters, encaixou bem. "Funky Crime" era a descrição lírica de uma conversa que tive com George Clinton, na qual ele afirmou que a música em si não fazia distinção de cor, mas a mídia e as rádios a segregavam conforme as ideias que faziam dos artistas. "Backwoods" era sobre as raízes do rock and roll e "Skinny Sweaty Man" era uma ode a Hillel. "No Chump Love Sucker" também era em honra de Hillel. A namorada o trocara por um cara com mais grana e drogas e aquela era uma canção de vingança contra as mulheres más e materialistas. "Behind the Sun" foi um crescimento definitivo para nós. Hillel fazia um riff melódico incomum e Beinhorn achou que a música podia estourar. Trabalhou muito comigo na melodia, sabendo que canções bonitinhas não eram meu forte. Acho que na época minha reputação se baseava em canções como "Party on Your Pussy" [Festa na sua xota], que a EMI se recusou a colocar no disco até mudarmos o título para "Special Secret Song Inside" [Canção especial secreta no interior]. Mas nem todas as nossas músicas eram grosseiras. "Love Trilogy" tornou-se uma das nossas favoritas.

A canção começava como um reggae, depois entrava num funk pesado e acabava em speed metal. Durante anos, quando alguém questionava nossas letras, Flea dizia: "Leia 'Love Trilogy' e vai saber o que é uma letra de verdade". Fala sobre amar coisas que não são necessariamente perfeitas ou amáveis.

"Love Trilogy"

My love is death to apartheid rule
My love is deepest depth, the ocean blues
My love is the Zulu groove
My love is coop-a-loop move
My love is lightning's blues
My love is the pussy juice
My love can't be refused[10]

Depois de ficar sóbrio por cinquenta dias, pensei: "Esse é um número bonito. Acho que devo homenageá-lo". Meu plano era ficar chapado um dia ou dois e depois voltar ao trabalho. O que descobri foi que depois de começar não conseguia parar, e realmente baguncei o início da gravação. As canções eram incríveis; Hillel estava em chamas; estávamos todos apaixonados pela gravação no porão da Capitol Studios, outro incrível monumento histórico da música em Hollywood; Beinhorn trabalhava como louco – e eu fiquei doidão, sem conseguir parar. Finalmente decidi tomar um pouco de heroína, dormir e enfrentar mais uma das minhas encrencas.

Fui ao centro e encontrei um salvadorenho que me mergulhou novamente na neblina do ópio. Mas só conseguia pensar que precisava estar no estúdio. Comecei a escutar na cabeça a batida de Jack Irons para uma canção em que estávamos trabalhando, chamada "The Organic Anti-Beat Box Band".

Sentei-me num parque e escrevi a letra. Sentia muita culpa por não estar lá no início da gravação, mas achei que se aparecesse com algo bom a briga não seria tão grande. Estava certo. Dormi na casa de Lindy, acordei, fui até lá, pedi desculpas e participei do resto da sessão.

Parte do motivo pelo qual voltei às drogas foi não ter apoio. Não conhecia ninguém sóbrio. Fui a algumas reuniões por conta própria, mas

---

10 [Trilogia do amor] Meu amor é morte ao apartheid/Meu amor é a coisa mais profunda, o azul do oceano/Meu amor é o groove zulu/Meu amor é uma fuga perfeita/ Meu amor é o azul do relâmpago/Meu amor é o suco da xota/Meu amor não pode ser recusado. (N. do T.)

estava acostumado a pensar que podia me virar sozinho. Voltei a uma abstinência semelhante ao que eles chamam de "bêbado seco". É como um acidente só esperando para acontecer. Você não toma as coisas que o deixam louco, mas também não enfrenta a merda que é o que faz você querer enlouquecer.

Gravar o disco foi maravilhoso. Jack Irons tinha voltado e dava um elemento diferente e importante à nossa química. Hillel, Flea e eu éramos maníacos obcecados. Jack era o cara íntegro, trabalhador, alegre e compreensivo.

Quando chegou a hora de gravar os vocais, usei Hillel como meu produtor. Cada vez que eu fazia um vocal, ambos achávamos que eu estava descobrindo algo novo e que essas eram as melhores coisas que eu já tinha gravado. Hillel ficava em êxtase, dizendo: "Essa é a coisa mais maravilhosa que já fizemos".

É claro que, no último dia, quando a última nota foi gravada e nosso trabalho terminou, Hillel e eu encontramos um traficante francês e tomamos um pouco da branca chinesa, curtindo nossa realização. Isso abriu as comportas. Enquanto estava ficando na casa de Lindy, inventei um roteiro absolutamente tenebroso para tomar speedballs. Eu acordava no meio da noite, pegava umas colheres na cozinha e limpava o balde de troco de Lindy. Aí pegava a vara de pescar dele no armário, abria uma fresta na porta do seu quarto e pescava as chaves do carro em cima da cômoda, sentindo-me péssimo por fazer isso com o coitado que tentava me ajudar.

A recaída não tem graça nenhuma. A dependência de drogas é uma doença progressiva, então, cada vez que você volta, a coisa fica mais feia que antes. Assim que a primeira dose ou gole entra no seu corpo, você deixa de se preocupar com a namorada, a profissão, a família ou as contas. Todos esses aspectos mundanos da vida desaparecem. Sua única preocupação é continuar pondo carvão na caldeira, porque não quer que o trem pare. Se parar, você vai ter de sentir toda essa merda. Essa busca é sempre excitante. Há tiras e bandidos, malucos e prostitutas. Você mergulha num grande video game, mas está sendo enganado ao pensar que está fazendo uma coisa bacana, porque o preço é sempre maior que a recompensa. Você desiste do seu amor, da sua luz e da sua beleza para virar um buraco negro no universo que só suga energia ruim, em vez de ajudar alguém ou ensinar algo que ajude alguém. Você não cria a vibração do amor; cria um vácuo de merda. No fim, toda a glorificação romântica do vício não significa nada além da merda. É uma ferramenta de aprendizado com a qual você pode se matar ou se transformar em uma pessoa livre. Não acho que a dependência de drogas seja inútil por si mesma, mas é um instrumento difícil de se lidar.

Em minha mente iludida, pensei que se eu tomasse um pouco de droga de vez em quando minha vida não seria uma espiral de descontrole. Mudei para a casa de Ione, e algumas vezes por semana eu saía, comprava 40 dólares de branca chinesa, fumava e ficava chapado a noite inteira. Depois ia dormir e me sentia bem. Um mês depois Ione me convenceu de que não devia sair para fazer isso, mas trazer para casa e fumar na cama com ela. Fazíamos sessões que duravam a noite toda, quando eu fumava a droga e ficávamos na cama lendo livros como *Entrevista com o vampiro* e *O apanhador no campo de centeio* a noite inteira, até o sol nascer.

Apesar de fumar heroína de vez em quando, fui relativamente comportado enquanto estive na casa de Ione. Eu acordava ao seu lado na cama e pensava: "Jesus Cristo, ela é um anjo, e estou apaixonado por ela". Então ficávamos deitados, cantando junto com o disco *Kaya*, de Bob Marley, a manhã inteira, abraçados. Passeávamos em seu pequeno Toyota, almoçávamos, fumávamos maconha juntos e fazíamos amor por toda a cidade.

Num desses dias, depois de fumar, a canção "I Believe (When I Fall in Love It Will Be Forever)" [Eu acredito (Quando eu me apaixonar será pela vida inteira)], de Stevie Wonder, começou a tocar no rádio. Encostamos o carro, aumentamos o volume e começamos a chorar por estar tão apaixonados e aquela canção descrever nossos sentimentos.

Uma semana depois eu desaparecia no labirinto do inferno das drogas. Pegava o carro dela no meio da noite e pretendia voltar logo, mas às vezes desaparecia por dias. Foi quando comecei a andar com um traficante da máfia mexicana chamado Mario. Conheci Mario em minhas andanças com Kim Jones. Ele sempre me dava uma boa quantidade pelo dinheiro que eu tinha.

A única coisa que podia me tirar desse ciclo infinito era sair em turnê. Quando chegou a hora de viajar com *Uplift*, uma limusine veio me levar ao aeroporto. Imaginei que se íamos de limusine alguma coisa devia estar dando certo, e estava. Fizemos alguns dos melhores shows de nossa vida, principalmente porque Hillel e eu não estávamos obcecados por drogas. Cruzamos o país nos apresentando em pequenos palcos para centenas de pessoas maravilhosas. A garotada saía das sombras para curtir com aquele grupo diferente de Hollywood. Não fazíamos parte do movimento punk, nem do pós-punk; éramos algo diferente. Eu não fazia ideia de como aqueles garotos tinham ouvido falar em nós, mas eram o melhor público que se podia ter.

Foi durante a turnê de *Uplift* que comecei a perceber que estávamos ficando meio famosos. As garotas apareciam nos camarins e se ofereciam. Do nada, fiquei desinteressado. Mesmo drogado, não conseguia dormir com essas garotas, porque elas chegavam e diziam: – Você é o Anthony Kiedis e quero trepar com você. – Preferia um desafio ou até um não a algo que era dado de graça. Na maioria das vezes. Quanto mais ficávamos em turnê, mais nossa popularidade crescia.

No sul nos apresentamos em teatros, em vez de clubes. Quando chegamos a Denver, Lindy estava em êxtase, porque teve de colocar o show em um teatro enorme, devido à grande procura de ingressos. Naquela noite, depois do show, Hillel e eu estávamos no camarim festejando nosso novo sucesso quando uma garota entrou correndo.– Anthony, preciso lhe mostrar uma coisa – ela gritou. – Estou apaixonada por você. Veja o que fiz!

Ela baixou as calças e vi meu nome tatuado sobre o monte de Vênus. Um cara estava parado alguns passos atrás dela.

– Este é o meu namorado, mas ele não se importa. Sou sua, se você me quiser.

– É, tudo bem, cara. Pode transar com ela, ela ama você – o sujeito disse.

Não aceitei a oferta, mas Hillel e eu olhamos um para o outro e percebemos que talvez todas aquelas viagens com os últimos três álbuns finalmente tivessem dado em alguma coisa. Ainda não tocavam muito nossas músicas no rádio, mas estávamos definitivamente nos infiltrando na psique da juventude americana.

As turnês geralmente não eram muito lucrativas. Depois de *Freaky Styley*, cada um de nós recebeu 3 mil dólares. Mas depois dessa turnê, Lindy anunciou que, deduzidos os gastos e incluindo a venda de camisetas, íamos receber 22 mil.

– Para dividir? – perguntei.

– Não, cada um recebe 22 mil – disse Lindy.

Era um salto quântico nas finanças para nós. Minha primeira decisão foi conseguir um bom lugar para morar com meu anjo, mas toda vez que olhava um eles me entregavam um longo formulário. Eu achava que podia apenas dar algum dinheiro e a casa seria minha, mas todos os proprietários pediam que eu listasse minhas últimas cinco residências, juntamente com meus últimos cinco empregos. Minhas referências não eram lá muito boas. Pediam número de conta bancária e de cartão de crédito, mas eu não tinha isso na época. Tudo o que eu tinha eram 22 mil dólares em dinheiro. Um dia, fui ver uma casa de dois quartos na Orange Drive. Era um triplex dos anos 1930 bem art déco, com piso de madeira e um banheiro com azulejos antigos. Era um paraíso. E custava 1.000 dólares por mês.

Depois que examinei o lugar, o proprietário russo me entregou um formulário, mas eu o devolvi imediatamente.

– Não posso preencher isso. Comigo não dá – eu disse.

– Então você não pode ficar com a casa. – Ele deu de ombros. – Dê o fora.

Eu peguei uma caixa de sapato com 5 mil em dinheiro e disse:

– Aqui estão os primeiros cinco meses de aluguel. Se você não gostar de mim depois disso, ponha-me para fora.

Ele olhou o dinheiro e disse:

– A casa é sua.

Então ficamos com a casa dos nossos sonhos e eu ainda tinha muito dinheiro. Decidi comemorar minha nova aquisição com o *yin/yang* das drogas: um monte de heroína e cocaína. Mais uma vez comecei a tomar speedballs como um maníaco. Não havia móveis na casa, e eu não sabia como ligar a eletricidade em meu nome, então saí e comprei cinco melancias e dezenas de velas. Cortei-as ao meio, espalhei-as pelo chão e espetei as velas no miolo. Inaugurei o banheiro tomando uma tonelada de coca e heroína.

Peguei Ione e a trouxe para nossa casa dos sonhos. Ela parecia um pouco cética, especialmente porque havia marcas de sangue escorrendo pelos meus braços, e meus olhos pareciam girar.

– Estou com você, estamos nisso juntos, vai dar certo, mas minha mãe não aceita isso – ela disse. – Na verdade ela está vindo para cá agora.

– Meu bem, não se preocupe. Eu cuido da sua mãe, é minha especialidade. Enid estacionou na frente da casa e eu saí para a rua com a camisa cheia de sangue, os olhos enlouquecidos e o cabelo desgrenhado. Ela desceu do carro e ficou de pé, de braços cruzados.

– Está tudo bem – eu a tranquilizei. – Amo sua filha de todo o coração. Poderia morrer por ela. Ela é o meu amor e vou cuidar dela tão bem quanto você.

Ela olhou para o sangue e depois para mim.

– Mas você não está nada bem.

– Enid, confie em mim. É só uma fase – eu disse.

Enid estava olhando para além de mim, vendo a casa, as melancias e as velas, provavelmente pensando que era uma espécie de ritual satânico de sacrifício da virgem. Mas no meio da discussão consegui encontrar clareza e a convenci de que estava tudo bem. Ela voltou para casa, eu fiquei com sua filha e ali começamos nossa vida juntos.

As suspeitas da banda de que estávamos passando para outro nível de popularidade foram confirmadas quando a rádio KROC nos pediu para fazer um show promocional durante o dia no Palamino, um lugar estilo caubói velha-guarda, onde gente como Linda Ronstadt e os Eagles haviam tocado. No dia do show estávamos indo para lá quando ficamos presos em um grande congestionamento. O tráfego parou, havia policiais a cavalo, e ficamos indignados porque precisávamos chegar. Então percebemos que todo o tráfego era de pessoas que estavam indo ao Palamino. Entre o poder da KROC e os famosos filhos do momento voltando da turnê, paramos o trânsito.

Eu devia estar numa viagem forte de droga nessa época, porque nas fotos do show eu apareço terrivelmente magro. Mario tinha voltado à minha vida. Um dia estávamos quase sem dinheiro e ele sugeriu que mergulhássemos na selva da cidade, onde as drogas eram mais fortes e mais baratas. Entramos no Toyota de Ione e fomos para Skid Row, onde oitenta por cento das pessoas na rua pareciam figurantes de *A noite dos mortos-vivos*. Eu dirigia com cuidado, mas de repente vi um carro de polícia pelo retrovisor. Alertei Mario e ele me disse para virar à esquerda, o que fiz. Os tiras continuaram atrás.

– Entre nesse beco – disse Mario. Assim que me aproximei da calçada ele abriu a porta e saltou do carro. Agora os policiais estavam vindo a pé em minha direção.

– Quem era o seu amigo? – perguntou o primeiro.

Tentei ficar calmo.

– Hã? É o Flaco. Um cara aí.

– Bem, você sabia que seu amigo Flaco é um condenado fugitivo e está na lista dos mais procurados? – disse o outro tira.

A próxima coisa que eu soube foi que estava sendo preso por estar em companhia de um condenado fugitivo. Felizmente não vasculharam o carro, mas me colocaram atrás do carro de patrulha e começamos a rodar pelo bairro atrás do "Flaco". De repente entraram em um beco e lá estava ele. Olhou para mim como se eu o tivesse delatado, mas quando entrou no carro deixei claro que não tinha dito nada. Eles nos levaram para a delegacia e nos separaram. Interrogaram-me, mas eu não disse nada, então me levaram para uma cela fechada com vidro, lotada. Fiquei ali sentado, lamentando minha sorte, quando recebi uma visita do FBI.

– FBI? Eu nem conheço esse cara. Só estava lhe dando uma carona e...

– Não fale tanto – o federal me cortou. – Estamos aqui para tirar fotos dos seus dentes.

Aparentemente eu me encaixava na descrição do Bandido do Rabo-de-Cavalo, um garoto branco que tinha assaltado dezenas de bancos no sul da Califórnia. Finalmente chegou um dentista forense que enfiou os malditos dedos na minha boca, virou-se para o agente e disse:

– Não é ele. – Aí me transferiram para a Casa de Vidro, a cadeia no centro de Los Angeles. Foi um inferno. O efeito das drogas estava acabando, eu estava sem dormir há dias e sentia-me vazio e nervoso. Ao chegar, eles me disseram que eu tinha de tirar as roupas e me inclinar, abrir as nádegas, levantar o saco, puxar o prepúcio, porque não sabiam quanto tempo eu ia ficar lá e não queriam que eu entrasse com coisas.

O problema é que eles tinham acabado de aprovar uma lei que dizia que se você tivesse marcas de picos teria de cumprir noventa dias de pena. E eu tinha marcas. Então, a caminho da checagem, comecei a conversar com o policial que ia me vasculhar. Disse que entendia como era difícil ser policial, ele falou sobre sua família e por um minuto nos relacionamos como dois seres humanos. Ele me perguntou o que eu estava fazendo lá no centro e eu disse que estava tentando voltar à faculdade e arrumar minha vida.

Assim que tirei a camisa ele pareceu surpreso.

– Santo Deus, olhe para seus braços! Você sabe que vai ter de cumprir noventa dias – ele disse.

Continuei falando que tinha sido demitido do emprego e não conseguia voltar para a faculdade e tinha de sustentar minha mãe, que era deficiente.

– Vista a camisa e deixe os braços cobertos o tempo todo – ele disse.

Depois de passar algumas horas num grande dormitório com outros 50 detidos, um guarda entrou e disse que eu podia ir embora. No corredor estava Lindy.

– Filho-da-mãe! Liguei para você às nove da manhã e são nove da noite! Por que demorou tanto para me tirar daqui? – gritei.

– Bem, Cisne, pedi a opinião dos meninos e todos pareceram achar uma boa ideia deixar você esfriando a cabeça aqui um pouco, para refletir sobre o rumo da sua vida – ele disse. – Não foi ideia minha.

– Olhe, seu sacana, é melhor você me dar 40 dólares, porque isso não se faz! – eu disse. – Se não me der o dinheiro, vou ficar doente. Lindy me deu o dinheiro e me levou a um lugar onde eu podia comprar droga.

Enquanto isso, Hillel combatia seus próprios demônios sozinho.

Estava caindo em um uso cada vez mais constante de heroína e cocaína, enquanto eu me tornava um usuário mais periódico. Eu enlouquecia durante uma semana e as pessoas murmuravam nas minhas costas que eu ia morrer de drogas. De vez em quando até Hillel me dizia: – Cara, não se mate. Olhe para você, está quase morrendo. – Ione ficava aterrorizada:

– Por favor, não morra. Não vou suportar.

Naquele inverno, a banda embarcou em sua primeira turnê pela Europa. A primeira parada foi Londres. Na noite do show, Hillel estava doente demais para sair do quarto. Flea e eu fomos até o quarto dele, e era triste demais vê-lo perder a batalha para as trevas. Ele não tinha um olhar que dizia "Sim, estou perdendo, mas vou lutar e vencer". Ele estava chorando:

– Não consigo. Eu vou morrer aqui.

Nós o convencemos a ir ao clube, subimos no palco e fizemos nossa tradicional introdução fervente, mas Hillel não participava do que estava acontecendo. Tentamos tocar outra música e Hillel parou e resmungou para mim: – Não consigo. – E saiu do palco. Olhei para Flea e Jack e disse:

– Façam alguma coisa – e corri para os bastidores, onde Hillel estava agachado, chorando com o rosto entre as mãos.

– Hillel, você não pode fazer isso. Pegue a merda da sua guitarra e volte!

– Não, não dá – ele gemeu. – Cancele tudo. Acabou.

Corri de volta para o palco e começamos a tocar uma série de coisas bem ritmadas com baixo, bateria e voz. Começamos a dizer piadas e ninguém foi embora, ninguém vaiou, as pessoas simplesmente ficaram dançando e pulando, mas obviamente foi o show mais estranho que já fizemos, porque não tinha guitarra.

Naquela turnê, ainda estávamos em um nível em que ficávamos intimamente ligados com a plateia. As pessoas vinham aos bastidores nos conhecer depois do show, saíamos com elas e até íamos a suas casas ver suas coleções de discos. Elas nos amavam e queriam nos dar tudo. É muito diferente quando você chega numa turnê de ônibus, entra pela porta dos fundos de um prédio enorme, sobe ao palco, sai de novo e volta para o ônibus. Não há ligação com a rua ou com a cultura local. Antes, convidar todo o público para nosso hotel era uma de nossas piadas. Eu dizia: – Hoje tem festa no quarto 206 no Finkelstein Hotel na Rotterwheel Avenue. Era o quarto de Flea. Então ele pegava o microfone e dizia:

– Não, não, a festa é no 409. – que era o meu quarto.

Apesar da fossa de Hillel e do pobre Jack, que recebeu em Berlim a notícia de que a namorada o deixara por um cara que conhecíamos, a turnê teve muitos momentos felizes e mágicos. É sempre no final de uma turnê que a banda se torna uma nave orgânica. Todos estão unidos, sem esforço, e se tornam um só coração batendo junto. Mas daí voamos para

Nova York para dar um grande show na Universidade de Nova York. Fiz um trato com Hillel de não enlouquecer antes do show, porque Nova York é a cidade das drogas, mas perdi-o de vista, e quando cheguei ao camarim ele estava chapado de heroína. Flea e eu ficamos furiosos.

– Cara, isso não pode estar acontecendo. Se quer fazer isso, faça depois do show – dissemos. – Mas você não consegue. Não mesmo. Hillel estava tendo a mesma rotina que eu tinha antes de ser expulso da banda. Começou a faltar aos ensaios e Flea disse: – Foda-se, Hillel, você está fora da banda.

Começamos a ensaiar com um ex-guitarrista do Funkadelic chamado Blackbird McKnight, que Cliff apresentara a Flea. Hillel ficou deprimido, mas aceitou sua sorte. Experimentamos Blackbird por alguns dias, mas depois decidimos dar mais uma chance a Hillel. Então voltamos à Europa para tocar em alguns festivais. Fizemos um enorme show ao ar livre na Finlândia no mesmo dia que os Ramones. Foi um ótimo espetáculo, uma orgia de 80 mil finlandeses bêbados e seminus.

Nós sacudimos aquele público enorme, que não estava lá para nos ver, e sim para ver os Ramones. Depois do nosso show ficamos para ver os Ramones, que, se não conhecessem você, não eram os caras mais simpáticos do mundo. Ficavam isolados nos bastidores. Antes de começar, repassaram todo o show nos camarins com os instrumentos desplugados. Quando eles saíram, estávamos na lateral do palco e alguém teve a ideia de tirar nossas roupas e correr pelo palco, fazendo uma pequena dança em homenagem aos Ramones. Hillel foi totalmente contra, mas Flea, Jack e eu tiramos a roupa e corremos nus pelo palco durante "Blitzkrieg Bop". Mais tarde naquela noite encontrei Johnny Ramone e seu empresário no saguão do hotel.

Johnny me xingou:

– Que porra é essa de subir no palco durante nosso show sem roupa? Isso não foi legal.

– Desculpe. Fizemos isso porque amamos vocês. Não quisemos interferir com sua estética – eu me desculpei, e Johnny foi embora, mas Joey Ramone, que estava ali perto, aproximou-se e sussurrou para mim:

– Pessoalmente, eu achei bacana – e foi embora.

Nossa próxima parada era a Noruega, e no caminho para Oslo tínhamos de fazer uma longa viagem de trem. Hillel e eu dividimos uma cabine. Sempre tive uma ligação forte com ele. Com ele eu me sentia à vontade para mostrar até meu lado mais escondido. Sentia-me mais próximo dele do que de qualquer outro homem em minha vida. Talvez em parte porque compartilhássemos a dependência de drogas. Não se pode entender essa experiência se você não for um dependente também.

Ao contrário de Flea, que tinha comigo um relacionamento de irmão concorrente, Hillel não era competitivo. Era um pouco paternal. Hillel e eu ficamos sentados na cabine olhando para a paisagem e conversando sobre tudo. Boa parte era sobre drogas e heroína, como estava nosso vício e o que queríamos fazer a respeito. Ainda não tínhamos muitas pistas sobre a natureza da doença. Eu tinha um pouco mais de experiência com reuniões do que Hillel. Naquela primavera Kim Jones tinha se limpado e comecei a ir às reuniões com ela. Eu tinha visto transformações, pessoas que haviam perdido a vontade de viver voltando do estado de zumbi e irradiando uma nova força vital. Certa vez levei Hillel a uma reunião, mas ele detestou admitir que tinha um problema, que alguém poderia ajudá-lo e que era tímido diante de pessoas. Depois disso nunca mais consegui levá-lo.

No trem, concordamos que a banda estava indo muito bem e prometemos nos esforçar para parar com as drogas. Em seguida, brincamos que Oslo era a capital da heroína na Escandinávia. Essa era uma brincadeira nossa: qualquer cidade onde estivéssemos se tornava a capital mundial da heroína.

Eu podia ver que nenhum de nós estava se comprometendo com algo positivo. Era mais uma coisa "Deixe-me ficar louco primeiro e depois veremos". Acho que estávamos no meio de um estado de espírito sombrio e tínhamos de retirar o poder dessa escuridão para continuar como amigos e companheiros de banda. Ambos percebemos que estávamos em um ponto de nossa vida em que era ou isso ou morrer.

Tocamos em Oslo e depois voamos para Los Angeles. No aeroporto nos despedimos com um abraço e prometemos ser bons. Depois Hillel e eu fomos direto para nossos respectivos traficantes. Fui para casa, falei com Ione e saí para uma terrível e dolorosa balada de picos.

Estava no centro da cidade e percebi que muito tempo tinha se passado, muito mais do que eu planejara. Então decidi voltar para casa pelo menos para ficar com Ione, que, ao contrário de Jennifer, preferia que eu usasse drogas ao seu lado, não na rua. Parecia uma Madre Teresa. Eu voltava de longas baladas e em vez de ela querer me matar ou me fazer sentir pior, dizia:

– Você precisa comer. Você não vai a lugar nenhum. Dê as chaves.

Ela preparava uma refeição saudável, eu chorava e pedia desculpas. Deus a abençoe por ter esse tipo de amor incondicional e compaixão por seu namorado filho da mãe.

Eu estava a caminho de casa e parei antes para ligar para Ione de um telefone público. Simplesmente não podia enfrentá-la, primeiro precisava pedir desculpas. Na verdade eu nem sabia se ia mesmo para casa, porque ainda estava na balada. Quando ela atendeu, eu disse:

– Ione, desculpe por estar fazendo isso. – Ela chorava. Gritou: – Venha para casa já! Aconteceu uma coisa terrível.

Acho que ela não me contou os detalhes, mas ouvi o nome de Hillel, e parte de mim compreendeu que talvez ele estivesse morto. Mas eu não queria acreditar. Fui para casa, saí do carro numa neblina química e Ione veio correndo para a rua, meio despida, com o rosto inchado, vermelho. Gritava: – Seu amigo Hillel morreu.

O resto não sei direito, porque acho que desliguei meu cérebro. Sei que não parei de me drogar pelo resto da noite. Acordei no dia seguinte em estado de choque e negação. Estavam todos enfrentando a morte e o enterro e querendo achar em quem botar a culpa, mas eu sabia que ninguém é culpado quando alguém cai no vício. As pessoas são responsáveis por seu próprio comportamento; não é o traficante, não é o amigo, não são as más influências, não é a infância. Por algum motivo triste as pessoas me consideravam responsável pela morte de Hillel aos 25 anos, porque minha dependência começara muito antes. A família dele tentou dizer que eu era a má influência. Foi meio irônico, porque nunca acusei ninguém por meu vício. E eu tinha tentado convencer Hillel a se curar.

Enquanto isso, continuei me drogando. É um mito que uma coisa dessas o assusta e o faz endireitar. Mesmo quando seu melhor amigo morre, você mantém a falsa sensação de invencibilidade. Não quer enfrentar o próprio sofrimento, quer apenas continuar chapado. Não consegui ir ao enterro e não consegui parar de me drogar. Eu não queria enfrentar aquilo.

Certa vez, a mãe de Ione disse que poderíamos usar quando quiséssemos a casa de uma amiga sua numa aldeia de pescadores, no México. Foi o que fizemos.

As pessoas acharam de mau gosto eu não ir ao enterro de Hillel. Ele era meu melhor amigo, mas eu estava morrendo da mesma coisa que o havia matado. Ione e eu voamos para Puerto Vallarta e de lá pegamos um pequeno barco para um lugar chamado Yelapa, uma aldeia de pescadores com cerca de cem habitantes. Ficamos em uma casa gostosa, mas não havia eletricidade no lugar. Passei por mais uma abstinência fodida, enquanto estava a anos-luz do que acontecia em Hollywood. Ione me ajudou muito e depois de alguns dias comecei a me sentir melhor. Depois de dez dias minha fuga teve de terminar e voltamos para Los Angeles.

Assim que cheguei, não vi a hora de me chapar. Não sabia o que fazer além disso. A essa altura, eu tinha apenas uns 10 mil dólares. Saí e comprei um pouco de heroína e coca. Enquanto Ione dormia, fiquei no chão me picando a noite inteira. Mas alguma coisa estava errada com minha química, porque eu não sentia o barato. Não estava bloqueando a dor, nem a realidade. Continuei tomando cada vez mais, mas não conseguia escapar de mim mesmo.

Então Jack Irons convocou uma reunião da banda. Ele nunca tinha feito isso. Nós nos encontramos no modesto veleiro de Lindy e Jack disse:

– Não é aqui que eu quero estar. Não quero fazer parte de uma coisa em que meus malditos amigos estão morrendo.

Ele deixou a banda e nós compreendemos. Lindy provavelmente estava pensando: "O que está acontecendo aqui? O guitarrista morreu, o baterista saiu, o cantor está por um fio. O que vai ser agora?" Mas Flea e eu não pretendíamos parar de tocar juntos.

Não era por falta de respeito, era por respeito. Aquilo era algo que Hillel tinha ajudado a construir e nós íamos continuar construindo – o que era estranho, porque eu não estava em boa forma mental.

Flea e eu contratamos D. H. Peligro para tocar bateria e Blackbird McKnight para a guitarra. Conhecíamos D. H. há vários anos e tínhamos tocado com Blackbird quando Hillel saiu temporariamente. Mas antes que pudéssemos sequer pensar em tocar, eu precisava fazer algo em relação às drogas.

Liguei para alguém que eu conhecera nas reuniões em Michigan:

– Não sei o que fazer. Meu amigo morreu, não consigo parar de usar e não estou ficando chapado. Estou enlouquecendo.

– Por que você não tenta a reabilitação? – ele sugeriu.

– Parece horrível. O que é isso?

– Para começar, são 10 mil dólares.

– Dez paus! É tudo o que eu tenho.

– Acho que seria um bom investimento – disse ele. – Acho que sua vida está em jogo, e acho que um dia você poderá ganhar mais 10 mil se gastar 10 mil agora.

Não sabia o que fazer, então concordei. A reabilitação era um lugar em Van Nuys chamado Asap. Estava tão louco com tudo, que dirigi o carro em zigue-zague até Van Nuys, com Ione apavorada ao meu lado. Estava furioso por precisar me internar, por não poder mais me chapar, por meu amigo estar morto. Chegamos lá, eu me registrei e eles tiraram uma foto Polaroid de mim. Meu aspecto não era nada bom. Minha pele estava verde-amarelada, os olhos mortiços e meu cabelo tinha vida própria. Depois me deram um quarto. E um companheiro de quarto, um garoto de Palm Springs que se tornou meu primeiro amigo na reabilitação.

Quando você entra nessa, conhece gente com diferentes estilos de vida e das mais diversas raças, condições financeiras e formações religiosas, mas acaba se enxergando neles, amando-os todos.

Eu me assentei e não foi tão ruim. Parei de me odiar e comecei a simplesmente ser. Toda a minha vida eu tinha sido a pessoa mais defensiva, incapaz de tolerar qualquer crítica. Mas agora comecei a escutar e a ser. Quando Ione vinha me visitar, quebrávamos as regras e tínhamos visitas conjugais no banheiro, o que era o paraíso para mim. Eu estava precisando muito de amor e afeto.

De vez em quando Bob Timmons mandava ex-dependentes me visitarem lá. Eu não os conhecia, mas ao conversar com eles se instaurava a mágica da recuperação. Ninguém entende melhor suas dificuldades do que outro viciado.

Cerca de duas semanas depois, Bob veio me visitar. Percebeu que eu tinha evitado passar pela tristeza da morte de Hillel, então me levou em uma saída autorizada. Fomos até a parte judia do cemitério Forest Lawn e caminhamos até encontrar o túmulo de Hillel. Não havia lápide, apenas uma placa comum na grama cuja inscrição era algo simples como: "Hillel Slovak. Devotado filho, irmão, amigo e músico".

Fiquei ali sentado com Bob e disse:

– Sim, ele está aí. Podemos ir?

– Ainda não – disse Bob. – Vou dar uma volta. Por que você não conversa com Hillel e lhe diz o que sente sobre a morte dele? E por que também não lhe faz uma promessa de que não vai mais beber e se drogar?

– Falar com o quê? É um pedaço de grama com uma pedra em cima.

– Apenas aja como se Hillel estivesse escutando e converse com ele – ele disse, e se afastou.

Fiquei sentado ali me sentindo realmente estranho por falar sozinho. Mas então eu disse "Yo, Slim", que era como eu sempre cumprimentava Hillel. E comecei a chorar como nunca tinha chorado antes. A partir daí parecia uma cachoeira de soluços, choro e tosse. Conversei com Hillel e lhe disse o quanto o amava e sentia falta dele. Então fiz a promessa: "Estou limpo. Estou em reabilitação. Prometo a você que nunca mais vou pôr uma agulha no meu braço".

No início da reabilitação tivemos uma reunião de grupo dirigida por um conselheiro grandão que parecia um motoqueiro. Ele estava limpo há cinco anos. Havia 30 pacientes na sala, todos os que estavam na classe naquele mês. Ele disse:

– Trago más notícias. Estatisticamente falando, somente uma pessoa nesta sala vai continuar limpa por algum tempo depois que sair daqui. Geralmente é esse o resultado final.

Olhei em volta, vi toda aquela gente e pensei: "Podem ir para casa agora, porque quem vai ocupar esse lugar sou eu".

Quando tomei a decisão de que não importava o que acontecesse em minha vida eu não ia beber ou me drogar, o gorila que me surrava há anos evaporou. Quando saí da reabilitação eu não senti vontade de me chapar. Desliguei aquela voz na minha cabeça. Continuei indo às reuniões e aos hospitais e a conversar com outros alcoólicos, mas não mergulhei na oportunidade de provocar uma verdadeira mudança psíquica. Fui até a metade do caminho, depois comecei a retroceder.

Quando me registrei na Asap eu queria morrer. Trinta dias depois, era "Vamos fazer rock". Flea estava animado e me apoiou quando saí da reabilitação. Começamos imediatamente a ensaiar com D. H. e Blackbird. D. H. logo pareceu se encaixar, era divertido e adorava música. Blackbird teve mais dificuldade. Era um guitarrista talentoso, mas nunca havia estado em uma banda onde todos criavam juntos. Estava acostumado a receber uma fita de George Clinton, entrar num estúdio sozinho e trabalhar durante dias em suas partes.

Mais ou menos nessa época, D. H. apresentou Flea a um jovem fenômeno da guitarra chamado John Frusciante. John era um fanático dos Chili Peppers que assistia a nossos shows desde os 16 anos. Mas Bob Forrest estava atraindo John para tocar com seu grupo, o Thelonious Monster. John me contou que ia até a garagem de Bob para fazer um teste, e eu me ofereci para levá-lo de carro. Para mim, o teste era para o Red Hot Chili Peppers. Já na primeira música, vi que era o cara certo para nós. Então liguei para Blackbird e disse:

– Desculpe, mas não podemos ficar com você na banda. Muito obrigado por tudo.

– Seu filho da puta! – disse Blackbird.

– Ora, Blackbird, não sou eu. É a situação.

– Seu filho da puta! Vou queimar sua casa.

– Blackbird, não queime minha casa. Foi uma decisão da banda. Não deu certo.

– Está bem, eu aceito – ele disse. – Desde que você aceite que vou queimar sua casa.

Foi o fim de nossa conversa. Eu era um filho da puta e ele ia queimar minha casa.

Nem tudo foi perfeito assim que John entrou na banda, mas a química mudou imediatamente. Ele amava fazer parte do Red Hot Chili Peppers, algo que não sentíamos há muito tempo. Apesar de inexperiente, John estava dando tudo de si. D. H. e John eram amigos. Agora, tínhamos um grupo em que queríamos ir para o mesmo lugar. Era muito animador, mas ainda levaria um longo tempo para se consolidar.

Em vez de tentar fazer um disco, decidimos apenas tocar por algum tempo, compor e ensaiar velhas canções, dando tempo para ser uma verdadeira banda. Encontramos alguns obstáculos. D. H. era de um entusiasmo selvagem, mas Flea era um perfeccionista quando se tratava de aprender músicas e foi uma espécie de ditador para ele.

Também surgiram algumas tensões entre mim e D. H. Quando fiquei sóbrio, tive a audácia de achar que todo mundo devia fazer o mesmo. D. H. deve ter percebido que o fato de ele beber e se drogar poderia ser um problema. Começou a chegar tarde, nem sempre com a mente mais clara, e minha tolerância com as dificuldades alheias infelizmente não era grande.

Quando estávamos ensaiando, comecei uma canção de advertência chamada "Knock Me Down", que descrevia o que era ser um viciado em drogas, achar-se impermeável às forças da natureza e da vida. Era também uma canção de amor para Hillel. Eu tinha várias páginas de versos, mas nenhuma melodia. John tinha me dito logo que entrou na banda que poderíamos compor juntos. Uma das primeiras coisas que lhe mostrei foi "Knock Me Down", avisando que estava muito prolixa.

– Ah, tudo bem. Estou trabalhando em uma melodia muito prolixa, e acho que vai se aplicar exatamente a essa letra – ele disse. John se sentou e em poucos minutos tinha uma melodia com verso completa. Foi fantástico. Agora eu sentia que podia escrever qualquer coisa e procurar esse meu novo amigo para ter uma canção pronta. Senti que qualquer coisa era possível com aquele garoto. Qualquer coisa que eu escrevia tinha de virar uma canção. Eu lhe mostrei minhas letras mais sentimentais e ele não parou para julgá-las. Não precisava ter medo de experimentar algo novo, o que abriu o caminho para fazer boa música.

John e eu começamos a ser amigos inseparáveis, e, às vezes, isso é uma experiência intensa demais. Embora ele tivesse passado por uma fase de abuso de cocaína e álcool, estava disposto a sacrificar isso para se concentrar na banda.

Decidimos que seria uma boa ideia apresentar a nova banda em locais pouco conhecidos, então Lindy agendou uma turnê que chamamos de Turd Town Tour [Turnê de Cidades de Merda]. Foi um desastre. Tocamos em lugares horríveis em pequenas cidades onde ninguém nos dava a mínima.

Infelizmente, D. H., o cara mais doce do mundo, vinha bebendo muito e não estava em sua melhor forma nesses shows. Certa noite tivemos uma discussão.

– Olhe, se quiser ficar, vai ter de melhorar. Senão, caia fora – eu lhe disse. Flea e John não queriam me apoiar porque eu estava sendo muito mandão, mas também sabiam que não ia dar certo com D. H.

Quando a turnê acabou, a coisa piorou. Ele começou a faltar aos ensaios e sua dependência o estava consumindo. Todas as vezes que demitimos alguém, com exceção daquela história bizarra do Hillel, sempre tinha sido óbvio e necessário, e sem dúvida era para melhorar a banda. D. H. era nosso amigo, não queríamos que nada de ruim lhe acontecesse, mas não teve jeito. Infelizmente para Flea, era sua vez de fazer a demissão. Foi pior do que tínhamos imaginado: ele ficou dias de cama depois de demitir D. H. A única coisa boa foi que anos depois eu tive uma grande participação na sobriedade de D. H. e seu renascimento no universo como ser humano, porque assim que foi demitido ele entrou em um nível inacreditável de abuso de drogas.

Agora tínhamos um espaço para ensaiar em Glendale. Lá, começamos a fazer testes com bateristas. Achamos que os maiores do país estariam loucos pela oportunidade, mas não muitos dos que apareceram eram bons. Nesse processo, uma amiga nossa ligou para Flea e disse que encontrara um baterista para nós, Chad Smith, o melhor que ela já tinha escutado. Concordamos em fazer um teste com ele.

No dia do teste, ele estava atrasado. Fui lá fora para ver se havia alguém chegando e vi um grandão desajeitado com roupas péssimas e um cabelo horroroso, estilo Guns 'N Roses. Eu já tinha decidido contra o cara, com base no visual, mas fomos profissionais. "Você tem dez minutos. Vamos improvisar cinco minutos, nos outros cinco vamos tocar juntos uma ou duas canções." Chad não se intimidou.

Flea começou a tocar uma coisa dura, complicada, rápida e estranha, para ver se o cara acompanhava. Chad imediatamente não apenas o seguiu como começou a liderar. Superou Flea, mas com classe. Não podíamos acreditar no que estava acontecendo. Então Flea olhou para ele com cara de "Que diabos está acontecendo aqui?" Chad não dava tempo para Flea se recuperar e gritava como Art Blakey atrás da bateria.

Foi uma grande erupção de som e energia, e eu só conseguia rir, pensando em como era engraçado que o cara mais errado que já tínhamos visto tivesse nos enlouquecido. Foi genial e todo mundo amou. Todos sabíamos que Chad era o cara, mas agora queríamos ver seu nível de dedicação. Também queríamos que ele mudasse o visual. Dissemos:

– É, Chad, você é bom. Apareça hoje no Canter's sem bandana, com a cabeça raspada, e o emprego é seu.

Chad disse:

– Ei, ei. Cabeça raspada...? Sei não.

– Você é quem sabe.

Fomos esperar no Canter's. Ele apareceu com a mesma bandana e o cabelo ridículo.

– Quer o emprego ou não? – perguntamos.

– Sim, vou tocar na banda, mas fico com o cabelo – ele insistiu, e nós aceitamos. Percebemos que qualquer pessoa que fosse atrevida o suficiente para nos enfrentar certamente não ia ser um pentelho.

Depois descobrimos que ele não queria raspar a cabeça porque escondia as entradas do cabelo embaixo da bandana. Agora tínhamos um baterista confiável e uma pessoa incrível para improvisar. Podíamos começar a trabalhar.

CAPÍTULO

9

A REFORMA

Como John era tão jovem e inexperiente, gostávamos de brincar com ele. Era um garoto que tinha passado a maior parte da vida fechado no quarto estudando guitarra, então tudo era novo para ele. Flea e eu o provocávamos chamando-o de "Verdinho" ou "Homem Verde" ou "Vespa Verde". Anos depois, John me confessou que essas brincadeiras o intimidavam muito, mas na época não percebíamos. A série de nomes verdes significava algo mais – era um enorme sinal de afeto. Amávamos aquele garoto e estávamos felizes por ter sua energia criativa em nossas vidas.

Chad não ganhava apelidos, porque não éramos tão ligados a ele. Ele tinha uma maneira totalmente diferente de ser o novo cara na banda. Nunca mostrou desejar fazer parte do nosso círculo íntimo. Preferia sair com sua turma, um pessoal diferente de Flea e mim. Demonstrava muito pouco quem ele era e o que pensava. Chad aparecia, fazia o serviço, era amistoso – ponto. Eu o considerava um dos pilares estranhos que mantinham nossa fortaleza de pé.

No que se refere a roupas, tinha um gosto muito diferente do nosso; eu caçoava dele o tempo todo. Em vez de ir comigo e com Flea a um bar punk rock como o Small's, ele ia para o Motley Crae jogar bilhar, usando jeans com cinturão largo e botas de caubói. As pessoas me contavam que ele eriçava o cabelo mais alto que de uma menina, mas no dia seguinte vinha ensaiar usando um boné de beisebol. Simplesmente não se mostrava inteiramente para nós.

Nosso terreno comum era a música. Mesmo aí sua sensibilidade era diferente, mas sua energia, sua paixão e seu poder de criar ritmo eram insuperáveis. Chad não era experimental ou de vanguarda, nem escutava uma grande variedade de música, ficando basicamente nos gêneros rock e pop, mas o que fazia compensava. Nunca tivemos um baterista tão elétrico, sua pilha nunca parecia acabar. Não gosto de pensar que o fizemos se sentir indesejado, dando-lhe o mesmo tipo de amor grosseiro que demos a John, mas fizemos isso porque gostávamos dele e queríamos que ficasse mais próximo de nós. Com os novos músicos, começamos a trabalhar. No início foi mais difícil do que nunca compor. Flea mostrava algumas partes e John e Chad tentavam se achar. Michael Beinhorn estava em outra crise emocional. Muitas vezes tínhamos boas ideias, mas não conseguíamos transformar o que aparecia em música. Acho que John sentia uma grande responsabilidade de ocupar o lugar de Hillel, mas não tentava imitá-lo. Seu som era mais limpo e moderno. Quando Cliff e Jack Sherman entraram na banda, nós já tínhamos um repertório, mas agora precisávamos compor um álbum inteiro.

Devagar, alguns sons diferentes começaram a surgir. Eu escutava os improvisos e ia para casa com pilhas de papel. Nunca pensei que fosse possível escrever uma canção com cinco frases e um refrão. Achei que como aquele nosso novo som em geral tinha texturas complexas, eu tinha de fazer o mesmo. Ficava oito horas sentado direto, escrevendo canções como "Good Time Boys", "Subway to Venus" e "Johnny, Kick a Hole in the Sky", cujas letras não terminam nunca. Qualquer coisa que fosse difícil de dizer eu ficava feliz em escrever.

Quando chegou a hora de gravar, começamos a ter atritos com Michael. Ele tinha muita experiência de estúdio, mas era dominador. Brigava para que o som de John beirasse o metálico, enquanto antes a guitarra sempre fora acid-rock ou sinuosa, sensual, funkeada. Não fosse pelas fitas pornô de Traci Lords que rodavam na sala de espera, não sei se John teria suportado. Trabalhamos duro em todas as canções, mas Beinhorn deu ênfase em nosso cover de "Higher Ground", de Stevie Wonder. Flea tocava essa linha de baixo há anos, e John e Chad tinham partes enormes na canção. Beinhorn se esforçou para fazer John tocar o som em camadas naquele corte.

Para mim, fazer os vocais era totalmente desafiador e frustrante. Uma canção como aquela não era meu forte, mas Michael tinha certeza de que eu podia cantá-la, então me esforçava. Sei que parece um lamento de merda, só que quando você está na frente daquele maldito microfone e sente dificuldades, suas entranhas começam a doer. Mas valeu a pena. Quando chegamos ao refrão, chamamos todos os nossos amigos e enchemos a sala com 25 pessoas cantando juntas. A metade delas eram cantores competentes e a outra metade não, mas não importa, saiu surpreendentemente bom.

Eu me diverti muito até as últimas semanas de gravação. Estava simplesmente amando a vida e me sentindo feliz por estar sóbrio, gravando um disco e compondo aquelas canções. Mas Michael e eu chegamos a um momento de tensão no final da gravação, quando ele quis que eu fizesse improvisações no final de "Higher Ground". Já não tolerava mais sua direção. Ele tentava espremer uma coisa de mim que eu não sentia; tivemos uma briga e percebi que estava saturado dele.

Quando terminamos aquele disco, não dissemos "Esse é o nosso melhor disco", mas não me senti mal com *Mother's Milk* [Leite Materno]. Porém, me arrependi da capa do disco. Flea inventou o título em homenagem aos fluidos corporais de Loesha, que estavam alimentando sua filhinha, Clara. (Não acreditem nos rumores de que "leite materno" é uma referência a heroína.) Nosso amigo Nels Israelson, que tinha feito as fotos do segundo e terceiro álbuns, tinha um velho pôster dos anos 1960 de Sly and the Family Stone, em que Sly está segurando sua banda na mão.

Achei que seria ótimo ser uma pessoinha na mão de uma mulher nua gigante. A banda não se entusiasmou muito com a ideia, mas acabou concordando. Infelizmente, cheguei tarde para os testes com modelos para a capa e Nels já tinha escolhido a garota. Descobrimos que a modelo não aceitaria mostrar os mamilos e não pude entender por que a escolheram.

A capa foi impressa e os mamilos foram cobertos, mas a EMI imprimiu algumas centenas de cartazes com os mamilos expostos. Estes foram para as lojas de discos e para os amigos. Acho que foram Chad e Flea que escreveram algumas coisas pervertidas em um dos cartazes, e a modelo nos processou. Ganhou 50 mil dólares, um acordo enorme na época.

Apesar dessa tempestade, a EMI deve ter sentido algo no disco, pois nos deu uma verba para fazer dois clipes antes do lançamento. Era estranho, pois nosso último álbum não estourara, mas ficamos felizes com o interesse. O primeiro clipe foi de "Knock Me Down", depois veio o de "Higher Ground", feito num dos antigos estúdios SIR, onde os Três Patetas fizeram seus filmes.

"Knock Me Down"

I'm tired of being untouchable
I'm not above the love
I'm part of you and you're part of me
Why did you go away?
Too late to tell you how I feel
I want you back but I get real
Can you hear my falling tears
Making rain where you lay
Finding what you're looking for
Can end up being such a bore
I pray for you most every day
My love's with you now fly away
If you see me getting mighty
If you see me getting high
Knock me down
I'm not bigger than life

It's so lonely when you don't even know yourself[11]

Esse final é triste, mas verdadeiro. São os sentimentos que se tem quando a energia escura o possui e você pensa "Que merda sou eu? O que me aconteceu?" Tenho certeza de que foi assim que Hillel terminou. Ele sabia tão bem quem ele era e o que queria, era criativo e amava a vida. No final esqueceu quem era, algo que vi acontecer para muita gente.

"Knock Me Down" foi o primeiro single de *Mother's Milk* e pegou bem no rádio. Alguns meses depois, em uma viagem a Washington, Flea, John e eu pegamos um táxi e o motorista nos disse: – Ei, vocês não são aqueles caras? Como é? "Bata em mim", "Chute minha bunda?" Adoro essa música. – Foi a primeira vez que alguém fora do underground musical tomou consciência de nós.

Em setembro de 89 começamos um ciclo de turnês de um ano com *Mother's Milk*. Outro indício de nosso crescente sucesso foi ganharmos um ônibus para isso. E precisávamos de espaço, porque agora a equipe crescera. Contratamos Tree para tocar sopro, mas ele veio com a ideia ridícula de tocar um sintetizador híbrido no qual, ao se soprar, saíam vários sons diferentes. Depois contratamos Kristin Vygard e Vicky Calhoun como cantoras de backing vocal. Kristin, uma ruiva alta e maluca, com a cara cheia de pintas, era uma grande personagem que tinha sido uma atriz infantil de sucesso e fora cantora de jazz em Hollywood. Vicky era uma negra grande que tinha feito backing vocal em "Knock Me Down" e apareceu naquele clipe. Além da banda, havia Chris Grayson, nosso homem do som; Mark Johnson, o gerente da turnê; e uma cara nova na organização, um ajudante chamado Robbie Allen. Quando fomos para a Inglaterra mais tarde, Robbie desenvolveu um alter ego, Robbie Rule, que abria nossos shows. Com a ajuda de Flea e John, Ro-

---

11 [Me derrube] Estou cansado de ser intocável/ Não estou acima do amor/ Faço parte de você e você faz parte de mim/ Por que você foi embora?/ É tarde demais para dizer como me sinto/ Quero você de volta, mas caio na real/ Você pode ouvir minhas lágrimas caindo/ Fazendo chover onde você está/ Descobrir o que você procura / Pode terminar sendo tão chato/ Rezo para você quase todo dia/ Meu amor está com você agora, voe/ Se você me vir ficando poderoso/ Se me vir ficando alto, me derrube/ Não sou maior que a vida/ É muito solitário quando você não conhece a si mesmo. (N. do T.)

bbie desenvolveu um número de comédia musical em que ele fingia cortar o próprio pau.

Era um truque de mágica em que ele usava um facão de açougueiro afiado de um lado mas sem corte do outro. Ele puxava o pinto para fora, colocava a faca nele e a virava sutilmente, de modo que o lado sem corte não o machucasse. Como Bob Forrest, Robbie era um músico torturado que estava trabalhando como ajudante, por isso lhe demos seu momento no palco. Era um número louco dentro de um número, no qual Flea tocava bateria cômica. Toda a garotada do interior da Inglaterra teve de suportar essa amputação de membro sexual antes de entrarmos em cena.

Como eu não estava mais procurando cocaína ou álcool, novas diversões tiveram de ser criadas. Uma coisa chamada "O Serviço" temperava o tédio da viagem. Como tocávamos em muitas faculdades, sempre nos davam comida de lanchonete requentada, coberta com molho de salada industrial. Era difícil dizer se aquele líquido misterioso era para enfeitar a comida ou para limpar o chão. O primeiro serviço que criamos foi no Canadá, onde encontramos uma enorme tigela de bacon frito sobre a mesa. Tivemos a ideia de juntar dinheiro e desafiar Mark Johnson para a tarefa de comer a tigela inteira. Acontece que Johnson era capaz de comer muita merda e terminou o serviço com sucesso. Meu primeiro trabalho foi comer o que parecia ser um quilo de manteiga que trouxeram para nossa mesa. Eu tinha três minutos para terminá-lo e ganharia 120 dólares, mas só cheguei até a metade e desisti.

Com o tempo, Flea e eu percebemos que era bobagem nos torturarmos com esses serviços quando podíamos torturar os outros. Além disso, não precisávamos tanto de dinheiro quanto o técnico de som, uma cantora de backing vocal ou o ajudante. Certa noite, estávamos no camarim de alguma faculdade no meio da Pensilvânia e nossos anfitriões trouxeram uma comida intragável. As garotas estavam nos pedindo um serviço, então começamos a misturar vários molhos de salada e temperos numa garrafa de vinho vazia, que no fim ficou cheia de um treco verde.

Então escolhemos Kristin, que precisava de dinheiro, e apostamos 180 dólares para ela beber toda a garrafa e ficar sem vomitar por cinco minutos. Ela não só aceitou o serviço como se ofereceu para comer várias outras coisas se déssemos mais 50 dólares. Fechado.

Mas não quisemos deixar Vicky de fora. Então lhe demos o serviço de comer uma vasilha metálica enorme cheia de bolinhas de manteiga. Ela concordou e comeu todo o balde como se fosse chantilly. Aí ficamos olhando para Kristin. Ela tomou todo o litro da meleca e depois comeu as outras porcarias. Peguei o relógio e fiquei observando enquanto ela começava a suar, chorar e ficar de quinze cores diferentes. Mas ela aguentou cinco minutos, e quando o tempo terminou, calmamente se levantou, foi ao banheiro e despejou tudo. Ao ouvir o primeiro acesso de Kristin, Vicky correu para o banheiro e as duas vomitaram lado a lado.

Quando voltaram, toda a refeição degenerou em uma guerra de comida, até que uma senhora da limpeza nos deu uma bronca e mandou que nós mesmos limpássemos tudo, o que fizemos. A comida em viagem era execrável, mas depois de alguns meses o sexo entrou no cardápio. Isso só foi possível porque eu tinha terminado com Ione em dezembro. Meu corpo tinha se curado de toda a atividade torturante das drogas, mas minha mente ainda não estava suficientemente saudável. Nenhum de nós se adaptou depois que fiquei sóbrio. Eu tinha sido o fodido carente e suplicante e ela a enfermeira que, por algum motivo, me amava e cuidava de mim. Quando isso mudou, não encontramos uma dinâmica saudável. Nós viramos mais um típico casal briguento, e eu sabia que nossa relação estava condenada. Acho que estávamos acabados, mas tínhamos medo de desistir um do outro.

Bem, a casa era minha e eu disse, grosseiro:

– Por favor, pegue suas coisas e saia.

Ela protestou:

– Não quero ir embora. Quero ficar com você.

Isso aconteceu várias vezes, e na décima eu disse:

– Pegue suas coisas e vá embora, porra!

Ione saiu de casa e nunca mais voltou. Fiquei desesperado. Liguei para ela e disse:

– Você não vai voltar como das outras vezes?

– Não, não. Nunca mais vou voltar. Concordo com você. Terminou.

Isso foi perto do Natal. Antes de ir para Michigan, comprei uma escultura art déco e a levei até a casa de Ione. A mãe dela atendeu a porta e disse: "Você vai ter de deixar isso aí na entrada". Então deixei o presente, embarquei no avião e escrevi uma canção triste sobre isso, que nunca ficou completa, mas que eu cantava para mim mesmo.

Havia muitas coisas não terminadas no nosso relacionamento. Seria preciso anos e anos para que eu conseguisse compreender e enfrentar todas as minhas mentiras, insanidades e terrorismo emocional. Fico feliz por afinal ter conseguido expressar isso para ela e tentar recompensá-la.

Quando voltei de Michigan, a banda fez um grande show na Long Beach Arena, que foi filmado para um documentário. No meio de uma entrevista no camarim, o entrevistador me perguntou sobre Ione e eu disse que tivemos uma ruptura difícil. John entrou no quadro da câmera e disse: "É isso mesmo, senhoras e senhores. Anthony é um homem livre e vocês sabem o que isso significa: é hora de trepar". Foi a maneira de John me tirar da fossa. O sexo estava de volta ao cardápio.

E voltava a ser facilmente encontrado. Em Houston, estávamos saindo do palco a caminho do ônibus quando encontrei outra sósia de Marilyn Monroe. Ao contrário de sua colega de Nova Orleans, essa pequena Marilyn nunca saía do personagem. Ela se tornou minha namorada em Houston, e toda vez que tocávamos lá, eu acabava indo para seu apartamento e fazendo sexo. Ela sempre estava em seu próprio filme particular de Marilyn.

Nem todos os meus casos na estrada foram consumados. Fizemos um show de faculdade no Kentucky e eu estava no camarim me preparando para entrar em cena, quando nosso ajudante Robbie fez uma aparição de surpresa. – Cisne, pensei que esta garota é o seu tipo – ele disse. Era uma verdadeira princesa de pele branca e cabelo preto. Estava algemada com as mãos nas costas, com fita adesiva.

– Obrigado, Robbie, agora pode ir – eu disse, e comecei a explicar àquela garota deliciosa como chegar ao meu motel ali perto para um encontro depois do show.

– Oh, não, eu estava apenas brincando. Estou aqui com uma amiga, e tenho namorado.

Eu olhava para ela e pensava que morreria se não a conseguisse. Não poderia continuar a turnê sem conhecê-la melhor. Ela me disse que morava com os pais e consegui arrancar seu endereço.

Eu precisava subir ao palco e fazer o show, mas assim que voltei ao camarim perguntei a Robbie:

– Onde está a garota?

– Irmão, ela desapareceu.

Escrevi uma letra poética, depois pedi a um garoto da faculdade para me levar até a casa dela. Deixei o bilhete na sua caixa de correspondência com os números de telefone dos próximos hotéis onde ficaríamos.

Alguns dias depois estávamos em Chicago, onde conheci uma garota que parecia uma *starlet* dos anos 1970. Ela era muito livre e entusiasmada por sexo, então levei-a para o hotel. Eu dividia o quarto com John, e só de beijar e tocar aquela garota percebi que era supersensível. Disse a ele que precisava ficar sozinho, e ele respondeu que Chad tinha uma cama extra em seu quarto e tinha saído para beber. Peguei uma chave extra do quarto de Chad com John e fui até lá com a garota.

Deitamos na cama extra. Tiramos as camisas e estávamos nos beijando e acariciando. Ela reagia muito bem. Eu estava me preparando para ir em frente quando ouvi um ruído de passos fortíssimo no corredor.

A porta se abriu de repente e era Chad – mas alguma coisa tinha se apoderado dele. Quando me viu, gritou:

– O que você está fazendo aqui, seu filho da mãe? Vou arrancar sua cabeça fora!

– Ei, Chad, calma, calma – eu disse, mas ele estava descontrolado.

Pulou sobre mim, derrubando abajures, batendo nas paredes, me atacando. Eu disse à garota para pegar sua camisa, mas Chad continuava saltando atrás de mim.

– Qual o problema? Calma – eu disse.

– Quem deixou você entrar aqui? Vou matá-lo – ele rosnou, e continuou tentando me atacar com ódio no olhar, como se eu tivesse feito alguma coisa terrível. Finalmente a garota e eu conseguimos sair. Acontece que Chad tinha bebido uma garrafa inteira de tequila e estava furioso. Até hoje ele não se lembra de ter me visto em seu quarto.

A garota foi muito compreensiva sobre o caso.

– Acho que seu baterista bebeu um pouco demais – ela disse. – Vamos a algum lugar para ficarmos juntos.

Estávamos num hotel antigo e silencioso, cheio de corredores, então nos agachamos perto de um aquecedor numa escada e fizemos sexo ali mesmo. Ela não apenas era hipersensível como também gritava loucamente. No início pensei que estava brincando, porque toquei sua xota e ela começou a gritar a plenos pulmões. Todo mundo no hotel devia estar escutando, mas já não dava para parar.

Quando voltei para o quarto, John estava acordado.

– Meu Deus, você percebeu que todo mundo escutou? Se alguma vez você deixar, preciso experimentar isso – ele disse.

– Calma aí – eu disse. – Vamos ver. Nunca se sabe...

A próxima escala da turnê era Cincinnati. Contra todas as probabilidades do universo, a garota gritadora e a garota dos meus sonhos de Kentucky apareceram no show. Chamei John e disse:

– John, pode ficar com a sensação gritadora, porque preciso atender Kentucky?

A pobre sensação gritadora viu o que estava acontecendo e olhou para mim com ódio, mas ao mesmo tempo aceitou o carinho de John e eles saíram juntos. Fizemos o show, depois convidei a garota de Kentucky para vir ao meu quarto. Felizmente eu tinha um quarto só para mim e ficamos lá, conversando. Fui aos poucos me aproximando e ela me deixou abraçá-la e beijá-la. Aceitou que deitássemos juntos, mas sob condições.

– Olhe, para mim basta deitar nu com você, acredite – gaguejei.

Eu estava pensando que ela só queria ficar abraçada comigo nua, mas ela começou a ronronar e ondular e me deixou fazer um sexo oral longo, maravilhoso. E correspondeu. Eu estava totalmente sóbrio, deitado de costas com ela me chupando, mas havia tanta troca de amor que comecei a sair do meu corpo. Olhei para baixo e me vi deitado na cama com a garota de lindos cabelos cacheados e pele branca. Durou um instante apenas, mas percebi que aquele foi o momento sexual mais belo da minha vida até hoje.

Ela desapareceu depois disso e eu a procurei, sem sucesso. Nunca mais a encontrei, e ela significava tudo para mim. Tenho certeza de que agora deve estar casada com dez filhos, mas nunca se sabe. Talvez ela leia este livro.

Se você estiver lendo isto, meu sonho do Kentucky, por favor, pule a próxima história. Mais tarde na turnê, estávamos tocando em um restaurante-discoteca em Baltimore. Faltavam algumas horas para o show e eu estava no quarto com John quando o telefone tocou. Era Flea, que estava dividindo o quarto com Chad.

– Rapazes! Vocês precisam vir ao meu quarto imediatamente – ele disse. – Está acontecendo uma loucura aqui com umas garotas. Venham logo. Tchau.

John e eu subimos as escadas correndo, entramos no quarto de Flea e ficamos surpresos com uma das coisas mais bizarras que eu já vi.

Chad estava sentado num sofá, totalmente vestido e tranquilo. Em uma das mãos ele tinha uma espátula de cozinha, e na outra uma grande colher de pau.

Havia três garotas no quarto, duas das quais tinham peitos fartos e dançavam em cima de uma mesa, sem sutiã. Uma garota estava com um sapato de Chad enfiado embaixo do peito e o peso maciço o segurava no lugar. A outra garota topless tinha uma pilha de moedas equilibradas sobre seus enormes globos. Chad estava sentado ali como um estranho empresário, alternadamente batendo nas garotas com a espátula e atirando moedas sobre seus peitos.

– Queremos dançar, toquem uma música para nós – as belas garotas pediram.

Não havia som no quarto, então fizemos uma apresentação a capela de algumas de nossas canções e alguns covers de Led Zeppelin. Ficamos correndo pelo quarto cantando as músicas para as duas garotas cujas bundas estavam marcadas pela espátula. Uma coisa leva a outra: John e eu acabamos no banheiro com as duas, que agora já estavam nuas. John ficou de pé na banheira e eu sentado na pia, e tivemos uma bela festinha sexual. É incrível como elas estavam à vontade, conversando enquanto nos chupavam. John e eu olhamos um para o outro e encolhemos os ombros. Baltimore... quem diria?

Quando chegamos ao Japão, em janeiro, não apenas estávamos nos dando muito bem como também já começávamos a nos sentir uma verdadeira banda. Fizemos um aquecimento em Nagoya e depois pegamos pique em Osaka. Após o show, o promotor nos levou a um festival de sushi, em que Mark Johnson ganhou um "serviço" engolindo uma enorme bola de wasabi. Eu comentara que as garotas japonesas são muito mais reservadas, não tão liberadas sexualmente quanto as americanas ou europeias. O silêncio e a timidez delas pareciam nos desligar. Mas não se pode deixar enganar pelas aparências, porque afinal somos todos criaturas biológicas: a biologia pode dominar e a cultura perder sua força.

Na saída do restaurante, convenci uma linda garota japonesa e sua amiga a acompanhar John e a mim para o hotel. Depois de cerca de cinco horas de sutil coerção, ao amanhecer, a linda japonesa estava tão ligada e tão incapaz de repetir que não podia fazer sexo, que desistiu e me entregou todo o seu amor. Foi uma experiência incrível vê-la sair do "Não, não, não sou desse tipo de garota" para o "Por favor, foda-me mais". Foi ótimo, ela dormiu lá e passamos a manhã juntos. Na hora de pegar o trem para Tóquio, ela ficou choramingando e insistiu em nos encontrar na estação ferroviária para se despedir. Quando cheguei ao hotel em Tóquio, havia uma mensagem urgente me esperando.

"Você deve mandar me buscar agora", ela escreveu. Mandar buscá-la?

Talvez alguma etiqueta japonesa rezasse que, depois de fazer sexo com uma garota, você devia mandar buscá-la. Não sei, mas não mandei. Naquela noite tocamos para mais um público educado e contido.

Depois do show, eu estava sentado no camarim quando entrou a garota mais linda que já vi em toda a minha vida. Era uma deusa loura de 19 anos e 1,90 metro de altura, com olhos azuis, um corte de cabelo de menino e um sorriso incrível. Além disso, usava uma camiseta com o rosto de Woody Allen e seus mamilos ficavam espetados nos óculos de Woody, de modo que os olhos pareciam apontar para direções opostas.

Naquele momento meu destino ficou claro para mim. Era minha nova namorada. Assim que entrou na sala, murmurei para quem pudesse ouvir:

– Saiam fora. Essa garota é minha.

Então fui direto até ela.

– Oi, meu nome é Carmen – ela disse. – Sou de San Diego.

Carmen era uma modelo da Elite que trabalhava no Japão, e na noite seguinte fiquei com ela em seu pequeno apartamento em Tóquio. Começamos a contar nossas histórias, e as dela eram cheias de problemas.

Seu pai a havia abandonado quando ela era bebê. Ela me disse que tinha parentes em Missouri que eram muito pobres, moravam em barracos perto do rio e comiam esquilos. Sem perceber, inverti os papéis de minhas antigas relações e comecei a tomar conta dela.

Eu seria louco se não mencionasse que, sexualmente falando, Carmen era de outro planeta. Era a pessoa mais sexualmente desenvolvida que já conheci; em retrospectiva, acho que era uma compulsão. Qualquer dor que sentisse podia ser resolvida pelo sexo. Ela dizia coisas como: "Posso gozar 20 vezes seguidas. Posso gozar durante uma hora inteira". E podia mesmo!

Deus abençoe Carmen Jeanette Hawk por ser minha primeira namorada em uma nova etapa de minha vida, quando estava vulnerável e precisava aumentar minha confiança. É claro que estávamos em uma terra distante, e apesar da paixão, logo eu iria para a Inglaterra e não sabia se a veria de novo.

Depois de Tóquio, eu não queria mais ficar solteiro. Não saí caçando na Inglaterra, mas quando paramos em Nova York na volta, conheci uma modelo chamada Karen, que era uma deusa musculosa da África do Sul. Fiquei confuso, porque tinha me apaixonado por Carmen, mas ela ficara no Japão, e Karen era simpática e interessante.

Fizemos uma pausa na turnê. Voltei para L.A. e alguns dias depois recebi um grande pacote de Karen, cheio de belas fotos profissionais dela nua. A essa altura Carmen voltara do Japão e estava morando com a mãe em San Diego. Combinamos de ela passar um fim de semana comigo e foi maravilhoso. Passamos os primeiros dias juntos na cama, mas um dia tive de resolver algumas coisas e deixei minha gatinha sensual embaixo das cobertas. Quando voltei, havia confete em todo lugar. Eu não fazia ideia do que tinha acontecido até que peguei um dos confetes e vi que era um mamilo. "Ela deve ter encontrado as fotos", pensei.

E tinha razão. Carmen não ia suportar aquilo.

– Se você está saindo comigo, por que essa garota lhe mandou fotos dela? – ela gritou. – Mande essa boceta fodida dar o fora. – Foi uma explosão suave, perto do que estava por vir.

Mas eu adorava Carmen. Estava começando a ganhar nome como modelo, então decidiu se mudar para L.A. Uma semana depois, veio morar comigo. Assim começou uma relação estranha; às vezes divertida, sempre excitante. Não digo que ela fosse maníaco-depressiva, mas era maníaco alguma coisa. Passava da euforia cheia de beijos e sexo para querer me dar um soco na cara, porque tinha certeza de que eu tinha olhado para o outro lado da rua para decorar o número da casa onde uma bela garota tinha entrado. Metade das vezes eu não fazia ideia do que ela estava falando; sua imaginação corria solta. Mas essas vezes eram sempre contrabalançadas por outras em que ela me deixava amarrá-la na cama para tirar fotos Polaroid.

Em abril de 1990, Lindy reuniu a banda para dizer que no fim da semana íamos ter nosso primeiro disco de ouro. *Mother's Milk* estava quase alcançando as 500 mil cópias vendidas. Não foi graças à EMI, cujo pessoal era na maioria retrógrado – com exceção de Kim White, que sempre acreditou em nós e lutou para fazer nosso disco ser tocado no rádio e o ajudou a subir pelas paradas alternativas e depois nas principais rádios.

Eles nos mandaram a Nova York para uma festa de comemoração por nosso primeiro disco de ouro, mas nada disso significava muito para nós. Parecia estranho e calculado que a EMI quisesse criar esse ambiente de sucesso de vendas. Mas no meio desse furacão de estranha energia da gravadora, olhei para Flea, nos abraçamos e beijamos e sentimos que tínhamos conquistado algo novo, mesmo que tivesse demorado quatro discos e inúmeros altos e baixos.

De repente, outras gravadoras começaram a se interessar por nós, especialmente depois que nosso advogado, Eric Greenspan, fez uma revisão de nosso contrato com a EMI. Apesar de ainda termos de entregar mais um álbum, Eric percebeu que havia uma cláusula de serviços pessoais que tornava o contrato inválido depois de sete anos. E essa data estava próxima. Então quase todos os grandes nomes da indústria começaram a nos paquerar. Chris Blackwell, fundador da Island Records, nos convidou para sua casa em Hollywood Hills e nos falou sobre Bob Marley e a história do envolvimento do seu selo com o reggae.

Foi divertido, mas ele admitiu que não tinha dinheiro para cobrir o que as outras gravadoras podiam nos oferecer. David Geffen tinha. Fez uma oferta séria por nós, chegando a nos mandar de volta de um show em Oakland no jato de sua companhia. O engraçado é que a Warner Bros. tinha nos levado para o show em seu jatinho.

Mo Austin foi o mais que bacana de todos os executivos de gravadoras que conhecemos nesse processo. Era um dos fundadores da Warner, e quando Flea e eu fomos ao seu escritório, escutamos as histórias de Mo sobre Frank Sinatra, Jimi Hendrix e Neil Young, que estavam todos em seu selo. Mais tarde nas negociações, Mo nos convidou para sua casa em Brentwood, que era do tamanho da melhor parte da Disneylândia. Depois de nos mostrar a casa, ele nos levou para fora. Ela ficava no alto de uma montanha de onde se podia ver até o oceano e o centro de L.A. A piscina era do tamanho de um pequeno lago, e quando ele nos convidou para um mergulho, Flea e eu ficamos só de cueca e pulamos. Quando saímos, havia um camareiro com toalhas quentes esperando por nós. Mo era um verdadeiro ser humano, com um grande espírito e um amor palpável pela música.

Enquanto esse flerte continuava, decidimos ir em frente e começar a trabalhar em nosso próximo álbum. Não íamos trabalhar de novo com Michael Beinhorn, por isso começamos a falar com outros produtores, um dos quais era Rick Rubin, que ficou famoso por seu trabalho com os Beastie Boys. Conversamos com Rick e gostamos dele.

Rick embarcou e começamos a pré-produção em um local de ensaio numa parte tranquila do vale em Lankershim, chamada Alleyway. A instalação era um espaço grande de pé-direito alto, com sofás e um grande palco, a apenas 15 minutos de onde todos morávamos. Assim que entramos ali nos tornamos o mais prolíficos que já tínhamos sido. Não conseguíamos parar de compor. Tocávamos o dia inteiro, tínhamos superideias; depois Rick chegava e deitava no sofá durante horas tomando notas, cochilando e absorvendo toda a música. Ele nos deu ideias de arranjos maravilhosos, depois trabalhou com Chad nas batidas de bateria.

No feriado de Halloween, fizemos uma pausa no trabalho para ir a uma festa à fantasia de um cara riquíssimo e enigmático que morava numa mansão em Bel Air. Ele construiu um enorme palco ao ar livre e contratou o Jane's Addiction para tocar. Todos concordamos que usaríamos fantasias iguais: um enorme pênis de borracha e mais nada.

Coloquei o meu e fui para a festa com Carmen. Lá encontrei meu amigo Flea totalmente nu, exceto pelo pênis artificial. Depois vi John com seu tesão falso. Chad também cumpriu o combinado, apesar do frio do final de outubro. Éramos quatro caras nus com ereções, tentando agir como se não houvesse nada de incomum.

O Jane's Addiction começou a tocar e todos começaram a cantar junto. A certa altura, Stephen Perkins, do Jane's, perguntou se queríamos tocar, então decidimos fazer "Search and Destroy", dos Stooges, que estávamos ensaiando. Havia literalmente centenas de pessoas nessa festa e nós subimos ao palco nus como filhos da mãe com ereções gigantescas. Era como andar na lua; estávamos superligados por causa da nudez, do frio e do gesto de camaradagem do Jane's Addiction, que sempre teve uma certa concorrência conosco.

As negociações com as gravadoras afinal se resumiram a duas empresas, Warner e Sony. Fomos ver Tommy Mottola da Sony/Epic em Nova York; ele estava numa onda de sucesso com Mariah Carey e Michael Jackson. Tommy fez o maior esforço para nos conseguir, e deixou isso claro, dizendo que sabia que estávamos conversando com outras gravadoras, mas que no final íamos assinar com a Epic.

Nós achávamos que fomos maltratados pela EMI. Tivemos sete caras de divulgação em sete anos, nenhuma estabilidade. Estávamos procurando uma boa casa. Quando Eric marcou um almoço e nos disse que a Epic tinha aumentado sua oferta em um milhão, nós quatro nos levantamos e começamos a fazer uma dança de conga pelo restaurante, cantando "Epic! Epic! Epic!"

Depois que sentamos, ele disse:

– Tenho novidades para vocês. Cada um vai receber um cheque de um milhão.

Nós, que tínhamos só alguns milhares de dólares guardados, de repente estávamos milionários. Para mim era como ganhar na loteria. Ficamos gritando e nos abraçando, quando percebi que pela primeira vez não íamos precisar economizar e viver de semana em semana. Cada um de nós decidiu na hora comprar uma casa. Dali a duas semanas, todos tínhamos casas novas.

A minha era uma construção nova no alto do Beachwood Canyon, na Hollyridge. Era uma casa semipronta que eu terminei em estilo muito novo-rico. A peça principal era a lareira da sala, que mandei fazer com pedra de Ojai na forma de uma mulher nua gigante. Os troncos eram colocados na sua vagina, e ela tinha mamilos de vidro vermelho.

Decidimos fechar com a Sony, sob a condição de que eles pagassem o último álbum que devíamos para a EMI. Estávamos prontos para começar a trabalhar assim que eles nos livrassem do contrato da EMI. Mas apesar de eles dizerem que seria questão de dias, os dias se arrastaram e se transformaram em meses.

Enquanto isso, minha relação com Carmen estava tumultuada. Ela estava enlouquecida. Eu a coloquei em terapia para que não se matasse. Certa vez estávamos no carro e ela começou a gritar e a bater no próprio rosto, e ficou com um olho roxo. Depois tentou saltar do carro enquanto eu dirigia em velocidade. Eu não tentei forçá-la a fazer terapia, me ofereci para pagar para ajudá-la, porque claramente ela estava sofrendo. Se eu olhava uma revista, ela vinha e a arrancava da minha mão: "Por que você parou tanto tempo nessa página? Quem é essa garota?". Quando ela se agredia e depois aparecia na frente dos meus amigos de olho roxo, todo mundo olhava para mim como se pensasse que eu a estava espancando.

Quem ia acreditar que ela mesmo estava se batendo? Quando íamos ao cinema, eu baixava a cabeça, mas ela me dava um soco e dizia: "Por que está olhando para aquela garota?". Eu tentava terminar a relação, mas depois que comprei a casa ela simplesmente não ia embora. Uma vez, trancou-se no banheiro com uma faca para cortar os pulsos e tive de derrubar a porta. Graças a Deus, ela não chegou a se cortar.

O fator ciúme, o fator insegurança e o fator sexo como remédio estavam cada vez piores. Acho que assim que ela percebeu que estava perdendo o poder sobre mim, sentiu que poderia morrer. A banda tinha marcado uma data para começar a trabalhar no próximo disco, e eu precisava me libertar daquela relação louca para me concentrar no trabalho, porque o disco significava mais que tudo para mim. Eu lhe ofereci um apartamento, porque ela não tinha dinheiro, mas Carmen não aceitava.

Eu disse cem vezes que estava acabado, que ela tinha de sair, mas ela vinha e gritava e batia. Finalmente comprei uma passagem de avião para ela ir trabalhar na Itália, e foi o fim. Agradeci à minha boa estrela. Pouco depois recebi um telefonema de Mo Austin, da Warner.

– Ouvi falar que vocês fizeram um contrato com a Sony – ele começou. – Parabéns, parece um negócio fantástico, e a Sony não é uma má gravadora, então façam o melhor disco que puderem.

Desliguei emocionado. A pessoa mais bacana que tínhamos conhecido durante todas as negociações ligou pessoalmente para me incentivar a fazer um bom disco para uma concorrente. Era o tipo de sujeito com quem eu queria trabalhar. Liguei para Flea, que também tinha recebido um telefonema e se sentia da mesma maneira.

Ligamos para Lindy e perguntamos como estava a situação entre a Sony e a EMI. Aparentemente a Sony estava tendo problemas com a EMI para nos levar. Pedimos para ele nos tirar do acordo com a Sony e ir para a Warner. Deixamos Mo entrar na negociação, e com um telefonema para seu velho amigo que dirigia a EMI estávamos fora da gravadora. Assinamos com Mo e estávamos prontos para gravar o melhor disco de que éramos capazes.

CAPÍTULO

10

FUNKY MONKS

Estávamos muito animados com nossa relação com a Warner. Mo Austin e seus associados, Lenny Warnoker e Steve Baker, eram pessoas muito musicais e espirituosas. Embora Mo fosse o executivo-chefe da Warner, ele nos sacudiu diariamente durante toda a gravação do primeiro álbum. Ficava conosco no estúdio, feliz de escutar o que tocávamos. Nunca tivemos uma relação assim com gravadoras.

Embora John e eu estivéssemos afastados, a banda estava na sua melhor forma. Chad e John não se sentiam mais novatos, eram da diretoria. Flea e John tinham se aproximado musicalmente e como amigos, e Chad estava tocando melhor que nunca. Todos confiávamos uns nos outros, e isso aparecia quando ficávamos horas e horas improvisando. Cada dia eu tinha uma nova música para colocar letra. Enquanto isso, comecei a me aproximar de Rick Rubin. Ele era um sujeito que gostava de se divertir de uma maneira muito diferente de qualquer pessoa que eu conhecia. Gostava de falar sobre garotas, de passear de carro e escutar música sem parar. Começou a vir à minha casa.

Conversávamos sobre minhas letras e discutíamos o que eu pensava sobre cantar as ótimas músicas que estavam sendo produzidas, como "Mellowship Slinky", "Apache Rose Peacock" ou "Funky Monks". Eu lhe mostrei a letra de "The Power of Equality" e ele deixou claro que não apreciava letras sociopolíticas.

– Gosto de canções sobre garotas e carros, coisas assim.

– Garotas e carros? Isso já foi feito. Quero escrever sobre coisas malucas que ninguém escreveu.

– Compreendo – disse Rick. – Mas se você quiser escrever uma canção sobre garotas e carros, eu ficaria contente.

Tentei rabiscar uma canção nessa linha, "The Greeting Song". Até hoje odeio essa música. Odeio a letra e os vocais. Ironicamente, anos depois a General Motors nos procurou para fazer uma campanha publicitária imprimindo a letra dessa canção em uma página em branco. Não pude aceitar; não acreditava naquilo.

Embora as coisas estivessem indo bem criativamente, comecei a me sentir como um forasteiro na banda, porque parte da nova ligação entre Flea e John era seu apreço pela maconha. Talvez Flea sentisse que era sua oportunidade de me mostrar o que era não ser incluído na amizade com John. Tenho certeza de que John ressentia o fato de que eu sempre queria que tudo ficasse "limpo" ao meu redor, e ele nunca podia fazer suas festas e experimentar drogas. Além disso, ele achava que sua criatividade e capacidade de compor eram realçadas pela maconha.

Um dia apareci no ensaio e Flea e John estavam tão chapados que me ignoraram. Percebi pelo jeito como John me olhou que não éramos mais amigos de verdade, a não ser pelo fato de estarmos na mesma banda e nos respeitarmos. Naquele dia voltei para casa dirigindo pela autopista gelada e minha sensação de perda e solidão provocaram memórias de minha época com Ione, quando eu tomava picos com bandidos embaixo do viaduto. Senti que tinha jogado fora muita coisa na vida, mas também senti uma ligação muito forte entre mim e minha cidade. Eu tinha passado tanto tempo vagando pelas ruas de Los Angeles que senti que uma entidade sobre-humana estava à minha procura, talvez o espírito das colinas e da cidade.

Comecei a compor uma poesia no carro, coloquei as palavras numa melodia e cantei durante todo o trajeto. Quando cheguei em casa, escrevi tudo.

"Under the Bridge"

Sometimes I feel like I don't have a partner
Sometimes I feel like my only friend
Is the city I live in, the city of angels
Lonely as I am, together we cry.
I drive on her streets 'cause she's my companion
I walk through her hills 'cause she knows who I am
She sees my good deeds and she kisses me windy
I never worry, now that is a lie.
I don't ever want to feel like I did that day
Take me to the place I love, take me all the way
It's hard to believe that there's nobody out there
It's hard to believe that I'm all alone
At least I have her love, the city she loves me
Lonely as I am, together we cry.
I don't ever want to feel like I did that day
Take me to the place I love, take me all the way
Under the bridge downtown
Is where I drew some blood
Under the bridge downtown
I could not get enough
Under the bridge downtown
Forgot about my love
Under the bridge downtown
I gave my life away[12]

---

12 [Embaixo da ponte] Às vezes sinto que não tenho um parceiro/ Às vezes sinto que minha única amiga/ É a cidade onde moro, a cidade dos anjos/ Sozinho como estou, choramos juntos./ Eu dirijo pelas ruas e ela é minha companheira/ Eu ando pelas montanhas porque ela me conhece/ Ela vê minhas boas ações e me beija/ Eu não me preocupo; isso é mentira./ Não quero mais me sentir como naquele dia/ Leve-me para o lugar que eu amo,/ É difícil acreditar que não há ninguém lá/ É difícil acreditar que estou sozinho/ Pelo menos tenho o seu amor, a cidade me ama/ Sozinho como estou, choramos juntos./ Não quero mais me sentir como naquele dia/ Leve-me para o lugar que eu amo,/ Embaixo da ponte no centro/ É onde eu tirei sangue/ Embaixo da ponte no centro/ Eu não conseguia me saciar/ Embaixo da ponte no centro/ Esqueci o meu amor/ Embaixo da ponte no centro/ Joguei minha vida fora. (N. do T.)

Um mês depois, Rick estava na minha casa e mexeu no meu caderno, o que demonstra como eu me sentia à vontade com ele.

– O que é isso? – perguntou, mostrando o caderno. Ele tinha encontrado "Under the Bridge".

– Ah, é só um poema – eu disse.

– É ótimo. Você devia fazer alguma coisa com isso.

– Não é realmente nosso estilo – eu disse. – É lenta, melódica e dramática.

– Mas é boa. Você deveria mostrar isso para os rapazes e ver se eles querem fazer alguma coisa.

Tinha dúvidas se era uma canção para nós. Alguns dias depois estava no ensaio e precisei esperar porque Flea estava atrasado.

– Por que você não mostra para John e Chad aquilo que vi na sua casa outro dia? – Rick sugeriu.

– Não, não, Flea nem chegou ainda – eu disse. Mas John e Chad escutaram e disseram:

– Vamos ver essa letra delicada que você tem aí.

Cantei para eles provavelmente desafinando do começo ao fim, sem saber aonde ir, mas quando terminei eles se levantaram, pegaram seus instrumentos e começaram a achar o ritmo e os acordes de guitarra para ela.

No dia seguinte John veio à minha casa com um amplificador Fender miniatura, para polir a canção.

– Vamos, cante de novo. Como você quer que fique? Qual a sensação que quer dar?

Cantei para John e ele criou três ou quatro opções de acordes diferentes. Escolhemos até encontrar o acorde perfeito e mais criativo para a melodia. E assim nasceu uma canção do álbum.

John foi fundamental para realizar outra canção que acabaria no disco. Era uma canção inspirada em minha curta e curiosa relação com Sinéad O'Connor. Conheci Sinéad em um festival na Europa em agosto de 1989, no qual nos apresentamos. Flea e eu éramos grandes fãs de seu *The Lion and the Cobra*, e para começar eu gostava de garotas carecas, porque sabia que alguém capaz de raspar a cabeça não ligava para besteiras.

Aquela garota irlandesa era incrivelmente tesuda, com uma voz mágica, grandes letras e uma presença louca. Tocamos antes dela, e durante nossa apresentação fui suficientemente retardado para dedicar "Party on Your Pussy" àquela lutadora ética pelos direitos dos desprivilegiados.

Quando terminamos, Flea e eu ficamos na lateral do palco olhando Sinéad. Isso foi antes de ela ser famosa, então não era tão segura, era apenas ousada. Ela subiu no palco de vestido e botas de combate e fez sua primeira nota. Como uma pequena princesa guerreira irlandesa e maluca, começou a soltar aquelas canções incríveis. Eu estava morrendo de desejo vendo tudo isso, então ela fez uma referência positiva ao fato de eu tê-la mencionado. Isso era bom.

Depois do show, a procuramos e eu lhe disse que gostávamos de sua música. Em vez de dizer um "obrigada" simples, Sinéad nos convidou para ficar com ela. Conversamos até que seu empresário entrou correndo e a convocou para viajar à próxima etapa. Temendo que eu não voltasse a vê-la, corri até o camarim e escrevi uma carta, dizendo-lhe que eu tinha sentimentos por ela. Eu a alcancei quando estava entrando no ônibus e lhe dei a carta. Sinéad a aceitou, sorriu e deu adeus.

E nada aconteceu. Nem uma palavra de volta. Ela desapareceu na nuvem gigante de um mundo diferente, nós seguimos nosso caminho, e foi isso. A vida continuou, percorremos o Japão, conheci Carmen... Mas então Sinéad lançou outro álbum e do dia para a noite tornou-se a vocalista feminina mais popular do mundo. Um dia Bob Forrest me contou que ela tinha mudado para L.A.

Algumas semanas depois eu estava fazendo compras e encontrei Sinéad. Bastou olhar para ela e eu derreti. Poderia me casar com ela na hora. Começamos a conversar e eu a lembrei do bilhete.

– Ah, sim – disse ela. – Eu o guardei. Está na gaveta da minha cozinha.

– O bilhete que lhe dei está na gaveta da cozinha? – eu estava incrédulo.

– O que você pensou? – ela sorriu. – Que eu jogaria fora um bilhete como aquele?

Ela me convidou para jantar e logo comecei a sair regularmente com ela e seu filho, Jake. Não posso dizer que era um namoro típico, pois era uma época estranha para ela – era muito tímida. Nós passeávamos, escutávamos música e nos beijávamos, mas ela não estava exatamente se abrindo para mim. Isso durou semanas e foi a relação não sexual mais maravilhosa que já tive. Eu a adorava, todo dia acordava e escrevia um pequeno poema e lhe passava por fax.

Nossa relação estava avançando, ela demonstrava mais amor e afeto, emocional e fisicamente, mas de repente tudo parou sem explicação. Agi como um idiota quando ela me disse que ia à entrega do Oscar. Sugeri irmos juntos, e no início ela concordou, mas depois ligou para dizer que ia com seu amigo Daniel Day-Lewis. Eu me senti diminuído.

Um dia telefonei, deixei um recado em sua secretária eletrônica e saí. Quando voltei havia uma resposta na minha secretária.

– Oi, Anthony, é a Sinéad. Estou me mudando de Los Angeles amanhã, e não quero que você ligue ou venha aqui antes de eu partir. Até logo.

Fiquei despedaçado. Não sabia o que fazer, então liguei para John. Ele ficou furioso por ela me tratar assim e sugeriu que eu escrevesse sobre isso. Naquela noite nos encontraríamos e faríamos uma canção. Fazia dois dias que chovia sem parar quando me sentei à mesa da cozinha, coloquei a versão de Jimi Hendrix de "All Along the Watchtower" no modo repetir e comecei a escrever letras sobre o que acabara de acontecer.

"I Could Have Lied"

I could have lied, I'm such a fool
My eyes could never never never keep their cool
Showed her and I told her how
She struck me but I'm fucked up now
But now she's gone, yes she's gone away
A soulful song that would not stay
You see she hides 'cause she is scared
But I don't care, I won't be spared[13]

13 [Eu poderia ter mentido] Eu poderia ter mentido, sou um idiota/ Meus olhos jamais conseguiriam ficar frios/ Eles mostravam e diziam como/ Ela me marcou, mas agora estou fodido/ Agora ela se foi, sim ela foi embora/ Uma canção sentida que não ficaria/ Você vê que ela se esconde porque tem medo/ Mas não me importo, não vou ser poupado. (N. do T.)

Por volta da meia-noite, dirigi até a casa de John. Trabalhamos a noite toda escutando a chuva cair. Terminamos a canção às cinco da manhã e, de fita na mão, dirigimos correndo através da tempestade até a casa de Sinéad. Não bati à porta, apenas embrulhei a fita e a coloquei na abertura de cartas. Os anos passaram, nosso disco saiu e a vida continuou.

Muitos anos depois, eu estava no Anfiteatro Universal para algum estúpido show do prêmio MTV em que Flea e eu íamos nos apresentar com Tony Bennett (imagine só!). Depois do show eu estava no estacionamento dos fundos conversando com alguém quando uma limusine encostou. Vi Sinéad e Peter Gabriel no carro. Aproximei-me, ela pôs a cabeça para fora e nós dissemos "oi". Nada saiu de mim e ela me deu um sorriso falso. Não me lembro se lhe perguntei se ela tinha recebido a fita. O encontro foi a coisa mais horrível e estranha.

Nós expandimos mesmo nossa paleta musical com esse álbum. Um dia John me mostrou uma música muito melódica e original. Cantarolou um verso e um refrão, e a emoção dos acordes parecia corresponder à minha ruptura com Carmen. Nunca a odiei, apenas a via como uma garota que não teve a chance de enfrentar sua dor. Não fiquei machucado por nosso rompimento; fiquei aliviado. Queria que ela sentisse o mesmo e encontrasse seu caminho na vida.

Ao mesmo tempo, comecei a me questionar se estava repetindo os padrões do meu pai, de pular de galho em galho. Certamente não queria acabar como Blackie, por mais excitante e temporariamente satisfatório que fosse esse constante fluxo de garotas lindas e interessantes. A letra reflete esses pontos de vista.

"Breaking the Girl"

Raised by my dad, girl of the day
He was my man, that was the way
She was the girl, left alone
Feeling the need to make me her home
I don't know what, when, or why
The twilight of love had arrived

Twisting and turning, your feelings are burning
You're breaking the girl
She meant you no harm
Think you' re so clever but now you must sever
You're breaking the girl
He loves no one else[14]

Gravar a canção foi tremendamente divertido, porque pegamos vários pedaços de metal de uma grande ponte industrial, colocamos óculos protetores, martelamos o metal e fizemos uma bela orquestra de percussão metálica. Quando começamos a decidir quais canções entrariam no disco, por causa do atraso com a Epic e a entrada de Mo no último minuto, tínhamos composto material suficiente para quase dois discos. Trabalhar com Rick mudou nosso modo de pensar sobre composição. Antes nosso foco era o ritmo, em oposição à canção, que era onde estava o coração de Rick. Esse álbum combinaria o melhor das duas coisas. Nunca aceitamos a ideia convencional de compor canções, mas para isso é preciso improvisar, então aceitar o conselho de Rick de nos concentrar no aperfeiçoamento das canções era muito importante. Porém nunca desistimos de ser uma banda funk, baseada em ritmo e improvisações.

Uma delas nos levaria à principal canção do álbum. Eu estava em um lado do estúdio de ensaio, trabalhando na letra, enquanto a banda improvisava como trio. Às vezes, eles pareciam artesões concentrados, tentando combinar suas mentes e criar partes específicas, mas em outras eles simplesmente tocavam rock de modo muito prazeroso. Num desses dias, Flea começou a tocar uma linha de baixo insana, e Chad o acompanhou. Fiquei tão impressionado com o baixo de Flea, que cobria toda a extensão do braço do instrumento, que entrei no jogo. Eu sempre tinha fragmentos de ideias de canções ou apenas frases isoladas na ca-

---

14 [Quebrando a garota] Criada por meu pai, a garota do dia/ Ele era meu homem, assim é que era/ Ela era a garota, que ficou só/ Sentindo necessidade de me transformar em sua casa/ Não sei o quê, quando ou por quê/ A penumbra do amor chegou/ Torcendo e girando, seus sentimentos queimam/ Você está quebrando a garota/ Ela não quis lhe fazer mal/ Você se acha tão inteligente, mas agora deve romper/ Você está quebrando a garota/ Ele não ama mais ninguém. (N. do T.)

beça. Peguei o microfone e gritei: *"Give it away, give it away, give it away, give it away now"* [Entregue, entregue, entregue, entregue agora].

Essa frase vinha de uma série de conversas que tive anos antes com Nina Hagen. Nina era uma pessoa sábia que, percebendo como eu era jovem e inexperiente, sempre me passava pérolas, não de maneira professoral, apenas aproveitando as oportunidades. Um dia eu estava olhando suas roupas no closet quando encontrei uma jaqueta exótica e valiosa.

– Esta é demais – eu disse.

– Pegue-a. Pode ficar com ela – disse Nina.

– Puxa, não. É a jaqueta mais bonita que você tem aqui.

– É por isso que a dou para você – ela explicou. – É sempre importante dar coisas; isso cria boa energia. Se você tem um armário cheio de roupas e quer guardar todas, sua vida vai ficar muito pequena. Se você der algumas delas, o mundo será um lugar melhor.

Eu vinha de uma escola onde você não dava coisas, você pegava o que queria. Foi maravilhoso alguém querer me dar sua coisa favorita. Isso me marcou para sempre. Quando eu pensava "Preciso guardar", eu lembrava "Não, você deve doar". Quando comecei a frequentar regularmente as reuniões, um dos princípios que aprendi é que a melhor maneira de manter a sobriedade é dando-a para outro alcoólatra sofredor. Toda vez que você esvazia seu copo daquela energia, uma nova energia o invade.

Eu estava explodindo no microfone, cantando *"Give it away, give it away"*, com Flea voando no baixo, Chad rindo histericamente e John procurando um lugar para encaixar a guitarra, e não paramos. Todos saímos dali convencidos de que tínhamos feito uma grande canção.

A ênfase de Rick na mecânica da composição levou a uma tradição que ainda usamos hoje, chamada "confronto". Digamos que a gente esteja trabalhando em uma música e tenhamos o verso e o refrão, mas precisamos de uma ligação entre partes e nenhum trecho se encaixe ali. John e Flea desligam suas guitarras e correm para ficar cara a cara. Daí um deles vai para o estacionamento, o outro vai para um corredor e cada um tem cinco minutos para encontrar uma ideia. Ambos voltam, todos escutamos objetivamente e depois decidimos qual parte fica melhor. Os confrontos são uma ferramenta fantástica para desenvolver um trecho, pois são espontâneos e criativos. Quando o processo termina e Chad, John e Flea já inseriram suas partes ali, cada um de nós acaba sendo igualmente dono da música.

Depois desse longo período de ensaios, composição e incubação de ideias, estávamos prontos para gravar o disco. Rick sugeriu que gravássemos em um ambiente heterodoxo. Ele encontrou uma mansão vazia enorme e incrível, no estilo mediterrâneo, perto de onde morávamos.

Depois contratou uns caras do Canadá para montar um estúdio ali. Havia uma linda biblioteca de madeira que se ligava por uma janela com uma sala gigantesca, o que foi ótimo, porque eles construíram a sala de controle na biblioteca e colocaram a bateria e as guitarras na sala imensa, com os amplificadores de baixo e guitarra em salas separadas para captar todos os sons. Quando conhecemos a casa, decidimos morar ali durante a gravação e cada um escolheu seu quarto em alas diferentes da casa.

John tinha uma escada particular que dava para um único quarto, bem modesto. Ali ele viveu meses a fio em sua sopa de estranheza, pintando, gravando, lendo e escutando música. A filhinha de Flea, Clara, fez belos desenhos para ele na parede do quarto. Eu fiquei no lado oposto da casa, com muito mais espaço, e terminei gravando todos os meus vocais no meu quarto. Arrumamos um microfone com um cabo que percorria a casa até o estúdio de controle, e eu ficava à janela que dava para uma montanha e a lua, cantando. Flea foi para o terceiro andar e ocupou um quarto azulejado como uma sauna. Chad desistiu. Tínhamos ouvido falar que a propriedade era assombrada por uma mulher que fora assassinada lá nos anos 1930 e isso não o agradou, então ele decidiu voltar para casa toda noite em sua moto.

Contratamos Brendan O'Brian como engenheiro de gravação, o que foi uma sorte, porque ele era o melhor. Depois disso ele produziu muitos discos de platina importantes. Brendan era um gênio para conseguir os sons certos da bateria; além disso, era ótimo músico. Terminou tocando no nosso álbum e foi uma parte importante do som do disco. Também gerava um clima bacana todos os dias. Decidimos documentar o processo de gravação e contratamos Gavin Bowden, que tínhamos conhecido na Inglaterra quando Flea e eu estivemos lá antes de gravar o primeiro disco. Gavin tinha emigrado para os Estados Unidos e ironicamente acabou se casando com a irmã de Flea. Uma das exigências que fizemos ao câmera era que ele ficasse completamente invisível durante a filmagem, e Gavin foi perfeito. Era alguém que nos deixava à vontade para tocar e que se esforçou para documentar tudo. Além disso, nos entrevistou e montou um belo filme que foi lançado como *Funky Monks*.

Logo percebemos que precisávamos de alguém para comprar coisas e atender o telefone, que não parava de tocar enquanto tentávamos gravar. Contratamos um garoto chamado Louis Mathieu, que costumava trabalhar para nossos amigos do Thelonious Monster. Foi o início de uma longa estrada com Louie. Ele foi de secretário a técnico de bateria a assistente de gerência de turnê a secretário pessoal de John e afinal gerente de turnê.

Flea, John e eu ficamos na casa por mais de 30 dias, sem sair nem para um restaurante. Enquanto estávamos enclausurados, surgiram rumores de que John teve uma experiência com um súcubo em seu quarto, mas na verdade estávamos recebendo visitas noturnas de uma entidade mais tangível. Todos conhecíamos essa garota que trabalhava na Melrose Avenue e era fã da banda. Ela sempre vinha nos visitar e à noite éramos apenas nós três, não havia segurança na casa. E, como numa cena estranha de um filme passado em um castelo na Inglaterra, essa garota muito jovem e decidida passava algum tempo com cada um de nós, um por um. Ela fazia sexo em cada quarto que visitava, mas não era puramente sexual; ficava algum tempo e conversava com cada um de nós.

Ela me visitava, depois Flea e por último John, porque eram grandes amigos. Era bom trabalhar duro o dia todo e depois ter aquela garota tão carinhosa que achava normal ter três homens diferentes em uma noite. E não parecia que ela fizesse isso por baixa autoestima ou porque apenas quisesse trepar. Àquela altura, John havia se tornado uma pessoa muito diferente sexualmente, nem um pouco interessado em abusar dos recursos que sua condição lhe dava. O esquema funcionava para todos, era bom, reconfortante e afetuoso.

Ficar confinado na casa foi bom para mim, porque eu tinha muitas letras para terminar durante o processo básico de gravação e havia poucas distrações. Mas então chegou a hora de gravar meus vocais. Eu ainda não me sentia à vontade ao cantar. Gostava de fazer barulho com a boca, escrever letras e saber na cabeça como elas deveriam ser cantadas, mas a execução em si parecia um animal descontrolado que eu, às vezes, conseguia domar, às vezes não. Um dos motivos pelos quais escolhi um quarto tão distante dos outros era que eu não precisava me sentir observado, podia ser eu mesmo quando gravava.

Meu nível de desconforto dependia da canção. Lembro de subir para cantar "Under the Bridge" e pensar: "Meu Deus, não acredito que tenho de cantar isso". Mas Brendan tornava a coisa tão confortável quanto possível. Na outra ponta dos fones de ouvido, ele contava piadas, ria de mim, ria dele mesmo, ria da canção. Ele era incrível, lembrava-me para não me levar tão a sério. Dizia coisas como: "Eu já ouvi você cantar isso, sei que está aí, vamos encontrar. Não se preocupe, não há pressa".

Mesmo assim, três dias antes de eu ser o centro da gravação, minhas costas entraram em crise. Tenho certeza de que foi emocional, mas minha coluna, que eu já tinha quebrado, travou. Flea me indicou um velho acupunturista chinês chamado Zion. Ele não apenas consertou minhas costas como me deu um novo regime de exercícios – natação – que sigo até hoje.

Não quero dar a impressão de que fomos monges durante todo o tempo da gravação. Muitas vezes convidamos amigos para vir à casa e fizemos jantares elaborados. Uma das pessoas que a frequentava era o ator River Phoenix. Eu o conheci por meio de Ione, que fez um filme com ele. John e River tinham tocado de improviso numa festa e ficaram amigos.

Não quero me estender sobre a viagem de River, porque sua família é muito sensível sobre isso, mas desde que o conheci ele bebia muito e usava muita cocaína; não era segredo para ninguém que o conhecia que ele estava descontrolado e era apenas uma questão de tempo até coisas ruins começarem a acontecer. River era um grande fã de nossa banda, e eu escrevi um verso inteiro sobre ele em "Give It Away": *"There's a river, born to be a giver, keep you warm, won't let you shiver/ His heart is never going to wither, come on everybody, time to deliver".*[15]

Depois de dois meses terminamos a gravação. Flea e John conseguiram ficar enclausurados o tempo todo, mas, depois de seis semanas, Rick e eu começamos a dar uma saídas. Era uma sensação estranha voltar à atmosfera de Hollywood depois de estar tão concentrados. Ali, na casa, sabíamos o tempo todo que estávamos fazendo nosso melhor trabalho e que tínhamos criado algo verdadeiro, forte e belo, algo que eu não podia esperar para mostrar ao mundo. Esse disco foi um verdadeiro avanço para todos nós. John definiu seu estilo pela primeira vez e criou uma nova abordagem da guitarra que virou sua assinatura. A partir dali, os guitarristas do mundo inteiro o veriam como um grande músico.

Flea também tomou uma direção completamente nova. Até ali tinha tocado sempre com batidas, slaps e arranhões, mas ele abandonou tudo isso. Havia apenas uma ou outra canção no álbum baseada em batidas; tudo o mais era dedilhado, o que foi uma grande diferença para um cara que era conhecido como o baixista maluco das batidas. Chad também amadureceu e deixou sua marca como um dos principais bateristas de rock. Também foi algo novo para Rick; ele nunca tinha feito um disco como o nosso. Fazia discos de hip-hop, metal hard-core, mas nunca um disco com tantos estilos diferentes. Ele e Brendan realmente captaram, de certa forma pela primeira vez, a essência do Red Hot Chili Peppers.

Partes de nossa energia viva e de nossas personalidades individuais foram captadas e puderam respirar e existir no álbum, algo que tínhamos lutado para fazer no passado. Rick encontrou como deixar isso acontecer num ambiente anticonvencional.

Agora que a gravação estava pronta, precisávamos encontrar um nome para o disco. Um dia eu estava no carro de Rick e começamos a sugerir vários títulos, mas sempre que se faz isso acaba em merda. Por outro lado, é ótimo quando um título surge simplesmente. Finalmente

---

15 Há um rio que nasceu para dar, mantê-lo quente, não deixá-lo tremer/ Seu coração nunca vai encolher, venham todos, é hora de se doar. (N. do T.)

Rick disse: "Não sei por que estamos tendo esta conversa. O melhor título até agora é 'Blood Sugar Sex Magik'"[16] (que era uma canção que homenageava meus incríveis encontros sexuais com Carmen). Não pude discutir com ele: percebemos que, embora não fosse a canção principal ou o single, de certa forma ela abrangia toda a vibração do disco.

Então chegou a hora de gravar um clipe para o primeiro single, que foi "Give It Away". Eu sabia que tínhamos o apoio da gravadora, então comecei a assistir a filmes de vários diretores, mas nada me parecia bom. Era tudo igual, chato, homogêneo, contido. Finalmente encontrei um clipe de uma banda francesa feito por um diretor chamado Stephane Sednaoui, que achei fantástico. Não se parecia com nada que eu já tinha visto. Era mais lento e poético, filmado em branco e preto. Parecia arte, não algo feito para a MTV. Mas a Warner me disse para esquecê-lo, porque o cara estava com a agenda lotada. Liguei para ele mesmo assim e o convenci a vir para uma reunião.

Ele concordou e nos encontramos na casa de Flea. Conversamos durante horas sobre nossos fotógrafos e cores favoritas e nos decidimos por um tema prateado. Combinamos uma gravação no deserto, onde todos os clipes bons são feitos. Stephane trouxe toda uma equipe de franceses: designers, estilistas, maquiadores, cabeleireiros, equipe de catering. Passamos dois dias inteiros no deserto e estávamos muito criativos, todos se sentiam ótimos com a canção. Chad ficou contente de usar chifres vermelhos de diabo. Eu fiquei preocupado de que John não aceitasse se apresentar com uma fita de ginástica rítmica, mas ele não apenas aceitou, como se saiu incrivelmente bem. Ele poderia ter dançado durante horas com aquilo.

Blood Sugar Sex Magik foi lançado em 24 de setembro de 1991. "Give It Away" era o primeiro single, mas a principal rádio em que a Warner queria lançar a canção, uma estação do Texas, lhes disse para "voltar aqui quando tiverem uma melodia na canção". Isso foi péssimo, pois acreditava-se que aquela rádio ditava o que os Estados Unidos iam escutar.

"Give It Away" não tem nada a ver com melodia. É uma canção para festa. Às vésperas do lançamento do disco, John e eu viajamos para a

---

16 Sangue Açúcar Sexo Magia. (N. do T.)

Europa para promovê-lo. Flea decidiu não ir. Fiquei surpreso por John ter aceitado fazer essa viagem torturante, na qual você vai de cidade em cidade e fala durante horas para todas as publicações idiotas imagináveis, o que enlouquece qualquer um. Bem, John enlouqueceu.

De todos nós, acho que John teve a maior dificuldade para se readaptar à vida fora da casa de *Blood Sugar*. Acho que não sabia conviver com o surto incrível de criatividade que teve enquanto fazíamos o disco. Ele queria estar num mundo que fosse uma linda manifestação de sua própria criação, e você não encontra isso em uma turnê promocional. Todas as perguntas dos entrevistadores pareciam erradas para John, que se tornou sombrio, irritado e ressentido.

John começou a usar heroína e a ficar mal, pensando em voltar para seu traficante e sua namorada. Não é difícil imaginar que alguém fique desse jeito no meio de doze entrevistas, porque, às vezes, os entrevistadores são horríveis e você tem vontade de bater neles, por serem insensíveis e mesquinhos.

Na Bélgica, ficamos num hotel antigo e elegante. Quando estávamos saindo de manhã, o cara da recepção disse a John que tinha de pagar 200 dólares pelas ligações telefônicas. Ele tinha passado seis horas no telefone com a namorada, Toni. Quando chegamos a Londres, ele me pediu desculpas e disse que queria ir embora. "Você pode terminar sozinho?"

E saiu correndo para pegar o próximo avião de volta. Na França encontramos o pessoal da gravadora e Lindy e eu assistimos pela primeira vez ao videoclipe de "Give It Away". Fiquei num êxtase estático com aquele filme, mas os executivos da gravadora tinham receios, temiam que fosse estranho demais para a televisão. Os primeiros dois lançamentos de "Give It Away" receberam reações que não indicavam que fôssemos tocar muito nas rádios ou na TV. Mas a maré virou quando a K-Rock de Los Angeles começou a tocar "Give It Away" sem parar. Foi o início da infusão daquelas canções na consciência de massa.

A turnê de *Blood Sugar Sex Magik* parecia prognosticar uma mudança da guarda musical. Havia definitivamente na época uma sensação de que toda a mentalidade musical do fim dos anos 1980 estava morrendo. Bandas como Warrant, Poison e Skid Row tinham acabado; programas de TV familiares e bregas como *The Cosby Show* estavam nas últimas.

Havia algo novo no ar. Lembro de receber a fita de um novo disco de uma banda chamada Nirvana e dirigir pelo vale em meu carro com a capota abaixada, perguntando-me de onde tinham vindo aqueles caras, porque suas canções pareciam de outro mundo. Certa noite, vi na MTV o clipe de uma banda chamada Smashing Pumpkins. A canção era "Siva", e era maravilhosa, com uma textura e uma energia diferentes do lixo comum da MTV. Liguei para Lindy e lhe pedi para colocar os Smashing Pumpkins em nossa turnê.

Então Jack Irons apareceu do nada e nos pediu o favor de escutar a fita de uma banda nova cujo cantor, Eddie Vedder, era seu amigo. Jack conhecera Eddie numa banda cover dos Chili Peppers, basicamente me imitando. Parece que Eddie também tinha trabalhado como técnico para nós quando tocamos na área de San Diego. O novo grupo de Eddie se chamava Pearl Jam.

Escutamos a fita e não gostamos muito, porque estávamos muito esnobes naquele momento. Mas o som deles parecia ser de verdade e queríamos agradar Jack, por isso o Pearl Jam foi contratado para abrir nossos shows. Começamos a turnê no teatro Oscar Meyer em Madison, Wisconsin.

O Pearl Jam fez a abertura, e ao tocarem seu primeiro *single*, "Alive", percebi que Vedder tinha uma voz incrível e que eles tinham um sucesso pop nas mãos. Nos bastidores fizemos amizade com os Smashing Pumpkins, que eram muito mais estranhos do que poderíamos imaginar.

Achei a baixista, D'Arcy, bonita de uma estranha maneira gótica. James, o guitarrista, era supertímido e delicado, e Billy Corgan, o líder da banda, era jovial e acessível. Mas depois da apresentação, D'Arcy ficou altamente chapada de vodca e bola. Se era assim que ela começava uma turnê, imagine no final... Finalmente entramos em cena e tocamos muitas canções de *Blood Sugar*. Tentamos tocar "Breaking the Girl" e não deu certo, mas o resto do show foi bem.

Conforme a turnê avançava, ficamos mais próximos das bandas de abertura. A maioria das pessoas dizem que Billy Corgan é o ser humano mais difícil e infeliz do mundo, mas minha experiência com ele foi completamente diferente. Eu o achei muito inteligente, sensível e irônico.

Seu endereço de e-mail era "blackcloud@blá-blá-blá". Era também um jogador de basquete talentoso. Saímos muitas vezes durante a turnê, fomos ao cinema, e sempre achei Billy simpático, nunca competitivo ou ciumento. Mas ele era realmente o patrão dos Smashing Pumpkins, os outros lhe obedeciam. Também saí bastante com Eddie, Jeff Ament e Stone Gossard do Pearl Jam, e fiquei muito amigo de Eddie, que nunca foi do tipo bajulador.

Quando chegamos a Boston, o Pearl Jam estava atraindo uma atenção fenomenal. Normalmente, num estádio pequeno, não há ninguém no show de abertura, mas a plateia estava ficando cheia para ver o Pearl Jam, o que era empolgante. Nessa época, Eddie estava muito feliz por tocar música e era humilde, carinhoso, esforçava-se para fazer amizade com todos. Ele disse à minha mãe que o filho dela era ótimo e ficou amigo de Blackie.

Enquanto isso, nosso disco começou a decolar. Pela primeira vez estávamos conseguindo tocar bastante no rádio e na MTV. O Pearl Jam e o Red Hot Chili Peppers estavam disparando para uma nova estratosfera ao mesmo tempo. Tudo isso fazia John se sentir péssimo. Ele começou a perder os aspectos maníacos e engraçados de sua personalidade. Mesmo no palco, a energia era muito mais séria ao redor dele. Era desconcertante ver como sua ideia de ser um artista estava ficando carregada. Só mais tarde eu soube que John tinha dúvidas quanto a continuar na banda. Em seu diálogo interior, ele imaginava que deixar a banda logo depois de um álbum de sucesso o colocaria em um lugar misterioso onde ele teria a oportunidade de realizar outros projetos, sem fazer parte da máquina de fabricar estrelas. John sentia que a turnê ia prejudicar a incrível criatividade que ele experimentava. É claro que não sabíamos nada disso, porque ele estava rapidamente se afastando do resto da banda. Ele levou Toni na turnê e eles ficavam isolados o tempo todo. A Warner ficou animada com a reação inicial ao disco, e imediatamente começou a discutir um segundo single e um clipe. Estávamos na metade da turnê pelos Estados Unidos, tocando no meio-oeste, e algumas pessoas da gravadora vieram ao show discutir a possibilidade de lançar "Under the Bridge" como próximo single. Essa canção era um tudo ou nada para mim como vocalista; às vezes, eu a fazia bem, outras não conseguia cantar afinado. Naquela noite tivemos um público enorme, e quando chegou a hora de "Under the Bridge", eu perdi a entrada. De repente, toda a plateia começou a cantar no ponto em que eu deveria ter entrado. No início me senti péssimo por ter estragado tudo na frente do pessoal da Warner, que estava lá para me ouvir cantar aquela canção, mas, no fim das contas, eles ficaram muito mais impressionados pela plateia ter cantado do que ficariam com o meu canto.

Eu via nosso sucesso como uma bênção monumental. Não achava que éramos maiores que antes – éramos os mesmos caras, mas estávamos cantando para muito mais ouvidos, olhos e corações. Eu acreditava que devíamos respeitar esse dom, esse incrível golpe de sorte. Nós não nos vendemos, não mudamos nossos princípios para alcançar mais pessoas, simplesmente aconteceu. John, porém, via nossa nova popularidade como algo ruim. Costumávamos ter enormes discussões nos bastidores.

– Estamos populares demais! Não preciso desse nível de sucesso. Para mim bastaria tocar nossa música em clubes, como vocês faziam dois anos atrás – John dizia.

– Não é ruim que esses garotos tenham vindo – eu dizia. – Vamos fazer um bom show para eles. Não precisamos nos odiar e ficar loucos com eles porque isso aconteceu.

Ele ficava furioso, se escondia e não queria fazer o que eu queria. Esse foi o meu grande erro, querer que todos reagissem à situação da mesma maneira que eu. John já tinha decidido o que era legal, e tocar para um estádio cheio de garotos deixou de ser legal para ele. Preferia estar em casa escutando Captain Beefheart e pintando. John estava lendo muito William Burroughs na época, e sua ideia, tirada de Burroughs, era que todo verdadeiro artista está em guerra com o mundo.

Ironicamente, quanto mais ele desprezava nosso sucesso, mais populares ficávamos. Quanto mais ele batia os pés, mais discos vendíamos; quanto mais decepcionado ele ficava com o número de pessoas que passavam pela porta, mais pessoas vinham aos shows. Eu achava maravilhoso o fato de termos criado algo especial e o mundo responder assim.

Meus crescentes problemas com John estavam criando enormes tensões na banda, que causavam angústia adicional para Flea. Ele estava se separando da mulher, então tudo isso o fazia tomar alguma coisa para dormir, alguma coisa para acordar e alguma coisa para o meio do dia. A química de seu cérebro estava sendo perfurada por receitas médicas. O que poderia ter sido a época mais excitante de nossa carreira acabou sendo muito estranho. John estava sombrio e retraído, Flea sob influência de todas as medicações prescritas, e eu, apesar de sóbrio, ainda era aquele maluco exagerado. E Chad era Chad.

Minhas tensões com John chegaram a ponto de ebulição em um show que fizemos em Nova Orleans. A casa estava lotada e John ficou parado num canto, mal tocando a guitarra. Quando saímos do palco, eu disse:

– John, não importa o que você esteja pensando ou onde preferiria estar, mas quando damos um show e há tanta gente que pagou para nos ver e gosta de nós, o mínimo que você pode fazer é aparecer e tocar para eles – gritei.

– Não é assim que eu vejo. Preferia tocar para dez pessoas e ... blá-blá-blá. E a discussão continuou. Flea nos observava, pensando: "Ah, não, aconteceu... A briga entre Anthony, O Maníaco Controlador, e John, O Cara que Odeia Isso Tudo". John e eu entramos num banheiro para ver se conseguíamos nos entender. Afinal chegamos a um entendimento e concordamos em aceitar a visão diferente um do outro.

Quanto mais viajávamos, maiores eram os públicos. Quando fomos tocar na costa oeste, tínhamos passado de teatros para estádios lotados, e os promotores achavam que precisávamos de uma banda de abertura maior que o Pearl Jam. O segundo disco do Nirvana, *Nevermind,* tinha acabado de explodir e eu o adorava, então sugeri o Nirvana no lugar do Pearl Jam. Mas eles não estavam disponíveis. Eu peguei o telefone e falei com o baterista do Nirvana, Dave Grohl.

– Anthony Kiedis! Puxa, adoramos vocês. Crescemos ouvindo vocês em Seattle – disse Dave.

Ele me disse que tinham terminado uma grande turnê e que Kurt Cobain estava muito cansado, mas tentaria convencê-lo. E conseguiu. O Nirvana entrou em cena, mas então Billy Cogan tirou os Smashing Pumpkins de cena. Parece que ele costumava sair com Courtney Love, que agora era a namorada de Kurt, e se recusava a estar no mesmo show com o Nirvana. Então o Pearl Jam voltou ao barco.

Nosso primeiro show foi na Sports Arena de Los Angeles. Eu tentava desesperadamente animar John, dizendo-lhe que seria uma viagem tocar com o Nirvana, mas ele não se importava. Mais tarde descobriu o Nirvana por conta própria e se tornou um devoto, mas dessa vez ele ainda não se importava. O Nirvana abriu o show com um cover de uma canção do Who. Para nós era muito importante estar de volta à casa com nosso maior show. Perry Farrell, do Jane's Addiction, estava ali vestido como um belo príncipe, o que para mim foi sinal de nosso novo status.

Aquela noite foi a primeira vez que encontrei Kurt Cobain. Antes do show fui até o camarim de Kurt cumprimentá-lo, e ele estava lá com Courtney. Parecia ter levado uma surra. Estava usando uma roupa rasgada e sua pele estava feia; parecia não ter dormido há dias, mas era muito belo de uma maneira diferente. Fiquei impressionado com sua aura. Ele parecia um cara bom, e eu lhe agradeci por tocar nos nossos shows.

Fiquei olhando para Courtney, convencido de que a conhecia de algum lugar. Então ela começou a gritar:

– Anthony, não lembra de mim? Eu costumava pegá-lo pedindo carona na Melrose no meio da noite, quando você e Kim Jones estavam doidões. Eu era dançarina na época e lhe emprestei 20 dólares, que você nunca pagou...

Estava na hora de o Nirvana tocar. Kurt saiu do camarim se arrastando, mas aquele cara que parecia a morte se aqueceu no palco e conquistou todo o público, fazendo um ótimo show. Sua energia crua, sua musicalidade, seu repertório, pareciam uma motosserra cortando a noite. Guardamos alguns truques para nosso público de casa. O show abriu com o baixo estrondoso de Flea, mas ele não estava no palco, estava ligado a um arreio especial que o baixava do teto do estádio, de ponta-cabeça, enquanto tocava. John estava de mau humor, muito distante. Tocou bem, mas não havia muita conexão entre nós. No final, vestimos as famosas meias no sexo, algo que se tornava cada vez mais raro. O próximo show foi em Del Mar, cidade ao norte de San Diego. Tocamos num hangar de avião, e mais uma vez o Nirvana abriu o show e a garotada enlouqueceu. O lugar estava tão lotado que subia um vapor do público, formando uma nuvem. Tocamos melhor nessa noite. Havia menos pressão e John parecia estar sacudindo um pouco mais. Talvez o Nirvana o tivesse inspirado. Aquela noite foi o início da minha constante batalha com a *tinnitus*. Quando Chad e eu saímos do palco e nos abraçamos, percebemos que nossos ouvidos estavam tinindo perceptivelmente.

No fim da turnê eu tinha um dano permanente no ouvido, o que infelizmente é uma das coisas mais difíceis de curar. Nosso próximo show foi em San Francisco, no Cow Palace, para uma grande festa de Ano-novo. Ficamos no Hotel Phoenix, que era um motel glorificado em um bairro duvidoso. Depois do show, entrei o Ano-novo sentado junto à piscina com Kurt e Courtney. Ficamos ali sob as estrelas por cerca de uma hora, apenas conversando. Nunca vira Kurt tão relaxado, e provavelmente tão careta. Quando chegamos a Salem, no Oregon, minhas cordas vocais travaram. Pareciam duas salsichas gordas coladas e eu era incapaz de fazer qualquer som, então tivemos de adiar os últimos shows na costa oeste.

Depois de uma curta pausa, era hora da turnê europeia. John não apenas continuava se distanciando da alegria de participar da banda, como começou a perder a batalha da sanidade psíquica. Passou por um período em que diariamente achava que alguém – nosso motorista, o porteiro do hotel, qualquer um – queria matá-lo. Tentar convencê-lo de que ninguém pretendia matá-lo era uma batalha constante. Acho que ele estava numa paranoia extrema porque fumava toneladas de maconha e bebia galões de vinho, sem vontade de estar na turnê.

Viajar já não era divertido. No ônibus, não falávamos, cantávamos ou falávamos sobre as coisas do dia; ele se tornou um lugar sombrio e desagradável. John tinha quebrado nossa regra de não levar namoradas ou mulheres na turnê. Não era muito bom o fato de Toni nos acompanhar, porque isso permitia que ele se isolasse ainda mais. Muitas pessoas comparavam sua relação com a de John Lennon e Yoko Ono, mas não era exato. Toni nunca pensaria em falar por John; ela só apoiava suas decisões. Diante da tensão, ela sorria tranquilamente.

As coisas se deterioraram a ponto de John e eu não conversarmos no ônibus nem nos olharmos. Era um lugar insuportável de se estar, e eu não tinha muitos valores espirituais para enfrentar essa loucura. Fiquei triste, ressentido e envenenado pela experiência. Eu estava sendo um idiota, John também, e o pobre Flea se escondia embaixo das cobertas, sem conseguir encarar tudo aquilo. Até Lindy, que sempre fora um mediador, estava desorientado. Recebia telefonemas incessantes do pai e da mãe de John, pedindo-lhe para ajudá-lo, porque ele parecia estar em dificuldades.

Mas Lindy estava tão estupefato e paralisado quanto qualquer outro. Ninguém estava sendo proativo. Não paramos para avaliar a situação, apenas tentávamos superá-la a cada semana, o que não criava um ambiente positivo. Considerando a gravidade dos problemas, é estranho olhar para trás e ver que não percebemos que as coisas não podiam continuar assim. Elas pioraram. Interrompemos nossa turnê europeia e voamos para Nova York no fim de fevereiro para fazer o programa *Saturday Night Live*, que foi um desastre do começo ao fim. Não demorou cinco minutos para John começar a brigar com a equipe de produção. O supervisor musical, que trabalhava lá há anos, disse alguma coisa boba para John, que virou as costas e disse para Louie: "Se esse cara disser mais uma palavra, não faço mais a porra do show". Eu já estava apreensivo, porque pretendíamos fazer como segundo número "Under the Bridge", uma canção que sempre foi um desafio para mim. Eu dependia totalmente de John para me dar a entrada na música, mas na passagem de som ele começou a tocar num tom diferente, num ritmo diferente, basicamente reinventou a canção. Tentei conversar, mas não houve jeito: ele se enfiou com Toni em outra sala.

Mas John ficou no camarim o suficiente para ver Madonna quando ela veio nos visitar. Ela ia participar do programa e passou para cumprimentar. Eu a conhecia há anos, desde o clipe de "Holiday", quando ela quis me incluir se eu mudasse o cabelo (o que não fiz). Todo o tempo em que esteve lá, Madonna ignorou John, que ficou furioso.

O programa começou e fizemos nosso primeiro número, "Stone Cold Bush", que foi bem. Então chegou a hora de "Under the Bridge". Ouvi dizer que John tinha tomado heroína, mas ele bem poderia estar em outro planeta, porque começou a tocar uma merda que eu nunca escutara antes. Não fazia ideia de que música ele estava tocando ou qual era o tom. Até hoje John nega que estivesse tocando fora do tom.

Segundo ele, estava experimentando, como se estivesse ensaiando. Bem, não estávamos, estávamos ao vivo na TV diante de milhões de pessoas, e foi uma tortura. Eu me senti como se tivesse sido esfaqueado pelas costas, e achei que ele fez isso só para me foder.

Pareciam quatro pessoas diferentes tocando quatro canções diferentes. Na época eu estava saindo com Sofia Coppola, outra tentativa de relacionamento que não deu certo. Ela era a garota mais incrível com quem eu tinha saído, especialmente naquela fase pós-Carmen. Eu tinha lhe dito para assistir ao programa e agora estava morrendo de vergonha e dor.

A dor durou muito tempo, porque voltamos para a Europa e o comportamento de John ficou ainda mais instável. Quando era hora de seu solo, ele puxava o cabo da guitarra e fazia um som irritante, depois o ligava de novo, se tivesse vontade. O irônico foi que uma semana depois do *Saturday Night Live* nosso disco estourou. Talvez fosse coincidência, mas talvez as pessoas tivessem escutado alguma coisa naquela apresentação caótica que lhes pareceu interessante.

Quando terminamos a parte europeia da turnê, voltamos para casa e tivemos algumas semanas de folga antes de seguir para o Havaí, o Japão e a Austrália. Quando voltávamos para casa nesses intervalos, eu via menos Flea, e Chad quase nunca. John desapareceu e começou a usar muita droga. Então eu saía com qualquer garota com quem estivesse ficando, mas essas nunca duravam muito tempo. Desde que me afastara de John, eu tinha espaço na vida para um novo companheiro de baladas e encontrei um em Jimmy Boyle, um amigo de Rick Rubin que parecia exatamente Rasputin vestido como um mendigo elegante: barba longa, bigode, cabelos compridos e olhos azuis de psicopata. Quanto mais nos encontrávamos, mais percebíamos que tínhamos muitas coisas em comum. Ele era um dependente de drogas em recuperação que acabara de se divorciar de uma linda e trágica viciada que eu também tinha namorado. Como eu, também era vegetariano (prática que adquiri de Ione), amava música e paqueras. Sempre que eu estava na cidade nos encontrávamos para um café da manhã ritualístico de panquecas de blueberry no A Votre Sante, na La Brea.

Convidei Jimmy para ir ao Havaí com a gente. Ele gostou porque adorava estar perto da empolgação da música, para não falar nas garotas. Além disso, era o Havaí! John continuou distante enquanto estivemos no Havaí. Nosso disco estava indo bem, melhor que os anteriores, mas apenas entre os "40 Mais". Quando estávamos no Havaí recebemos uma ligação de Lindy: "Caras, esse disco está estourando. Na semana que vem vai ser o oitavo lugar", ele disse. Para mim isso era motivo de comemoração.

Para Flea também, mas John estava alheio a tudo. A viagem inteira foi cheia de jovens havaianas e muita diversão para todos, porque nos sentíamos cheios de vida com todo aquele sol e mar. Boyle e eu dividimos um quarto. Um dia, às quatro da manhã, estávamos dormindo quando alguém bateu na porta. Fui atender e era uma jovem havaiana.

– Posso entrar? – ela perguntou.

– Olhe, meu amigo está dormindo. Não é uma ideia muito boa, são quatro da manhã.

– Mesmo? Não posso entrar? – ela insistiu.

Ali mesmo, no corredor do hotel, ela caiu de joelhos e me fez uma chupeta. Jimmy ficou enciumado.

– Não acredito! Você ouve uma batida na porta no meio da noite, vai atender e a garota mais linda da ilha se ajoelha e lhe dá uma chupada. O que é isso? O que fiz de errado na vida para não merecer esse tratamento? Eu não estava muito feliz com toda essa adulação que recebia. Acho que não me sentia no direito, agora que estava ficando famoso, e continuei relativamente humilde. Essa era minha visão da coisa, mas tenho certeza de que outros viram de modo diferente. Eu achava tudo fascinante, mas não passei a pensar de repente que eu era melhor.

É irônico, porque, em geral, Flea é o mais mimado da banda, mas um dia conversamos em Santa Monica e ele disse:

– Sabe, Anthony, esse disco está indo tão bem, que eu acho que você está se tornando um pouco egocêntrico.

– Eu? Eu? Você é o egocêntrico. Olhe bem para seu ego – eu disse. Tenho certeza de que havia alguma coisa acontecendo que eu não identificava, mas eu não achava que fosse durar muito. O estranho é que muito antes de fazer sucesso em nível comercial eu já tinha desenvolvido uma sensação de privilégio. Desde criança. Na escola elementar, sempre achava que eu devia ser o presidente da classe, e que de certa forma estava acima das leis da escola e podia quebrar as regras. Quando fui morar com meu pai, ele era arrogante e cheio de si, e isso passou para mim. Então sempre tive essa sensação de ser privilegiado. Nessa fase da vida, eu não pensava nas consequências das coisas que eu fazia; as consequências eram eu conseguir o que queria.

Quanto mais rico e famoso eu ficava, menos me comportava dessa maneira. É claro que o ego fica inchado, de certa maneira retardado e grotesco, mas é uma oportunidade para aprender, para pensar: "Está bem, preciso enfrentar essa coisa estranha e diminuir o ego a um ponto em que não interfira na minha relação com o resto do universo". Tudo me tornava menos egoísta e egocêntrico, mais interessado em sair de mim mesmo e compartilhar. Muitas vezes, as pessoas o julgam conforme a ideia que elas têm dos seus atos. Às vezes, você está se sentindo retraído, sem querer falar com ninguém, mas alguém vai sair dizendo: "Aquele filho da mãe arrogante, nem falou comigo". Você tenta não dar muito valor a si mesmo, mas eles o veem como um cara cheio de si.

Eu não estava me achando melhor enquanto isso tudo acontecia. Na verdade, me sentia pior porque tinha perdido uma relação importante na vida, com John. Comecei a perceber que eu tinha sido muito controlador, querendo tudo de acordo com meus planos, o que era a maior idiotice. Eu costumava pensar que tudo seria ótimo se Flea se comportasse de tal maneira e John fizesse o que eu queria, e acho que foi o maior erro que cometi na época, achar que eu sabia mais ou que se todo mundo seguisse meu plano as coisas seriam ótimas. Era uma receita para a tristeza e a ruína. Quando reconheci tudo isso, a fraternidade da nossa banda estava seriamente comprometida.

Chegamos ao Japão no início de maio de 1992. É estranho, porque na época John pensava que tínhamos resolvido nossas diferenças, mas eu ainda achava que não estávamos próximos. Ele continuava em seu casulo com Toni e estava novamente se comportando de modo estranho. Na noite anterior ao show em Tóquio, John estava no saguão do hotel com Louie e começou a achar que corria o risco iminente de ser preso e deportado.

Havia uma vibração claramente aleatória e imprevisível ao redor de John. Ele ficava louco de tanto fumar e também bebia muito. Não sei se foi a combinação das duas coisas, mas parecia que estava bebendo algo mais forte que vinho. Na manhã seguinte, John foi para o local do show com a equipe.

Lindy, Flea, Chad e eu fomos mais tarde de trem, e quando chegamos ao estádio, Mark Johnson nos disse que John tinha deixado a banda e queria voltar para casa imediatamente. Nós iríamos à Austrália depois do Japão; seria nossa primeira turnê australiana. Era incrivelmente importante para nós, porque era uma terra que amávamos, a terra natal de Flea, a nova terra de mel e leite, de sol e garotas, um lugar mágico. Então surgiu o pânico nos olhos de Flea e no meu coração.

Tínhamos de falar com John imediatamente. Fomos até o quarto onde ele estava trancado.

– Eu preciso sair da banda. Preciso ir para casa imediatamente, não aguento mais – ele disse. – Vou morrer se não sair dessa banda já.

Eu vi seu olhar e percebi que não adiantava tentar convencê-lo. Uma enorme sensação de alívio me invadiu. A última coisa no mundo que eu queria que acontecesse estava acontecendo, mas graças a Deus ele estava indo embora, porque por mais que isso fosse doer, o alívio de não ter de enfrentar aquele drama diariamente seria maior que o sofrimento.

Lindy ficou preocupado com o show, que estava com lotação esgotada. Finalmente falamos com John, que concordou em fazer a apresentação antes de pegar o avião. Foi o show mais horrível que já fizemos. Cada nota, cada palavra doía, sabendo que não éramos mais uma banda. Eu olhava para John e via uma estátua morta de desprezo. De certa maneira eu gostaria de ter cancelado o show e devolvido o dinheiro de todos, em vez de deixá-los presenciar aquela exibição de energia retorcida. E, naquela noite, John desapareceu do mundo conturbado do Red Hot Chili Peppers.

CAPÍTULO

11

WARPED

Quando ainda estávamos no Japão, elaboramos um plano. Iríamos à Austrália, onde encontraríamos nosso amigo Zander Schloss, que assumiria o lugar de John. Zander era um guitarrista talentoso capaz de ler e escrever música, alguém que aprendia rápido e tinha uma sensibilidade divertida e cômica. Tínhamos sete dias para lhe ensinar as músicas necessárias para tocar na Austrália.

Zander nos encontrou em Sidney e começamos a ensaiar num ritmo intensivo, duas vezes ao dia. Mas, quatro dias depois, ficou claro para Flea e para mim que não estávamos chegando aonde queríamos. Zander tocava as músicas, mas não soava como os Chili Peppers. Decidimos que seria melhor cancelar os shows do que apresentar uma versão descuidada e incompleta de nós mesmos.

Zander ficou arrasado. Parecia que ele estava na banda há quatro anos, e não há quatro dias. Asseguramos a ele que ele teria sua passagem de volta e continuamos na Austrália mais alguns dias, aproveitando o tempo ensolarado e as garotas bonitas.

Fiquei amigo de Greer Gavorko, um neozelandês que era um dos membros de nossa equipe. Quando ele me mostrou as fotos de uma viagem recente que havia feito à Tailândia, pensei: "Estou na Austrália, que não é nada perto de Hollywood. Não tenho ideia do que irá acontecer no meu futuro, porque agora a banda está desfalcada e John Frusciante acaba de nos abandonar. Então, por que não ir à Tailândia sozinho?".

Greer recomendou algumas ilhas no golfo de Sião e peguei um avião para Bangcoc. Alguns nativos recomendaram Ko Tao, uma pequena ilha onde não havia hotéis.

Ko Tao era exatamente o que eu sonhava. Aluguei uma pequena casa de uma família local e fiquei uma semana, indo mergulhar todos os dias. Deixei a ilha com o corpo limpo e as energias recarregadas, mais preparado para lidar com a ida de John. Assim que voltei, Flea e eu começamos a nos planejar. Já havíamos ouvido falar de uma banda de Los Angeles chamada Marshall Law, composta por dois irmãos, Lonnie Marshall e Arik Marshall, respectivamente no baixo e na guitarra. Ambos tinham uma batida funk e eram prodígios bizarros e excepcionais em seus instrumentos.

Eram metade negros e metade judeus. Já os vira algumas vezes e o modo como Arik tocava guitarra, especialmente, me deixou muito impressionado. Tinha uma batida de funk, mas também de rock pesado, inventiva.

Fizemos testes com algumas outras pessoas. Quando Arik improvisou conosco, foi divertido e inspirador, então acabamos contratando-o. Ele foi arremessado à insanidade de nosso mundo. Os promotores, a MTV e toda a indústria musical não viam a saída de John, que era um elemento fundamental de nosso grande sucesso com *Blood Sugar*, como o fim da banda, porque nada parou. Fomos chamados para encabeçar o Lollapalooza, a maior turnê dos EUA naquele verão. Lindy também agendou para nós alguns grandes festivais europeus em junho.

Para nossa sorte, Arik podia ouvir uma música no rádio e, 60 segundos depois, tocá-la com o mesmo espírito e estilo da original. Mas ir à Bélgica apenas algumas semanas depois de assumir seu posto nos Chili Peppers e tocar para 70 mil pessoas era um batismo de fogo e tanto: ele estava em pânico. Arik, que quase nunca havia saído do condado de L.A., encontrava-se agora neste país exótico no norte da Europa onde se falavam três idiomas.

Arik era extremamente tímido e dormia para lidar com toda essa pressão. O filho da mãe conseguia dormir noite e dia e ainda entrar na van a caminho do show e tirar mais um cochilo. Mas nunca nos decepcionou no palco. Ele dava sempre o melhor de si.

Encabeçar o Lollapalooza foi algo importantíssimo para nós. Era o segundo ano do festival, e a ideia de viajar pelo país com um bando de loucos como nós nos atraía. Quando você participa de algum festival, a pressão cai pela metade. Mesmo quando você é a atração principal, não é preciso conduzir todo o espetáculo. Como esse era um momento difícil para a banda, graças a Deus os shows não eram só nossos. Além disso, você conhece alguns artistas interessantes que de outra maneira jamais encontraria. Nunca fui fã do Ministry, mas eles conseguiram me surpreender todas as noites. Não sei como eram capazes de chegar lá e arrasar mesmo estando tão chapados de álcool, heroína, cocaína e inalantes.

Depois de alguns shows na turnê, todo mundo começou a tocar com todo mundo. Ice Cube levantava o público e Flea e eu subíamos ao palco para tocar uma música. Nós dançávamos, felizes por fazer parte desse exército tão patriota. Depois ele se juntava a nós em "Higher Ground". Eddie Vedder, que estava ali com o Pearl Jam, fazia backing vocals para o Soundgarden. Chad tocava bateria em uma das músicas do Ministry. Todo o show era um festival de amor, exceto pelos britânicos do Jesus and Mary Chain, que eram uns amargos.

Adicionamos alguns elementos especiais aos nossos shows do Lollapalooza. Construímos uma roda espiralada gigante e psicodélica que colocamos no centro do palco com propósitos hipnóticos. Mas o toque final foram os capacetes com fogo que usamos para fazer o bis.

Sempre que penso em performance, me surge a ideia do fogo – é algo tão visual e funciona tão bem com música. Não pensei na grande arena pirotécnica de bandas como Kiss ou Who, simplesmente achei que seria genial se vestíssemos capacetes que cuspissem fogo. Para isso, um designer que Lindy conhecia criou um capacete de construção prateado com um cano no topo e um tubo que saía do cano e ia até um cilindro de propano pendurado na cintura por um cinto. Cada um de nós tinha uma válvula lateral, por meio da qual controlávamos a intensidade da chama.

Várias vezes os bombeiros tentaram parar o show. Lindy tinha de carregar dinheiro extra e, quando um deles lhe dizia que podíamos ser multados se acendêssemos os capacetes, sacava as notas e dizia: "Quanto?" Em outra cidade, os bombeiros exigiram que nossos roadies vestissem uma roupa antifogo completa, com capacete, quando fossem acender nossas cabeças. Não sei como conseguimos acabar aquela turnê vivos.

Em setembro de 1992, tocamos no MTV Awards e levamos dois prêmios pelo clipe de "Give It Away" e o prêmio de escolha do público por "Under The Brigde". Para Arik deve ter sido complicado receber prêmios pelo trabalho que John havia feito. Estávamos desagradáveis, agressivos e convencidos. Quando subimos pra receber o prêmio de "Give It Away", Flea simulou marturbar-se. Eu tinha uma lista de 30 pessoas pra agradecer: artistas, músicos, cineastas, acadêmicos e Satã.

Lá na Flórida, minha avó, uma cristã devota, não entendeu que eu estava brincando e me renegou. Um tempo depois, perguntei à minha mãe porque eu nunca mais recebera nenhuma carta da Vovó Kiedis e ela disse: "Ela acha que você tem um pacto com o diabo". Tive de escrever um cartão-postal para minha avó quando ela fez 80 anos, explicando que eu na verdade não era satanista.

Naquele outono viajamos a Austrália e Nova Zelândia para compensar as datas que havíamos cancelado. O público nos dava uma resposta incrível. Assim que pisamos na Nova Zelândia, me apaixonei pelo lugar. Depois que terminamos os shows, todo mundo voltou correndo pra casa, mas eu decidi ficar e explorar o país.

Fiquei num hotel art déco no centro de Auckland e saía com Greer, que era de lá. Uma noite, estávamos jogando sinuca quando uma deusa morena de cabelos compridos, surgida de um conto de fadas local, entrou no bar. Parou e me olhou, e juntei coragem para me aproximar dela. Julie me conquistou. Passamos o resto da minha estada juntos. No dia 1º de novembro, comemoramos meu trigésimo aniversário na casa de praia do senhor e da senhora Murdoch, donos da gravadora Warner Bros. na Nova Zelândia, que organizaram um piquenique maravilhoso na praia. Eu estava longe de casa, cercado por pessoas relativamente estranhas. A banda ia superbem, mas ao mesmo tempo estava estranho. Desde que John nos deixara, nossa única preocupação era mantê-la viva.

Eu também me sentia solitário, sem um amor verdadeiro em minha vida. A maioria das minhas melhores amizades se perdera. John havia saído de cena. Flea e eu nos distanciamos. Bob Forrest estava ocupadíssimo com seu próprio abuso de drogas. Eu me sentia só. Sem nada que me motivasse a voltar pra casa, decidi embarcar numa aventura para Bornéu. Desde criança eu tinha o hábito de ler sobre as florestas tropicais mais remotas do mundo, e de todos os lugares sobre os quais já lera, de Mongólia a Papua-Nova Guiné, passando por Tuva, Bornéu sempre atraiu minha atenção como sendo o mais remoto, menos ocidentalizado: um lugar onde era possível voltar no tempo e ver como era a vida antes das indústrias e do conforto material.

Em nossas visitas a Amsterdã, fiz amizade com o incrível tatuador Hank Schiffmacher. Hank era um ícone em seu país: filósofo underground, artista, associado do Hell's Angels, adorava álcool, drogas e mulheres. Nos últimos anos, Hank injetara muita tinta na minha pele e, durante o processo, ficamos amigos. Então, quando ele sugeriu irmos a Bornéu para pesquisar técnicas primitivas de tatuagem e seguir os passos da expedição holandesa que cruzou a floresta do país no século dezenove, aceitei na hora.

Reservamos um mês para a viagem. No princípio, pensei que eu e Hank viajaríamos sozinhos para a terra da tribo punanadaia, que, de acordo com alguns relatos, continuava a praticar canibalismo mesmo na década de 1960. Mas Hank trouxe um fotojornalista crente de que tirar fotos era mais importante que os aspectos humanos ou a dignidade dessa cultura estrangeira. Ele também trouxe um garoto manteiga derretida que andava perdido no seu estúdio de tatuagens, um balconista que nunca saíra da Holanda.

Assim, tínhamos um time variado quando chegamos a Jacarta, na Indonésia, para planejar a jornada. Não gostei de Jacarta, uma megalópole de terceiro mundo saturada de lixo e poluição, com uma energia fundamentalista que não nos tornava os caras mais bem-vindos à cidade. Estávamos muito longe de Kansas, mas toda vez que ia a um bazar ou mercado eu era cercado por risonhas garotas indonésias, que vendiam camisas contrabandeadas do Red Hot Chili Peppers por todos os cantos. Era surreal.

De Jacarta fizemos uma série de pequenos voos para Pontianak e Samarinda. O etnógrafo holandês Nieuwenhuis levou 15 meses para fazer essa viagem em 1894. Nós nos permitimos gastar quatro semanas.

Passamos um dia em Pontianak, estocando provisões e cigarros. Daí pegamos uma balsa e subimos o rio rumo ao centro da ilha. Depois de mudarmos para uma embarcação menor, chegamos a Putussibau, uma vila de pescadores, o último ponto fora da verdadeira selva inexplorada.

Putussibau consistia de duas ruas principais, um travesti e um padre missionário holandês que nos advertiu quase alegremente dos perigos que nos esperavam, coisas como malária e cobras venenosas.

Segundo ele, todos os medicamentos antimalária que levávamos eram ineficazes: se pegássemos a doença, estávamos mortos. Bom. No dia seguinte nos pusemos em marcha com nosso próprio barco, sempre em frente, cada vez mais para dentro da selva. Quanto mais andávamos, mais rápido a água se movia, os povoados eram cada vez mais escassos e era cada vez mais difícil avançar. Então vieram as chuvas. Depois de mudar para embarcações cada vez menores, chegamos a Tong Jang Lokam, a última vila antes de o terreno se tornar montanhoso e arriscado demais para continuar por barco. Tratava-se de uma paisagem serena que precedia o labirinto da selva, onde não havia rios e nem mesmo trilhas para seguir, só uma sobreposição de montanhas, floresta e riachos.

Ali, entre os punans, uma tribo nômade considerada os mestres da floresta, contratamos nossos guias. Os punans provavelmente podiam cruzar a montanha em cinco dias, mas não havia previsão do tempo que levariam com quatro branquelos vagarosos na bagagem. Eu não me sentia confortável com os guias que eles escolheram para nós, porque um deles parecia o vovô do povoado e os outros haviam acabado de entrar na adolescência.

Tiramos um ou dois dias para descansar na vila e partimos a pé. A paisagem era selvagem, nunca havia caminhado por um lugar assim. Era uma realidade diferente. Depois de um dia de caminhada, tivemos de admitir que não havia mais nenhuma trilha pra seguir, só terreno enlameado e úmido.

Quando caiu a noite, precisamos encontrar um lugar seco e alto, protegido das chuvas inevitáveis. Trombamos com uma cabana decrépita; então, em vez de construirmos uma oca com folhas selvagens, nossos guias disseram que ficássemos ali. Não era muito convidativa.

Eu estava quase dormindo, semiconsciente das aranhas balançando sobre mim, quando de repente todo o meu crânio começou a vibrar. Eu estava apavorado, achei que havia sido picado por alguma coisa venenosa e que o veneno atuaria em meu sistema nervoso, então chamei Hank gritando.

O horrível barulho vibratório em minha cabeça se intensificava e eu não era capaz de aguentar nem mais um minuto daquela agonia. Implorei a Hank que pegasse sua lanterna e olhasse dentro de minha orelha.

– Não, não vejo nada. Tá tudo... ARRGGGHH – ele gritou, deixando a lanterna cair.

Uma incrível sensação de alívio me invadiu e minha cabeça parou de vibrar.

– Meu Deus do céu – disse Hank. – Um bicho saiu correndo de dentro da sua cabeça, cara.

Uma barata havia dado um jeito de entrar em meu canal auditivo e se alojar ali. Apesar de feliz por estar livre do bicho, comecei a ficar preocupado se o monstro depositara ovos dentro da minha cabeça e se meu cérebro se transformaria no jantar de uma família de insetos.

Depois de algum tempo, essa obsessão desapareceu, provavelmente porque eu estava ocupado demais com as sanguessugas que começaram a escavar meu corpo. Como a floresta era muito densa, nós caminhávamos pelos rios, cuja profundidade variava do tornozelo à cintura.

Quando você está na água, as sanguessugas nadam até você e grudam na sua pele. Elas chupam o seu sangue e ficam enormes, todo dia nós tínhamos de expulsá-las queimando-as com um Marlboro aceso. Então ficávamos com enormes feridas abertas, que podiam infeccionar. Quando não era no rio que as sanguessugas nos pegavam, era nas árvores: estávamos sendo atacados por todos os lados.

Depois de uns cinco dias de trilha, tivemos a primeira grande crise. Nossos guias se deram conta de que estávamos completamente perdidos e começaram a confabular para decidir o que fazer. Ninguém sabia qual direção deveríamos tomar. Nossa comida estava acabando e eu tinha a distinta impressão de que eles olhavam para nós pensando: "Vamos abandoná-los, matá-los ou simplesmente comê-los".

Então comecei a ficar doente. Tive náuseas, diarreias e vômitos fortíssimos, mas não tinha outra opção a não ser caminhar dezenas de quilômetros diários, subindo montanhas e penhascos, com uma mochila pesada nas costas. Eu não conseguia dormir, tinha diarreia e vômitos simultaneamente. Comecei a alucinar com a desidratação, o sono atrasado e a fome, mas me apeguei à ideia da sobrevivência e determinei a meu corpo que continuasse. Passamos a nos separar, enviando grupos para escalar os topos das montanhas e descobrir onde estava a nascente do poderoso rio Mahakam. Dias depois o encontramos, um rio grande e fundo, cuja água azulada corria traiçoeira. Ainda nos encontrávamos a algumas centenas de quilômetros do oceano, mas agora se tratava de uma viagem factível, que poderíamos começar a partir do primeiro povoado, cerca de 30 quilômetros rio abaixo. Celebrávamos o fato na margem quando avistamos dois nativos num barco. Eles traziam um veado inteiro e nossos guias os bajularam para conseguir uma perna do animal e uma tartaruga. Eu era vegetariano há anos, mas não senti remorso ao comer aquele veado malpassado. Antes de os nativos partirem, nossos guias contrataram um barco para nos buscar no dia seguinte.

Mas então vieram as temíveis chuvas. Estávamos em um cânion, não havia margens, só rochas íngremes, e o rio subiu e destruiu nosso acampamento. Fomos obrigados a continuar por esse declive acidentado com um pouco de vegetação e algumas árvores, e tivemos de passar a noite em pé, descansando os pés nos troncos de árvore logo abaixo. Na manhã seguinte, quando o barco chegou, negociamos a travessia até o oceano e nos despedimos de nossos guias, que nos deram as costas e apertaram o passo em direção às montanhas e à sua casa. Nessa noite, paramos em um povoado e conseguimos alugar um quarto, mas minha febre voltou vingativa. Novamente não dormi, soltando as tripas por todos os lados, mais fraco do que eu jamais havia me sentido em toda a minha vida.

No dia seguinte, eu estava tão doente e desesperado para voltar à civilização, que fui à base de comunicação local, sintonizei o rádio de ondas curtas e chamei um helicóptero para nos tirar dali. Hank e eu fomos levados a Balik, onde um médico me receitou alguns antibióticos, aparentemente capazes de controlar o pico da minha doença, mas não de curá-la. Abracei Hank e me despedi. Nossa relação se fortaleceu com a vitória sobre a morte por conseguirmos sair vivos daquela maldita selva.

Alguns dias depois, ao pegar o voo para L.A., sentei-me e quase morri. Litros de suor começaram a sair de mim, minha febre estava altíssima e comecei a alucinar. Fiquei internado no hospital Cedars-Sinai onde, depois de dias de exames, conseguiram determinar que eu tinha uma doença tropical rara chamada dengue. Pelo menos agora sabia o que tinha, e o tratamento era com os mesmos antibióticos potentes.

Eu já me encontrava bem quando fomos ao Brasil para fazer alguns grandes shows em janeiro. Era um festival de quatro noites e tocávamos em noites alternadas com o Nirvana, no Rio e em São Paulo. Viajamos juntos em um grande avião 747 e foi uma verdadeira festa, mas nada poderia me preparar para a recepção que tivemos no Brasil. Mesmo depois de Nina Hagen ter me contado que depois de o resto do mundo ter esquecido dela ela podia ir ao Brasil e ser recebida como um Beatle, eu ainda não podia acreditar no fervor dos fãs brasileiros. Precisamos da ajuda das forças armadas para conseguir sair do hotel. Os fãs tinham uma exuberância que beirava o perigo.

Na véspera de tocar no Rio, conseguimos uma escolta policial e entramos numa favela para ver um autêntico ensaio de escola de samba. Ficamos tão impressionados com a música e a apresentação, que convidamos todo o grupo para subir ao palco e improvisar conosco na noite seguinte. E eles foram. Havia pelo menos o dobro de pessoas que estavam ali no ensaio, todas com suas melhores fantasias.

Chad não sabia bem o que fazer, então começou a puxar algo na bateria e eles acompanharam, sacudindo os instrumentos, cantando e dançando. Flea achou seu ritmo e entrou na brincadeira, e Arik começou a tocar um funk que funcionou. Para mim foi difícil encontrar um lugar naquela combinação, até que duas sambistas vieram e começaram a dançar comigo. No final todo mundo dançou, tocou e tivemos uma jam session psicodélica e radical.

O Nirvana era a atração da noite seguinte e estávamos ansiosos pelo show. Enquanto isso, Courtney Love não perdia uma única oportunidade de fazer de si própria um espetáculo inacreditável. Nunca vi ninguém que precisasse chamar tanto a atenção e fazer tanto drama. Ela estava descontrolada. Sempre que um fotógrafo focava sua lente em um grupo, Courtney voava até as pessoas e as agarrava como se fossem seus melhores amigos.

Não vimos muito Kurt, que era bastante discreto. Passei algum tempo com ele no camarim antes de seu segundo show. Ele tinha tomado muitos comprimidos, o que nunca chegou a afetar sua performance, e estava quieto e reservado.

O Nirvana simplesmente arrasou nas duas noites. Tocaram um monte de músicas novas que resultariam em *In Utero*, depois trocaram de instrumentos e apresentaram alguns temas pop da década de 1970, como "Season in the Sun". Em um dos shows, Kurt fez um solo de guitarra insano que durou dez minutos. Ele pegou a guitarra e começou a tocá-la no chão, depois arremessou-a contra o amplificador. Ele se jogou sobre o público tocando a guitarra destruída. Quando voltou ao palco e a multidão começou a brigar pela guitarra, Courtney surgiu do nada e começou a se estapear com uns garotos brasileiros pela posse do instrumento.

Voltamos para casa felizes de ter compartilhado essas experiências com o Nirvana. Todos adoravam aquela banda. Enquanto isso, *Blood Sugar* ainda estava conquistando seu espaço. Eu ainda não me acostumara com o reconhecimento público adicional. Lembro que uma vez, andando de bicicleta perto de casa, passou um carro e me dei conta de que "Under the Bridge" tocava no último volume. Percebi que nossa música já não era um fenômeno underground, mas sim de domínio público. Ironicamente, Flea e eu havíamos passado a maior parte de nossas vidas fazendo excentricidades para tentar chamar a atenção e criar um espetáculo.

Agora o momento pedia que fôssemos mais além. Flea e eu já tínhamos começado a compor e esperávamos ansiosamente por uma oportunidade de nos encontrarmos com Arik para explorar sua mente e talento musicais. Depois que terminamos a turnê, ele alugou um apartamento legal perto da minha casa. Mas toda vez que eu tentava me reunir com ele para trabalhar, ele não podia. Acabei indo à sua casa e deixando algumas letras e uma fita meio crua, porque ele não parecia se sentir à vontade para pegar na guitarra naquele momento, mas novamente não tive retorno. Nenhum telefonema, nada de "Tive uma ideia". Não demorou muito para decidirmos que ele talvez não fosse a parceria para compor que procurávamos.

Foi quando tivemos a fantástica ideia de anunciar testes com guitarristas. Achamos que seria possível escutar todos os guitarristas do mundo e encontrar o mais perfeito, talentoso, inspirado e divertido do pedaço, mas as coisas não são assim. É como encontrar uma esposa: você tem de esperar que ela cruze o seu caminho. Colocamos um anúncio no *L.A. Weekly* e fizemos testes. Armamos um circo que não levou a lugar nenhum. Nessa época, vi uma banda chamada Mother Tongue no Club Lingerie e gostei do guitarrista, um garoto chamado Jesse Tobias.

Comentei com Flea e decidimos trazê-lo para tocar. Improvisamos e foi muito forte e intenso. A química dele definitivamente era melhor do que a de qualquer um com quem havíamos tocado, mas Flea estava um pouco preocupado, pois achava que ele talvez não tivesse a técnica necessária para tocar o nosso som. Acabamos contratando-o, ele saiu de sua banda e começamos a tocar e a compor.

Depois de algumas semanas, vimos que algo não ia bem. Ensaiamos muito com Jesse, mas ninguém estava satisfeito, particularmente Flea. Eu ainda tinha esperança de que a coisa funcionasse, até que Chad veio a mim e disse: – Acho que Dave Navarro está pronto para tocar conosco. – Dave sempre fora nossa primeira opção desde a saída de John. Já havíamos nos aproximado dele antes, mas ele estava ocupado demais com seus projetos paralelos depois que o Jane's Addiction terminou. Um tempo depois, Chad se tornou seu companheiro de noitadas e tinha certeza de que Dave adoraria fazer parte da banda. Era a situação ideal.

Assim, despedimos Jesse e contratamos Dave. Navarro tinha a melhor linha. Com ele na banda, era inevitável que nosso som mudasse. Ele tinha um estilo de tocar diferente de todos os guitarristas que tivemos, mas era muito competente e rápido para pegar as músicas. Ele não tinha a misteriosa essência do funk, mas não nos preocupamos com isso. Estávamos prontos para explorar outros territórios. Não imaginávamos o quanto ele era gentil. Uma pessoa sensível, delicada, com quem se podia contar a qualquer momento, o que combinava maravilhosamente bem com sua inteligência mordaz.

Apesar de tudo isso, tivemos um começo estranho, pois nem todo mundo se ajustava imediatamente à nossa dinâmica. Eu achava que todos os guitarristas eram como John e Hillel: você mostrava a eles suas letras, cantava um pouco e de repente a música estava pronta. Com Dave isso não acontecia imediatamente. Lembro de ir a casa dele para aprender uma música dos Beatles e o processo era muito mais lento e difícil.

Todos gostavam de Dave, mas, sem eu perceber, ele se sentia como um estranho. Não sei se ele sabe o quanto nos esforçávamos para que ele se tornasse um de nós. Ele tinha discutido muito com Perry Farrell no Jane's Addiction e seu estilo de compor era independente, ele não estava acostumado ao nosso estilo colaborativo. Anos depois ele me disse que estava preocupadíssimo, achando que seria despedido a qualquer momento.

No final de outubro de 1993, decidi viajar a Nova York para comemorar meu aniversário e acompanhar o meu querido amigo Guy Oseary, da Maverick Records, às festividades da Fashion Week. Ficamos no Royalton e chegamos tarde de uma festa de Halloween. Algumas horas depois de adormecer, o telefone começou a tocar. Atendi e era o meu pai, nervosíssimo, balbuciando: – Você viu o que aconteceu? River morreu. – Eu não estava completamente acordado naquele momento, por isso levei alguns segundos para processar a informação. Quando consegui absorvê-la, liguei de volta e ele me disse que River Phoenix havia morrido de overdose na noite anterior em frente a uma boate de L.A.

Mais uma vez, a sensação de perda foi inacreditável. Liguei para Flea, que acompanhou River na ambulância desde o Viper Room ao hospital, e choramos por um tempo. River não era o meu melhor amigo, mas era um espírito humano completamente encantador, que vivia cada dia de uma maneira muito livre.

Era meu aniversário, mas eu não tinha vontade de comemorar. Passei parte do dia com minha amiga Acacia, que havia namorado Flea e Joaquin, o irmão de River. Fui a seu apartamento em Chinatown e deitamos juntos em seu beliche, chorando. Eu me sentia desolado e vazio. Voltei ao Royalton e Guy O. me obrigou a aceitar o convite para um jantar de aniversário. Comemos e jogamos sinuca, depois Guy me levou a um lugar chamado Soul Kitchen. Um excelente DJ tocava naquela noite e em determinado momento levantei e tentei dançar para me animar um pouco.

Quando voltei à mesa, havia um enxame de seres humanos em torno de Guy, incluindo duas garotas provocantes com cara de modelo fazendo as coisas típicas que as modelos fazem, beber e fumar Marlboros. Eu não conseguia tirar os olhos de uma delas. Não conversamos muito, mas ela me disse que estaria no desfile de Calvin Klein no dia seguinte.

Algo nela mexeu comigo, e não era uma simples reação biológica aleatória por uma garota com quem eu queria ir para a cama. Fomos ao desfile de Klein no dia seguinte e lá estava a foto dessa loira provocante na capa da edição do dia do jornal W, que cobria o desfile. De repente Guy O. se interessou por ela. Nós a vimos desfilar e fui flechado pelo cupido.

Tenho a devastadora tendência de me precipitar nessas questões; então, se vejo uma garota que me atrai, mesmo sem nunca ter falado com ela, sou capaz de dizer: "Eu poderia casar com essa garota. Ela parece ser uma boa mãe e uma boa parceira sexual". Eu tinha certeza de que a jovem Jaime Rishar pensava exatamente da mesma maneira e que seria minha garota.

Nessa noite nos encontramos no Indochine, um restaurante descolado do centro, mas a interação não foi nada do que eu imaginei. Ela estava em uma mesa cheia de meninas tagarelas demais, fumando demais e levando a sério demais o que faziam. Cheguei com Guy O., esperando que ela se mostrasse perfeitamente disponível para mim, mas ela se mantinha propositalmente distante e com uma cara de merda.

Comecei a perder o interesse por Jaime, acreditando que ela era jovem demais e estava muito envolvida no non sense de sua microcomunidade. Mas algo dentro de mim não estava disposto a desistir assim e, num determinado momento, vi que o que ela precisava era ir para casa dormir. Então chamei um táxi e ela perguntou se eu não queria ir com ela. Fui e dormimos juntos, mas não aconteceu nada porque ela estava bêbada demais para começarmos nosso romance. Na noite seguinte, tivemos um encontro sexual descontrolado que foi o máximo. Ela me envolveu de uma forma que eu não acreditava ser possível para alguém da idade dela – 17. Ela tinha um comportamento muito adulto e eu lembro de pensar: "Uau! Que fitas pornôs esta garota anda assistindo?"

O pai dela começou a deixar mensagens ameaçadoras na minha secretária eletrônica, principalmente depois que ela terminou com o namorado e o cara disse a ele que eu tinha aids. Mas Jaime não se assustou e começamos a elaborar um plano para ela poder ir a L.A. me visitar. Liguei para o pai dela e o convenci de que 1) Eu não tinha aids, e 2) Eu não era um ogro. Também conversei amavelmente com sua mãe e eles deixaram que ela viesse me visitar.

No Natal, fizemos a viagem obrigatória a Michigan e de cara ela se deu bem com minha mãe. Depois pegamos um avião para a Pensilvânia e conheci os pais dela. Eu estava nervoso, mas na verdade foi tudo muito agradável. Também me dei bem com a mãe dela; ela era um doce, um amor, uma mãe clássica. Não tive nenhum tipo de problema com seu pai. Resultou que ele era o verdadeiro apaixonado por música da casa.

Tinha pilhas de discos de música negra e R&B, e começamos a pô-los para tocar enquanto Jaime e ele cantavam e dançavam na cozinha. Em janeiro de 1994, fazia cinco anos e meio que eu estava sóbrio, sem a menor intenção ou desejo de voltar a usar drogas. Então fui a um dentista de Beverly Hills para arrancar um dente do siso. Sempre dizia a eles: "Sou alérgico a narcóticos. Faça o que você tiver de fazer com anestesia local ou com alguma substância que não me deixe dopado".

O dentista achou que podia fazer a cirurgia com anestesia local. Sentei na cadeira e ele passou novocaína na minha boca. Ele começou a extrair o dente, mas no meio do processo disse que o dente estava tão preso que ele teria de serrá-lo. E, para fazê-lo, teria de me pôr para dormir. Já fazia uma hora que eu estava ali com a boca aberta, portanto concordei. Ele me injetou Valium líquido. Aquela coisa subiu por meu braço, por minha garganta, entrou na minha cabeça e uma nuvem dourada de euforia me invadiu.

Era a primeira vez em cinco anos e meio que eu me sentia tão chapado. Era tão bom e eu estava tão louco, que já não era eu. Assim que o dentista terminou, ele me perguntou se doía e eu lhe disse que sim, demais, e que eu precisava de um pouco de Percodan.

Ele ficou confuso, mas eu insisti que toda aquela conversa sobre alergia era uma insensatez e que eu precisava dos comprimidos de Percodan imediatamente.

Engoli 25 comprimidos antes mesmo de deixar o prédio e, quando cheguei em casa, só havia mais dois no vidrinho. Agora sim eu estava tendo uma viagem decente de ópio. Ali mesmo, decidi que seria uma boa ideia pegar o carro e ir até o centro de L.A. para comprar um pouco de coca e heroína. Dirigi até minha antiga boca e descobri que a cocaína de boa qualidade havia sido substituída por crack. Tudo o que eu encontraria eram pedras. Mas a velha heroína preta Black Tar continuava a mesma e eu sabia o que podia fazer com ela. Entrei numa farmácia para comprar seringas e saquei minha velha desculpa de que era diabético, mas esqueci de que as pessoas já eram capazes de me reconhecer. O farmacêutico me olhou e disse:

– Oh, senhor Kiedis, não sabia que o senhor era diabético!

Respondi:

– Pois é. Diabético.

No caminho para casa, parei numa loja de cachimbos no Sunset Boulevard. Também fui reconhecido ali, mas fingi que estava comprando um presente para fazer graça em uma festa.

Cheguei em casa e a brincadeira continuou por mais dois dias, quando voltei ao centro e consegui um pouco de coca em pó. Usei a heroína e fiquei completamente anestesiado e desmaiado em minha cama, a cama em que estivera sóbrio até então.

A partir daí minha casa se encheu daquela energia pesada, principalmente o banheiro, que estava um nojo. Quando acordei, meu primeiro pensamento foi: "Por favor, meu Deus, diga que foi tudo um pesadelo". Percebi que a chance de que aquilo não tivesse acontecido era de dois por cento. Levantei tremendo e, quando olhei dentro do banheiro, caí em mim. Como aquilo havia acontecido? Não estava nos meus planos. O cara que ia viver e morrer sóbrio havia destruído seu currículo. Eu não sabia o que fazer. Estava chocado. Uma parte de mim queria continuar, mas outra parte estava tão envergonhada por ter feito isso que limpei a sujeira e fiz de conta que nada tinha acontecido. Mas me senti oco e vazio. Eu devia ter me livrado do segredo e procurado ajuda, mas não consegui.

Não contei nada a ninguém da banda. Ainda estávamos experimentando que caminho seguir, ensaiando e tentando compor. Uma das formas de nos entrosarmos foi cada um comprando uma Harley Davidson novinha em folha. Chegamos a fundar uma falsa gangue de motociclistas chamada "Os Sensíveis".

Já que tínhamos um disco de sucesso e uma gravadora que nos apoiava e estava preparada para gastar dinheiro, decidimos que uma mudança de ares poderia ajudar no processo criativo. Chad e eu fizemos uma missão de reconhecimento pelo Havaí e encontramos uma linda fazenda no lado sul da maior ilha. Nós a alugamos por um mês e mandamos as motos por navio, uma extravagância para garotos que até dois anos antes viviam em apartamentos pequenos.

O problema era que o lugar era tão lindo, que era difícil começar a tocar, porque só queríamos saber de nadar, fazer almoços luxuosos e encontrar pedras de onde pudéssemos saltar. Finalmente, começamos a ensaiar. O ritmo era diferente, mais lento do que antes. O som que compúnhamos era bom, mas não estávamos em sintonia a ponto de as transmissões telepáticas não requererem esforço. Devo ter ficado perdido no meu próprio espaço mental, porque não fui para lá completamente seguro de mim. Eu não tinha certeza do que deveria fazer com o novo som que criávamos, não sabia bem como me encaixar. Mas estava disposto a continuar dando um passo de cada vez e a manter meu estilo estranho e bizarro de escrever, que me parecia interessante, mesmo sem saber o que os outros achavam.

Demos início a algumas coisas realmente boas naqueles ensaios, coisas que mais tarde virariam músicas. Flea queria se reafirmar como uma das forças criadoras do nosso som, o que era bom, pois ele sempre foi um colaborador essencial, mas acho que ele pensou que era sua vez de dominar, e não era bem assim. Dava para perceber que Dave estava perplexo com nossos métodos; ele olhava e dizia:

– É assim que as coisas devem acontecer? O Anthony vai para um canto e escreve o dia inteiro enquanto nós tocamos? Isso vai levar a algum lugar?

Chad e eu dizíamos: – É, é assim que funciona. Enquanto estivemos ali, eu escrevia letras todos os dias por horas, mas havia momentos em que as novas músicas se acumulavam e eu não tinha ideias para elas. Para mudar de ambiente, eu pegava minha moto, dirigia até uma ponta da ilha, encontrava um albergue e me escondia com minhas fitas para escrever as letras. Lembro que uma vez voltei e Chad disse do nada:

– Qual é o problema, você está com um bloqueio criativo?

Tive de ensinar-lhe que coisas como bloqueios criativos não existem, que os escritores escrevem quando escrevem e, quando não escrevem, não escrevem e ponto. Mas ele estava convencido de que eu tinha um bloqueio e chegou a dar uma entrevista para a *Rolling Stone* dizendo que os ensaios iam bem, a não ser pelo fato de que eu estava com um bloqueio criativo. Isso causou um certo desentendimento.

Durante nossa estada no Havaí, eu conversava com Jaime por horas no telefone todas as noites. Depois de um mês de trabalho, todos voltaram para casa por uma semana, mas eu continuei ali e Jaime veio fazer uma visita. Fui buscá-la e a trouxe para a casa, onde passamos nossa primeira noite maravilhosamente. Tínhamos um acordo: eu não deveria ejacular na ausência dela, nem me masturbar, fantasiar ou sair com outras garotas; devia economizar cada grama do meu *chi*.

Jaime era jovem e bastante sexual e precisava repetir nossas performances, então não queria que eu perdesse o fôlego. Depois disso, alugamos uma casa em uma árvore em Waipio Valley, que era um enorme Jardim do Éden. Então passamos alguns dias em Maui antes de eu voltar ao trabalho.

Nessa época, tínhamos cerca de metade do disco pronto. Trabalhávamos, mas também nos divertíamos: fizemos duas viagens para mergulhar, incluindo uma em que vimos um grupo de baleias passando bem ao nosso lado.

Um dia, estávamos trabalhando e recebemos um telefonema de Lindy, que nos informou que Kurt Cobain havia se matado. A notícia deixou a todos sem fôlego. Senti-me diferente de quando Hillel morreu; era algo mais como: "Meu Deus, o mundo acaba de sofrer uma perda irreparável". A morte de Kurt foi inesperada, porque mesmo quando vejo que alguém está empenhado em se destruir, sempre tenho esperanças de que ele possa se recuperar. Alguns dos viciados mais junkies que conheci na minha vida conseguiram sair dessa e ficar sóbrios.

Foi um golpe que todos sentiram. Não sei por que todo mundo se sentia tão próximo daquele cara; ele era amado, querido e inofensivo de um modo misterioso. Apesar de suas trevas e de todos os seus gritos, ele era simplesmente cativante. Por isso sua morte nos abalou muito e mudou completamente nossa experiência ali. Mexeu com algo dentro de mim que me fez querer expressar meu amor por ele de um modo especial, sem ser uma óbvia "ode a". Nesse dia, eu me isolei na casa dos fundos da propriedade e comecei a escrever a letra de "Tearjerker ".

My mouth fell open hoping that the truth would not be true, refuse the news
I'm feeling sick now, what the fuck am I supposed to do, just lose and lose
First time I saw you, you were sitting backstage in a dress, a perfect mess
You never knew this but I wanted badly for you to requite my love
Left on the floor leaving your body
When highs are the lows and lows are the way
So hard to stay, guess now you know
I love you so
I liked your whiskers and I liked the dimple in your chin, your pale blue eyes
You painted pictures 'cause the one who hurts can give so much,
You gave me so much[17]

Terminamos o rascunho de umas dez músicas no Havaí. Agora, era hora de voltar, terminar as letras e começar a trabalhar com Rick Rubin no estúdio. Então eu saí dos trilhos outra vez. Alguém me deu um livro enorme sobre abuso de drogas. Estava repleto de histórias incríveis sobre o mundo das drogas nas ruas e resplandecia fotos incríveis sobre cada detalhe. Uma noite eu estava sentado sozinho em casa, com aquele catatau olhando para mim da mesa de jantar. Então o peguei, comecei a lê-lo e tive uma grande ideia. Verifiquei os bolsos para ver quanto tinha de dinheiro e chequei minha agenda para ver se estaria livre nos próximos dois dias. Percebi que fazia mais de dois meses desde a última vez que eu saíra da linha e que eu era capaz de lidar com isso. Minha intenção sempre foi a de aprontar por uma noite; depois dormir, esquecer tudo e então voltar a ser um cara normal.

---

17 [Dramalhão] Minha boca ficou aberta esperando que não fosse verdade, recuso as notícias/ Me sinto mal agora, que porra eu devo fazer, é só perder e perder/ Na primeira vez em que te vi você estava sentado nos bastidores usando um vestido, uma verdadeira bagunça/ Você nunca soube, mas eu queria muito que você recompensasse o meu amor/ Deixado no chão saindo de seu corpo/ Quando ficar alto é chegar ao fundo e chegar ao fundo é o caminho/ É tão difícil ficar, acho que agora você sabe/ Que eu te amo demais/ Eu gostava do seu bigode e da covinha no seu queixo, seus pálidos olhos azuis/ Você pintava as fotos porque quem está machucado pode doar muito, foi o que você me deu. (N. do T.)

Dirigir até o centro já é uma experiência por si. Você passa a ser controlado por essa energia carregada que está prestes a levá-lo para um lugar ao qual você não pertence neste ponto da sua vida – porque as pessoas são homicidas e há tiras por todos os lados, mas agora você vem de uma casa bonita nas montanhas, dirigindo seu Camaro conversível.

Então você chega a Alvarado e vira à direita. Agora seus sentidos parecem um radar hiperalerta. Sua missão é comprar drogas e você não quer que nada interfira nisso; é como estar em uma batalha em que sua vida depende da capacidade de ver tudo ao seu redor, o cara na esquina, os policiais disfarçados, a tensão entre negros e brancos. Então você anda duas quadras e fica diante de casas de famílias mexicanas. Há um par de motéis, uma loja na esquina e uma quitanda à esquerda, que foi o pano de fundo de muitos incidentes de sua vida com Jennifer quando você costumava se picar no carro e começava a vomitar pela janela. Todas essas memórias estão na sua cabeça quando você vira à direita em direção a Bonnie Brae. Mais meia quadra à esquerda e você vê grupos de traficantes. Eles são extremamente agressivos e observam cada carro que vira aquela esquina para ver se é alguém querendo comprar drogas. Eles estão na janela do passageiro, na janela de trás, e você tem que escolher de qual maluco comprar.

Os traficantes estão acostumados com gente que compra 20 dólares, às vezes 40 ou 60, mas você saca um bolo de notas de cem e diz a eles que quer 500 dólares. Eles não conseguem nem guardar 500 dólares de crack na boca, que é onde eles o escondem, exatamente como os papelotes de heroína, embaixo da língua, então começam a se acotovelar e somar seus recursos e vêm até você com um punhado de crack coberto de saliva. Você paga e pergunta: – Quem tem Chiva? – E eles indicam. Chiva é heroína. Então você vai a outro quarteirão e compra três, quatro ou cinco papelotes, tentando o tempo todo fazer isso rápido, porque os tiras podem aparecer a qualquer momento. Daí você vai para casa e fica chapado.

Assim que você acende o cachimbo, bum, há aquela descarga instantânea de serotonina no cérebro, uma sensação que é quase boa demais. Voltei à minha casa linda, doce e abençoada por Deus, andei pela cozinha e tomei a primeira dose – tudo o que interessa é a primeira dose; as outras são todas em vão, uma tentativa de recapturar a primeira –, coloquei o máximo de pedras que cabia, o máximo de fumaça que podia nos meus pulmões, segurei o mais que podia e depois soltei o fumo, e toda essa energia maníaca, psicótica, me envolveu e instantaneamente me transformei em outra pessoa. Eu não tinha mais controle dessa pessoa. Joguei fora minha camisa e me pareceu perfeitamente normal ir à casa da vizinha seminu para ver o que estava acontecendo.

Bati na porta, ela saiu e eu disse algo do tipo:

– Por acaso esqueci minhas chaves aí?

Ela respondeu: – Não, acho que não, mas vamos dar uma olhada.

Três minutos depois a sensação passou e me dei conta de que estava ali quase pelado, procurando chaves que não existiam, então pedi desculpas, voltei para casa e acendi o cachimbo de novo. Loucura absoluta. Eu carregava este segredo dentro de mim e isso envenenava todo o meu raciocínio. Eu fingia que tudo ia muito bem, mas a integridade de minha estrutura psíquica começava a colapsar. Eu tinha de escrever letras para mais algumas músicas e, quando você está nesse estado, mudar de ares parece ser uma boa ideia. O problema, obviamente, era a cidade em que eu vivia. Então decidi ir a Nova York, que sempre foi uma cidade inspiradora para mim. Além do mais, Jaime estava lá.

Meu plano era hospedar-me no Chelsea Hotel e escrever por um mês. O Chelsea era um lugar de artistas, cheio de esquisitões, velhacos, gente que não se encaixa, drag queens, viciados e prostitutas rejeitadas. Era a terra de mil figuras fantasmas.

Mudei-me para lá, mas não me sentia bem comigo mesmo. Tinha um espaço maravilhoso para escrever, fitas excelentes para trabalhar, quilos de anotações e ideias, minha garota a dez minutos de táxi e uma vista linda da cidade, mas me sentia fodido por dentro. Organizei meu espaço, comecei a trabalhar, escrevi e comi um pouco, depois Jaime passou por lá e assistimos a filmes, mas eu não me sentia eu mesmo, o que é uma sensação horrível. Eu estava irritado e uggghhh, naquele limbo de não estar nem chapado nem sóbrio.

Uma noite, mais ou menos uma semana depois, Jaime devia estar fora fazendo suas coisas e eu estava sozinho. Era noite e tive a vontade devastadora de ir ao Washington Square Park ver o que poderia conseguir com os traficantes. Consegui um punhado de pedras de crack, mas nenhum pó, então, na volta pra casa, comprei duas garrafas de vinho tinto. Fumei as pedras, que nem me deixaram alto, mas uma vez mais eu estava viajando. Não estava curtindo. Comecei a vomitar o vinho; não me sentia bem. Jaime chegou, então escondi o vinho e inventei desculpas ridículas como que eu havia comido alguma coisa estragada. No fim nós discutimos, porque eu estava descontrolado. Foi assim que passei todo aquele mês, que basicamente se desintegrou em um período triste e improdutivo.

Em julho, a banda foi para o estúdio gravar o novo álbum. Apesar de eu não ter terminado todas as letras, decidimos começar a gravar o básico. Atrasado com meu trabalho, eu não me encontrava bem preparado emocional ou fisicamente. Eu tinha algumas letras boas, mas não havia treinado minha voz para chegar lá e fazer o que devia. No entanto, Rick, Chad, Flea e Dave estavam prontos para começar.

Engraçado. Ninguém suspeitava que eu quebrara meus cinco anos e meio de sobriedade, mas pelas letras que eu escrevia, as pistas eram muitas. Em "Warped", eu escrevi: "*My tendency for dependency is offending me / It's upending me / I'm pretending see to be strong and free from my dependency/ It's warping me*".[18]

Mesmo em uma música alegre como "Aeroplane", havia uma parte da letra que dizia: "*Looking in my own eyes / I can't find the love I want / Somebody'd better slap me before I start to rust, before I start to decompose*"[19]. É um pedido de ajuda. Mesmo em "Deep Kick", que era um relato histórico de nossas trajetórias, havia uma referência a "esse monstro cinza gigante" ["*this giant gray monster*"] da dependência química, que engoliu tantos dos nossos amigos.

Gravamos as bases das faixas, mas eu ainda tinha problemas com as letras. Muito tinha a ver com meu estado mental. Quando você não está bem consigo mesmo, é difícil criar.

---

18 "Minha tendência para a dependência me ofende / está acabando comigo / Finjo ver para ser forte e me libertar de minha dependência / Ela me distorce." (N. do T.)

19 "Olho em meus próprios olhos / E não encontro o amor que eu quero / É melhor alguém me dar um tapa na cara antes de eu começar a embolorar, antes de eu começar a me decompor". (N. do T.)

Em 1º de agosto eu deveria celebrar meu sexto aniversário de sobriedade. Para o mundo exterior, era o que acontecia. Meu pai não me cumprimentou pelos cinco primeiros anos de abstemia, mas naquele falso sexto aniversário ele me enviou uma camiseta onde estava escrito SEIS ANOS LIMPO. Tive de aceitá-la, mas era mais uma razão para eu me sentir péssimo.

A banda tirou uma folga da gravação para tocar no festival de Woodstock e fiquei sóbrio por pelo menos um mês antes disso. Woodstock era nosso primeiro show com Dave. Lindy veio até nós e disse: – Ok, vocês são a grande atração de Woodstock. Querem fazer algo em especial?

Fiz o esboço de uma lâmpada gigante no chão, eu queria lâmpadas que envolvessem nossa cabeça inteira. Dave olhava para nós e dizia: – Eu vou ter de vestir uma lâmpada gigante?

Conseguimos um dos inventores de Hollywood para criar as fantasias de lâmpada e contratamos uma costureira mongolo-russa para fazer cinco roupas idênticas de Jimi Hendrix, porque nossa música para o bis era "Fire" ["Fogo"]. A quinta roupa era para Clara, a filha de Flea, que, às vezes, se tornava parte integrante do show. As lâmpadas eram uma iniciação difícil para Dave, porque não era o estilo dele. Mas ele não reclamou de nada. Não sabíamos o que esperar de nosso primeiro show com ele, mas tocamos para mais de 200 mil pessoas e a apresentação pareceu genial.

As fantasias de lâmpada resultaram complicadas, porque não ensaiamos com elas e não nos demos conta de que era impossível ter visão lateral ali de dentro e enxergar os dedos no instrumento. Mas o visual era impressionante e sensacional.

Então chegou o momento de voltar para casa, terminar meu trabalho e me concentrar em minha sobriedade. Porém, fiz exatamente o contrário. Minha casa era o perfeito castelinho isolado no alto da montanha. Decidi que seria uma excelente má ideia voltar a frequentar a cena da cocaína e heroína. Acabei encontrando um bar mexicano com mesas de sinuca que era uma verdadeira loja de conveniências. Eu podia simplesmente entrar, pedir uma cerveja e, quando eles terminavam de jogar, se aproximavam com um desses contêineres de máquina de chicletes cheio de crack e heroína.

Depois eu subia na minha moto e dirigia até uma área deserta e abandonada da cidade. Sacava meu cachimbo, enchia-o com as pedras e fumava, e era como se um motor a vapor explodisse em minha cabeça. Daí eu voltava para a moto, acelerava até chegar na última marcha e levantava voo como um foguete até em casa.

Chegando em casa, fechava o portão da frente, trancava a porta e desligava o telefone. Havia dois ou três lugares da casa onde eu me chapava. Um deles era a cozinha, onde se encontravam todos os utensílios de destruição. Mas eu sempre acabava no terceiro andar da casa. Ali havia um sofá velho e esquisito da década de 1950, uma TV e um aparelho de som no chão. Era capaz de ficar sentado ali por dias.

Enquanto isso, eu ocasionalmente estabelecia contato com Lindy ou Flea. Eles me perguntavam quando poderiam agendar o estúdio para eu gravar os vocais. Minha desculpa para não trabalhar era que eu tinha um problema estomacal esquisito, algo que tinha a ver com minha experiência em Bornéu. Então eu ia constantemente a um gastroenterologista e ganhava cada vez mais tempo. Era óbvio demais que era mentira, mas funcionou. Ninguém questionou por que eu não ia ao estúdio. Eu entrava cada vez mais fundo nesse mundo de repetição. Jaime vinha me visitar e não era legal, porque eu não estava bem e ela não sabia o que estava havendo. É triste; ninguém quer acreditar que a pessoa por quem se está apaixonado está descontrolada, bebendo e usando drogas, então o parceiro acredita em qualquer meia desculpa. Foi assim que consegui me chapar o verão e o outono, fingindo que nada acontecia. Eu dizia estar doente. E me deteriorava física e emocionalmente.

Comecei a deixar algumas pistas suplicantes. Um dia Flea se aproximou e viu um saquinho de Cheetos no chão dentro do meu carro. Essa seria uma dica claríssima, pois se eu estivesse limpo, jamais pensaria em comer essas porcarias. Mas Flea não tinha certeza, pois o pacote podia ter sido deixado por Jaime, então ele nunca ligou as pistas. Outra vez Jaime estava em casa e pedimos comida por telefone. Aproximei-me do entregador e lhe ofereci uma gorjeta de 100 dólares se ele me desse todo o dinheiro que tinha; eu pagaria o dinheiro e a gorjeta com o cartão de crédito.

Jaime escutava toda a negociação do alto da escada. Ela perguntou: – O que significa isso? – E tive de inventar um monte de mentiras.

Em meados de outubro, fizemos dois shows com os Rolling Stones. Foi uma época complicada, porque meu pai veio me visitar e se hospedou em casa. Voltei do primeiro show e dei uma desculpa péssima para conseguir ir de carro até o centro e voltar com um punhado de narcóticos. E eu não era Jimi Hendrix ou Janis Joplin. Não era capaz de me destruir e transformar minha alma num espetáculo quando subia num palco. Eu me destruía e me transformava em meio homem, com metade do prazer nas coisas que fazia.

Mas abrir para os Rolling Stones é uma merda de qualquer maneira. Não recomendo a ninguém. Você recebe a oferta e pensa: "Em termos históricos, eles são a segunda maior banda de rock da história da música e só ficam atrás dos Beatles". Mas o fato é que, hoje em dia, o público dos Rolling Stones é formado por advogados, médicos, contadores, empreiteiros e engenheiros. Um grupo conservador e próspero.

A experiência é completamente horrível. Primeiro você chega e eles não o deixam passar o som. Então eles lhe dão um oitavo do palco. Separam esse pedacinho e dizem: – Isso é pra vocês. Vocês não podem usar nosso equipamento de som nem nossa iluminação. Ah, e tá vendo aquele chão de madeira? É o tablado antigo que Mick importou da floresta brasileira e é ali que ele dança. Se encostarem nele, não recebem o cachê. – Nós éramos a música que tocaria enquanto o público se localizava, se sentava, comprava lanches e camisetas. Era um pesadelo.

Em novembro, tentei ir ao estúdio e cantar alguma coisa, mas me encontrava completamente fora de forma. Fiz um trabalho medíocre. Todos achavam que eu estava abatido por ter ficado doente no verão. Comecei a perceber que a dependência de drogas realmente era uma doença progressiva e, Deus me livre, se você volta a usar, é pior que antes. Quando Jaime vinha me visitar, eu me forçava a passar alguns dias sem usar, mas quando a levava ao aeroporto ia imediatamente para o centro. Passei apertado algumas vezes com a polícia. Uma vez, eu estava fumando crack no carro e estava alto demais para dirigir com prudência; além disso, tinha um monte de drogas e a parafernália para usar debaixo do banco. Um tira me parou.

Abri metade da janela e um jovenzinho com cara de depravado acendeu a lanterna na minha cara e disse:

– Oh, senhor Kiedis! Sinto muito! O senhor desculpe a minha interrupção, mas sou obrigado a informar que está em uma área muito perigosa e seria melhor o senhor tomar cuidado por aqui. Tenha uma boa noite.

Não foi exatamente a recepção que eu esperava. Jaime veio me visitar em dezembro e nessa época minha dependência de heroína era pesada. Fazia dois meses que eu fumava crack e heroína direto. Isso foi um pouco antes de viajarmos para casa no Natal. Decidimos por telefone que presentearíamos nossos pais com um carrão. Jaime estava preocupada em escolher o modelo e queria dar a seu pai uma picape; eu queria dar um Bronco a Blackie. Nessa época, ele havia voltado a morar em Michigan.

Nos organizamos para que a picape chegasse de navio à Pensilvânia. Nosso plano era dirigir o novíssimo, luxuoso e espaçoso Bronco de Blackie até Michigan. Depois das festas de fim de ano, Jaime e eu iríamos ao Caribe juntos. Ela ainda não sabia que diabos acontecia comigo, mas como minhas roupas estavam caindo de meu corpo magricela, ela percebeu que eu estava doente. Eu me convenci de que quanto mais longe estivesse de L.A., menos eu usaria drogas. Tive de fazer algumas estadas no centro, durante as quais comprei de todos os traficantes que encontrei. Jaime ainda precisava fazer algumas compras de Natal de última hora. Nessa época, eu acendia o cachimbo a cada dez minutos, não importava onde fosse. Quando ficava alto, não me comportava de modo estranho, pois já estava acostumado. Levei-a de carro para buscar um par de sandálias numa loja de marca em Melrose e, assim que ela desceu do Bronco, acendi o meu velho cachimbo. Estava ali sentado, fumando tranquilamente quando escuto, de repente, uma pancada aguda na janela. Era Jaime. Ela me pegou com a boca na botija. Eu estava envergonhadíssimo e ela, chocada. Ela levantou o dedo médio pra mim e tentou fugir, mas eu a agarrei e pedi que entrasse no carro.

Eu não tinha escolha, a não ser contar a ela o que havia acontecido, como acabei assim e o que pensava fazer a respeito, desde que não tivesse que deixar de ficar alto naquele momento. Disse-lhe que a amava do fundo do meu coração, que faria qualquer coisa por ela, que esse problema era uma merda pela qual eu já havia passado antes e para o qual não existia uma solução fácil. Contei sobre meu plano de cruzar o país de carro e deixar a cocaína e a heroína, de modo que quando eu chegasse a Michigan estivesse limpo. Ela não acreditava.

– Vá se foder, vá se foder, seu filho da puta. Cadê minha passagem de avião? Vou para casa. Você é um imbecil, um mentiroso, um nojento.

– Sim, sou tudo isso, mas ainda acho que você devia ficar. Tenho minhas coisas e quando chegarmos a Michigan, estarei limpo – eu disse.

Jaime me disse que já suspeitava há muito tempo e que havia dito a minha mãe e a Flea que talvez eu estivesse usando drogas de novo. É o auge da humilhação saber que seu melhor amigo e sua namorada falam mal de você pelas costas porque você usa drogas. Então, sua família está envolvida nisso – você se sente patético. Você sabe que eles se preocupam com você e querem ajudá-lo, mas tudo o que você quer é agghhh, não se metam. Não preciso e nem quero sua ajuda. Por favor, nem mesmo conversem um com o outro.

Finalmente ela concordou em viajar comigo. Saímos da Califórnia, entramos no deserto e tive de fazer um monte de paradas, sem saber se eu devia me chapar na frente dela ou se seria melhor esconder. Em determinado momento eu estava alto demais para dirigir, então ela pegou o volante. Ouvíamos *Nirvana Unplugged* e Mazzy Star, e ela chorava convulsivamente. Quando caiu a noite, estávamos nas montanhas do Arizona. A estrada estava escorregadia e congelada e era perigosa. Do nada, algo que parecia um alce gigante, maior que o carro inteiro, cruzou o caminho saltando. Jaime desviou para evitá-lo e não aconteceu nada, mas olhei uma placa e vi que a cidade em que estávamos fora onde minha avó havia morrido num acidente de carro. Considerei isso um presságio, como se o espírito daquele alce me dissesse: "Acorde, seu filho da puta, que você está morrendo".

Não era a primeira vez que eu interagia com espíritos por conta das drogas. Quando você as usa, é dominado por essa energia negra mística, uma força dentro de você que simplesmente não o deixa. E quanto mais fraco você está, mais você alimenta essa energia e mais ela o fode. Vi isso muitas vezes nos viciados. Dá para ver por sua aparência, sua voz, seu comportamento, que eles são controlados por energia negra, que eles simplesmente deixam de ser eles mesmos.

Percebi a mensagem do alce, continuamos dirigindo e encontramos um motel. Continuei a ficar alto no caminho e Jaime estava supernervosa. Seu sofrimento e sua dor afloravam. Ela tomou banho, trancou-se no banheiro e ficou ali por três horas. Eu me drogava e executava uma obra de arte com adesivos que havia comprado em uma parada de caminhões, mas periodicamente batia na porta dizendo: – Jaime, você está bem? – Depois de algum tempo, comecei a ficar preocupado.

Quando ela finalmente abriu a porta, vi que havia desenhado um "A" no braço com uma lâmina de barbear. Todo esse episódio foi assustador, e mesmo chapado tive de começar a lidar com o fato de que havia gerado muita dor e sofrimento ao meu redor, não só dentro de mim.

No dia seguinte acordamos e fomos até Flagstaff. Nenhum dos dois havia dormido de verdade. Eu amava essa garota demais e tudo o que eu queria era estar com ela, mas não conseguia parar de usar.

Voltamos para o carro, dirigimos até a divisa do Novo México e nos hospedamos em um motel. Eu estava no fim do meu último papelote de heroína e ainda havia mais dois dias de viagem. Já fazia tempo que a coca havia acabado, mas minha preocupação maior era ter heroína suficiente para passar os próximos dias. Ainda assim, anunciei:

– Pronto. Esta é a última vez que uso drogas.

Tentei dormir à noite, e no dia seguinte acordei no maldito inferno que é deixar a heroína. Jaime passou a ser a única a dirigir, uma princesinha linda e loira comandando a caminhonete enorme. Deitei o banco, enfiei-me num saco de dormir, bebi um frasco inteiro de xarope para resfriado e entrei num processo de desintoxicação furioso, com suor, tremedeiras e desmaios. E Jaime continuou a dirigir. Dirigiu por horas a fio enquanto eu me mantinha febril dentro do saco de dormir. Ela foi direto a Michigan. Mais uma vez, cheguei em casa para passar as férias com uma horrível dependência de heroína.

CAPÍTULO

12

PULANDO O MURO

Foi difícil esconder minha dependência das drogas quando cheguei à casa de minha mãe. Eu era só pele e ossos. Além do mais, Jaime já havia falado de suas suspeitas com minha mãe, que conversou com meu pai.

Blackie sempre pareceu negar que eu usasse drogas. Provavelmente era doloroso demais para ele, então ele fazia de conta que estava tudo bem. Agora, a máscara tinha caído. Estabeleci-me no conforto de casa. Eu sabia que devia começar a frequentar reuniões de grupos de apoio e comer muito. Eu não tinha problemas com a ideia de manter-me sóbrio, mas, novamente, não quis reconhecer o quanto meu problema era sério. As medidas que eu tomava eram paliativas. Ir a uma reunião e pôr as cartas na mesa é um bom começo, mas achar que isso vai funcionar é bem diferente.

Mesmo assim, tivemos um Natal maravilhoso. Jaime até conseguiu relaxar um pouco. O choque e o horror começaram a passar; como eu não estava usando, recuperei um pouco de meu apetite sexual e tudo ficou mais alegre. Ela começou a vislumbrar um futuro brilhante para nós. Quando nosso relacionamento ia bem, tudo era muito divertido, porque éramos excelentes amigos e ríamos de tudo. Jaime tinha um jeito de desarmar minha seriedade e era uma ótima companhia. Era maravilhoso estar apaixonado por uma garota sexy e doce, que ainda por cima adorava basquete.

Na véspera de Natal levamos o Bronco a Blackie. Coloquei um laço gigante no teto desse supercarro. Blackie atendeu a porta, resmungando porque estávamos atrasados, e eu lhe disse que saísse para ver seu presente.

Ele ficou confuso, então joguei as chaves em suas mãos e ele ficou nervoso. Olhou para o carro e para as chaves e disse: "Não! Não! Não é possível", tentando segurar o choro. Foi muito emocionante.

A manhã de Natal pertencia à minha mãe. Era o seu momento no ano; a casa inteira estava decorada. Ela havia pendurado as meias sobre a lareira, com uma meia para Jaime, claro. A neve caía do lado de fora da janela e minha irmãzinha Jenny, o anjo da família, estava encantada. Foi mágico.

Acordei às sete e meia da manhã e acendi a lareira. Depois abrimos os presentes. Dei a todos joias, ternos finos, suéteres, equipamentos eletrônicos, blá-blá-blá. Então Steve, o maluco que era o novo amor de minha irmã Julie, parou tudo e disse:

– Eu só queria um minuto para dizer que este é o melhor Natal da minha vida. Todos vocês são incrivelmente generosos e me deram tanto...

Pensávamos: "É, você está certo. Demos muitas coisas pra você". E ele continuou:

– Mas eu ainda não terminei. Preciso lhes pedir mais uma coisa. – Todos ficaram em silêncio. "Caramba, o que mais esse cara quer?"

– Gostaria de pedir a mão de sua filha e irmã em casamento. – Ele se aproximou de Julie e continuou: – Julie, com o apoio da família que se encontra reunida nesta sala, quer casar comigo?

Todos começaram a chorar. Eu não conseguia acreditar que aquele cara fazia esse incrível pedido de casamento bem ali, na frente de toda a família. Era o auge do romantismo para a manhã, e Julie aceitou.

Alguns dias depois, voamos para a Pensilvânia. Jaime estava entusiasmada para dar a seu pai a picape F-150, que era como uma medalha de honra em sua comunidade. Seus pais eram liberais o suficiente para deixar que dormíssemos juntos no quarto dela, enquanto eles se encontravam na sala. Senti-me muito desconfortável em fazer sexo com ela naquela casa. Eu murmurava: – Posso ouvi-los na cozinha! Não podemos fazer muito barulho. – Ela não se incomodava, só queria ser amada.

Da Pensilvânia pegamos o voo para o Caribe para descansar e relaxar um pouco. Eu havia ligado para minha agente de viagens e dito a ela que queria ir para o lugar mais rústico das ilhas. Era uma quantidade exorbitante de dinheiro por semana, mas com tudo pelo que eu passara nos últimos meses, não importava. Queria ir para o lugar mais quente, bonito e relaxante que pudesse encontrar. Tomar sol, nadar, comer, explorar os arredores e fazer amor eram minha ideia de recuperar a saúde, o que funcionou.

Então chegou o momento de retomar a música em L.A. Foi difícil encarar Flea, mas preferia vê-lo sabendo que eu havia mudado o rumo em direção à sobriedade do que encontrá-lo chapado. Flea me deu um apoio incrível. Ele é o tipo de amigo que pode estar muito ocupado com suas coisas, mas quando a merda voa no ventilador, ele está lá para ajudar.

Em momentos como esse, não faz julgamentos e aceita o caos. Dave permaneceu sóbrio durante todos os meus problemas. Ele entendia os mecanismos do alcoolismo e me apoiou muito. Provavelmente estava decepcionado e sofria com a experiência, mas nunca foi negativo comigo por causa de meu comportamento. Era um mistério o quanto eles eram amáveis e tolerantes e o quanto eram capazes de me perdoar.

Agora que eu estava recuperado, nossa maior prioridade era terminar o álbum. Agendamos o estúdio para o fim de janeiro e, um pouco antes disso, Flea e eu viajamos a Taos, no Novo México, para escrever e compor as músicas e terminar o disco. Ficamos ali apenas quatro ou cinco dias, mas cada dia terminamos uma canção.

Flea havia se adiantado em minha ausência, chegando mesmo a contribuir com letras para o álbum. Ele escreveu a letra de "Transcending" ["Transcendendo"], que era um tributo a River. "Pea" ["Ervilha"] era sua tentativa de levantar a bandeira da humildade. Mas ele também escreveu a introdução para "Deep Kick" ["Chute profundo"] e as melodias dos vocais para os versos de "My Friends" ["Meus amigos"] e "Tearjerker" ["Dramalhão"]. Ele me fornecia muito mais informação do que eu estava acostumado a receber, mas eu estava aberto. Além do mais, isso foi necessário, porque eu me desligara muito do processo criativo.

Taos foi produtivo e divertido. Chegamos a ir à montanha e esquiar em meio a uma nevasca. Algo curioso acontece toda vez que você se limpa. Você tem a sensação de renascimento. Há algo intoxicante no processo de retorno, que se torna elemento de todo o ciclo de dependência.

Depois que você consegue parar e sair da merda de se arruinar com coca e heroína, começa a fortalecer a mente e o corpo e a se reconectar com seu espírito. A sensação opressora de ser um escravo das drogas ainda é recente, então, por comparação, você se sente fenomenal. No fundo de sua mente, você sabe que toda vez que se desintoxicar terá essa nova sensação agradável.

Quando olho para trás, vejo por que esses círculos viciosos se desenvolvem em alguém que está sóbrio há muito tempo e depois tem uma recaída, mas não quer usar, não quer morrer, mas não consegue tomar todas as medidas necessárias para restabelecer-se. Quando você está doente, não pode ir até a metade do processo de cura e achar que ficará mais ou menos bem; se for até a metade do processo de cura, não se curará e voltará ao início. Sem uma transformação completa, você continua sendo a mesma pessoa, e a mesma pessoa faz as mesmas cagadas. Eu continuava com medidas paliativas, achando que sairia ganhando alguma coisa, mas continuava sem conseguir chegar a lugar nenhum.

Voltamos ao estúdio e, no fim de fevereiro, eu havia liquidado os vocais. Num estalo nós, que não fizemos nada por meses, terminamos de gravar. Depois do último vocal, fiquei tão animado que pensei: "Talvez seja bom se chapar". Era a mesma experiência celebradora que eu tivera com Hillel depois de *Uplift Mofo*. Então me despedi, disse a todos que os veria em mais ou menos uma semana e escapei para a escuridão do centro da cidade para recomeçar o ciclo de loucura ininterrupta mais uma vez.

Infelizmente, Jaime veio me visitar dali a alguns dias. Ela teve de ir direto do aeroporto fazer um trabalho como modelo e me ligava de lá perguntando onde eu estava. Muito do estímulo para se matar se perde quando as pessoas o procuram e você as decepciona, porque estar por aí se destruindo é muito legal. É excitante. Mas quando se transforma em "Que droga, tem alguém me procurando", amortece essa festa insana.

Escondi-me em um motel. Foi o início da grande excursão pelos motéis. Optei pelo Viking Motel ou pelo Swashbuckler's Inn, sujos, descuidados, motéis de viciados que serviam para famílias pobres que não tinham outro lugar para ficar ou para prostitutas, traficantes, cafetões, arruaceiros e outros desgraçados escandalosos. E um monte de viciados brancos que fugiam de suas vidas reais.

Comecei a me hospedar nesses lugares em toda a rua Alvarado porque eles ficavam a poucas quadras de onde eu comprava drogas. Quando Jaime estava me procurando, minha sofisticação na escolha de motéis ainda não havia chegado tão longe. Eu só havia me hospedado no Holiday Inn de Hollywood. Foi onde ela e Dave me rastrearam. Dave teve a astúcia de ligar para Bo, nossa contadora, e perguntar onde eu fizera minha última transação no cartão de crédito. Ela ligou para a companhia e disse a Dave que eu estava no Holliday Inn.

Eu estava ali tentando dormir quando acordei com um maluco batendo na porta. Fui ao olho mágico, espiei e vi Dave e Jaime à espreita no meio do corredor.

– Vamos, cara, abra essa porta – disse ele. – Eu o amo e quero ajudar você a ficar bom. Isso não pode estar acontecendo. Vamos para a reabilitação agora. Jogue fora as suas drogas e vamos embora.

Eu não queria abrir. – Não, vocês não entendem – respondi. – Estou muito mal. Preciso dormir. Ligo para vocês mais tarde e hoje à noite nós vamos.

– Nada disso. Meu carro está aqui fora – Dave disse. – Já liguei para a Exodus e reservei uma vaga para você. Abra a porta. – Abri a porta. Àquela altura, não conseguia mais brigar ou discutir.

Eu estava fodido e a única forma que tinha de apaziguar estas pessoas tão infelizes com meu comportamento era ceder e voltar à reabilitação. Foi o que fiz.

Em 1995, o mundo da reabilitação havia evoluído para algo muito diferente de minha primeira estada, em 1988. Ir para a reabilitação havia se tornado comum. Entre as clínicas, Exodus era famosa por dois motivos. Kurt Cobain acabara de sair de lá quando morreu. O lugar também era famoso pelo renomado médico especialista em reabilitação que o dirigia. Gente como ele diz entender como as drogas podem afetar o corpo, mas para mim toda essa informação não queria dizer nada.

Quando um viciado está chapado, ele fica louco. A partir do momento em que ele deixa de se chapar e começa a seguir o programa, ele melhora. É a coisa mais simples do mundo, mas eles gostam de complicá-la com jargão psiquiátrico e de dependência química. Já vi isso acontecer com milhares de viciados que conheci e tentaram se curar. Não faz diferença o quanto a clínica ou o médico sejam maravilhosos. Estar ali naquele período acabou sendo uma experiência bonita.

Fiz dez dos amigos mais atípicos de toda a minha vida. Havia uma senhora idosa de uma cidade no norte, uma médica brasileira e um cara do Texas viciado em bolinha. Meu primeiro companheiro de quarto foi um garoto gay saído do coração dos Estados Unidos, de Kentucky, Missouri, por aí. Sua história era clássica: rapaz incompreendido que cresce numa cidade do meio-este onde todos adoram futebol não se encaixa no machismo que faz mover o mundo e então é alienado, isolado e colocado no ostracismo pela família. Ele se muda para Hollywood, encontra sua irmandade gay e o mundo do álcool e das drogas, e entra na curva descendente. Ele dependia tanto de Vicodin, que moía os comprimidos e os colocava no cereal para o café da manhã.

Ali havia um grupo de pessoas incomuns e fiz amizade com todas elas. Você reconhece a possibilidade de deixar seu próprio legado na vida dessas outras pessoas. Você está fazendo as mesmas coisas que elas, mas não consegue ver a coisa acontecer em você. Porém, começa a ver todas as tragédias e os milagres em potencial nos outros. É uma situação de muito envolvimento emocional, que muda sua visão de mundo.

Durante minha estada, tive uma reunião com os amigos e a família e Flea apareceu. Durante a sessão, o orientador virou para Flea e disse:
– Ok, Flea, diga-nos como você se sente quando Anthony está por aí se drogando e você não tem nem ideia de onde ele está ou se ele vai voltar.

Eu esperava que Flea dissesse: "Ah, eu fico puto da vida com esse filho da mãe. Nós deveríamos estar ensaiando e compondo. Esperei 12 horas e nada do desgraçado. Estou preparado para tentar fazer alguma outra coisa". Em vez disso, Flea começou a chorar, o que me pegou desprevenido. Ele falou:

– Eu tenho medo de que ele morra e nos deixe. Eu não quero que ele morra, mas há anos eu acho que ele vai morrer. – Eu não sabia que ele se sentia assim.

Na Exodus, adquiri um hábito que até hoje é uma parte muito importante de minha vida. Durante os cinco anos e meio em que permaneci sóbrio, nunca rezei ou meditei. Não sabia bem o que significava cultivar um contato consciente com um poder maior que eu. Na Exodus, alguém que trabalhava ali me sugeriu que eu sempre começasse o dia com uma oração. Comecei a rezar todas as manhãs. Depois de abrir minha mente para o conceito de um poder superior, nunca lutei contra ele. Eu via e sentia por toda parte a existência de uma inteligência criativa no universo, um poder de amar maior que eu na natureza, nas pessoas, em todos os lugares. Minhas orações e meditações ganharam força e importância com o passar dos anos, transformando-se em parte importante de minha recuperação e de minha experiência cotidiana.

Cheguei ao trigésimo dia de minha estada sem sequer pensar em ir embora. Aceitei que estava ali para seguir o programa e entrar nos trilhos. Nos primeiros dias, eles dão uma quantidade imensa de remédios para desintoxicar você. Os primeiros dias de medicação são duros: sua pele está flácida e você tenta entender por que não tem vontade de fazer nada. Mas depois consegue superar isso e começa a se sentir melhor.

Eles o alimentam o dia inteiro, você faz exercícios e vai a reuniões. Eles o mantêm bastante ocupado.

Enquanto estive ali, Jaime veio me visitar. Fui aprovado em meu programa de 30 dias, saí da clínica e voltei a participar do mundo dos vivos. Graças a Deus eu estava lá quando o pai de Jaime a deixou. Ele faleceu em junho e eu pude ir à Pensilvânia para estar com ela e com sua família nesse momento difícil.

Naquele verão, a banda deu os toques finais no disco e começou a lançar videoclipes. Gravamos muita coisa, mas nada nos agradava, então voltamos a recorrer a Gavin Bowden, cunhado de Flea. Ele teve uma ideia para "Warped", que seria filmado em um novelo de lã gigante.

Gravamos por dois dias e foi nosso clipe mais caro até então. Ainda hoje acho que ele tem elementos majestosos.

O que chamou mais a atenção naquele clipe foi uma cena em que Dave me beija. Flea, Dave e eu deveríamos sair de trás de uma parede e fazer uma dança misteriosa com a sombra de nossas silhuetas. Gravamos a mesma cena mais de dez vezes e Gavin achou que ainda não estava boa, então voltamos outra vez a nossos lugares para repetir. Dave virou e me disse: – Desta vez, quando sairmos dali, vou me virar e lhe dar um beijo pra deixar a coisa mais picante.

Eu disse: – Legal, boa ideia –, achando que ele me daria um beijinho de amigo. Saí de trás da parede e ele se aproximou para dar o que eu pensei ser uma bitoca nos lábios, o que já é loucura o suficiente para um clipe de rock, mas, de repente, Dave começou a me dar um beijo de língua de tirar o fôlego. Não fiquei perturbado nem incomodado, só surpreso.

Essa foi uma das milhares de cenas que continuamos a gravar. Semanas mais tarde, recebemos o clipe editado e o beijo estava lá, com destaque. Alguns minutos depois, Eric Greenspan, nosso advogado, me telefonou:

– A Warner Brothers viu o clipe e quer cortar o beijo imediatamente – disse ele.

– Por quê?

– Eles acham que não vai dar para vender bem – ele falou. – E eu também acho que vocês deviam cortar o beijo. Acho que vocês correm o risco de perder um grande segmento de seu público.

Quando vi o beijo, achei que tanto poderia mantê-lo como cortá-lo, mas assim que os executivos começaram a falar "Nada de beijo", passei a dizer "Não, o beijo fica". Tivemos uma discussão na banda e decidimos manter o beijo. Realmente a reação de nosso público masculino adolescente foi negativa. Recebemos cartas acusando-nos de "bichas", os rumores começaram a circular e chegamos a repensar nossa decisão.

Mas então chegamos à seguinte conclusão: "Foda-se. Talvez seja hora de excluir os babacas mesmo". Se eles não podiam aceitar o que fazíamos, não precisávamos mais deles.

Em setembro, lançamos *One Hot Minute*. Estávamos orgulhosos, ainda que o disco talvez não fosse tão bom quanto se tivéssemos mantido a banda unida depois de *Blood Sugar*. Mas para uma banda praticamente nova, o resultado era bastante bom, na mesma linha de *Mother's Milk*, o primeiro álbum que fizemos com John e Chad.

Antes da turnê, eu tinha algumas entrevistas agendadas para promover o álbum. Bem nessa época, voltei a usar drogas. Eu estava escondido em casa numa tristeza absoluta num dia de setembro e o telefone não parava de tocar. Finalmente atendi; era Louie. – Cara, a MTV está na porta da sua casa. Eles estão prontos para gravar.

Lembrei que eu tinha de fazer uma gravação em casa para a MTV com o VJ Kennedy. Arrastei-me até o andar de baixo. Eu parecia doente e sem vida e tive de responder a todas as perguntas do gentil Kennedy olhando para a câmera em minha sala de estar. "Já faz um tempo desde que vocês lançaram um disco, blá-blá-blá..." Que desastre.

Então a turnê começou. Mesmo tendo ficado um pouco chapado de antemão, nunca considerei a possibilidade de usar enquanto viajássemos. Eu sabia que isso acabaria com tudo da noite para o dia. Começamos pela Europa. Era a primeira vez que tocávamos ao vivo desde Woodstock, então parecíamos o motor de um carro que precisa de regulagem.

Sentia-me responsável por não ter permitido que estivéssemos ainda melhores. Eu não estava tão concentrado em minha musicalidade quanto devia.

Nossa turnê americana, que deveria começar em meados de novembro, foi adiada – sem que eu tivesse qualquer culpa por isso – para o início de fevereiro. Então fui direto de Barcelona, nossa última parada na Europa, a Nova York, para ficar com Jaime. Ela se mudara de seu escuro apartamento em Chinatown para um prédio luxuoso, charmoso e aconchegante, com vista para a estátua de La Guardia, ao sul do Washington Square Park. Ficava num bairro tranquilo e vistoso. Passamos um outono agradável ali, e então, como de costume, começamos os preparativos para as viagens anuais de Natal. Foi quando comecei a perceber que nem tudo ia bem no âmbito doméstico. Decidi comprar alguns móveis para a casa de Blackie e fomos ao ABC Carpet na Broadway para escolhê-los.

Voltei à loja duas vezes para acertar a entrega e numa das vezes eu estava ali sozinho, esperando o elevador, quando uma mulher vestida com elegância, na casa dos 20 anos, se aproximou. Era bonita e requintada, e conversamos por um minuto enquanto ela esperava o elevador.

Uma voz falou dentro de mim: "Você poderia casar-se com esta dama. Sua esposa está prestes a entrar no elevador e desaparecer para sempre e talvez você deva fazer alguma coisa agora". Exatamente nesse momento, o elevador chegou, ela entrou e foi varrida de minha vida para sempre.

Foi a primeira vez, desde que eu estava com Jaime, em que me ocorria uma ideia assim, o que era um nítido presságio de problemas.

Veio o Natal e fizemos nossas costumeiras viagens. Nesse ano, dei à minha mãe seu primeiro carro de luxo, um Ford Explorer customizado que o dono de uma concessionária em Michigan havia pintado, modificado e enfeitado especialmente para sua esposa antes de se divorciarem.

Blackie se encarregou de toda a pesquisa e desenvolvimento desse presente. Então Jaime e eu passamos alguns dias na Pensilvânia, mas com a perda recente do pai dela obviamente não foi um período muito feliz. Voltamos a Nova York antes do Ano-novo. Eu estava tão saturado do comercialismo do *réveillon* em Nova York e da compulsão de todo mundo em passar a melhor noite de suas vidas, que decidi ir dormir antes da meia-noite. Ficamos abraçados no sofá e assistimos a um filme e, por volta de onze e meia, apagamos as luzes e fomos dormir.

Alguns dias depois, tive a epifania de que este período de minha vida havia se acabado e que chegara a hora de ficar solteiro outra vez. Olhei para Jaime um dia e pensei: "Não estou mais apaixonado por ela". Sem motivo algum. Não foi por nada que ela fez. O problema não era sua forma de falar, seu jeito de andar ou as coisas que ela dizia, porque ela nunca fez nada que eu considerasse intolerável. Algo simplesmente se revelou para mim. Foi como se um nevoeiro se dissipasse. Pensei: "Meu Deus, onde estive nos últimos dois anos? É hora de fazer algumas mudanças". Tinha tudo a ver com estar sóbrio. Eu não tinha intenção de me drogar.

Eu provavelmente havia causado tanto dano a mim mesmo, que era incapaz de estar apaixonado por ela. E aquela voz foi tão clara para mim, que ignorá-la teria significado fingir o que eu sentia dali em diante. Eu sabia que tinha de fazer a coisa mais desagradável do mundo. Para mim, era muito mais fácil manter um relacionamento insatisfatório que dizer: "Vou embora". Era melhor eu me autoagredir, o que fazia parte dos meus ciclos.

Conversei com Jaime e ela não aceitou. Voltei a L.A. e ela foi atrás. Houve muita choradeira e gritaria, até que ela fez as malas e foi embora. Como eu havia causado tanta dor a alguém com quem realmente me importava, o panorama emocional era perfeito para cair de novo na farra. Comecei numa sexta à noite. Parei no centro e enchi os bolsos de drogas. Saí da casa de Lindy ainda com luz do dia, dirigi alguns quarteirões e acendi o cachimbo bem ali, no meio da rua. Continuei por dois ou três dias, fumando crack e colocando heroína por cima das pedras, e logo me encontrava em outra situação desesperadora.

Percebi que teria muitos problemas se continuasse em L.A., então peguei as páginas amarelas e liguei para a Aeromexico. Eu havia guardado um punhado de papelotes para o período de privação. Não seria difícil embarcar com eles, mas a alfândega mexicana me preocupava, então decidi escondê-los no toca-fitas de meu aparelho de som.

Quando aterrissei no México, ainda estava alto. O aeroporto tinha um sistema de alfândega em que você entra na fila, aperta um botão e uma luz verde ou vermelha se acende. Se a verde se acendesse, eu estava livre. Claro que para mim se acendeu a vermelha. Aproximei-me da mesa e o funcionário me olhou com muita suspeita. Revistou minha mala, meus bolsos e então disse: – Deixe-me ver o rádio.

Meu coração disparou. A última coisa de que eu precisava era ser preso trazendo heroína para o México. Ele olhou no compartimento das pilhas, que eu cheguei a considerar como esconderijo, e então teve dificuldades para fazê-lo funcionar. Ele apertou todos os botões do toca-fitas e estava prestes a apertar o *eject* quando olhou para mim e disse: – Ponha-o para funcionar.

Liguei imediatamente o CD-player, apertei o play e *Os maiores sucessos do Jackson* 5 começou a tocar. Ele me deixou passar. Eu tinha um quarto reservado no Westin, em Cabo San Lucas, um hotel moderno que fora projetado para parecer uma escultura de argila mexicana. Enfiei-me na cama, usei a heroína que sobrava e então me encasulei, pedindo comida ao serviço de quarto, assistindo à TV via satélite e me sentindo só, deprimido e com remorso. Depois de três dias deitado na cama comendo e tentando voltar a ser uma pessoa, forcei-me a sair e mergulhar no oceano. Eu precisava batizar meu espírito.

Cabo se tornou meu centro de reabilitação pessoal. Eu ficava sóbrio por algumas semanas, depois recaía, minha vida virava uma bagunça e eu voltava a me hospedar no mesmo quarto e a fazer exatamente a mesma coisa, o que seria uma das melhores definições para insanidade – fazer exatamente a mesma coisa, repetidamente, e esperar que o resultado seja diferente. Se era para estar doente, que fosse no México. Eu me considerava afortunado por poder me dar o luxo de ir até lá e deitar sob aquele céu azul.

No início de fevereiro de 1996, começamos uma turnê de dois meses pelos EUA, em três etapas. Abrimos a turnê no Nassau Coliseum de Long Island, mas, no dia em que chegamos a Nova York, a cidade havia sido atingida por uma nevasca incrível e estava sob um manto de neve.

Nessa noite, encontrei-me com Guy O. no Spy Bar no SoHo. Havia muitas garotas ali, mas a maioria delas era fabulosa, nova-iorquina e difícil demais. Então vimos essa menina que estava um pouco bêbada, com um vestido vermelho brilhante e um cinto de zebra esquisito da década de 1980. Ela se encontrava em seu próprio mundo ao lado do piano, executando uma pantomima cheia de emoção para uma música de Björk.

Aproximei-me e me apresentei. Seu nome era Christina e ela era modelo. Tinha o cabelo ruivo natural e uma pele branca linda e enlouquecedora, com seios grandes demais para o padrão do mundo da moda.

Convidei-a para o show da noite seguinte e ela perguntou se podia trazer a amiga com quem dividia o apartamento, que resultou ser uma grande fã do Oasis. Nessa época, o Oasis era a maior banda do momento, tendo penetrado em cada canto escondido do país. Propositalmente, eu ignorava este fenômeno, mas no caminho para o Coliseum a amiga de Christina só conseguia falar em Oasis, neste ou naquele dos irmãos.

Abrimos caminho pela neve, chegamos ao Coliseum e fiquei feliz em ver que o lugar estava cheio e o público nos recebia com apreço.

Naquela noite, comecei a sair com Christina, o que foi bom, pois já fazia algum tempo que eu não sentia essa conexão com alguém. Não me apaixonei, mas ela era uma pessoa agradável e sem dúvida éramos sexualmente compatíveis. Não sei se foi seu cheiro ou sua energia, mas quando estávamos na cama, me sentia como um vampiro anestesiado por estar com ela.

No início dessa turnê, caí do palco. Tocávamos algumas músicas novas de *One Hot Minute* que não haviam sido apresentadas muitas vezes e eu estava de olhos fechados, no meio de minha dança robótica, quando tropecei em um de meus monitores. Mergulhei no vazio e caí dois metros e meio, bati a cabeça no chão de concreto e desmaiei. Antes de cair, minha perna se enroscou no fio do microfone e, quando despenquei, o cabo arrancou o músculo de minha panturrilha do osso. Eu estava dependurado de cabeça para baixo pensando que dava para lidar com o machucado da cabeça, mas quando voltei ao palco a perna não respondia. Levei alguns pontos na cabeça, mas a perna estava meio preta, azul, verde e muito deformada. Tive de terminar o resto da turnê com a perna imobilizada.

Depois da segunda etapa da turnê, tivemos um intervalo de duas semanas e encerramos com shows pela costa oeste. Considerando que tivemos um hiato de quatro anos entre os álbuns e que o ambiente da música pop havia mudado muito, foi agradável saber que as pessoas ainda tinham interesse em sair e ver o que fazíamos. Tocamos em estádios e não foi a melhor turnê-com-ingressos-esgotados de nossa carreira, mas tivemos uma recepção calorosa do novo material em todos os lugares. Em Seattle, trouxe Christina para me visitar por alguns dias. A banda tinha uma noite livre e o Oasis tocava na cidade. O produtor deles telefonou e nos convidou para o show, mas ninguém queria ir, a não ser ela. Naquela época, o Oasis estava uma bagunça. Os irmãos brigavam constantemente e os shows eram cancelados a torto e a direito. Mas nós fomos e, antes de o show começar, fomos ao camarim e encontramos o cantor. Ele se apresentou e eu disse:

– Oi, Ian.

– Não, é *Liam*.

Depois desse momento "Ian, Liam" de calafrios pela espinha, saímos para assisti-los. Foi quase ótimo, a não ser pelo fato de que era óbvio que eles se odiavam. Não havia vida no palco. Apesar disso, as músicas e os vocais eram bons.

No meio do show, Christina já havia tomado algumas cervejas, estava excitada e decidiu que queria me fazer um boquete. Então fomos explorar os bastidores do palco. A maioria das portas estava fechada, mas encontrei uma aberta. Era debaixo do palco e dava na sala de controle elétrico de todo o estádio. Então deitamos no chão, nos despimos e começamos a transar. A atmosfera era agradável; podíamos ouvir os sons abafados da banda tocando acima de nós. Mas no meio do caminho nos empolgamos demais e esbarramos numa alavanca e, de repente, as luzes se apagaram. Levantei de um pulo e corri para o painel, convencido de que havíamos cortado o som e as luzes do estádio inteiro. Empurrei a alavanca freneticamente e as luzes se acenderam. Percebi que só havíamos cortado a luz naquela sala, mas estávamos a uma alavanca de paralisar o show por fazermos sexo debaixo do palco.

Christina era muito divertida e nosso relacionamento físico era maravilhoso, mas eu não estava apaixonado a ponto de que ela se convertesse em minha namorada. Alguns meses mais tarde, pouco antes de regressarmos à Europa para uma turnê, disse a ela que não poderíamos continuar nos vendo. Ela ficou desconcertada e disse: – Ah, que bosta. Achei que esse relacionamento ia dar em alguma coisa, mas eu entendo. Pelo menos tivemos ótimas trepadas. – Pensei: "Esse é o espírito da coisa!". Depois da etapa da costa oeste, descansamos algumas semanas antes de ir à Austrália e Nova Zelândia para tocar. Começamos na Nova Zelândia, e voltar lá me fez sentir que ali eu construiria meu segundo lar. Não sei bem como conheci um ex-jogador de rúgbi que trabalhava como agente imobiliário. Num intervalo entre os shows, ele me levou para conhecer uma fazenda de 169 acres com vista para a baía de Kai Para, uma hora e 15 minutos a noroeste de Auckland. Fazia um lindo dia ensolarado. Meu impulso para encontrar um segundo lar era no sentido de comprar um lugar perto de uma praia cálida, de águas claras e convidativas, onde eu pudesse nadar e me divertir no mar. Não tenho a menor ideia de por que escolhi esse lugar, pois não havia nada disso ali. Mas a vista do porto era maravilhosa, com cores incríveis numa pátina psicodélica, de caleidoscópio. O agente imobiliário exagerou nas qualidades da fazenda e começou a me falar de um leilão que aconteceria, por coincidência, enquanto eu estivesse na Austrália.

A próxima coisa que lembro é de estar com ele ao telefone, que estava no leilão, e de ter comprado essa propriedade por muito mais do que ela valia. Quando voltei, as pessoas começaram a me dizer que não sabiam sequer se havia mais ofertas para comprá-la. Esses negociadores neozelandeses são todos uns malditos.

Terminamos o ciclo de duas semanas de turnê e todos voltaram para os EUA, menos eu. Voltei à Nova Zelândia, hospedei-me em uma pousada e passei pela experiência de fechar esse negócio, que me custou cerca de

1 milhão de dólares. Fiquei esperando o fazendeiro que morava ali pegar o dinheiro e se mudar para a Gold Coast na Austrália, onde sempre faz sol. Enquanto isso, eu pensava: "Por que diabos esses fazendeiros se mudam desse lugar paradisíaco tão lindo para ir viver na superpovoada Gold Coast, que é igual à praia de Miami, só que mais úmida?". Logo descobri. Resultou que vi a fazenda em um dos poucos dias do ano em que não choveu. Trezentos dias ao ano, chovia a cântaros naquele país. O tempo era nublado, chuvoso, frio, tempestuoso, parecia a Inglaterra num dia feio.

Chegou o momento de ir para casa preparar-se para nossas apresentações na Europa. Antes disso, tocamos no primeiro Tibetan Freedom Fest [Festival pela Liberdade do Tibete] da história, em San Francisco. A programação era boa e incluía Smashing Pumpkins, Beastie Boys, Foo Fighters, Beck, Björk e Rage Against the Machine, mas para nós o show não foi muito bom. Houve uma festa de encerramento, encontrei Ione e tentei compensar o fato de ter sido um namorado de merda quando morávamos juntos. Foi minha primeira tentativa de reconciliação e foi insano tentar me aproximar dela naquele ambiente, de modo que ela tinha todo o direito de me dizer que eu era um imbecil e devia ir tomar no cu.

Quando chegamos à Europa no fim de junho, todos estavam otimistas, em parte porque eu me mantivera sóbrio durante as turnês. Havia um sentimento diferente de fraternidade entre nós. A única questão emergente era o fato de Dave não morrer de vontade de tocar simplesmente por tocar, e Flea precisava desse tipo de laço. Ele sentia falta de ter alguém que lhe telefonasse e dissesse: "Venha à minha casa e vamos tocar um pouco de guitarra". Dave não era assim. Algo começava a se romper. Por outro lado, Flea e Chad se aproximaram bastante.

Começamos a turnê em Budapeste. Em Praga, tocamos em uma pequena discoteca. Estava lotado e decidi dar um salto no palco. Eu estava um pouco descontrolado e aterrissei em um dos monitores. Quando tentei me levantar, foi impossível. Tivemos de parar para me rebocarem dali, pois a dor que eu sentia era horrível. No dia seguinte eu não conseguia me mexer. Fui a alguns médicos, mas nenhum conseguiu diagnosticar onde eu machucara as costas. Então eles me amarraram num colete ortopédico e fiz os shows seguintes parado no mesmo lugar, quase totalmente imobilizado.

Estava com prisão de ventre e não conseguia nem sentar com as costas retas. A dor era muito intensa. Em cada cidade que visitávamos, eu implorava que o produtor da turnê, Tony Selinger, encontrasse um osteopata, um quiroprático, um pai de santo, qualquer um que pudesse me ajudar. Eu ficava na cama até a hora de subir no palco.

Estávamos na Bélgica quando Tony apareceu com um cidadão gordo, suado e vociferante que atravessou minha porta falando flamengo. Ele era osteopata. Pensei: "Ih, mais um charlatão que não vai conseguir fazer nada". Ele me examinou, pediu que eu ficasse de pé, andasse e depois voltasse para a cama. Ergueu minha perna, colocou todo o seu peso sobre ela e então POP!, minhas costas inteiras voltaram para o lugar de uma vez só. Eu havia deslocado o meu sacro. Estava revitalizado e começamos a tocar bem. A França foi legal, depois fomos à Inglaterra, onde tocamos no Wembley. Foi o melhor show que fizemos com Dave. Guy O. estava lá e decidiu se transformar em meu cupido. Na primavera, ele fora a uma festa em um barco em L.A. e conheceu uma garota que morava em Londres. Ele me garantiu que ela era exatamente o meu tipo. Depois do show no Wembley, ele me apresentou Rachel. Ele tinha razão: senti-me atraído por ela imediatamente.

Na noite seguinte, Rachel e eu jantamos fora e caminhamos pelo parque. Voltamos para seu apartamento, fizemos amor e ela era maravilhosa, tudo o que Guy O. havia prometido, uma garota muito especial. Estávamos em nosso ardor pós-coito quando ela me disse:

– Preciso lhe dizer que isso é muito estranho, porque a última pessoa com quem fiz sexo foi sua ex-namorada Ione. E, a propósito, gostei muito mais dessa experiência.

Dos 3 bilhões de garotas no planeta, acabei com uma com quem Ione também havia estado, mas achei interessante que tivéssemos gostos tão similares para mulheres. Passei alguns dias com Rachel e então precisei voltar pra casa.

Eu também precisava farrear com drogas. Cedo ou tarde acabaria acontecendo, porque eu não estava me cuidando. Agora eu tinha algum tempo livre e estava sozinho em casa, naquilo que se convertera no palácio das drogas. Fiz um intensivo de duas semanas e então fui a Cabo San Lucas retomar a rotina.

Quando voltei de Cabo, o telefone tocou. Era minha querida tia Mickey, uma de minhas tias favoritas, a segunda de quatro irmãs na família de minha mãe. Ela estava histérica e dizia sem parar: – Steve morreu. Steve morreu.

Achei que se tratava de seu filho, porque ela tinha um filho e um neto chamados Steve. Perguntei a ela qual Steve e ela balbuciou:

– O Steve da sua mãe.

De repente, o responsável por toda minha sensação de bem-estar em Michigan havia morrido. Ele era o cara que havia reunido toda a minha família, que nos havia proporcionado uma fazenda maravilhosa; era o ponderado, cuidadoso, trabalhador e honesto guardião da alma do grupo. Ele criou Julie e Jenny, os cachorros, os gatos e o cavalo, e minha mãe o amava, eles combinavam demais. Pensei: "Que droga. Meu padrasto de 51 anos de idade teve de sofrer um ataque cardíaco às duas da tarde, bem no meio do jardim".

Agradeci a Deus por não estar em um quarto de motel perdido por aí, fumando crack em um cachimbo de alumínio, quando recebi a notícia. Organizamos um grande velório e a igreja estava lotada de gente que dizia adeus a Steve e prestava homenagem a esse cidadão único. Minha família me escolheu para falar algumas palavras. Não era difícil escrever sobre alguém como ele. Para um garoto como eu, que sempre esteve preocupado com a mãe, quando Steve entrou em cena foi um grande alívio. Foi como se eu pudesse dizer: "Ok, agora posso voltar a ser um menino e não preciso me preocupar se tem algum criminoso explorando minha mãe".

Foi uma experiência marcante olhar para a igreja cheia de gente, todos com o mesmo sentimento de amor, gratidão e apreço por ele.

De volta a L.A., eu estava em casa quando recebi um dos periódicos telefonemas malucos de Lindy. Ele se encontrava em seu apartamento/estúdio na Estudiolândia, fumando seus cigarros, e disse que a cerveja Molson queria nos oferecer 1 milhão de dólares para irmos ao polo Norte e tocarmos para os ganhadores de um concurso. Eles também usariam nosso nome e nossa música para vender a cerveja no Canadá por alguns meses.

A oferta da Molson era interessante porque 1) eles não usariam nossa imagem, e 2) era só uma campanha de rádio no Canadá. Basicamente, nossa música seria escutada várias vezes ao dia. Acho que nessa época a integridade no nosso grupo não era tão reverenciada como hoje; além disso, todos queríamos ir ao polo Norte. Teríamos aviões particulares para ir e vir e hospedagem. O show era para um público de cem pessoas, podíamos passear e ir ao fim do mundo ver a aurora boreal. Pesamos os prós e os contras e concordamos.

Pegamos o voo até Montreal e lá mudamos para um avião maior, onde estivemos por mais oito horas. Chegamos e só havia um lugar para ficar, um acampamento devastado em que só se viam barracas chamado Narwhal. Não se tratava de uma cidade, mas de um punhado de índios nativos que moravam ali o ano inteiro. Ficamos maravilhados com a beleza azul e branca dessa paisagem.

Uma coisa de que temos orgulho é de sermos profissionais. Quando tocamos, tocamos pra cacete. Mas havia algo na atmosfera que nos impedia de fazer um show de rock normal naquele lugar e bum, de repente você começa a fazer merda. Subimos naquele palco e a cena parecia uma festa de escritório desagradável. Peguei o microfone, mas não conseguia parar de rir. A natureza absurda do negócio me devastou e eu não conseguia me concentrar. Houve tanta palhaçada quanto música. Não sei por quanto tempo tocamos, mas fiquei feliz quando terminou.

Voltamos para casa naquela noite e vimos a aurora boreal, as cores e os formatos de nuvem de outro mundo, e foi como se estivéssemos em uma missão a Marte.

Quando voltamos a L.A., iniciei minha própria missão particular a Marte, um ciclo furioso de uso de aditivos que consumiria meus meses seguintes. Eu era capaz de ficar fora de casa por uma semana e, apesar de a ideia de usar drogas ter se tornado repugnante para mim e de eu querer parar, não conseguia, o que é a definição básica de dependência ativa. Em uma dessas farras, fiquei sem droga às quatro e meia da manhã. Eu não tinha dinheiro, não tinha drogas e estava num frenesi para ficar alto.

Mas tinha uma guitarra branca Stratocaster autografada por todos os Rolling Stones. Percebi que podia conseguir pelo menos uns 200 dólares de droga com ela. Então fui até esses becos mal-iluminados onde os homens vendem suas mercadorias, mas só havia um cara trabalhando na rua a essa hora.

– Quanto posso conseguir por isso? – perguntei, oferecendo a guitarra. Ele deu de ombros. – Nada.

– Não, você não está me entendendo – continuei. – Esta guitarra está autografada pelos Rolling Stones.

– *Dinero, señor, dinero* – ele repetiu. Ele havia acabado de cruzar a fronteira, obviamente não falava inglês e não estava nem aí para os Rolling Stones.

– Mas isso aqui vale muito – protestei.

Ele finalmente me ofereceu a menor quantidade de heroína que eu já havia visto.

– Não, mais – implorei, mas ele indicou que era pegar ou largar. Eu estava tão desesperado que troquei a guitarra autografada por uma quantidade de droga que me deixaria alto por cerca de dez minutos.

Durante todas essas escorregadas, tive o apoio de Bob Timmons, que constantemente tentava me convencer a voltar à Exodus. Também recebi muito amor de uma nova amiga, uma maravilhosa hippie comunista de cabelos brancos chamada Gloria Scott. A primeira vez que a vi foi na década de 1980, como palestrante num dos encontros de minha primeira rodada de sobriedade em Hollywood. Ela contou que fora dependente de drogas pesadas e traficante a vida inteira, mas também falou da década de 1950 e de Allen Ginsberg.

Naquela época, ela estava sóbria há dez anos. Eu pensei: “Esta senhora é a pessoa mais legal que eu já conheci”. Então ela disse: – Moro numa cabana de um cômodo em Venice Beach desde 1967. Eu já traficava para Jim Morrison quando você ainda mijava nas calças. As únicas coisas que tenho em casa são um pôster de Che Guevara, um pôster de Neil Young e um de um grupo chamado Red Hot Chili Peppers com meias nos pintos. – Fui falar com ela depois do encontro e disse que me sentia honrado por dividir a parede de sua casa com Neil. Logo ficamos amigos.

Quando eu começava a ficar perdido, desesperado e isolado, parava de atender o telefone. Checava minha correspondência de vez em quando e eventualmente encontrava um cartão-postal de um índio guerreiro americano. No verso, Gloria escrevia: “Você é um guerreiro. Nunca desista de sua luta. Você é um guerreiro e vencerá essa coisa que precisa enfrentar. Tenho fé em você”. Eu o lia na cozinha e pensava: "Tem alguém lá fora que realmente acredita que eu posso vencer essa batalha".

Nessa época, tive um sonho em que dirigia por volta das quatro e meia da manhã, o momento mais escuro da noite antes de o sol sequer pensar em nascer. Dirigia rápida e furiosamente, cantando pneu pelas esquinas, obviamente indo a algum lugar com um arrebatamento tempestuoso. Eu estava completamente só no carro, dirigindo, quando de repente apareceu uma mão e vum, agarrou o volante e começou a lutar comigo pelo controle do carro. Então passamos por baixo de um poste e a luz iluminou o rosto do intruso. Era eu. Com um sorriso horrível e assustador na cara, eu segurava a direção e dizia: – Peguei você. Peguei você. Peguei você.

No final de outubro, dei entrada na Exodus novamente, desta vez resignado. No mesmo dia recebi um telefonema de Bob Forrest.

– Como você está? – ele perguntou.

– Sinto-me como um mafioso em um desses filmes de polícia e ladrão. Vou ter de encontrar uma forma de escapar daqui – zombei. Eu o provocava, brincava, fazia cena, tentando achar graça no lugar pesado e desgraçado em que eu me encontrava.

Bob disse: – Ah, é mesmo? Você deve estar louco. Tem certeza de que está tudo bem?

– Tenho. Vou ficar aqui e ver o que acontece.

Passei a noite ali. No dia seguinte, acordei angustiado. E a angústia era por sair à rua e ficar chapado outra vez. Então juntei minhas coisas e me despedi da enfermeira Kathy, a única pessoa sã de todo o lugar. Todos os demais seguiam o programa de reabilitação.

Caminhei até o corredor e a mulher que coordena aquela ala do hospital me confrontou.

– Aonde você pensa que vai?

– Sabe de uma coisa? Eu simplesmente não estou preparado para me reabilitar agora, então vou embora – falei.

– Você não pode sair – ela respondeu, determinada. – Não permitiremos.

– Quero ver você tentar me impedir – eu disse. Caminhei alguns passos em direção à saída e ela correu até mim.

– Não, sério, vamos trancar as portas. Vamos ter de levá-lo de volta ao seu quarto – ela ameaçou.

– Trancar as portas? Vou arremessar minha maldita cama pela janela e ir para onde eu quiser. A senhora não pode me impedir de nada. – Do que ela estava falando? Eu estava ali por vontade própria e podia sair quando bem entendesse. Pelo menos era o que eu pensava.

– Desta vez eu posso sim fazer alguma coisa – ela falou.

Minha paciência estava acabando. Mas toda essa situação desapareceu quando ela apertou um botão. De repente, surgiram uns seguranças, verdadeiros armários, parecidos com jogadores de futebol americano, vindo de todos os lados em minha direção. Eles me agarraram como se eu fosse um boneco de pano e me arrastaram pelo corredor até uma unidade separada por portas de prisão trancadas eletronicamente, conhecida por repartição mental. Pedi uma explicação. – Que diabos está acontecendo?

– Agora você está trancado. Vai ficar aqui nas próximas 72 horas em observação – disse um dos gigantes.

– Ah, não. Não, não, não. Ponham meu advogado no telefone. Quero falar com ele – gritei.

– Cara, cale a boca. Alguém vai passar por aqui e preencher um formulário, daí você vai ter um quarto e vai poder se acalmar – disse meu torturador.

Olhei para o corredor. Não havia meio de sair. Mas continuei ali. Olhei para o pátio e vi uma parede de concreto de mais ou menos 5 metros e meio sem nada por perto. Não havia jeito de escalar aquele muro a não ser que eu tivesse equipamento de rapel. Então vi a cesta de basquete a cerca de 2 metros e meio de altura. Vislumbrei uma brecha.

– Com licença, doutor. Eu estava lá fora e esqueci meus cigarros. O senhor poderia me deixar ir até o pátio para buscá-los? Se você abrir esta porta, poderei ir até esse espaço vigiado e fumar um cigarrinho. – Utilizei todas as técnicas de controle mental que conhecia com esse sujeito e funcionou. Ele abriu a porta e agradeci. Assim que ele deu as costas, voei para o alto da cesta de basquete, fiquei de pé na tabela, inclinei o corpo o máximo que podia para pegar impulso e pulei, agarrando com os dedos bem na beira da parede. Mais alguns centímetros e eu teria aterrissado com a cara no muro e destruído o crânio. Escalei e pulei. Estava livre.

Então olhei ao redor e percebi que estava exatamente na frente de uma agência do meu banco. Que golpe de sorte. Podia sacar dinheiro e começar minha excelente aventura.

Não cheguei a ver a funcionária do hospital que estava no banco para depositar um cheque. Mas ela me observou quando me dirigi à mesa do gerente.

Ele me fitou. – Anthony Kiedis! Que grande prazer. Em que podemos ajudá-lo?

– Eu estava pelo bairro e preciso sacar um pouco de dinheiro. Será que você também poderia chamar um táxi pra mim?

– Com prazer. Sente-se, por favor.

Ele chamou o táxi e eu disse a ele que precisava sacar uns 200 dólares. De repente, meus sensores começaram a apitar. Olhei ao redor e vi que os mesmos desgraçados dos gigantes que me interpelaram no corredor do hospital avançavam, vindo de todos os lados. Olhei pela janela e vi policiais uniformizados cercando o prédio, bem como enfermeiras, serventes e meu amigo Harold, que trabalhava como especialista em reabilitação na clínica. Então saltei da cadeira e comecei a correr pelo banco, empurrando tudo o que apareceu no meu caminho. Entrei por uma porta que dava para o escritório principal da agência, mas assim que passei um novo contingente de seguranças começou a correr em minha direção.

– Xi, por aqui não posso continuar. – Virei-me para correr no outro sentido e havia mais homens avançando de lá. Consegui nocautear alguns dos seguranças do prédio e chegar até a rua, mas fui dominado quando um dos enormes guardas do hospital me deteve e me deu um golpe tão forte que achei que meu fígado havia virado suco e sairia por meu tornozelo. Nesse momento, eu não passava de um desgraçado fragilizado.

Eles me algemaram, enfiaram-me em uma viatura de polícia e me levaram de volta ao hospital, onde descobri que me colocaram em observação porque Bob Forrest ficou preocupado com nossa conversa.

Ele havia ligado para Lindy e os dois chegaram à conclusão de que eu era um suicida, então tentaram me mandar para a prisão. O hospital podia ignorá-los, mas eles devem ter achado que a última coisa de que precisavam era de outro caso como o de Kurt Cobain. A situação era ridícula. E lá estava eu, trancafiado. Quando voltei, fui direto ao telefone e liguei para Eric Greenspan. – Quero que um maldito advogado venha e me tire daqui. Não sou um suicida. Tire-me deste hospital.

Eric prometeu me ajudar, mas disse que poderia demorar um pouco. Enquanto isso, deram-me um quarto com um cão de guarda 24 horas por dia na minha porta. No dia seguinte, apareceu uma enfermeira e me disse que eu seria liberado assim que o médico responsável pela admissão assinasse meus documentos. Depois de algumas horas ela voltou.

Eu pensava em quantos papelotes de heroína iria comprar quando ela disse: – Antes de ir, tem algumas pessoas aqui para visitar você. – Ih, acho que não vai ser possível. Acho que serei liberado.

Entraram pela porta Bob Tommons, seguido por alguns de meus amigos e pela pobre de minha mãe, que viera de Michigan de avião. Eu não estava exatamente feliz por alguém ter telefonado a minha mãe e feito ela ir até ali para lidar com toda essa bagunça. Nós nos sentamos, eles começaram a fazer suas intervenções e eu era o garoto doente e desviado. Tudo o que eu dizia ou era mentira ou manipulação. Consegui convencê-los de que sairia dali e me empenharia em ser um rapaz sóbrio. Não tinha a menor intenção de fazer isso, mas disse tudo o que eles queriam ouvir só para sair daquele hospital.

Saímos da clínica e a maioria foi comer para celebrar meu novo começo, que eu sabia não ser nem novo nem um começo. Todos começaram a comer, mas eu só beliscava e brincava com a comida no prato.

– Muito bem. Agora vou embora para casa para buscar meus manuais de recuperação, depois encontrarei minha mãe e irei para a casa dela amanhã para começar a trabalhar nisso.

Dei o fora, peguei minha moto, saquei dinheiro, busquei drogas e me hospedei no Hotel Bonaventure, um hotel grande, moderno e charmoso de Los Angeles. Fazia quase uma semana desde a última vez que tinha ficado alto, então estava desesperado. Imediatamente me chapei e uma péssima ideia passou por minha cabeça. Minha lógica distorcida dizia que, apesar de eu ter bancado o bom menino, eu compraria um carro, dirigiria sem rumo e ficaria melhor.

Cheguei à concessionária bem quando eles estavam fechando. – Esperem aí, preciso comprar um carro. Quero o melhor carro preto que vocês tiverem. – Eles me trouxeram um ótimo Tahoe e ficaram mais que felizes em me acompanhar ao Bonaventure para entregá-lo.

Na manhã seguinte, decidi que era hora de pegar a estrada. Pensava em ir ao Colorado ou a Dakota, mas só consegui chegar ao leste de L.A. Simplesmente não me sentia bem. Então me hospedei num motel, fiquei muito, muito alto e percebi que dirigir uma distância tão grande talvez não fosse uma boa ideia.

Voltei a Beverly Hills, hospedei-me num hotel em Robertson e usei todas as minhas drogas. Havia chegado ao ponto em que já nem ficava alto. Decidi que talvez eu devesse voltar a Michigan para estar com minha mãe. Liguei para seu hotel, mas ela havia ido embora naquela manhã, furiosa por eu ter mentido. Entrei no meu novo Tahoe e fui ao aeroporto. Encontrei um telefone e liguei para Lindy para me desculpar.

Quando eu estava na Exodus, tentando freneticamente sair daquela jaula, telefonara para Lindy e lhe dissera cobras e lagartos. Peguei um voo para Michigan e fui para a casa de campo de minha mãe para tentar reorganizar minha vida outra vez. Esta era uma nova fossa para mim. Eu me sentia péssimo por minha mãe ter de lidar com mais uma tempestade emocional. Menos de dois meses antes, ela havia enterrado sua alma gêmea, e agora tinha de se contentar com esse espantalho magricela. Mas as mães são desdobráveis e ela viu tudo pelo lado bom: eu estava vivo e preparado para lutar por minha existência mais uma vez.

Algo fez que eu me sentisse agradecido quando fomos à casa do avô de Steve para a ceia do Dia de Ação de Graças. Servi-me de peru, o primeiro pedaço de carne que eu comia em muito tempo. Ei, se sou capaz de injetar coca e heroína, fumar crack e engolir comprimidos, posso comer um maldito prato de peru sem ter de me preocupar com isso.

CAPÍTULO

13

NADA

Flea chama 1997 de o Ano em que Nada Aconteceu porque nesse ano o Red Hot Chili Peppers fez apenas um show e mesmo esta apresentação foi boicotada por um ciclone. Mas 1997 foi um ano repleto de aventuras e desventuras em minha bagunçada existência.

Nessa época, eu não tinha nenhum compromisso com a banda. *One Hot Minute* não vendeu bem, especialmente em comparação com *Blood Sugar*, então tivemos de encurtar a turnê. Eu já me encontrava na Nova Zelândia quando decidi tirar um mês de férias e explorar a Índia. O ponto alto de minha viagem foi uma trilha que resolvi fazer até Dharamsala para ver o dalai-lama.

A cidade estava repleta de monges carecas com robes cor de açafrão.

No dia seguinte à minha chegada, acordei e caminhei até o templo do dalai-lama. Encontrei o escritório e me aproximei de um dos monges que trabalhava ali.

– Por favor, poderia informar o dalai-lama de que Anthony Kiedis está aqui? Sei que ele deve estar ocupado, mas gostaria de cumprimentá-lo – eu disse.

Todas as pessoas do escritório começaram a rir histericamente. – Senhor, sabe o que está pedindo? Metade do planeta está na fila para cumprimentar o dalai-lama. Você acha que pode simplesmente vir até aqui e conseguir vê-lo? A agenda dele está lotada pelos próximos três anos.

– Tudo bem, eu entendo. Pois deem o recado de que Anthony Kiedis esteve aqui. Eu só queria estabelecer contato – falei.

Eles prometeram que diriam a ele e então começaram a rir novamente.

Fui embora um pouco desanimado, pensando: "Puxa vida. Vim de tão longe para encontrar o Mágico de Oz, mas acho que não vai dar. É a vida". Andei cinco minutos até meu hotel e, quando cheguei, a senhora da recepção parecia entusiasmada.

– Oh, senhor Kiedis. Venha aqui imediatamente. Há um recado do escritório do dalai-lama para o senhor. É incrível. Eles insistem que o senhor esteja lá amanhã às oito da manhã.

Acordei cedo e feliz no dia seguinte e fui até lá.

– Vamos fazer assim – eles me explicaram. – Primeiro, você tem de passar pelo detector de metais. Depois, precisa deixar sua mochila conosco. Precisamos dessas medidas de segurança porque constantemente recebemos ameaças de morte dos chineses. Então você fica no canto do pátio e o dalai-lama passará por aquele caminho com seus seguranças rumo à sua aula. Quando ele passar, talvez acene para você, nunca se sabe. Não crie expectativas, mas pode ser que sim.

Assumi o posto designado no canto do pátio e vi o dalai-lama se aproximar com seu esquadrão de segurança. Ele me viu, seus olhos brilharam e um grande sorriso iluminou seu rosto. Ele mudou de direção e veio diretamente até mim. Eu estava chocado.

Ele colocou minha mão entre as suas e me fitou. – Anthony. Bem-vindo à Índia. O que o inspirou a vir até aqui?

– Eu só queria conhecer o país – respondi.

– Não são incríveis os cheiros e as cores por todos os lados? Onde está sua câmera? Temos de tirar uma foto de nós dois.

– Eles não me deixaram entrar com nada.

– Vá buscar a câmera dele, pelo amor de Deus – ele gritou para um de seus ajudantes.

O ajudante voltou com a minha droga de câmera descartável. O dalai-lama sorriu. Ele segurou minha mão durante todo o tempo em que estivemos conversando. O toque era delicado e por alguns instantes não me dei conta, mas ele definitivamente me mandava um pouco de sua essência.

Conversamos mais um pouco e então ele me deu uma cópia autografada de seu último livro, além de algumas moedas antigas tibetanas e uma echarpe branca de seda, que abençoou.

– Muito obrigado pela atenção – eu disse. – Se houver alguma coisa que eu possa fazer por sua causa, me avise.

– Há algo que você pode fazer. Se Adam Yauch [dos Beastie Boys] ligar convidando-os para tocar por nós em outro festival, por favor encontre disponibilidade. Você sabe que eu adoraria continuar a conversar, mas todos estes senhores tibetanos me esperam. Tenho de dar um curso avançado. Você não vai entender uma palavra do que dizemos, mas acho que o simples fato de estar sentado ali pode ser uma experiência agradável. Pedirei a eles que consigam uma cadeira bem na frente para que você possa ver o que acontece. – Então ele se foi.

– Isso é muito estranho – disse um dos ajudantes. – Não posso acreditar que, de todas as pessoas no mundo, ele convidou você para o curso avançado de tantrismo. É necessário estudar 50 anos para ser admitido.

Mas não demorou muito para que eu começasse a me drogar novamente. Quando voltei a ficar alto, meus amigos não entenderam. Todos pensavam: "Ah, agora que ele conheceu o dalai-lama, nunca mais vai se drogar". Isso não tinha nada a ver com as drogas. Eu não precisava ir até a Índia para a iluminação espiritual. O caminho da espiritualidade diária estava exatamente na minha frente, estava em todos os cantos se eu quisesse encontrá-lo, mas decidi ignorá-lo.

Comecei a fazer o circuito dos motéis do centro, passando seis ou sete dias fora de casa. Mas era loucura e concordei em subir em minha moto e ir ao Impact, um centro de reabilitação para casos praticamente perdidos em Pasadena. A imagem de Pasadena é a de um paraíso residencial calmo e seguro, mas no norte, onde estava o Impact, era um gueto de projetos severos do tipo linha-dura. Impact era conhecido como a última esperança. Depois de passar por todos os centros de reabilitação e de detenção, era ali que você ia parar. Era um lugar de ultimato: morra ou fique sóbrio.

Ali estava eu, aos 34 anos de idade, dividindo o quarto com mais três garotos. Estava decidido a me recuperar e enfrentar meus demônios durante o período de 28 dias. O problema era que, apesar de todo o trabalho que desenvolvi ali, nunca quis permanecer sóbrio o tempo todo. Meu desejo de me drogar ainda era uma parte muito grande de minha consciência.

O Impact era administrado num sistema de pontos: quanto mais pontos você tinha, mas prêmios acumulava. Depois que você se acostumava, a rotina diária não era tão ruim. Você acordava, rezava ou meditava, arrumava a cama e tomava banho. No meu chalé todos eram limpos e organizados, então nunca recebemos tarefas ou lição de casa extras.

Meus colegas de quarto me fascinavam. Eu me sentia péssimo pelo garoto da Flórida: dava para ver que ele lutava e que suas chances de recuperação não eram muito boas, especialmente com uma esposa que compartilhava a mesma obsessão. Muitas das pessoas que estavam ali tentavam esse caminho pela terceira vez e teriam de encarar um longo tempo na cadeia se não entrassem na linha.

Depois de arrumar o quarto, você ia até a lanchonete, um lugar divertido para encontrar gente. A comida era completamente gordurosa, com muitos carboidratos e açúcar, a pior que se pode imaginar, mas tinha o propósito de acrescentar alguns quilos à sua silhueta. Todos avançavam sobre a comida. Havia uma enorme seleção de sobremesas em cada refeição, inclusive no café da manhã. Ali eu não comia carne, mas devorava os doces.

Meu dia típico no Impact era diferente do da maioria das pessoas. Por algum motivo, eles não me tratavam como alguém normal. Todos recebiam tarefas como cortar a grama ou limpar o chão, mas fui designado a um curso avançado de prevenção contra recaídas, que era intenso e demorado.

Frequentava essas aulas com outros 20 reincidentes e eles começaram a evidenciar o óbvio: toda vez que eu terminava um relacionamento, isso desencadeava uma recaída. Percebi que tinha uma questão a resolver, que havia algo na dinâmica de ferir os sentimentos dos outros que sempre me derrubava. Foi o que aconteceu quando terminei com Jaime e comecei a sair com várias garotas diferentes por curtos períodos de tempo. Era sair com uma garota por um mês, terminar e ter uma recaída.

Permaneci no Impact o tempo que me receitaram e fiz tudo o que me pediram no curso antirrecaídas, inclusive preencher páginas e páginas de questionários, que era uma tarefa psicologicamente produtiva. Quando você começa a pôr as coisas no papel, vê um lado de suas verdades pessoais que não se revelam nas conversas ou nos pensamentos.

Saí do Impact e mantive minha recuperação. Eu me sentia bastante otimista, feliz e saudável com minha vida e com a banda. Lindy havia agendado uma turnê para nós no verão, então eu queria começar a entrar em forma para pegar a estrada. Numa manhã de domingo na primavera, peguei minha moto para ir à minha reunião favorita, que era num salão de jogos de um parque na Terceira Avenida com a Garner. Pensava nessas coisas quando descia a Garner, uma rua secundária com carros estacionados dos dois lados. Em um milésimo de segundo, um carro saiu de uma vaga de estacionamento e começou a virar na contramão e manobrar, literalmente ocupando a rua inteira.

Normalmente você tem por onde escapar, mesmo que isso signifique invadir a calçada, mas agora não havia saída; esse idiota bloqueou a rua toda e não havia entradas de garagem acessíveis. Usei ambos os freios, mas o carro estava perto demais. Houve uma colisão incrivelmente rápida e violenta, tão forte que a moto ficou cravada no veículo. Voei da moto e aterrissei exatamente no ponto onde a porta do motorista se encontra com o capô.

De maneira inacreditável, choquei-me com o carro e consegui dar um salto mortal, aterrissando sobre meus pés do outro lado do veículo. Mantive o equilíbrio e comecei a correr, então achei que por um milagre estava bem. A não ser quando olhei para meu braço, que não era mais um braço. Minha mão estava enfiada no meu antebraço, de modo que agora eu tinha uma massa bulbosa e inchada de antebraço sem mão.

Sem parar para pensar no quão grave eu estaria ferido, corri até a casa mais próxima e entrei sem tocar a campainha. Avancei alguns passos pela sala de estar pensando que agarraria o telefone e chamaria uma ambulância. Mas então o choque passou e a dor mais forte de minha vida dominou meu corpo. Não havia tempo de chamar ajuda; virei-me, saí correndo e fiz sinal a um conversível ocupado por duas mulheres que eu sabia que iam ao mesmo encontro que eu.

Em cinco minutos eu estava no hospital e entrava em cirurgia de emergência. Por sorte, um fantástico especialista em mãos, doutor Kulber, estava de plantão. Mas antes eles tinham de me preparar para a operação, o que exigia que me submetessem a uma considerável dose de morfina. Não senti nada. Virei para a enfermeira e disse:

– Infelizmente, ao longo de uma vida de mau comportamento, adquiri uma enorme resistência aos opiáceos. Provavelmente você terá de dobrar essa dose imediatamente.

Outra injeção. Nada. Tiveram de me dar sete doses de morfina antes que eu sentisse algum alívio. O doutor Kulber levou cinco horas para reconstruir minha mão a partir daquela massa pulverizada de ossos e matéria. Depois de alguns dias no hospital, eles me puseram um gesso que ia até o ombro. Só fui perceber o quanto dependemos das mãos quando cheguei em casa. Mesmo algo tão mundano quanto limpar a bunda se torna complicadíssimo.

Por algum motivo, isso não me desanimou. Então se iniciaram muitos meses de fisioterapia. Demorei nove meses, mas recuperei a maior parte da força que eu tinha naquela mão machucada.

Tivemos de cancelar shows no Alasca e no Havaí por causa de meu acidente, mas Lindy telefonou e perguntou se eu podia encarar o festival do Monte Fuji no fim de julho. Seríamos a grande atração, ganharíamos um bom dinheiro por aquele show e havíamos passado o ano inteiro sem trabalhar. Naquela época, eu só estava imobilizado até o cotovelo e percebi que se mantivesse o braço na tipoia era viável fazer a apresentação.

Só havia um detalhe. Quando chegamos ao hotel, descobrimos que havia um superciclone vindo do sul em nossa direção. A previsão era de que chegasse ao local precisamente quando estivéssemos no palco. Na manhã do show, começou a chover. Mas havia 80 mil japoneses ali no sopé da montanha, de modo que não tocar não era uma opção.

Finalmente, chegou a hora de entrar em cena. Olhamos para o público e a garotada estava molhada e congelada até os ossos. Havia gente sendo retirada por hipotermia. Mas ninguém ia embora por vontade própria. Subimos no palco e havia como que uma cobertura, que não impedia a chuva e o vento de nos atingir. A força dessa tempestade erguia a todos, então nos agarramos ao palco. Era a primeira vez em um bom tempo que eu me encontrava sóbrio há meses, de modo que me sentia ótimo. Quanto mais tocávamos, mais ventava. O vento ficava cada vez mais forte e as coisas começaram a voar do palco. O equipamento ainda funcionava e continuamos a tocar até que o equipamento de luz foi arrancado. Depois de tocarmos cerca de oito músicas, já havíamos cumprido com nossas obrigações morais e contratuais, então corremos para salvar nossas vidas.

Em agosto de 1997 não aconteceu nada de especial. Mas quando chegou setembro, comecei a ter as velhas angústias de sempre e decidi que era o momento de conseguir um punhado de drogas e usá-las só por um dia. Não havia contras, pois o Jane's Addiction faria uma turnê de reunião no outono e Flea decidiu substituir o baixista, o que significava que Flea e Dave teriam cada um suas coisas para fazer por alguns meses e eu dispunha de muito tempo.

Juntei minhas coisas e comecei a dirigir de volta a Hollywood, mas estava impaciente demais, então estacionei numa ruela e acendi meu cachimbo. Depois de algumas tragadas, fiquei paranoico e decidi me hospedar num hotel para continuar minha farra.

Encontrei um hotel simpático e charmoso na esquina da Pico com a Beverly e achei que era o que eu precisava por uma noite. A partir daí, o ciclo começou novamente. Os dias se passaram e eu continuava a me drogar. Todos os dias eu precisava ligar para a recepção e dizer que havia mudado de ideia e ficaria mais uma noite. Então eram drogas, drogas, drogas, dormir, dormir, dormir. Eu acordava fraco, derrotado, triste, deprimido, desmoralizado, magoado, só, destruído; pedia comida ao serviço de quarto e assistia a um pouco de TV. Foi assim por algumas semanas. Numa noite, acordei por volta das onze e descobri que fora agarrado pela dependência de heroína. Comi um pouco, olhei-me no espelho e disse:
– Meu Deus do céu, você está destruído, cara. É melhor você se enterrar embaixo de uma montanha de pó e heroína imediatamente.

Verifiquei os bolsos. Tinha uma rala quantidade de moedas, mas não estava preocupado, porque sabia que tinha 500 dólares no bolso de um terno que estava em casa. Isso daria para mais uma semana. Na verdade, todo o meu guarda-roupa estava repleto de acessórios de flagelação. Eu tinha jaquetas com drogas, jaquetas com cachimbos, jaquetas com seringas, jaquetas com dinheiro, jaquetas com fotos Polaroid de sexo, o kit completo. Dirigi até em casa, apertei o botão do controle remoto da garagem e o choque foi imenso. A garagem estava vazia. Minhas bicicletas tinham desaparecido, minhas pranchas de surfe tinham desaparecido, o espelho maluco na parede, as estantes, tudo sumira. O concreto estava reluzente e impecavelmente limpo. Meu coração disparou quando tentei encontrar uma explicação. Mas não parecia que eu havia sido roubado. Tudo tinha desaparecido.

Subi as escadas, girei a chave na fechadura e abri a porta. Não havia nada na casa. Nada de móveis, nada de quadros, pôsteres, prataria, louça, panelas ou escova de dentes. Era como se um aspirador divino tivesse passado por ali e engolido toda a minha casa.

Eu não lembrava que tivera uma conversa informal algumas semanas antes com um corretor imobiliário e que lhe havia dito que pensava em vender a casa. O corretor disse que provavelmente demoraria um ano para encontrar alguém que pagasse o preço que eu queria. Mas ele encontrou um comprador motivado, então o filho da mãe vendeu minha casa em uma semana e todos os meus bens foram empacotados e colocados num depósito.

Entrei em pânico. Era meia-noite, eu tinha uma necessidade imensa de heroína e nenhum dinheiro. Minha existência dependia de conseguir dinheiro. Voltei ao hotel e lembrei que alguém de nossa equipe frequentemente conseguia dinheiro na Europa pedindo que a recepção lhe adiantasse a quantia e cobrasse nas despesas do quarto. Consegui o dinheiro e voltei à rua, rumo ao Olympic, para minha loja de conveniências no bar de sinuca.

Minha estada no hotel continuou. Fui a um escritório da American Express e saquei mais dinheiro, o que significava mais drogas. Naquela época, eu era pele e ossos, com o olhar turvo e inexpressivo. Eu estava deitado na cama, vendo o noticiário local, quando vi uma reportagem sobre a turnê de retorno do Jane's Addiction. Senti-me horrível por meus amigos estarem ali fazendo música enquanto eu me encontrava sozinho num quarto de hotel me destruindo.

Mas não conseguia parar. Mudei de hotel e continuei com a farra até o dia de meu 35° aniversário, quando fui a um centro de reabilitação chamado Steps, em Ventura. Eles deram uma olhada nos meus braços e perceberam que eu me injetava heroína há anos.

– Não se preocupe. Você vai passar por uma megadesintoxicação de quatro dias. Nós o acordaremos para comer, mas fora isso você ficará apagado. Daqui a uma semana, estará desintoxicado, sem dependência física de nada.

Respondi: – Ótimo. Onde eu tenho de assinar?

Depois de três dias comendo e dormindo, acordei e pensei: "Preciso ficar alto".

Eu ainda estava destruído por conta dos medicamentos para desintoxicar e me encontrava a bons 150 quilômetros do centro. O meu problema principal era que eu não conseguia andar. Legalmente, eles não podiam me manter ali, mas nunca me entregariam as chaves do carro. Levantei-me e mal conseguia parar de pé, mas estava preparado para armar um plano e fingir que estava bem.

Depois de uma pequena discussão, eles cederam, mas tive de esperar até que ninguém estivesse me observando para poder me apoiar na parede e conseguir andar.

Peguei um voo e me hospedei no Ventura Inn. Na primeira noite mergulhei em toda a heroína que havia trazido para gradualmente perder o vício; simplesmente devorei-a como um porco. Então a angustiante tentativa de largar a heroína se iniciou novamente. Por sorte, eu era capaz de comer quando não havia drogas, mas comecei a entrar num horrível período insone emocionalmente doloroso. Eu passava por uma crise de privação de heroína como não vivia há muito tempo. Acendia o fogo na lareira e ficava com muito calor, então abria a janela e congelava. Não conseguia colocar um cobertor sobre minhas pernas, porque parecia ter alfinetes. Até o travesseiro machucava meu pescoço.

Depois do primeiro dia, o hotel se recusou a servir comida no quarto, de modo que fui forçado a descer até o restaurante ou caminhar 2 quilômetros até um mercado. A caminhada e o ar puro começaram a me trazer de volta à vida. Enquanto estive ali, liguei para meu amigo de infância Joseph Walters, que morava em Palo Alto e passava por uma catástrofe com sua noiva amalucada. Ele apareceu e nos compadecemos um do outro.

Descobri que o Jane's Addiction tocaria em San Francisco, então Joe me deu uma carona até lá e foi para casa. Guy O. estava na cidade para alguns shows e fomos juntos assisti-los. Eu estava entusiasmado porque voltava a me sentir humano; além do mais, veria meus irmãos. Fui aos bastidores, vi Flea e fiquei todo feliz, mas ele não parecia a pessoa que eu conhecia. Pensei que ele seria Flea também nessa outra banda, não um personagem completamente novo. Ele parecia estranho e distante. Não sei se estava bravo comigo por eu ser um desgraçado ou se estava em sua própria viagem estranha, mas aceitei que ele estivesse assim.

Lembro-me de um momento pungente quando ainda tinha a casa na montanha. Estava dirigindo pelas ruas e me drogando no carro. Parei num sinal e um carro repleto de garotos de 20 anos parou ao lado do meu. Olharam para mim e disseram: – Ei, Anthony! – Eu estava tão estragado que a última coisa que queria ouvir era "Ei, Anthony" de alguns fãs. Tentei ignorá-los, mas lancei um olhar para o carro deles. Um deles me fitou e disse: – Ei, não é ele – e foram embora. Não podia ser ele, porque Anthony não parecia um maldito fantasma.

Eu tentava ficar sóbrio, de verdade, por isso me mudei para a casa de Guy O. no final de 1997. Nesse Natal fui para casa e Blackie me apresentou a uma garota local linda e brilhante. Passamos algumas semanas agradáveis juntos, mas quando tive de ir embora soube que o interlúdio terminara. De modo bastante coerente, fiel aos meus gráficos de recaída do Impact, algumas semanas depois – e duas semanas antes de uma viagem agendada para o Havaí para compormos um novo disco – entrei em outra farra intensa e avassaladora.

Quando você está envolvido nesse tipo de consumo de drogas, perde toda a noção do que é razoável ou não. Naquela noite, enquanto me injetava, quebrei intencionalmente a agulha de minha única seringa porque achei que se inserisse mais um grama de drogas no meu corpo eu explodiria. Dez minutos depois, desesperado por heroína, isso me pareceu uma ideia horrível. No estado tóxico de ilusão em que me encontrava, tentei consertar a agulha. Ela estava torta e não sugava direito, mas eu precisava de drogas nas veias, então cravei-a e esperei pelo melhor. Bem, consegui o pior. A agulha se soltou da seringa e se alojou na veia. Agarrei-a e segurei-a, paranoico de que ela poderia viajar por minhas veias e furar alguma válvula em meu coração.

Eu estava alto, com sangue vazando de meu braço, e precisava agarrar a agulha embaixo da pele e arrancá-la dali de dentro a fim de que não ficasse perdida em minha corrente sanguínea. Consegui tirá-la, mas meu dilema seguinte era não ter heroína para apaziguar a coca que havia em mim. Acabei bebendo todo o álcool que havia no frigobar. Invariavelmente você acorda com lembranças desagradáveis, um corpo desagradável e o espírito reduzido a uma pilha de cinzas encardidas que moram em algum lugar dentro da sua bunda. Você tem de encarar as coisas, ou seja, a existência de uma ilha bonita lá fora, mas não consegue nem suportar olhar por uma janela. Mantive as cortinas fechadas, fiquei na cama, pedi comida e hibernei, sabendo que cada dia a menos no calendário me aproximava da data em que teria que entrar em um aviãozinho e voar até Kauai para ver meus amigos, meus parceiros de banda, meus compadres.

O grande dia chegou. Saí para o mundo, demasiado brilhante e vívido, pela primeira vez em uma semana, mas entrei naquele avião. Cheguei à casa que alugamos e todos estavam lá, mas nosso ânimo estava amortecido. Tanto Dave quanto eu havíamos acabado de sair do fundo do poço nas últimas semanas. Estávamos ambos esgotados, então passamos boa parte do tempo correndo e comendo toneladas de comida, mas infelizmente tocando muito pouco. Eu não estava bem emocionalmente.

Estava esgotado, mas com o coração partido, e não me sentia eu mesmo. Quando voltamos de nossa improdutiva estância no Havaí, recebemos outra dose de más notícias. Nosso produtor, Lindy, decidira se demitir. Sua esposa havia morrido recentemente, mas ele conhecera uma outra mulher e ela o convencera de que era hora de ele se afastar dessa vida anárquica e se aposentar. Parecia que regredíamos e acho que ela não via muito futuro em nós – nem ele. Nem ninguém; na verdade, nem mesmo os integrantes da banda.

De volta a L.A., Dave começou a trabalhar em um disco solo com Chad e voltou imediatamente a se drogar. Eu estava sóbrio desde o Havaí. Quando fui a uma festa na casa da namorada de Dave e ele pegou uma cerveja, fiquei surpreso com sua indiferença. Nós dois estávamos na mesma situação. Não podíamos usar drogas moderadamente, o que ficaria claro para ele muito em breve.

Voltamos a ensaiar. Havíamos caído de status para um estúdio pequeno e abominável em Hollywood, bem ao lado do ponto de travestis. Dave se chapava e eu não, o que acrescentava mais tensão a uma situação que já era tensa. Dave chegava atrasado e era impossível se comunicar com ele.

Tentamos tocar, mas não chegávamos a lugar nenhum. O rosto de Flea estava submerso em desilusão e Chad como que pensava: "Este cara está em outro mundo com sua viagem. E aí?". Senti que devíamos falar com Dave e ajudá-lo. Ele costumava ir aos hotéis me resgatar para que eu fosse aos centros de reabilitação, agora era minha vez de falar com ele sobre ficar bem para podermos continuar.

Tivemos uma conversa. Dave estava sentado em um amplificador e a discussão da banda se transformou em uma briga entre nós dois, o que foi bizarro, porque tudo o que dizíamos era: "Ei, você se droga enquanto ensaiamos e assim a coisa não funciona. Que tal conversarmos sobre a possibilidade de voltar a ficar sóbrio de novo?". Ele não queria escutar. Chad e Flea se afastaram e Dave se levantou para me golpear na cara, mas quando tentou ficar de pé caiu para trás do amplificador em que estava sentado. Foi cômico, mas também triste.

Com a banda outra vez estagnada, decidi viajar à Tailândia. Eu havia sido diagnosticado com hepatite C alguns anos antes e, apesar de não apresentar os sintomas, era uma doença que podia reaparecer, se eu não tomasse cuidado. Levei minhas ervas para limpar o fígado e nadei muito, rezei e meditei sobre a ideia de meu corpo ficar saudável. Funcionou. Três semanas depois, minha hepatite viral deixou de ser detectada pelos exames.

A essa altura, já estávamos em abril. Flea e eu decidimos que simplesmente não estava dando certo – teríamos de despedir Dave. A princípio, Flea falou com ele, mas Dave estava sentido de verdade, então tive de continuar a conversa. Foi horrível, porque ele estava completamente drogado e mesmo que soubesse que não havia meio de a banda funcionar, verbalizar essa realidade deixou-o puto da vida.

– Vão se foder! Vocês não podem fazer isso comigo, seus filhos da puta!

– Cara, não existe mais banda – eu disse. – Quando foi a última vez que você apareceu? Você está gravando um disco solo e está ocupado se drogando. Você não está mais envolvido. – Logicamente, Chad se manteve impassível, pois gravava o álbum com Dave.

Enquanto isso, Flea enfrentava seu próprio inferno pessoal em questões de saúde, pois tinha mononucleose, além de problemas com a namorada e com a banda. Era como um general com batalhas em muitos fronts. Ele realmente estava mal e, ainda por cima, tentava fazer um álbum solo. Não foi surpresa quando ele decidiu sair.

– Acho que não dá mais – ele me disse. Eu sabia que isso ia acontecer. Era tão óbvio; a banda não fazia mais nada.

– Eu já sabia – respondi. – Imaginei que você fosse dizer isso. Entendo completamente.

Então Flea soltou a bomba. – A única forma de continuar que consigo imaginar é se John voltasse pra banda.

Fiquei confuso. – Por que diabos John ia querer voltar para a banda e tocar conosco? – perguntei a Flea. – Ele não está nem aí para mim e nunca se preocupou de verdade com a experiência.

– Tenho um pressentimento de que ele pode estar esperando o momento de voltar à cena, uma ressurreição pessoal ao mundo dos vivos – Flea falou.

– Você deve estar louco. John não vai querer tocar na banda. Parece praticamente impossível, mas se não for, estou aberto à ideia.

A primeira vez que revi John foi alguns anos depois de ele deixar a banda. Eu havia escutado todas essas histórias sobre a descida de John ao inferno das drogas e sabia que Johnny Depp e Gibby Haynes, o vocalista dos Butthole Surfers, chegaram a fazer um filme documentando as condições desprezíveis em que ele vivia.

Também soube das entrevistas que ele dera exaltando o uso de heroína. Ele chegava a se injetar durante as entrevistas. Eu não tinha interesse em ver essas coisas ou assistir ao filme. Não ouvi seu trabalho solo. Eu não era capaz de celebrar seu estilo de vida porque parecia que ele estava se matando. Sua arte e as músicas que ele compunha eram ótimas, mas para mim não parecia correto tolerar a morte dessa pessoa excêntrica. Esse cara foi meu melhor amigo. Tanto faz se era um gênio ou um idiota, ele estava apodrecendo e isso não era agradável de ver.

Eu sabia que ele havia começado a pintar há alguns anos, inspirado por Basquiat e Da Vinci, então, quando soube que ele iria expor na Zero Gallery de Melrose, decidi aparecer na véspera do vernissage e dar uma olhada nos quadros. Fui até lá e, para minha surpresa, John estava ali pendurando os próprios quadros. Nós dois nos assustamos. Ele estava alto de coca, tinha o cabelo raspado, olheiras imensas e fumava cigarros Gauloise.

Em vez de falarmos "Vai tomar no cu, eu te odeio, você é um imbecil", ficamos felizes por nos vermos. Suas telas eram perturbadoras, porém belas. Foi estranho, acho que queríamos nos detestar mais do que éramos capazes.

Perguntei se poderia visitá-lo. Ele disse que sim. Então apareci e tentei convencê-lo a lavar os braços. Nosso relacionamento voltava a ser de amor e preocupação, completamente diferente do que todos imaginavam que pudesse ser, considerando nossos problemas do passado. Eu ainda não havia me dado conta do quanto minha forma de se relacionar com ele fora prejudicial antes de ele sair da banda. Nunca entendera o quanto ele era sensível e o quanto eu o magoava. Eu não sabia que todo o sarcasmo, as piadas, as alfinetadas e brincadeiras de mau gosto realmente o magoavam e tiveram um impacto profundo nele.

Quando John saiu da banda, fiquei ressentido por ele não ser meu amigo e abandonar nossa camaradagem musical. Mas durante todo o tempo em que ele permaneceu fora do grupo, enfrentando suas angústias, rezei por ele constantemente. Nas reuniões de recuperação aprendi que um dos motivos pelos quais os alcóolatras bebem é por guardar ressentimentos.

Uma das técnicas que eles ensinam para se livrar do ressentimento é rezar para que a pessoa tenha tudo o que você deseja alcançar na sua vida, até que um belo dia você diz: "Não sinto nada ruim por ela". Esse era um dos motivos pelos quais eu rezava por John. O outro é que eu não queria que ele morresse triste e miserável, então rezava por ele quase todos os dias.

Em janeiro de 1998, Bob Forrest convenceu John a ir a Los Encinos, o mesmo centro de tratamento que recebeu a W. C. Fields. Nessa época,

John já havia deixado a heroína, mas fumava crack e bebia. Fui visitá-lo ali e ele parecia comprometido com sua causa, mas havia algo estranho. Nossas conversas eram raras e esquisitas. De vez em quando falávamos sobre as músicas do Nirvana ou os desenhos de Da Vinci. Eu estava aberto para a possibilidade de John retornar à banda, ainda que me parecesse remota. Depois de sair de Los Encinos no início de fevereiro, ele alugou um pequeno apartamento em Silver Lake. Um dia, em abril, Flea foi até lá e eles se sentaram para escutar música. Então Flea lançou a pergunta: – O que você acha de voltar a tocar na banda? John começou a balbuciar e disse: – Nada no mundo me deixaria mais feliz.

Os dois choraram e se abraçaram por algum tempo. Então Flea viajou ao Camboja, o que deu tempo para que John e eu fizéssemos definitivamente as pazes e conversássemos sobre os problemas que tivemos no passado.

Flea esperava um relatório de nossas extensas deliberações para chegar a um acordo, de toda nossa animosidade reprimida, mas nenhum de nós sentia isso. O problema principal era que John não tinha sequer uma guitarra. Então fomos ao Guitar Center e comprei-lhe uma excelente Stratocaster 1962.

John estava entusiasmado com a ideia de voltar à banda, mas também se sentia assustado, porque fazia muito tempo que não tocava. Decidimos que seu retorno seria suave – a única coisa que importava era tocar. Não estávamos nem aí para fechar contratos para gravar, para o fato de que nosso produtor havia se demitido ou de que nossa gravadora perdera o interesse por nós. Nada importava. Só queríamos entrar numa garagem e tocar rock juntos.

Flea morava em uma incrível superestrutura mediterrânea em Los Feliz, uma casa antiga famosa porque muitos músicos como Bob Dylan e Lou Reed moraram ali. Nós nos reunimos na garagem de Flea, que havia convertido parte do lugar em um espaço para ensaios. Flea tinha um ar que dizia: "Tudo bem, nada de expectativas. Vamos simplesmente tocar". John tinha um olhar de incerteza, mas plugou sua guitarra e começamos a tocar. E voltamos a ser nós mesmos. Talvez eu fosse o único que pensasse assim, mas a sala se encheu de música celestial, feita sem nenhum propósito a não ser o de ver como soava quando colocávamos nossos instrumentos para funcionar ao mesmo tempo.

Para mim, esse foi o momento definitivo do que seriam os próximos seis anos de nossas vidas. Foi quando eu soube que esse era o verdadeiro caminho, que a mágica estava prestes a acontecer novamente.

CAPÍTULO

14

BEM-VINDO A CALIFORNICATION

Apesar de minha alegria em nossa reunião, custamos um pouco a encontrar a sintonia. John estava enferrujado, tanto mental quanto fisicamente. Eu também estava em frangalhos, mas aos poucos as coisas começaram a melhorar. A casa de Flea emanava muita alegria. Ele montara o espaço de ensaio como um estúdio, então, no final das sessões, eu saía com as fitas das músicas novas gravadas para poder escrever as letras.

Apesar de John dizer que levou anos para recuperar sua antiga forma, eu adorava o jeito como ele tocava quando não tinha a capacidade técnica de fazer tudo. Ele foi devagar e desenvolveu um estilo minimalista incrível. Todos os dias chegava com algo espetacular. Eu tinha um caderno repleto de letras e morria de vontade de transformá-las em músicas, então, além dos ensaios, eu me encontrava com John em seu apartamento, em Silver Lake. Era como se Jackson Pollock morasse ali.

Nós sentávamos, fumávamos e trabalhávamos. Era incrível voltar a ter um dos melhores músicos de nossa época conectado tão telepaticamente comigo. Ele tocava uma sequência instrumental estranha e complicada que lhe custara a noite toda para gravar e eu dizia: – Isso! Sei exatamente o que devo fazer com ela!

Todos se divertiam. Era como se não tivéssemos nada a perder ou a ganhar. Não nos preocupávamos; fazíamos música simplesmente por fazer. Comparado a *Blood Sugar*, *One Hot Minute* não estava nem perto de ser um sucesso e as pessoas perderam a fé em nós. A indústria musical tinha a impressão de que já havíamos tido nossos cinco minutos de fama. Mas quanto mais tocávamos, mais criávamos coisas em que acreditávamos e que queríamos que as pessoas escutassem.

Quando começamos a ensaiar, fazia muito calor, então deixávamos a porta da garagem aberta. Depois de algumas semanas de trabalho, encontrei-me com Gwen Stefani, do No Doubt. Ela era a vizinha distante de Flea, que morava no vale da montanha oposta.

– Ouço vocês tocarem todo dia – ela disse. – Meus amigos vêm em casa e nos sentamos para escutar. O som é ótimo!

Foi legal receber o elogio, mas também um pouco constrangedor, pois achamos que estávamos num mundo privado, fazendo funcionar nosso próprio negócio. No início de junho, demos um intervalo nos ensaios para fazer nossa primeira apresentação desde que John voltara à banda. Eu havia prometido ao dalai-lama que encontraríamos disponibilidade se Adam Yauch nos chamasse, e assim fizemos. No dia do show, caiu uma tempestade e no meio da apresentação uma garota foi atingida por um raio, o que forçou a evacuação de todo o estádio e o cancelamento do resto dos shows.

Naquela noite houve uma reunião de logística. Os organizadores nos disseram que, devido ao temporal do dia anterior, algumas bandas teriam de ser canceladas. Como nós fomos os últimos a ser agendados, não tocaríamos. Eu não podia acreditar. Havíamos saído da Califórnia e estávamos loucos para fazer nosso primeiro grande show com John de volta, na frente de 90 mil pessoas. Felizmente, o Pearl Jam fecharia o festival aquele dia, e, quando Eddie Vedder ficou sabendo de nosso dilema, ameaçou se retirar caso não nos dessem parte do tempo de palco deles. Foi uma demonstração de apoio fantástica da parte deles, que nunca esqueceremos.

No dia seguinte, me dei conta de que todos haviam se esquecido da pobre garota que fora atingida na cabeça por um raio, então fui visitá-

-la no hospital. Ela se encontrava na cama, mas estava acordada e me mostrou suas queimaduras. As piores eram onde havia algo de metal em contato com o corpo – uma pulseira, a armação do sutiã.

De volta a L.A., as músicas surgiam rápido e com fúria. Exceto uma. A primeira canção em que John e eu trabalhamos, mesmo antes de nos reunirmos na garagem de Flea, chamava-se "Californication". Escrevi a letra quando estava na viagem à Tailândia que fiz para me limpar, quando a ideia de ter John de volta à banda ainda era inconcebível para mim. Enquanto estava num barco no mar de Andaman, a melodia acercou-se, em uma dessas estruturas melódicas simples que fazem as palavras se encaixarem nela.

Mostrei "Californication" a John, que adorou a letra e começou a compor. Mas, por alguma razão, apesar de existir uma música perfeita ali, não conseguíamos encontrá-la. Tentamos dez arranjos e dez refrões diferentes, mas nada funcionava. Todas as outras músicas emanavam de nós. Trabalhávamos há algumas semanas quando alguém começou a tocar um riff superesparso que não se parecia com nada que já havíamos feito até então. Assim que o escutei, soube que era nossa nova música.

Nessa época, havia encontrado uma jovem mãe em uma de minhas reuniões de recuperação. Ela morava em uma instituição de apoio com sua filha, tentando ficar sóbria, mas falhando horrivelmente. A beleza, a tristeza, a tragédia e a glória somadas neste relacionamento entre mãe e filha resultaram na vibração desta música.

"Porcelain"

Porcelain
Do you carry the moon in your womb?
Someone said that you're fading too soon
Drifting and floating and fading away
Little lune
All day
Little lune
Porcelain
Are you wasting away in your skin?

Are you missing the love of your kin?
Nodding and melting and fading away[20]

No final de junho, havíamos terminado cerca de 12 músicas.

"Scar Tissue" ["Tecido de cicatriz"] foi outra que surgiu do nada. Rick Rubin e eu conversávamos muito sobre sarcasmo. Éramos tão sarcásticos, que fizemos um voto de tentar sermos divertidos sem usar o sarcasmo como recurso.

Essas ideias estavam no ar quando John começou a tocar um riff de guitarra e eu imediatamente soube como seria a música. A vibração era divertida, de quem estava feliz por estar vivo, de uma fênix que renascia das cinzas. Saí correndo com meu gravador portátil e, com essa música tocando ao fundo, comecei a cantar o refrão completo. Nunca esquecerei de quando olhei para o céu sobre aquela garagem, na direção de Griffith Park, vi os pássaros voando e me senti um pouco como Fernão Capelo Gaivota. Eu realmente entendia o ponto de vista daqueles pássaros, pois me sentia um eterno excluído.

"Scar Tissue"

Scar tissue that I wish you saw
Sarcastic Mr. Know-it-all
Close your eyes and I'll kiss you 'cause
With the birds I'll share this lonely view
With the birds I'll share this lonely view
Push me up against the wall
Young Kentucky girl in a push-up bra
Fallin' all over myself
To lick your heart and taste your health 'cause
With the birds I'll share this lonely view
Blood loss in a bathroom stall

20 [Porcelana] Você carrega a lua em seu ventre?/ Alguém disse que você desaparece rápido demais/ Movendo, flutuando e apagando/ Pequena meia-lua/ Todo o dia/ Pequena meia-lua/ Porcelana/ Você se consome em sua pele?/ Sente falta do amor de sua família?/ Consentindo e derretendo e desaparecendo. (N. do T.)

Southern girl with a scarlet drawl
Wave goodbye to Ma and Pa 'cause
With the birds I'll share this lonely view[21]

Terminamos outra música chamada "Emit Remmus", que fora em parte inspirada por minha amizade com Melanie Chisholm, das Spice Girls. Nessa época, as Spice Girls eram um fenômeno, especialmente entre meninas como Clara, a filha de Flea. Nessa primavera recebi um telefonema de Nancy Berry, que dirigia a Virgin Records. Ela me disse que as Spice Girls iriam a L.A. e as duas Melanies gostariam de sair, se divertir um pouco e fazer umas tatuagens.

Como mestre da diversão e das tatuagens residente, fui convocado para levá-las para conhecer Hollywood. Fiz amizade com Mel C (a Sporty) e mantivemos contato por muitos meses. Foi legal porque pude levar Clara ao show e ao camarim para que ela pudesse conhecer essas incríveis personagens que ela vinha venerando há um ano.

Agora que estava claro que nosso quarteto era viável novamente, era hora de encontrar produtores. Dois meses antes, não fazia diferença se tínhamos empresário ou não, porque não havia nada acontecendo, mas estávamos mais passionais que nunca com a música que criávamos.

Lembrava-me de Rick Rubin glorificar alguns anos antes as virtudes da Q-Prime Management. A Q-Prime era dirigida por uma dupla, Peter Mensch e Cliff Bernstein, que, na cabeça de Rick, eram os empresários mais brilhantes no negócio do rock.

Estes dois caras pegaram um avião em Nova York para nos encontrar na sala de estar de Flea. Eram muito nova-iorquinos. Trabalhavam no mundo da música desde sempre, tendo dirigido gente tão diferente como Metallica – que eles fizeram deslanchar no início da carreira –, AC/DC, Madonna, Courtney Love, Smashing Pumpkins,

---

21 [Tecido de cicatriz] Tecido de cicatriz que eu gostaria que você visse/ Sarcástico senhor Sabe-Tudo/ Feche os olhos e o beijarei porque/ Com os pássaros divido esta vista solitária/ Com os pássaros divido esta vista solitária/ Me empurre contra a parede/ Jovem garota do Kentucky com um sutiã meia-taça/ Caindo sobre mim/ Para lamber seu coração e saborear sua saúde porque/ Com os pássaros divido esta vista solitária/ Perda de sangue no boxe do banheiro/ Garota do sul com fala arrastada e escarlate/ Acene adeus a sua mãe e a seu pai porque/ Com os pássaros divido esta vista solitária. (N. do T.)

Def Leppard e Shania Twain. Cliff e Peter operavam em um nível de profissionalismo com o qual nunca havíamos lidado. Não vínhamos exatamente de um ano maravilhoso, mas sentíamos de verdade que com a volta de John, possuíamos uma boa carta na manga. Flea tinha uma lista enorme de preocupações, como: "Vocês vão colocar nossas músicas nas rádios?", ao que Peter respondia rosnando: "E não pensem que somos o tipo de empresários que vai passar talquinho na bundinha de vocês. Se estiverem em turnê no Alasca e esqueceram o casaco, não liguem pedindo para enviarmos uma jaqueta, porque vão acabar morrendo congelados".

Ao mesmo tempo, eu tinha certeza de que eles fariam qualquer coisa por Madonna se ela pedisse; talvez fosse por isso que ele dissera aquilo. Mas havia uma química na sala e a atração foi mútua, então assinamos o contrato com eles.

Com todas essas novidades no ar, achamos que talvez fosse hora de conseguir um novo produtor. Toda vez que você prepara um álbum, não importa o quanto as coisas estejam bem com o produtor (ainda que você saiba que acabará fazendo outro disco com essa mesma pessoa), sempre há um dia em que alguém diz: "Será que queremos um novo produtor?".

Nós nos sentíamos assim em relação a Rick Rubin. Consideramos nossas opções. Já havíamos pedido três vezes a Brian Eno para nos produzir e ele sempre disse não, mas pedimos de novo, apesar de o "não" ser inevitável. Ainda não sabíamos, mas ele nos fez um favor ao recusar.

Outro motivo pelo qual relutávamos em seguir com Rick Rubin era que ele sempre trabalhava em seis coisas ao mesmo tempo, além de ser o presidente de seu próprio selo, e achamos que devíamos encontrar alguém que trabalhasse só no nosso projeto. Passaram-se algumas semanas e conversamos com Rick. Ele abriu algum espaço em sua agenda e decidimos voltar a trabalhar com ele.

Antes de começarmos a trabalhar com Rick, a Q-Prime decidiu nos enviar em uma miniturnê discreta por lugares alternativos na Califórnia, só para desenferrujar. Tocamos num palco temporário atrás da casa de alguém em Chino, no velho salão da prefeitura, em Fresno; e em um bar country, em Reno. Não chegamos nem mesmo a vender ingressos até chegarmos a Santa Barbara.

Nesse verão, eu ainda morava na casa de Guy Oseary e me reunia todos os dias na garagem de Flea. Em algum momento de agosto, decidi, de repente, drogar-me outra vez. Eu não havia reincidido desde o Havaí, o que significava que estava limpo há seis meses, mas um dia simplesmente subi na moto, dirigi até o centro e fiz tudo de novo. Não fazia sentido e não foi bom, mas o gorila de 400 quilos havia despertado. Acordei em um quarto de hotel e sabia que não podia contar o que acontecera a ninguém. Era um fim de semana; reuni minhas coisas e passei a semana seguinte ensaiando.

Repeti o incidente na semana seguinte, com a diferença de que dessa vez não foi tão fácil eu me desligar. Acabei em um hotel em San Diego, novamente deprimido. Não sabia o que fazer – não tinha forças nem para ir embora –, quando ouvi baterem na porta. Quem diabos podia ser?

Aproximei-me do olho mágico, espiei e ali estavam John, Flea e Chad. Abri a porta e eles entraram.

– Sinto muito – eu falei.

– Não tem o menor problema – disse Flea. – Você fez uma cagada. Vamos simplesmente voltar para casa e retomar o trabalho. – Ele foi direto ao ponto e não me julgou.

– Ah, cara, fico tão mal que você tenha de passar por isso – John falou. – Deve ter sido uma bosta. Mas você não pode continuar com isso.

Nós nos amontoamos no Mercedes multicolorido de Flea, o que exacerbou o absurdo de meus arredores, e fomos para o norte, rumo a L.A. Eles me falaram que tínhamos um álbum para fazer, mas pegaram leve, o que tirou um peso imenso de cima de mim. Quando chegamos a L.A., Flea disse que eu poderia ficar na sua casa, numa suíte enorme e octogonal no andar de baixo, com carpete com estampa de leopardo. Mudei-me e a estada de dois meses foi realmente pacífica e produtiva. Tudo o que fiz foi ler, escrever, ir aos ensaios da banda e passear com Clara, Flea e os cachorros. Livrei-me de todas as complicações supérfluas como vida noturna, garotas e festas; simplesmente fiquei em casa e trabalhei bastante.

Um dia, na casa de Flea, bateu uma vontade e decidi cortar todo o meu cabelo. Fazia 13 anos que eu tinha o cabelo abaixo da cintura, mas não pensei duas vezes. Na noite em que o cortei, cheguei em casa tarde e Flea já estava dormindo. Na manhã seguinte entrei na cozinha de pijama. Flea arregalou os olhos e começou a rir histericamente. – Meu Deus, estou de volta ao colégio e temos 16 anos de idade. Olhe para você!

Nessa época, havíamos feito a transição da garagem de Flea para um estúdio chamado Swing House, em Cahuenga. Rick Rubin passou a vir aos ensaios, sentar no sofá e nos ouvir tocar, anotando alguma coisa aqui e ali. Começamos a reunir uma enorme quantidade de matéria-prima em termos de trechos e partes de músicas, músicas incompletas, refrões, versos, introduções, conclusões e interrupções. Voltamos a esquematizar essas ideias.

Tudo ia tão bem com o álbum, que no meio de outubro Guy O. e eu decidimos viajar a Nova York. Almoçamos no Balthazar, no SoHo, com mais dois amigos e, ao nos sentarmos, reparei que uma garota que trabalhava ali me lançara um olhar. Eu me encontrava supersolteiro, muito aberto à possibilidade de o universo me apresentar uma amiga, e essa garota me derrubou com um olhar. A próxima coisa de que me lembro é que essa moça, que não era nossa garçonete, veio até a mesa com um andar esnobe e uma atitude mandona. A comida chegou, mas eu precisava conversar com a garota. Aproximei-me do balcão da hostess como quem não quer nada e disse: – Oi, sou o Anthony.

Cinco segundos depois de começarmos a conversar, um cara da mesa ao lado, que eu encontrara uma vez em um centro de reabilitação quando ele foi visitar seu irmão, aproveitou a oportunidade para me abraçar e dizer tudo o que ele havia feito nos últimos anos. Enquanto isso, minha garota ia embora.

– Cara, faça-me um favor. Fique quieto e sente-se imediatamente. Volto daqui a pouco – eu disse. Finalmente, ele foi embora.

– O que você vai fazer depois do trabalho? – perguntei à menina.

– Com certeza não é visitar você – ela respondeu.

– Que tal amanhã, depois do expediente? – retruquei.

Ela concordou. Passei o resto do dia muito entusiasmado. Varri o resto da raça feminina de minha consciência; eu estava simplesmente transtornado.

A parte ruim era que eu ia embora em dois dias, então só tinha um dia para fazer algo acontecer com essa garota. Encontrei-a depois do trabalho e fomos comer sushi em um restaurante próximo. Eu realmente gostei de Yohanna. Ela tinha os olhos azuis como cristal, parecia uma fada encantada, era exatamente da minha altura e tinha uma percepção de si muito intensa. Além do mais, tinha um estilo louco, era durona e um pouco maluca. Quando olhei nos seus olhos, vi o espírito invisível de algo que eu já amava. Esta garota pode ser minha namorada, decidi. Tentei sugerir sutilmente que ela poderia passar a noite comigo no hotel.

– Bem, tudo bem, mas não vou transar com você nem fazer nada do tipo – Yohanna disse. Para mim, não havia problema. Paramos na rua sob um poste e nos beijamos. O beijo definitivamente funcionou. Não foi um beijo sensual e cheio de tesão, era um beijo de verdadeira conexão humana – e ela beijava bem.

No meu quarto, conversamos por horas, nos conhecendo. Ouvimos músicas e tivemos muito contato físico – mas ela não estava brincando quando disse que não transaria comigo. Na verdade, deixou claro que, se continuássemos, queria ver o resultado de meu teste de aids.

Tudo isso fazia que eu me sentisse melhor, pois quem quer se apaixonar por uma garota que está pronta para dormir com qualquer um que aparece? Outro ponto positivo é que ela não era fã da banda. Ela tinha 23 anos, era do norte do estado de Nova York e tinha frequentado raves e consumido Ecstasy assiduamente na adolescência.

Na manhã seguinte, fui para casa. Voltei a morar com Guy O. e falava ao telefone com Yohanna pelo menos três vezes por dia. Guy começou a organizar minha festa de aniversário de 36 anos e, no dia anterior, perguntou se eu queria alguma garota ali.

– A única garota que me interessa é Yohanna. Acho que seria melhor pegar um avião e passar o dia em Nova York que fazer essa festa – disse a ele. – Por que fui conhecer uma garota que está a milhões de quilômetros de distância?

O dia 1º de novembro transcorreu sem surpresas e nos encontramos formalmente em um lugar charmoso de Beverly. Eu tentava aproveitar ao máximo a ocasião, sentindo-me bem porque voltava a estar sóbrio por alguns meses. Jantávamos, eu conversava e comia e então olhei para Guy O., que tinha uma expressão realmente estranha.

Quando virei a cabeça para a direita, vi Yohanna entrar no restaurante acompanhada do assistente de Guy. Sem eu saber, Guy a havia trazido para passar o fim de semana. E Chad, o senhor Sutileza, virou para Guy e sussurrou: – O que você trouxe pra ele? Uma puta?

A primeira coisa que fiz foi agarrá-la pela mão e levá-la a uma mesa no fundo. Senti que precisávamos de alguns momentos a sós para nos conectar sem passarmos pelo escrutínio de todos à mesa. Assim que o jantar acabou, levei-a à casa de Guy O., fiz uma mala e nos hospedamos no Chateau Marmont, onde moraria nos meses seguintes enquanto gravávamos nosso álbum. Passamos uma noite maravilhosa. Mas não chegamos aos finalmentes. Se eu soubesse que Guy iria trazê-la, teria providenciado o teste de aids e deixado os resultados ali na gaveta. Ela passou dois dias ali e ficamos grudados, tratando de nos conhecer melhor.

Ela se foi e voltei a escrever músicas. Eu pensava nessa garota o tempo todo e muito do que escrevia começou a ser influenciado por esse fato. Mas quanto mais a conhecia, mais percebia que ela era problemática e mantinha uma aparência calma e tranquila na minha frente.

Isso ficou evidente quando ela veio me visitar em dezembro. Apesar de eu ainda estar sóbrio, não me empenhava em ficar bem. Ainda era um maluco obsessivo, egoísta, e não vivia minha vida instintivamente no caminho do amor e da caridade. Estava ocupado demais escrevendo músicas e ensaiando para me dedicar a isso, o que não passava de uma desculpa. A única forma de o programa funcionar é colocando sua sobriedade em primeiro lugar, então todos os outros aspectos de sua vida entram nos eixos. Eu me encontrava um pouco irritadiço, insatisfeito comigo mesmo, apesar de o trabalho com a banda render. E havia essa garota de quem eu gostava um pouco demais; eu me sentia inseguro com o relacionamento e esperava que ela fosse amável em vez de simplesmente deixar as coisas acontecerem. Tentei manipular a situação um pouco além da conta e a as coisas começaram a ficar tensas.

Saímos com Guy O. e sua garota. Assim que entramos na limusine, Yohanna começou a explorar o bar e a virar doses de vodca. "Ela está nervosa", pensei. "Não os conhece e quer relaxar." Mas percebi muito bem que ela não tomava as bebidas a goles moderados. Chegamos à festa e eu simplesmente não estava à vontade. Os homens flertavam com ela, fiquei com ciúmes e parecia que para mim nada estava bom. Começamos a nos afastar e acabamos indo para uma festa menor com Madonna e um monte de atores numa cobertura em Sunset.

Yohanna começou a pedir doses triplas de Cosmopolitans, uma atrás da outra. Ela já não falava mais comigo, pois achava que eu me comportava como um imbecil. Quando voltei a olhar para a mesa, ela havia ido embora. Então olhei pela sala e lá estava Jack Nicholson sentado numa cadeira com Yohanna no colo. Eles fumavam um baseado juntos. A visão não era nada agradável. Enquanto isso, o caos se estabeleceu ao meu redor e fui convocado para ajudar essa garota que acreditava estar sofrendo um ataque do coração porque havia usado muita coca. Depois, uma menina começou a se esfregar em mim e pensei: "Ok, se ela pode, também vou fazer esse jogo". Sentamos no sofá e, em questão de minutos, ela disse: – Posso ir ao seu hotel ou você quer vir à minha casa?

– Vamos à sua casa – eu disse. Assim que disse essas palavras, meu coração se despedaçou. Olhei ao redor e vi Yohanna sentada no chão com Joaquin Phoenix completamente bêbado. A coisa ia de mal a pior.

Segundos depois, Joaquin se aproximou.

– Está bastante difícil entender o que acontece com essa garota – ele disse. – Já perguntei a ela várias vezes se ela quer ir a outro lugar e tudo o que ela me responde é: "Eu vim com o Anthony". E pelo visto você está em outra. Eu só quero entender o que está acontecendo.

– Ela já é grandinha e pode decidir as coisas sozinha – respondi. – Não tenho mais nada a ver com ela.

A situação se transformou numa novela mexicana. Eu não queria ir embora com aquela outra garota e Yohanna também não queria ir embora com outra pessoa. Ela também chegou ao ponto em que não conseguia mais andar. Então agarrei-a, joguei-a por cima dos ombros e enfiei-a num carro.

Tive de carregá-la até o quarto do hotel. Deitei-a no sofá, fechei as cortinas e ela apagou como um bebê. Acordou muito mais bem-disposta que eu. Conversamos e percebemos que ambos nos portávamos como idiotas, que a noite havia sido uma exibição mútua de imaturidade. A banda começou a gravar o disco e as sessões iam bem quando fizemos um intervalo para o Natal. Fui a Michigan e voltei a L.A. No réveillon de 1999, Flea, John e eu fomos à festa da mansão da Playboy.

Não era bem nosso ambiente. Não tinha muita graça estar no reino dos peitos siliconados. Além do mais, sentia falta de Yo. O aniversário dela era no início de janeiro. Como tudo ia bem na gravação do disco, decidi passar um fim de semana em Nova York para surpreendê-la. Ela morava no Brooklyn. Eu estava tão empolgado com a surpresa, que tive de me segurar para não ir até lá cedo demais. Para garantir que ela estaria em casa, eu lhe disse que entregariam uma planta exótica em sua casa.

Finalmente, peguei um táxi e fui ao Brooklyn. Quanto mais eu andava, mais sombrio o bairro ficava. Quando chegamos ao endereço, resultou que ela morava em um apartamento no subsolo, num bairro bastante sinistro. Bati na porta, todo entusiasmado, ela abriu e estava acabada, com ressaca. Ela não parecia bem nem se sentia bem e certamente não morria de alegria com minha aparição surpresa. Deixou-me entrar, resmungou e voltou para a cama. Deitei com ela. Fizemos amor, mas não foi muito estimulante. Então fomos tomar banho juntos. Olhei para baixo e vi seus braços, e meu coração parou de bater. Ela tinha marcas de picadas roxo-azuladas.

Eu sabia que ela bebia e que era uma ex-raver, mas não fazia ideia de que cheirava pó, injetava coca e ocasionalmente consumia heroína. Fiquei arrasado, não porque estivesse decepcionado com ela, mas porque me dei conta de que essa pessoa que eu amava tanto era uma viciada doente e que sua pobre alma estava condenada a uma vida de procurar drogas e se sentir uma merda. Yohanna viu minha cara e ficou triste porque havia sido descoberta. Ela sabia que nenhum cara com a mente sóbria e correta sairia com uma garota que injetava coca.

Tive de ser racional. Eu não queria fugir de Yohanna, mas sabia que a dependência de drogas era forte o suficiente para eu ter de deixar a pessoa por quem havia acabado de me apaixonar, caso fosse necessário. Demos um passeio pelo Brooklyn e paramos para tomar um café. Ela fazia 24 anos naquele dia e parecia doente, pálida, com os olhos vermelhos e embaçados.

– Isso quer dizer que tudo acabou? – ela me perguntou.

– Acho que não – respondi. – Ainda amo você. Não sei se é possível continuarmos juntos, mas não estou me afastando por causa disso.

Acho que ela se comoveu com o que disse. Então fomos a Manhattan e lhe dei alguns presentes. Na noite seguinte eu tinha de voltar.

Quando fui embora, desejei-lhe boa sorte e disse que esperava que ela encontrasse um jeito de lidar com seu problema. Retomei o trabalho em Hollywood. Sem me dizer nada, Yohanna começou a frequentar grupos de apoio e ficou limpa.

De volta ao estúdio, as coisas iam bem, mas a música que era mais importante para mim era a que menos importava para os outros. Tratava-se de "Californication". Todos diziam: – Temos 25 músicas gravadas, não precisamos de outra.

Continuei a dizer a John que precisávamos terminá-la. Enquanto isso, a sessão se dissipava e só tínhamos mais alguns dias para gravar. Nos últimos momentos, John entrou correndo no estúdio e disse: – Terminei! Tenho "Californication"!

Ele se sentou e dedilhou uma combinação esparsa, mas perturbadora de notas. Era tão diferente de tudo o que havíamos tentado para essa música que quase não consegui ouvir. Então ele começou a cantá-la e ficava quase no limite do alcance da minha voz, mas era viável.

Ele ensinou Flea e Chad, ensaiamos umas duas vezes e gravamos.

"Californication"

Psychic spies from China
Try to steal your mind's elation
Little girls from Sweden
Dream of silver screen quotations
And if you want these kind of dreams
It's Californication
It's the edge of the world
And all of Western civilization
The sun may rise in the East
At least it settles in the final location
It's understood that Hollywood

sells Californication
Pay your surgeon very well
To break the spell of aging
Celebrity skin is this your chin
Or is that war you're waging
Firstborn unicorn
Hard core soft porn
Dream of Californication
Dream of Californication
Marry me girl be my fairy to the world
Be my very own constellation
A teenage bride with a baby inside
Getting high on information
And buy me a star on the boulevard
It's Californication
Space may be the final frontier
But it's made in a Hollywood basement
Cobain can you hear the spheres
Singing songs off station to station
And Alderon's not far away
It's Californication
Born and raised by those who praise
Control of population
Everybody's been there and
I don't mean on vacation
Firstborn unicorn
Hard core soft porn
Dream of Californication
Dream of Californication
Destruction leads to a very rough road
But it also breeds creation
And earthquakes are to a girl's guitar
They're just another good vibration
And tidal waves couldn't save the world
From Californication

Pay your surgeon very well
To break the spell of aging
Sicker than the rest
There is no test
But this is what you're craving
Firstborn unicorn
Hard core soft porn
Dream of Californication
Dream of Californication[22]

Um dos motivos pelos quais eu podia cantar "Californication" sem muitos problemas é que fazia aulas de canto com um professor chamado Ron Anderson, que ensinava canto lírico e possuía uma voz de ópera. Não era nada divertido sentar e cantar escalas, mas os resultados eram imediatos e eu tinha muito mais controle de minha voz. Estudei com ele todos os dias enquanto gravamos o disco, que afinal chamamos de *Californication*.

Meu maior erro foi não continuar a trabalhar com seu estilo, de modo que perdia muito a voz quando fizemos a turnê. Cheguei ao limite quando estávamos em Nova York. Ron teve de vir para trabalhar comigo o dia todo, e fiquei bem o suficiente para fazer a apresentação.

---

22 [Californicar] Espiões psíquicos da China/ Tentam roubar a alegria de sua mente/ Menininhas da Suécia/ Sonham com citações cinematográficas/ E se você quer esse tipo de sonhos/ É Californicar/ É a beira do mundo/ E de toda a civilização ocidental/ O sol pode nascer no leste/ Pelo menos ele se põe no seu lugar definitivo/ Sabe-se que Hollywood/ Vende Californicar/ Pague seu cirurgião muito bem/ Para quebrar o feitiço de envelhecer/ O seu queixo é pele de celebridade/ Ou é uma guerra que você paga para vencer/ Unicórnio primogênito/ Suave pornô pesado/ Sonham com Californicar/ Sonham com Californicar/ Case comigo, garota, seja minha fada para o mundo/ Seja minha constelação particular/ Uma noiva adolescente com um bebê dentro de si/ Ficando alta de informação/ E compre para mim uma estrela na calçada/ É Californicar/ O espaço pode ser a última fronteira/ Mas foi feito num porão de Hollywood/ Cobain, você pode ouvir as esferas/ Cantando músicas de uma estação a outra/ E Alderon não está tão longe/ É Californicar/ Nascido e criado entre aqueles que aprovam/ O controle populacional/ Todos estiveram ali e/ Não foi nas férias/ Unicórnio primogênito/ Suave pornô pesado/ Sonham com Californicar/ Sonham com Californicar/ A destruição conduz a um caminho muito duro/ Mas também gera criação/ E terremotos são para a guitarra de uma garota/ São só outra boa vibração/ E tsunamis não podem salvar o mundo/ De Californicar/ Pague seu cirurgião muito bem/ Para quebrar o feitiço de envelhecer/ Mais doente que o resto/ Não há teste/ Mas é disso que você morre de vontade/ Unicórnio primogênito/ Suave pornô pesado/ Sonham com Californicar/ Sonham com Californicar. (N. do T.)

Ele me passou uma dieta severa de exercícios de aquecimento para a voz, que mantenho religiosamente até hoje.

Estávamos deliciados ao terminar de gravar o álbum. Nós nos sentíamos como uma floresta que havia sido queimada e novas árvores brotavam das cinzas. Passar por tudo isso mudara nossa forma de ver as coisas.

Você não pode ser tão filho da puta quanto era antes, não pode ser tão egomaníaco e não pode achar que o mundo lhe deve tanta coisa, não pode ser aquele cara que diz: "Onde está a minha parte?". A minha parte estava justamente em eu estar vivo e ter a oportunidade de fazer música com as pessoas com quem eu mais adorava fazer música. Um dos aspectos mais mistificadores dessa época de nossa banda é que tínhamos tanto entusiasmo quanto no início, se não mais. E quando nós começamos, conquistamos o mercado com nosso entusiasmo.

Mixamos o CD. Começou a aparecer gente para ouvi-lo e fomos às nuvens com os comentários. A situação também ia bem em minha vida pessoal. Eu ia e vinha a Nova York para ver Yohanna, que agora era a Garota Sóbria. Ela queria voltar a estudar, então matriculei-a no Fashion Institute of Technology [Instituto de Tecnologia da Moda] e seus estudos iam bem. Seus olhos voltaram a brilhar e nos entendíamos às maravilhas.

A banda tocou o álbum novo para nossos diretores artísticos. Cliff e Peter pegaram um voo para L.A., sentaram-se no estúdio, escutaram e Cliff decidiu que deveríamos começar com "Scar Tissue" como o primeiro single e videoclipe. Decidimos fazer uma pequena turnê especial para promover o CD. Como ele seria lançado em junho, meu amigo Chris Rock sugeriu que tocássemos em festas escolares. Isso me fez pensar em quando estava no colegial e no quanto era divertido ver as bandas que vinham se apresentar, então decidimos fazer um monte de shows gratuitos para os alunos do ensino médio. Foi quando aconteceu o episódio de Columbine[23] e uma onda de medo assomou em todas as escolas. Sentimos que fazer os shows era

---

23 Em abril de 1999, em Colorado, dois alunos da escola secundária Columbine High School, Eric Harris e Dylan Klebold, respectivamente com 18 e 17 anos, chegaram armados ao colégio, assassinaram 12 estudantes e um professor e se suicidaram em seguida. Outras 23 pessoas ficaram gravemente feridas. O episódio inspirou o documentário Tiros em Columbine, do cineasta Michael Moore, que ganhou o Oscar de melhor documentário com o filme em 2002. (N. do T.)

mais importante do que nunca, então tivemos a ideia de fazer os alunos escreverem redações sobre como poderiam tornar suas escolas melhores, mais seguras, felizes e divertidas, de modo que não tivessem de ir à escola com medo. Quem escrevesse a redação ganhava uma entrada para o show. Tocamos em maio e foi um conjunto de shows absolutamente mágicos, porque os garotos eram novinhos e realmente queriam estar ali, haviam reservado um tempo para escrever suas redações. A garotada emanava muito amor, não podíamos pedir uma recepção melhor.

Soubemos que muita gente se identificava com o álbum quando fomos fazer a divulgação para a imprensa na Europa. Na Itália, John e eu estávamos sentados no banco de trás de um Mercedes com a janela aberta quando uma lambreta com dois italianos parou ao nosso lado.

Eles olharam para dentro do carro e começaram a gritar: – Ei, Californication! – e em seguida começaram a cantar "Scar Tissue". Fazia apenas cinco dias que o disco fora lançado. Como é possível que do dia para a noite um país inteiro comece a amar você?

Em julho começamos uma série de shows de grande porte. No curto espaço de tempo em que nosso álbum havia sido lançado, houve uma imensa movimentação em todo o mundo. O trabalho foi recebido de modo muito mais caloroso e receptivo do que podíamos esperar. Em algum momento, pediram que fechássemos o festival de Woodstock de 1999. Era perfeito, porque faríamos um show em Toronto no dia anterior.

Deveria ser um show menos concorrido, mas a cidade inteira apareceu. Uma expansão de humanismo encheu a rua, os prédios e telhados. No dia seguinte fomos a Woodstock. Antes de chegarmos, ouvimos relatos de que este evento era pouco organizado e de que a multidão estava descontrolada. Estava claro que essa situação não tinha mais nada a ver com Woodstock. Não simbolizava mais paz e amor, mas ambição e lucro. A pombinha com o ramo no bico dizia: "Qual é o maior preço que podemos conseguir vendendo estas camisetas para a garotada?".

Fomos aos bastidores e nos concentramos em fazer nossos rituais disciplinadamente – aquecer o corpo, alongar, meditar, exercitar os dedos, aquecer a voz. Eram cerca de sete horas, de modo que subiríamos ao palco durante um pôr do sol explosivo e dramático em Nova York.

Para nós, parecia outro grande festival de rock, sem elementos particularmente preocupantes. Nosso momento sagrado de preparação foi interrompido quando a irmã de Jimi Hendrix veio aos bastidores e pediu que tocássemos uma música em homenagem ao seu irmão. Parecia que um importantíssimo tributo a Jimi Hendrix se desmoronava e ela estava mortificada ante a possibilidade de que Woodstock pudesse esquecê-lo. Fazia muito tempo que não tocávamos uma música de Hendrix e nossa primeira reação foi dizer não. Mas ela continuou falando o quanto isso significaria para ela, então, dez minutos antes de subirmos ao palco, decidimos tocar "Fire".

Ao cair da noite, vimos uma imensa coluna de fogo bem no fundo da pista. Estivéramos em milhares de festivais onde se havia acendido fogueiras, então não parecia nada extraordinário. Quando chegou o momento do bis, tocamos "Fire", não porque havia algo queimando, mas como um paliativo para a pobre irmã de Jimi. Em seguida saímos de cena, pegamos o carro para ir ao aeroporto, pousamos em Manhattan e nos hospedamos em nossa segunda casa, o Hotel Mercedes. Era apenas meia-noite, mas começamos a ouvir rumores sobre as confusões violentas, os estupros e os incêndios em Woodstock. Foi muito estranho, pois para nós havia sido um show de rock normal.

Acordamos com as rádios e os jornais nos acusando de vilões por incitar a multidão ao tocar "Fire". Ignoramos essas acusações ridículas, apesar de no final virmos a saber que os promotores eram uns imbecis e que o ambiente não havia sido feito pensando no público.

Chegou o momento de tocar na Europa. A Q-Prime se fundamentava ideologicamente em turnês. A filosofia básica era de que, depois que você gravava, tinha de cruzar o planeta dez vezes se quisesse que o disco vendesse bem. Estávamos acostumados a fazer turnês, mas não nesse grau. A Q-Prime se focava muito nisso e fazia muito tempo que não vivíamos essa experiência, então tínhamos um pouco mais de vontade de pegar a estrada incessantemente do que teríamos no futuro. Começamos fazendo um show gratuito em Moscou em 14 de agosto de 1999. Como parte do despertar russo da glasnost, eles aderiram à MTV e fomos escalados para inaugurar a MTV russa com um imenso show grátis na Praça Vermelha. O primeiro problema foi acalmar John e dissipar sua preocupação de sermos sequestrados, pois, ao lado da Colômbia, a Rússia se transformara na capital mundial do sequestro.

Depois de fazer seguro de vida para nós e aumentar o contingente de seguranças, concordamos em fazer o show. Talvez fosse esperado que Moscou, a maior cidade do país, funcionasse de modo eficaz, até mesmo num estilo militar, mas não era o caso. Era a primeira vez que estávamos na Rússia e realmente nos sentimos um pouco ameaçados ali. Tudo em Moscou era cinza. O céu era cinza, os prédios eram cinza, as ruas eram cinza, as árvores eram cinza. Havia essa nuvem sisuda de stalinismo que sufocava o lugar.

No dia do show, a Praça Vermelha estava tão lotada de russos, que precisamos de escolta policial para chegar ao palco. Então fugimos correndo do país, mas fomos parados pela polícia e intimidados a caminho do aeroporto. Para nossa indignação final, Chad teve de deixar todo o dinheiro que tinha em suborno para poder embarcar.

Nunca gostei muito da Áustria, principalmente porque as pessoas que conheci ali eram arrogantes e pomposas demais, mas descer do avião em Viena depois de uma semana na Rússia era como chegar à Disneylândia pela primeira vez na infância. O sol saiu, as nuvens se foram, era possível cheirar flores, havia neve nas montanhas, um paraíso. Entretanto, o fim desta etapa da turnê europeia não foi meu momento mais glorioso. É difícil manter um relacionamento quando você está na Europa e a sua namorada, nos EUA, e ambos estão sóbrios há relativamente pouco tempo e você não trabalhou as questões que o fazem controlador, que lhe provocam ciúmes, insegurança e dependência. Havia muita tensão emocional no ar.

Trabalhamos duro nas turnês daquele ano. Yohanna terminou seus estudos e decidimos que seria uma boa ideia ela se mudar para L.A., o que significava que eu teria de arranjar um lugar para morar. Sempre achei o máximo um fantástico prédio antigo em West Hollywood chamado Casa Colonial. Quando Jennifer Lopez se mudou da cobertura, fiquei com ela. Yohanna foi para L.A. em setembro de 1999. Ela usava meu novo Cadillac Esplanade e tinha todas as despesas pagas, mas não trabalhava e não conhecia muita gente, e eu estava prestes a viajar para a Europa novamente.

A caminho da Europa, a banda parou em Nova York e fez uma apresentação no World Trade Center para os ganhadores de um concurso da rádio K-Rock. O show foi alegre e animado, mas o sistema de som era horrível. Eu só ouvia a bateria e a guitarra, não conseguia escutar os vocais. Acabei gritando a plenos pulmões e perdi a voz, o que foi um saco.

Voamos para a Finlândia e começamos a cruzar a Europa. Quando chegamos à Espanha, Yohanna decidiu vir para a última semana da turnê. Eu a amava, estava feliz por vê-la, feliz por ter minha mulher em minha cama, em meus braços, mas era difícil conviver com ela no dia a dia, como era o caso. Ela nunca conseguiu entender que muitos dos fãs da banda eram mulheres e, por alguma razão, achava que eu era o responsável por isso. Havia vezes em que tocávamos, eu estava com ela e tínhamos de andar do palco até o lugar onde o carro estivesse estacionado e pessoas histéricas me assediavam. Muitas vezes eram garotas que gritavam enlouquecidas: – Eu te amo, eu te amo, quero estar com você, por favor me abrace. – Eu não tinha por que ser maldoso com essas pessoas ou explicar-lhes: – Eu tenho namorada, vocês não devem se aproximar de mim com esses sentimentos. – A interação delas comigo era só uma ilusão.

Yo e eu tínhamos um antagonismo histórico. Quando estávamos separados em uma turnê, nos antagonizávamos e, quando estávamos juntos, também. Isso acontecia porque tudo o que queríamos era o amor e a atenção constantes e exclusivos do outro, que é algo egoísta e difícil de conseguir em um relacionamento. Éramos retardados emocionais, mas era o melhor que conseguíamos fazer na época.

Quando chegamos a Madri, a situação já havia degringolado. Entramos em outra disputa por picuinhas que não vale a pena relembrar. Estávamos numa linda suíte de um hotel em Madri, loucamente apaixonados, numa turnê divertida e bem-sucedida no meio da Espanha e começamos a brigar pela coisa mais estúpida do mundo. E continuamos a brigar no elevador, na recepção, no ônibus que nos levava ao aeroporto.

Infelizmente, a discussão continuou até Lisboa. Então voltamos para casa e brigamos ali. Eu adorava morar naquele agradável apartamento de cobertura com ela, mas nunca foi fácil. Ambos havíamos sido uns malditos dependentes de droga por tanto tempo, que nunca tivemos uma oportunidade de amadurecer nosso comportamento infantil. Eu sabia que não sentia nada além de amor por essa garota. Não me interessava por nenhuma outra mulher. Meus únicos interesses eram vê-la bem e cuidar dela, o que resultou ser um dos problemas. Tanto tomei conta dela que ela simplesmente esperava um constante "Tudo bem, Anthony vai fazer isso para mim". Quando ela começou a ter essa reação, eu disse: "Foda-se. Não espere isso de mim. Conquiste sua vida, ganhe seu respeito, simplesmente faça as suas coisas". Assim, ela se encontrava numa posição terrível, porque provavelmente estava ressentida por eu ter lhe dado tantas coisas e depois achar que ela deveria ganhar a própria vida. Mesmo quando financiei seu incipiente negócio de modas, isso se tornou um ponto de tensão. Logo que vi o trabalho dela, pensei: "Essas roupas são demais. Ela tem um estilo maluco". Telefonei a meus empresários em Nova York e disse: – Preciso do contato dos maiores compradores de roupa das lojas de departamentos.

Mas Yohanna nunca estava satisfeita, agradecida ou à vontade. Eu me encontrava igualmente desajustado com a vida nesse momento. Havia estado fora dos eixos por tanto tempo, que não sabia como lidar com nenhuma das situações básicas da vida com clareza ou intuição. Também aconteciam algumas coisas curiosas. Nossa vida sexual começou bastante devagar, mas com o tempo se transformou em uma atração espiritual, depois que entendemos o funcionamento do corpo um do outro. Ela tinha uma profundidade com o sexo que eu nunca havia experimentado antes. Não havia dúvidas sobre nosso amor, apesar de ambos termos personalidades explosivas.

Naquele Natal, eu tinha muito o que agradecer. O CD continuava a ser um fenômeno de vendas. Às vezes, Gail, da Q-Prime, me ligava e dizia: "*Californication* é o número tal em tal país e continua entre os dez mais vendidos aqui". Eu saía pulando de alegria. Era uma pena que minha vida pessoal não estivesse tão bem quanto a profissional. Profissionalmente, estávamos no auge. Além da venda dos CDs, tocávamos bastante – e bem. Assistir à evolução constante de John também era um prazer em si.

Quando começamos a nos apresentar no começo de *Californication*, ele estava tímido e retraído no palco, sem deixar que as emoções fluíssem. Com o tempo, transformou-se num exibicionista que nunca estava satisfeito. – Vamos abrir o show com um solo meu de dez minutos. – Ele não fazia isso por narcisismo, mas por sua paixão por tocar e por seu desejo de comungar com os espíritos, tanto os invisíveis quanto o das pessoas que estavam ali para viver a música e o amor. Observar esse processo era um deleite.

Começamos o milênio com um show no Forum, em nossa cidade natal. O Forum sempre trazia lembranças incríveis para nós. Havíamos tocado ali uma vez com Dave Navarro e essa foi uma das melhores apresentações que fizemos com ele nos EUA. Sempre é difícil tocar bem quando se trata de sua cidade natal. As expectativas são muito altas e há a tensão adicional de conseguir ingressos para a família e os amigos.

Esse show foi um meio-termo. Tocamos bem, mas não foi nada do outro mundo. O legal foi que minha irmã Julie e seu marido, Steve, vieram passar o Ano-novo comigo. Também foi nesse show que John Frusciante se apaixonou por Milla Jovovich, que ensaiava com sua banda ao lado de Swing House. Naquela noite, ela veio ao show com um vestido de noiva e lançou seu feitiço sobre as tentativas de John de negar o que sentia.

Tivemos alguns dias de folga depois do show de Ano-novo e depois saímos da bela e ensolarada Califórnia para a feia, depressiva e cinzenta Tóquio, no Japão. Era a primeira vez que tocávamos ali desde que John voltara à banda e queríamos dar um gosto especial à ocasião, já que foi o último lugar em que ele tocou antes de sair do grupo. Mas os shows japoneses não eram muito divertidos e não estávamos em nossa melhor forma. Um dos problemas era que, nessa época, eu havia desenvolvido uma inflamação crônica dos músculos da perna e cada vez que subia ao palco era "ai, ai, ui, ui".

Depois do Japão, tínhamos uma semana de folga antes de irmos para a Austrália e a Nova Zelândia. Cada um tirou férias em um canto diferente. Eu encontraria Yohanna em Bali. Mal podia esperar para vê-la, principalmente depois de ter ficado tão deprimido no Japão. Nunca esquecerei do quanto eu fiquei feliz quando cruzei a porta do aeroporto e ela me cumprimentou.

Ficamos em um charmoso resort construído em uma colina com vista para o mar. Cada quarto era uma unidade individual com uma piscina de pedra. Havia pétalas de rosa espalhadas na cama e na banheira. Naquela tarde, tivemos a melhor transa de nossa história. Então fomos mergulhar e dirigimos para o interior, que era a parte mais bonita da ilha.

Então chegou o momento de tocar no festival Big Day Out, a resposta da Austrália ao Lollapalooza. Janeiro é a melhor época do ano na Austrália, porque é verão e o país inteiro quer se divertir. Começamos a turnê em Auckland, na Nova Zelândia, e estávamos bastante entusiasmados porque os Nine Inch Nails estariam ali conosco e todos na banda simplesmente os adoravam. Também tocaríamos com os Foo Fighters e acabaríamos muito próximos deles.

O único aspecto ruim nisso tudo era minha inflamação nos músculos da perna. Mesmo com a semana de descanso, a dor não cessou. Minhas tíbias ganhavam fraturas microscópicas porque os músculos e tendões estavam tão inchados, que puxavam a massa óssea para fora. Andar era dolorido, pular, mais ainda, mas eu teria de ir até lá e dar o melhor de mim com esses cambitos que doíam ferozmente. Dois dias antes do show, fui ao médico.

– Há um analgésico não narcótico chamado Ultram – ele disse. – Funciona muito bem para atletas que têm de atuar em condições similares à sua. Tome um pela manhã e outro antes de se apresentar. Na véspera do primeiro show, tomei o Ultram e, de repente, comecei a me sentir muito bem. Não bem o suficiente para ter certeza de que eu me sentia bem, mas podia jurar que me sentia bem do modo mais sutil possível. Não podia ser o Ultram, porque não era narcótico, então decidi que eu simplesmente me sentia bem. Tomei o outro comprimido antes do show e, cara, não senti nenhuma dor nas pernas.

Tocamos e foi absurdamente divertido, 50 mil neozelandeses chacoalhando em uníssono. A garotada sabia cantar cada palavra das músicas, mesmo das novas, e foi inacreditável. Tudo correu bem, voltamos para o hotel, fiz amor com Yohanna e algo incomum aconteceu. Transávamos e transávamos e eu não conseguia gozar. Isso nunca havia sido um problema. Mais tarde, me passou pela cabeça que podia ser por causa do Ultram, mas como ele podia me impedir de gozar? O comprimido devia ser um medicamento glorificador, não narcótico. Não fazia sentido.

Deveria existir uma parte do meu eu que me ajudasse a reconhecer a voz dentro de mim que dizia: "Ok, você deve tomar seu Ultram às três e agora é meio-dia; talvez você devesse tomá-lo um pouco mais cedo". No meio da turnê, tive de recarregar meus comprimidos. Mas o médico me havia dito que não era narcótico e eu só tinha uma sensação artificial de bem-estar, que eu adorava.

Então tocamos em Auckland e fomos para a Gold Coast, na Austrália. Éramos o evento que inauguraria o estádio olímpico em Sidney.

Fisicamente, minha saúde era perfeita. Minhas pernas não me incomodavam, eu fazia exercícios todos os dias, corria, nadava e me alongava. O sexo com Yohanna era fantástico. Eu amava toda essa experiência. Mas então comecei a me dar conta de que Flea não experimentava a mesma alegria eufórica pela vida, pela turnê, pela música, pelas pessoas e pelas vistas. Ele não estava na mesma frequência paradisíaca. Flea enfrentou muitos problemas com sua namorada durante todo o período de *Californication*. Eu sabia que ele estava mal, doente, deprimido e angustiado em relação a tudo, mas também sabia que isso era um assunto dele. Ele tinha problemas, mas teve de reconhecer que o amor que recebia tanto de John como de mim era imenso. Nós o apoiávamos.

Não era como na época de *Mother's Milk*, quando John e eu nos aproximamos e o excluímos.

Flea sofria, tanto emocional quanto fisicamente. Sentia-se derrotado, arrasado e descentrado. Quando chegamos a Melbourne, convocou uma reunião com a banda. Peter Mensch estava ali para nos explicar sobre a turnê americana que faríamos. E se nós achávamos que tocar pela Europa e pelo resto do mundo havia sido duro, Peter estava prestes a nos dizer quantas datas eles queriam fechar para nós nos EUA. Eu estava entusiasmado, pronto para ir. Mas Flea basicamente teve uma crise nervosa e explicou que ele não era capaz de desfrutar da experiência. Seu olhar deixava claro que ele estava no limite.

Foi quando ele propôs fazermos a turnê em segmentos de três semanas, com intervalos de dez dias entre as temporadas. Era uma ideia bastante revolucionária, que tornava praticamente impossível gerar dinheiro, porque é necessário pagar o salário da equipe nesses dez dias. É preciso manter os ônibus e caminhões e a quantidade de despesas é a mesma da turnê, a não ser pelos hotéis, com a diferença de que você não está ganhando nada.

Percebemos que o importante da turnê não era ganhar rios de dinheiro, mas sim ter o máximo de diversão, prazer e manter-nos saudáveis. Implementamos essa agenda e, graças a Flea, a mantemos religiosamente até hoje.

Flea teve outra ideia importante. Decidimos doar cinco por cento do que ganhávamos nas turnês para as melhores instituições de caridade que pudéssemos encontrar, fosse para pesquisar a cura do câncer, para hospitais infantis ou programas de música. É uma porcentagem bastante grande, pois metade sempre é utilizada para pagar as despesas da turnê, outros vinte por cento vão para os empresários, cinco por cento para um advogado e outros cinco por cento para os contadores.

Falamos com John e Chad e ambos acharam que era uma excelente ideia. Acabou sendo uma mudança incrivelmente positiva e divertida, porque agora temos a alegria de poder ajudar todas essas pessoas. As crianças nos mandam fotos e cartas de agradecimento contando o quanto significa para elas ter tratamento médico, um parque onde brincar ou instrumentos musicais. Foi uma das melhores decisões que já tomamos juntos.

Mas essa euforia se dissipou com realidades mais mundanas. Na Austrália, Yohanna e eu começamos a discutir outra vez. Depois do Big Day Out, voltamos a L.A. Fui convidado para um jogo de basquete da NBA, que naquele ano seria em San Francisco. A NBA nos ofereceu hospedagem, carro, entradas, enfim, tudo. Achando que poderíamos passar um fim de semana romântico e agradável, pegamos o voo até lá. Infelizmente, o jogo não foi muito bom, então voltamos à cidade e encontramos um restaurante. Tudo ia bem, estávamos sentados em uma mesa do andar de cima de mãos dadas e aproveitávamos a companhia um do outro. Então cometemos um erro terrível.

Para dois viciados, recordar os velhos tempos em que se usava drogas nunca é uma boa ideia. Quando conheci Yohanna, ela bebia, mas eu nunca a havia visto usar drogas. E nesse período eu também sempre estivera sóbrio. De algum modo, o tema surgiu naquela mesa.

– Eu não consigo nem imaginar você fazendo essas coisas, parece que não tem nada a ver com você – ela disse. – Você não tem nada dessa energia autodestrutiva.

– Pode acreditar, era o que eu fazia.

Não sei quem deu a ideia primeiro, mas um dos dois disse: – Você consegue nos imaginar ficando altos juntos?

– Seria divertido por um minuto, depois seria horrível – eu disse.

– É, mas seria muito divertido por um minuto – Yo falou.

– Seria divertido por um minuto – concordei.

– Eu não estava falando sério até você dizer isso, mas agora estou falando muito sério – ela disse.

– Você quer ficar de barato? – perguntei.

– Quero. Vamos – ela falou.

– Tem certeza? Porque, depois disso, as coisas nunca mais serão as mesmas – adverti.

– Ah, vai ficar tudo bem. Vamos – ela disse. E saímos do restaurante para nosso encontro com o gorila de 400 quilos.

CAPÍTULO

15

UM INSTANTE DE CLAREZA

Eu e Yohanna saímos do restaurante e fomos direto à rua Haight. Achamos um traficante que tinha coca, mas não tinha heroína. Decidimos lidar com esse problema depois. No caminho para o hotel, paramos em uma loja de bebidas e compramos cachimbos, uma garrafa de vodca e uma de suco de groselha. Yohanna insistiu que queria álcool. Se era para ficar alta, ficaria muito alta.

Em parte, eu provavelmente me interessei tanto em ficar alto porque o Ultram era um opiáceo sintético fortíssimo. Alguns meses depois, Louie consultou o *Guia de referência médica* e leu que o Ultram jamais deveria ser administrado a ex-dependentes de heroína, porque induz ao desejo por opiáceos. Acho que aquele médico idiota na Nova Zelândia não leu o exemplar dele.

Chegamos ao quarto do hotel e começamos a fumar e beber e, pela primeira vez, vimos o outro em seu estado chapado, com todos os detalhes pouco convencionais que surgem com o consumo de drogas. Lá pelas cinco da manhã, ficamos sem droga. Estávamos acabados demais para voltar às ruas, então tive uma ideia genial. Peguei as páginas amarelas e liguei para um serviço de acompanhantes, pois sabia que a maioria das garotas tinha conexões com as drogas. A garota voltou com vinte Valiuns, um pouco de coca, um pouco de anfetaminas, mas nada de heroína. Usamos a coca, tomamos os Valiuns e desabamos.

Como estávamos nessa juntos, acordar no dia seguinte não foi tão horrível quanto no passado. Comemos e bebemos alguma coisa, assistimos a um filme na cama e tentamos esquecer tudo. Mas então aquela voz veio nos dizer: "Ei, vocês já estragaram tudo. Não faz sentido parar agora". Saí, comprei seringas e injetamos a coca. Mas é claro que não foi suficiente, de modo que Yohanna rastreou as ruas e encontrou um taxista caolho que lhe vendeu um pouco de heroína.

Enquanto isso, o hotel nos queria fora do quarto, mas, quando disse a eles que ficaríamos mais alguns dias, fomos transferidos para um quarto maior. Peguei o telefone e voltei a usar o esquema das acompanhantes. Esta garota era bem relacionada no mundo das drogas e trouxe tudo de que precisávamos, incluindo um saquinho de puro pó. Meu corpo estava relativamente receptivo à coca. Comecei a injetar grandes quantidades e fiquei legal.

Yohanna injetou uma pequena dose de coca, mas algo saiu muito errado. Ela se deitou, ficou muito pálida e começou a suar frio, a tremer furiosamente e a ter dificuldade para respirar. Estava convencida de que ia morrer. Foi o momento mais assustador de minha carreira como drogado.

Antes de ligar para o 911, eu rezei. Mas quando eu estava ao telefone com o serviço de emergência, ela voltou a respirar, sentou-se e disse que estava bem. Falei ao 911 que era um alarme falso e desliguei.

Então o telefone tocou. Era a telefonista do hotel. – Você ligou para o 911? – ela perguntou.

– Eu? 911? Não. Acho que você errou de quarto. Deve ter sido linha cruzada.

Desliguei e voltei a me drogar. Devido à sua experiência de proximidade com a morte, Yo impôs uma moratória em se drogar e foi ao quarto para tentar se recompor. Eu estava na sala com a mesa cheia de cocaína, comprimidos, heroína, seringas e cachimbos quando, toc, toc, toc, alguém bateu à porta.

Joguei um cobertor por cima da mesa e abri a porta. Era o departamento de polícia de San Francisco. Não era uma ambulância nem os paramédicos – mas os tiras.

– Senhor, recebemos uma ligação do 911 de que havia alguém com uma overdose neste quarto. A lei determina que inspecionemos os cômodos nessa situação – disse o policial. Eles realmente foram muito simpáticos por não me derrubar e invadir o quarto.

– Não sei a que esse telefonema se referia – eu falei. – Estou sozinho com minha namorada e nós dois estamos bem.

Dava para ver que eu mentia. E que estava chapado.

– Bom, precisamos vê-la – o policial disse.

Chamei Yohanna, ela veio à sala e parecia bem o suficiente para satisfazê-los; então eles foram embora, ela voltou para a cama e comecei a me drogar de novo. Mas, novamente, toc, toc, toc, batiam na porta.

Cobri a mesa de novo. Desta vez eles vinham da delegacia.

– Recebemos um relatório de que foi feita uma chamada ao 911 sobre uma possível overdose – disse o delegado.

– Não, não, a polícia acaba de passar por aqui. Já resolvemos isso – falei.

A situação ia de mal a pior.

Pela manhã comemos algo e voltamos a L.A. Estávamos acabados, mas eu ainda não estava satisfeito. Enquanto o avião aterrissava, decidi ir ao centro, comprar um monte de drogas e pedir a Yohanna que me deixasse num motel e fosse para casa. Ela me deixou num motel degradado em Alvarado.

– Tome cuidado, não vá se machucar. Estarei em casa quando você terminar – ela disse.

– Desculpe, Yo, mas tenho de fazer isso – falei.

Ela foi embora, comecei a injetar e ficar muito, muito louco. E toc, toc, toc. De novo batiam na porta. Fumar crack já deixa a pessoa tensa, sem querer intromissões em seu mundinho psicótico. Então ouvi uma voz.

– A.K., sou eu. Deixe-me entrar.

Era Yohanna.

– Mudei de ideia. Quero ficar chapada – ela falou.

Essa escapada continuou por alguns dias. Claro, tivemos conversas apaixonadas induzidas pela heroína sobre o quanto nos amávamos.

Lembro de dizer a Yohanna em uma dessas ocasiões que não só queria estar com ela pelo resto de nossas vidas naturais, mas também queria ter certeza de que, depois de morrermos, nossos espíritos continuariam juntos. Esse tipo de maluquice.

Tracei um novo plano. Iríamos para o Havaí e deixaríamos de usar. Quem não seria capaz de fazer isso na lindíssima ilha de Oahu? Nós nos hospedamos em um hotel com vista para a praia de Waikiki. Comemos deliciosas costelas num churrasco ao anoitecer (eu voltara a comer carne). Mas depois decidimos deixar as drogas rolarem. Não havia uma cena para a heroína nas ruas do Havaí, assim, arrastei minha querida namorada para os bares de striptease para conseguir drogas. Para garantir, Yohanna fingiu dor de dente e fraudamos uma receita para conseguir uma provisão de codeína.

Não tivemos problemas para arranjar o que queríamos nos clubes de striptease. Nossa rotina era ir aos clubes, comprar drogas, voltar ao hotel e usá-las até não aguentar mais. Então acordávamos e dizíamos: – Chega. Vamos nadar no mar, nos alimentar bem e recuperar a saúde. – Às onze da noite, nos mordíamos por mais drogas. Eu era o que mais punha fogo. Yohanna sempre pedia para parar e voltar a ficar limpa.

Depois de dez dias nesse ciclo, voltamos a L.A. Assim que chegamos, voltamos a nos drogar em casa. A vontade de Yohanna era ficar sóbria, mas para mim era difícil se render. O mais triste é que todo esse abuso definitivamente havia afetado nosso relacionamento. Havia uma pureza em nosso amor que foi atingida e nunca se recuperou desses excessos.

A única coisa que me fez parar foi que eu tinha de estar em um avião no dia 23 de março de 2000 para iniciar a primeira etapa da turnê americana de *Californication*. Eu estava tão fraco, que não sei como consegui fazer o primeiro show em Minneapolis. Não estava recuperado para a ocasião, mas também não colapsei. Foi a primeira vez em que usamos dois ônibus para a banda numa turnê. John e Flea dividiam um, e Chad e eu, outro. Pegamos a estrada e, em alguns dias, eu já me sentia muito melhor. Cerca de uma semana depois, Yohanna veio nos visitar, o que foi bom. Mas ela parecia mudada. Apesar de as drogas terem sido uma situação consensual, ela se irritava mais que o normal por qualquer coisa.

—

Em 1º de abril, graças a muito suor e exercícios, eu me sentia fantástico novamente. Nessa turnê realmente trabalhamos duro, viajando tanto pelas estradas que já nem sabíamos onde estávamos. Passamos por Nebraska, Iowa, Missouri, Oklahoma, Arkansas e Texas na primavera.

Eu ainda dividia o espaço com Chad e nosso ônibus não era particularmente festivo, mas era um ótimo lugar para relaxar, ler e falar com Yohanna pelo telefone.

Nesse estágio de minha vida, eu era monogâmico. Descobri que se manter monogâmico numa turnê era semelhante a se manter sóbrio numa turnê. Quando você está sóbrio, fica inacessível às drogas, aos traficantes, às pessoas que se drogam e às festas. É como se existisse um campo de proteção ao seu redor e todas essas situações nem mesmo fossem captadas por seu radar. O mesmo pode ser dito das mulheres.

Nunca me senti tentado. Eu dizia: "Bom, boa noite a todas. Foi um prazer conhecê-las. Vou embora para ligar para minha namorada".

No final de junho, a banda recebeu uma oferta irrecusável: tocar para Paul Allen, o cocriador da Microsoft, na inauguração de seu museu do Rock and Roll, em Seattle. O prédio fora projetado por Frank Gehry e era sensual, repleto de curvas metálicas, mais como uma escultura gigante que como um prédio.

Não tocamos bem nesse dia devido a alguns problemas técnicos, então demos o melhor de nós na hora do bis. Em seguida, houve uma festa no museu. Chad foi o primeiro a experimentar uma obra interativa – que estava quebrada. Mas como Chad estava um pouco bêbado, o curador do museu acredita até hoje que os Red Hot Chili Peppers encheram a cara e destruíram seu espaço, o que, é claro, não é verdade.

Tive um pequeno intervalo antes da etapa seguinte da turnê, perdi a cabeça e me embrenhei numa movimentação com drogas que durou uma semana. Não houve um evento desencadeador além do fato de eu dispor de tempo livre. Em 27 de junho, tive de voltar para a quarta etapa da turnê: lá estava eu, fraco e magrela.

Passei as três etapas seguintes sem sair dos eixos. Yohanna entendia meus esforços, mas graças a Deus não estava disposta a entrar nessa de novo, o que era uma prova de seu despertar espiritual e de seu compromisso com a sanidade. Foi uma verdadeira bênção ela não ter me seguido, pois muitas vezes as pessoas entram nessa juntas, uma delas volta e a outra não. Ou nenhuma delas volta.

No início de dezembro, Yohanna teve de voltar a Nova York por questões profissionais, o que foi uma receita para o desastre. Eu me encontrava sem trabalho, sem namorada e sem compromissos: droguei-me muito. Dezembro foi um mês bastante desagradável porque, por 20 dias seguidos, repeti a mim mesmo: "Vou fazer isso só mais um dia e amanhã paro definitivamente". Yohanna voltou para casa e teve de lidar com este maníaco em sua vida. Foi difícil; eu simplesmente não conseguia me recuperar. Em determinado momento, saí de casa e encontrei um novo motel, o Paradise, no centro, em Sunset. A fachada do lugar estava superdecorada com neon roxo, o que o tornava incrivelmente atrativo da forma mais degradante possível.

Mais uma vez as tropas foram convocadas. Louie e Bob Forrest começaram a vasculhar todos os meus lugares habituais. O irônico é que Bob morava a meia quadra do Paradise, então, em uma missão de reconhecimento, passou ali em frente e bingo! Eles viram minha moto.

Quando Louie bateu à porta do meu quarto, eu soube que havia sido descoberto. Pedi a ele meia hora e ele disse que me esperaria no estacionamento, então acabei com a heroína e saí para encarar a vida. Fiquei surpreso e feliz ao ver John ali, sentado em seu Mercedes preto. Ele foi muito amável e estava preocupado.

– Vamos para a casa de Louie conversar – ele disse.

Passei a noite ali, pois eles tinham medo de que eu desaparecesse novamente. Eu não acreditava muito em remédios para se desintoxicar, mas pedi a Louie que ligasse para alguns médicos e conseguisse a receita dos comprimidos. Não queria ficar tremendo, sofrendo, sem dormir e com dor muscular. O plano era eu ir para a casa de minha mãe no Natal e, em seguida, para Saint Bart's, no Caribe, para recuperar a saúde. Nosso próximo compromisso era tocar em um grande festival no Rio, mas isso só seria em 21 de janeiro. Eu era como um disco riscado, com essa ilusão de ir para um lugar quente, entrar na linha, voltar ao trabalho e cumprir minhas responsabilidades profissionais. O problema era que, se eu não ficasse bem, não teria mais responsabilidades profissionais. A ideia de que eu causava tanto sofrimento emocional a Yo pesava muito para mim, apesar de eu tentar ignorá-la.

Para começar, nosso relacionamento estava abalado. Estar com Yohanna era difícil. De todas as minhas namoradas, ela provavelmente era a que eu mais amava, mas também era com quem tinha mais dificuldade para fazer as coisas irem bem. Se eu tivesse me empenhado tanto em qualquer outro de meus relacionamentos, agora eu provavelmente estaria casado e com cinco filhos.

Yohanna estava brava demais para ir a Michigan comigo, o que não era ruim, porque por uns dois dias eu seria um retardado babão que tomava comprimidos para se desintoxicar. Mas minha mãe ficou feliz por eu estar em casa e foi divertido sair com minha irmã Jenny e seu namorado, Kevin. Dia 23 de dezembro à noite, meus remédios para dormir e os relaxantes musculares acabaram. Foi bastante assustador, pois eu não tinha amparo e não conseguia dormir.

A noite seguinte era véspera de Natal. Tive um instante de clareza sobre meu consumo de drogas naquela noite. Não era a primeira vez. Anos antes, quando eu ainda morava no Hollywood Boulevard, no prédio comercial Outspot, certa vez estava injetando coca há dois dias, meio atordoado, quando saí do quarto para o corredor. Havia uma janela imensa que ia do chão até o teto, e eu olhei para fora e vi um pedaço do céu de Hollywood. Contemplei o céu e, pela primeira vez na vida, uma voz dentro de mim disse: "Você não tem controle do que acontece na sua vida. As drogas decidem exatamente o que você faz. Você perdeu o controle do volante e irá para onde as drogas decidirem levá-lo".

Era véspera de Natal e eu me encontrava limpo, sem um grama de remédios no corpo. Fui a um encontro de recuperação em Grand Rapids. Antes de entrar no prédio, parei e considerei minhas opções. Eu podia dar as costas e dirigir para o gueto. Ou atravessar aquela porta, redirecionar minha vida para vencer uma força maior que eu e começar a sair das trevas de minha dependência.

Entrei na reunião, apresentei-me como um novato e fui recebido de braços abertos. Voltei a ter um compromisso com minha recuperação, exatamente como havia feito em 1º de agosto de 1988, quando fui pela primeira vez para uma clínica de reabilitação. Comprometi-me a ficar bem sem esperar pelo momento certo, sem ter por onde escapar.

24 de dezembro de 2000 foi o dia em que fiquei sóbrio, uma data festiva e bastante incomum. A maioria dos dependentes passa o resto das festas de fim de ano chapados e só fica sóbrio depois do Ano-novo.

Eu havia telefonado a Yohanna no dia anterior e pedido a ela que viesse passar o Natal e ir comigo a Saint Bart's. Ela concordou, apesar de ainda estar louca da vida comigo. Ela pegou um voo para Grand Rapids e fui buscá-la no aeroporto. Além de envergonhado por tudo o que eu havia feito e por tê-la envolvido nisso, eu também me sentia terrivelmente inseguro em relação a tudo, porque estava esgotado. Ela estava simplesmente possessa. Não havíamos nem saído do aeroporto quando começamos uma discussão digna de novela mexicana. Não nos atacávamos fisicamente, mas um estava furioso com o outro. Acabamos sentados em bancos separados na sala de espera.

Estivemos sentados por uma hora, discutindo. Finalmente, deixamos de babaquice e fomos para casa. Passamos os dias seguintes em Michigan, tentando fazer as pazes, mas estava complicado. Havia muitas questões tensas e mal resolvidas entre nós. Apesar de eu estar com ela quando ela se drogava e ter tido de perdoá-la e seguir em frente, para ela não era fácil dizer: “Ok, você é um desgraçado doente que agora quer ficar sóbrio, então vamos deixar tudo muito claro entre nós”. Ela ainda jogava a culpa em mim.

Chegamos a Sain Bart's, onde dividiríamos um barco com mais dez pessoas. A estada na ilha não foi muito agradável. Yohanna estava determinada a ficar brava por qualquer coisa. Houve um momento em que eu havia comido algo estragado, ou meu corpo ainda eliminava algumas toxinas residuais; eu me sentia péssimo e fui deitar em nossa cabine. Os demais passariam o dia fazendo um passeio, mas eu não conseguia levantar nem comer, então perguntei a Yohanna se ela podia simplesmente ficar comigo e assistir a filmes na cama.

– Não, quero sair e passear com os outros – ela disse, e foi embora. Tive outro instante de clareza quando pensei: “Não me importa a quantidade de coisas estranhas que nós já vivemos, eu fui muito bom para ela em muitos aspectos diferentes. Cuidei dela o máximo de que fui capaz, mas ela não consegue tomar conta de mim quando preciso dela. Ela não é generosa e não pode ser minha namorada”. Decidi terminar.

Mas não queria arruinar a viagem nem que ela tivesse um ataque histérico, então não falei nada, simplesmente deixei-a perceber que eu não estava feliz. Eu também queria que ela me provasse que eu estava errado. Entramos no avião para voltar para casa. Foi difícil, porque eu a amava enlouquecidamente e a ideia de ficar sozinho não me atraía muito. Além do mais, eu não tinha o menor interesse por nenhuma outra garota. Mas não queria viver eternamente insatisfeito. Então virei para ela e disse: – Yo, está tudo acabado entre nós. Não dá certo. Não quero continuar com isso e você vai ter de se mudar.

Ela não tentou discutir. Simplesmente quis saber onde deveria viver. Sugeri que ela fosse morar com seu patrocinador e foi o que ela fez quando chegamos a L.A.

Eu estava apavorado por ter de recomeçar sem essa garota a quem eu havia dedicado minha vida. Mas também era um alívio não ter de tomar cuidado com tudo o que eu fazia ou dizia. Yohanna não imagina que eu nunca a traí, mas se eu fosse simpático com uma desconhecida teria de pagar por dias. Quando voltei, entrei de cabeça na recuperação e comecei a ir aos encontros e tentar me comunicar com as pessoas. Deixei nosso carro com Yohanna e comprei um novo. Depois mudei de casa. Qualquer espaço que tenha sido usado repetidamente por você e por sua namorada não guarda vibrações muito boas. Tive sorte de conseguir alugar a casa mais legal do mundo: pertencera a Dick Van Patten, ficava no alto das colinas de Hollywood e foi a primeira a ser construída ali ainda na década de 1920. A vista era a mais insana e panorâmica do mundo. E era um lugar bonito e relaxante para começar uma nova vida.

Eu tinha uma casa nova, um carro novo e não tinha namorada. Na semana em que me mudei, um grupo dos meus amigos sóbrios começou a se encontrar às quartas-feiras para um *brunch*. A princípio nos encontrávamos no Musso and Frank's, um fantástico restaurante da velha guarda no Hollywood Boulevard, mas quando o tempo melhorou nos transferimos para o Joseph's Café, onde sentávamos do lado de fora e conversávamos sobre basquete, música, política, garotas e sobriedade.

Então íamos todos a uma reunião ali perto. Pete Weiss e Dick Rude se juntaram a nós. Flea participava dos *brunches*, mas não das reuniões.

Esse grupo das quartas-feiras era uma parte significativa da minha nova sobriedade. Quando chegava o fim de semana e eu me encontrava tentado a ficar alto, pensava: "Nada disso. Quero ir ao Joseph's na quarta. O pessoal está me esperando".

Aquela primeira semana de 2001 foi a ocasião de outra renovação de vida para mim. Voltando a meu aniversário em novembro, Guy O., que adora tramar quando se trata de dar presentes, sabia que há anos eu falava em ter um cachorro. Cheguei em casa nesse dia e havia uma caixa vermelha com um animal empalhado dentro e uma foto do rhodesian ridgeback mais lindo do mundo. Junto havia um bilhete que dizia: "Seu filhote estará pronto na primeira semana de janeiro".

Guy encontrou os melhores criadores da Califórnia numa pequena cidadezinha das montanhas chamada Julian, a uma hora de San Diego. Dick Rude e eu fomos de carro até lá para buscar meu cachorro. Ele também havia nascido na primeira semana de novembro, então fazia dois meses que estava ali e havia se apegado a uma senhora que cuidava da fazenda. Meu cachorro olhou para mim quando eu cheguei como quem diz: "Ah, não, o que você veio fazer aqui? Eu moro com esta senhora. Espero que você não pense em me tirar daqui".

Dick voltou dirigindo e eu o coloquei no meu colo e o abracei por todo o caminho. Tentei dizer a ele que estava tudo bem, mas ele estava muito assustado com esse mundo tão grande que tinha de encarar, especialmente depois que pegamos trânsito na estrada.

Ele foi para casa comigo e tive de passar pela provação massiva de adestrá-lo. Criar esse filhote maluco era um trabalho constante, mas também vivíamos os melhores momentos de nossas vidas brincando no quintal, com ele cheirando flores, caçando insetos e brincando com gravetos. Chamei-o de Buster, em homenagem a Buster Keaton, um de meus comediantes favoritos.

Em algum momento em meados de janeiro, conheci outra garota. Não estava no pique de ir atrás de mulheres, mas fui a uma discoteca com Guy uma noite e vi essa garota superelegante do outro lado da sala. Tirei-a dali e sentei-a no sofá. Ela me disse que havia sonhado que nos encontraríamos e passaríamos um tempo juntos. Seu nome era Cammie. Era atriz e morava com uma garota da *Playboy* lésbica e Paris

Hilton. Ela era linda, maravilhosa, inteligente e divertida, começou a passar as noites em casa e se tornou minha namorada.

Cerca de um mês depois, numa manhã de domingo, fui a um encontro em West Hollywood. Eu deveria encontrar Cammie mais tarde para almoçar. No encontro, por acaso, vi Yohanna. Fazia mais ou menos um mês que não a via e a última vez que nos encontramos não havia sido agradável.

Fui visitá-la na casa de um amigo. Sabia que ela estava desempregada, então, como um gesto amistoso, ofereci-lhe um pouco de dinheiro.

– Acho melhor eu procurar um advogado – ela disse.

– Por quê?

– Acho que posso conseguir mais dinheiro que isso – ela falou.

– Como assim, "conseguir mais dinheiro"? Isto é um presente. Nunca houve casamento. Você nunca contribuiu com nada. Tudo o que eu sempre fiz foi ajudar você, você nunca me ajudou – eu falei.

– Um amigo me disse que eu provavelmente posso conseguir mais dinheiro se arrumar um advogado – ela explicou.

Eu estava mortificado. Acabei tendo de negociar com um advogado que sugeriu que eu lhe desse uma certa quantia de dinheiro, mas disse a ele que de jeito nenhum. Era uma extorsão, um movimento mal-intencionado de merda para se aproveitar de alguém que tentava ajudá-la. Ela veio com umas conversas loucas tipo: – Mudei para cá e deixei minha casa por você.

– O quê? Você dormia num sofá numa porra de um gueto. Banquei seus estudos e você abandonou seu sofá para ir morar numa cobertura.

Ela não conseguia me convencer. Mas Yohanna parecia confusa e assustada, então eu a perdoei e toquei minha vida. Ao menos era o que eu pensava. Fiquei tão feliz por encontrá-la na reunião que, no intervalo, quando todos saíram da sala, corri para onde ela estava sentada, sentei ao seu lado e comecei a beijá-la nas bochechas. Cinco minutos mais tarde, eu a beijava na boca.

De repente, meus princípios desmoronaram. Eu tinha uma nova namorada, minha vida havia mudado, esta garota era parte do passado. Mas ali estávamos, fazendo planos para nos ver mais tarde nesse mesmo dia. Fiquei muito entusiasmado. Fui direto à casa de Cammie, pois não queria mentir para ela ou deixá-la esperando.

– Peço um milhão de desculpas, mas algo completamente inesperado aconteceu comigo hoje e tem a ver com minha ex. Acho que voltarei a vê-la, então não posso continuar com você – eu disse.

Naquela noite, encontrei Yohanna na comemoração de um ano de sobriedade de um amigo seu no El Cholo, um restaurante mexicano. Eu me sentia como se tivesse acabado de me apaixonar e aquela fosse a primeira vez que saía com essa garota, era como começar do zero. Continuamos juntos e ela se mudou para casa. O paraíso não durou muito. Ela voltou a reclamar de tudo. Não fazia sentido. Você dava a mão e ela queria o braço. Mas no princípio nosso amor florescia plenamente.

Em março recebemos notícias terríveis. Uma de minhas melhores amigas e mentoras, Gloria Scott, tinha sido diagnosticada com câncer pulmonar. Seus amigos rapidamente acudiram e tentaram encontrar todo tratamento que pudesse ajudá-la, mas havia uma grande necessidade de dinheiro, porque ela não tinha nada. Então fizemos um show beneficente e conseguimos a grana necessária. Como Gloria sempre se referira a Neil Young como seu poder superior, telefonei a ele e perguntei se por um incrível acaso ele poderia tocar.

– Diga quando e estarei aí com o Crazy Horse – ele falou.

Na noite do show, o quadro de Gloria havia piorado, mas ela conseguiu ir à apresentação e eu estava emocionado por poder apresentá-la a Neil. Foi um momento mágico ver essas duas pessoas juntas.

Conseguimos para ela um pequeno apartamento próximo ao mar em Venice Beach, porque ela tinha uma grande conexão com o mar, mas vivera longe da praia em Venice por anos. Contratamos uma enfermeira e pagamos seus tratamentos, mas os médicos diagnosticaram o câncer tarde demais. Cheguei ao hospital a tempo de dizer: – Eu sei que você está morrendo, então você precisa saber que eu te amo.

Ela não queria morrer no hospital, então eles a trouxeram de volta para casa, na praia, onde ela faleceu.

"Venice Queen"

And now it's time for you to go
You taught me most of what I know

Is love my friend, my friend, my friend
I see you standing by the sea
The waves you made will always be
A kiss goodbye before you leave
G-L-O-R-I-A
Is love my friend, my friend, my friend[24]

Compor *By the Way*, nosso próximo álbum, foi uma experiência completamente diferente de *Californication*. John estava de volta à sua velha forma e esbanjava confiança. Então fizemos o que sempre fazíamos. De volta à Swing House, quatro caras se amontoavam numa sala com guitarras, bateria e microfones para tocar por horas a fio todo dia. Começamos a encontrar um pouco de magia, de riffs, de ritmos, de improvisações, de batidas e gravamos tudo, acrescentamos e tiramos coisas e encaixamos melodias. Comecei juntando palavras às partituras e a ouvir e a me inspirar pelo que os rapazes faziam.

Durante todo esse período, tentei fazer as coisas darem certo com Yohanna. Ela havia começado sua grife de roupas. Era produtiva e criativa, mas não éramos uma entidade una constituída por duas pessoas. Em um momento do verão, nos separamos e aluguei uma pequena cabana para ela em Beverly Hills. Deixei que ela ficasse com o carro até o seguro vencer, e ela o devolveu sem nenhuma maçaneta nas portas, sem o rádio e sem os tapetes. Era um símbolo de nosso relacionamento. Eu tentava lhe fazer um favor, ela me devolvia o carro destruído, dizendo que o seguro cobriria.

Mesmo depois de ela ter saído de casa, nosso relacionamento continuou num vai e volta. Em vez de ter recaídas por drogas, eu recaía por Yohanna. Voltamos a Saint Bart's depois do Natal de 2001 e alugamos uma casa na praia. Quando estávamos lá, cheguei ao meu limite.

– Yo, você precisa ir embora – eu lhe disse. – Não vou ficar sentado aqui ouvindo você gritar comigo. Fiz o melhor que pude para tornar a

---

24 [Rainha de Venice] E agora é hora de você partir/ Você me ensinou quase tudo que eu sei/ Será que o amor é meu amigo, meu amigo, meu amigo/ Eu a vejo de pé à beira-mar/ As ondas que você fez sempre serão/ O adeus em um beijo antes de você ir embora/ G-L-O-R-I-A/ Será que o amor é meu amigo, meu amigo, meu amigo. (N. do T.)

viagem agradável e para dividir minha vida com você, mas é impossível estar com você.

Mandei-a de volta pra casa e terminamos de novo. Um tempo depois, nesse mesmo ano, tive uma recaída. Sempre voltava com ela porque sentia falta de sua amizade, mas o resultado sempre era o mesmo, não havia nenhum progresso. Quatro anos nesse relacionamento e ela continuava irremediavelmente perturbada pelas coisas mais insignificantes do mundo.

Apesar de todos os meus problemas com Yohanna, minha sobriedade não foi abalada. Meus encontros às quartas-feiras ganharam importância e todos assumiram a causa de ser útil. Conversávamos com dependentes e trazíamos gente nova às reuniões para que as pessoas pudessem ver que ficar sóbrio não significava deixar de se divertir.

A parte boa é que estar em recuperação é uma experiência maravilhosa para mim. Adoro ir às reuniões, adoro ouvir as pessoas falarem. Os encontros me enchem de ânimo. São como uma mistura de seminário, palestra e evento social. Às vezes, aparecem até umas garotas gostosas. E as pessoas são divertidas, criativas e festeiras.

Durante todos esses anos em que ficava sóbrio e recaía, eu mentia para mim mesmo e dizia: "É só uma escorregada, você não vai voltar a usar para valer. Esse é um estado temporário". Sempre durou mais do que planejei e eu conseguia sair dessa, mas agora eu sabia que ficava sóbrio com um propósito – não era porque eu havia derrotado a dependência de drogas. Era porque alguma coisa, em algum lugar, me queria vivo para que eu pudesse participar na criação de algo belo e ajudasse outras pessoas.

Eu já havia decidido parar de usar drogas muitas vezes, mas nunca me empenhei na manutenção diária, no cultivo de um caminho para o despertar espiritual. Acho que qualquer um que procurar ajuda, seguir todos os passos, for às reuniões e for constante no amor e na caridade seguramente se mantém sóbrio. Mas alguém que procura ajuda como eu havia feito no passado, escolhe o que quer fazer e pensa: "Vou fazer isso alguns dias, outros não. Vou trabalhar alguns passos, outros não. Vou resistir às minhas vontades algumas vezes, outras não" está condenado ao fracasso.

Você não consegue nada a não ser que se dedique completamente. Outra coisa que acho genial no programa é que eles entendem que você não deve pregar ou tentar converter alcoólatras. O crucial é tomar conta de si mesmo e, ao fazê-lo, transformar-se em um elemento atrativo, mais que de divulgação. Se você diz "Ei, isso é o que você deveria estar fazendo" a um alcoólatra ou dependente de drogas, não vai conseguir nada. Se você simplesmente se preocupar consigo mesmo e fizer a sua parte, alguém irá notar e pensará: "Esse cara costumava andar todo vomitado, mas agora parece que ele gosta de ser quem é". Nenhum alcoólatra gosta que lhe digam o que fazer. Às vezes, alcoólatras são descritos como egomaníacos com complexo de inferioridade. Ou, para ser mais claro, um pedaço de merda que acha que o universo gira em torno de si.

Mas tudo bem, porque havia uma maneira de lidar com isso. O programa funciona porque alcoólatras ajudam outros alcoólatras. Nunca conheci um normal (é assim que chamamos as pessoas que não têm problemas com drogas ou álcool) que pudesse sequer imaginar o que é ser um alcoólatra. Os normais sempre dizem: "Tem um remédio novo que você pode tomar para não ter mais vontade de injetar heroína". Isso mostra uma incompreensão frequente do alcoolismo e da dependência de drogas. Não se trata simplesmente de um problema físico, mas de obsessões da mente e enfermidades do espírito. É uma doença com muitos aspectos. E, se em parte se trata de uma enfermidade espiritual, existe uma cura espiritual.

Quando eu digo espiritual, não falo de cantar ou ler filosofia oriental. Falo de organizar as cadeiras para a reunião, pegar outro alcoólatra e acompanhá-lo até o encontro. Isso sim é um estilo de vida espiritualizado, querer admitir que você não sabe tudo e que errou em alguns momentos. Refere-se a fazer uma lista de todas as pessoas que você machucou, emocional, física ou financeiramente, e ir até elas e pedir desculpas. Isso sim é um estilo de vida espiritualizado. Não é um conceito vago e etéreo.

Na música "Otherside" ["Do outro lado"] de *Californication* eu escrevi: "How long, how long will I slide / Separate my side / I don't, I don't believe it's bad" [Por quanto tempo, por quanto tempo eu vou recair / Me separar do meu lado / Não, eu não acredito que seja ruim]. Eu não acredito que a dependência de drogas seja essencialmente ruim. É uma experiência realmente sombria, pesada e destrutiva, mas será que eu trocaria minha experiência pela de uma pessoa normal? De jeito nenhum. Foi horrível e conheci algo que causa muita dor, mas não a trocaria por nada. Trata-se de apreciar cada emoção do espectro em que vivo. Não saio do meu caminho para criá-las, mas descobri um modo de assumir cada uma delas. Não se trata de recusar nenhuma dessas experiências, porque depois de vivê-las, e depois de quase quatro anos sóbrio, estou numa posição em que posso ajudar centenas de pessoas que sofrem. Vou conhecer alguém nessa trajetória que ficou limpo por algum tempo e não consegue voltar a ficar sóbrio e poderei dizer: "Eu passei por isso, passei por isso por anos, melhorava e recaía, e agora..."

Uma noite, fui a um curso de cabala com Guy O. e a aula foi sobre os quatro aspectos do ego humano, simbolizados por fogo, água, ar e terra. A água representa um desejo excessivo de prazer, e sou de um signo de água, e foi assim minha vida inteira. Eles chamam a isso de ficar alto, porque é querer conhecer esse nível superior, esse nível divino. Você quer atingir o paraíso, quer sentir a glória e a euforia, mas o segredo é que é preciso trabalhar duro para atingi-lo. Não dá para comprá-lo, é preciso conquistá-lo. Quando eu era adolescente e injetava coca misturada com heroína, não pensava: "Quero conhecer Deus", mas, lá no fundo, talvez fosse o que eu quisesse. Talvez eu quisesse saber o que era toda aquela luz e escolhesse o caminho mais curto. Durante minha vida inteira eu peguei os atalhos – e acabei perdido.

Agora tudo vai bem. Buster e eu dividimos uma casa legal. Tenho um grupo fantástico de amigos que me apoiam. E quando chega a hora de sair em turnê, estou rodeado por outro grupo de pessoas que me apoiam. Uma de minhas melhores amigas da alma é Sat Hari. Ela entrou em nosso mundo em maio de 2000, quando Flea a trouxe na turnê para administrar terapia intravenosa de ozônio para ele. Sat Hari é uma enfermeira, uma sique americana, uma jovem senhora amável que usa turbante. Parece uma versão feminina de Flea, com o mesmo sorriso de dentes separados, o mesmo formato de rosto, a mesma cor dos olhos, o mesmo nariz chato. Ela é maternal, calorosa, amorosa e modesta, uma completa lufada de ar fresco e energia feminina, e não digo energia sexual, pelo menos não para mim. Para mim ela é ao mesmo tempo uma irmã, uma mãe, uma enfermeira e uma vigilante.

Sat Hari conquistou todos da banda e de nossa equipe e se transformou na protetora de toda a organização. Todos recorriam a ela como uma confidente, revolvendo o que havia no nível mais profundo, oculto e inconfessável de suas entranhas dia e noite. Nós também tivemos um impacto forte sobre ela. Ela era uma sique controlada, subserviente, a quem haviam ensinado o que ela podia e não podia fazer, com quem ela podia ou não falar. Mostramos a ela um novo mundo quando ela encontrou todas essas pessoas de pensamento livre que dançavam e amavam a vida. Ela desabrochou como pessoa e abandonou seu inferno pessoal.

Durante a turnê de *By the Way*, Sat Hari, John e eu dividimos um ônibus, e era um casulo amistoso e descontraído de felicidade. Ampliamos essa energia para os palcos em que tocávamos. Ficou claro depois de nossas primeiras turnês que os bastidores eram sempre escuros, vazios, tumbas de concreto mal-iluminadas, lugares onde você não gostaria de passar dois minutos. Então, para a turnê de *Californication*, contratamos uma mulher chamada Lyssa Brown para embelezar esses espaços. Ela colocava tapetes, tapeçarias, cobria as luzes fluorescentes, acrescentava um aparelho de som portátil e montava uma mesa com frutas e verduras frescas, frutas secas e chá.

Agora, nos reunimos nos bastidores antes dos shows para nos divertirmos e John, que se transformou no DJ oficial da área, cuida da programação musical. Ele e Flea pegam suas guitarras e praticam enquanto aqueço a voz. Então faço chá para todo mundo e preparo a lista com o repertório. Sat Hari vem e nos aplica ozônio, depois sentamos no chão, alongamos e meditamos um pouco. Temos todos esses rituais de preparação que continuam a se ampliar e a melhorar. Mas, ironicamente, o que me mantém conectado desse modo é minha obsessão por drogas. É engraçado – nos primeiros cinco anos e meio que permaneci sóbrio, nunca tive nenhuma vontade de usar. A obsessão incontrolável que experimentei desde que tinha onze anos de idade simplesmente desapareceu da primeira vez que fiquei limpo. Foi um verdadeiro milagre.

Uma vez que voltei a recair, nunca mais tive o privilégio de estar livre dessa obsessão de usar drogas novamente. Pode parecer uma maldição trágica, mas tento ver pelo lado bom: agora preciso trabalhar mais minha sobriedade. Quando me livrei da obsessão, trabalhava nisso muito pouco. Agora não tenho escolha senão ser mais generoso, responsável e comprometido, porque não se passa uma semana sem que me ocorra a ideia de me drogar.

No primeiro ano de minha sobriedade renovada, 2001, a vontade de ficar alto me acometia todos os dias. Principalmente no fim do ano, quando Yohanna se mudou de casa, era tão forte que eu não conseguia dormir. Uma noite, cheguei quase ao limite de voltar a fazer tudo de novo.

E estava prestes a jogar tudo no lixo mais uma vez. Preparei minha mochila para o fim de semana e deixei um bilhete para que meu assistente cuidasse de Buster. Peguei a chave do carro e saí de casa. Cheguei à varanda e olhei para a lua, para a cidade, em seguida olhei para meu carro e para a mochila e pensei: "Não posso fazer isso. Não posso jogar tudo no lixo mais uma vez", e entrei.

No passado, quando a situação era essa, o mundo podia acabar – inundações, terremotos, fome, pragas – que nada impediria meus abomináveis passeios. Mas agora eu havia conseguido provar que podia viver com minha obsessão até ela desaparecer.

A parte boa é que, no segundo ano, a frequência com que eu tinha essas vontades caíra pela metade e, no terceiro, voltou a diminuir pela metade. Às vezes, ainda tenho essas inclinações e vontade de me desviar, mas, levando tudo em consideração, não posso reclamar. Depois de todos esses anos dos mais variados abusos, de bater em árvores a 130 quilômetros por hora, saltar do alto de prédios, passar por overdoses e doenças hepáticas, sinto-me melhor do que dez anos atrás. Devo ter algumas cicatrizes, mas tudo bem, ainda tenho de progredir. E, quando penso: "Cara, um maldito motel com 2.000 dólares de narcóticos num quarto me deixaria perfeito", olho para meu cachorro e lembro que Buster nunca me viu chapado.

Belas Letras

2018 - 3 reimpressões
Este livro foi composto em Caecilia e impresso em pólen 70 g pela Gráfica Impress, em janeiro de 2024.

Tal pai, tal filho.
Vou lhe contar: os meninos amam seus pais. É verdade. Não importa qual seja a situação, amamos nossos pais. E precisamos deles. Esta é uma das raras mas sagradas visitas que meu pai fez a minha casa na Paris Street. Início dos anos 1970.

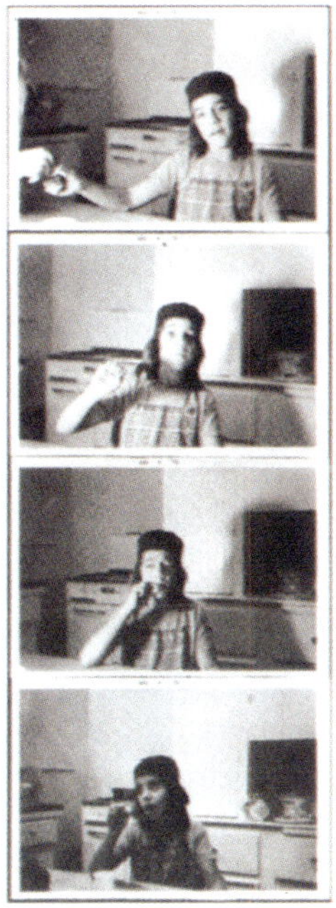

Para mim, este grupo de quatro fotos em preto e branco é uma coisa monumental em minha pequena vida. Sou eu fumando maconha pela primeira vez. Meu pai está tirando a foto e eu passando o baseado para uma garota bonita que dali a pouco ia tirar a blusa. Fazia só um ou dois dias que eu estava em L.A., e em breve faria quase tudo o que se pode imaginar nessa cozinha. Palm Avenue, West Hollywood, 1973.

Quando eu tinha 14 anos mudei de volta para Michigan para ficar com a família para o nascimento de minha irmã caçula, Jenny (o bebê na foto). Fiquei durante o primeiro semestre da nona série e frequentei a escola Lowell High. Nessa época, eu fumava maconha regularmente, e provavelmente estou chapado nesta foto.

Los Faces da Fairfax aos 16 anos. Da esquerda para a direita, eu, Hillel e Flea em Michigan no verão de 1979. Gostávamos de comer, beber, ser felizes e pregar muitas peças uns nos outros. A cabana junto ao rio Little Manistee.

Nunca conheci uma garota que tivesse mais estilo ou pique que Jennifer Bruce. Acho que ninguém tem. Costumávamos sair da cama nos arrastando para tomar café da manhã no Joseph's Café, em plena Hollywood. Eu não estava indo muito bem e ela me apoiava totalmente. Deus a abençoe, nós nos amávamos e precisávamos um do outro da pior maneira. 1985.

Sei que está desfocada, mas para mim é uma foto significativa. Somos Flea e eu escutando uma música que George Clinton queria muito tocar para nós. Aquela é Jennifer Bruce sentada na cama de costas para a foto. Acho que estávamos todos de barato com o primeiro lote de ecstasy que chegou a L.A. Algum motel, 1985 ou 86.

Só Deus sabe em que clube estamos tocando aqui. Imagino que seja em algum lugar nos EUA na turnê do disco *Uplift Mofo Party Plan*. Hillel está usando polainas sobre os sapatos. Flea trabalha com o polegar. Eu estou entre os dois maiores de todos tempos.

Conheci Ione quando ela fez 16 anos. Nos apaixonamos e ficamos juntos cerca de três anos. Esta foi tirada depois de um ano e meio, e muitas vezes penso que eu teria morrido se não fosse pelo carinho dela. Nos divertimos muito brincando de casinha.

Havia momentos em que Hillel e eu só tínhamos um ao outro. Estávamos fodidos e sabíamos o que era viver numa neblina sem controle. Mas ainda tínhamos estilo e funk. Parece que estamos no banco traseiro de um carro, mas não sei quando ou onde. Na época de *Freaky Styley*.

Os fotógrafos profissionais às vezes têm péssimas ideias de fundos para nossa banda. Este é até interessante, com seu quase rosa, estilo beco chique. Na época, Flea me deixava desenhar em seu corpo para fotos. Era uma tradição. Acho que foi em 1987. Da esquerda para a direita: Flea, eu, Jackie I. e Slim Bob Billy com o anel de ouro.

Aqui estamos no meio de uma sessão de fotos oficial. Aquele é D.H., nosso baterista na época, apavorando no microfone. Nós fizemos um rodízio de instrumentos de brincadeira e eu era o único que realmente não sabia tocar o instrumento que peguei para a foto. Por volta de 1988.

Não sei que canção estamos tocando, mas deve ter sido meses depois de John entrar na banda. Lembro que J.F. usava o cabelo assim quando o conheci, e era essa a guitarra que ele tocava na época. Ele e eu nos demos bem de cara. Vejam as luvas de trabalho que resolvi usar. 1988 ou 89.

No camarim logo depois de nosso primeiro show como atração principal em um estádio. Foi no Long Beach Arena, onde aos 7 anos eu tinha visto Deep Purple e Rod Stewart. Não tenho certeza de quem é essa garota ou por que minha mão está misteriosamente descendo pelas suas costas, mas sei que eu era um homem livre. E por que parece que a estou consolando?

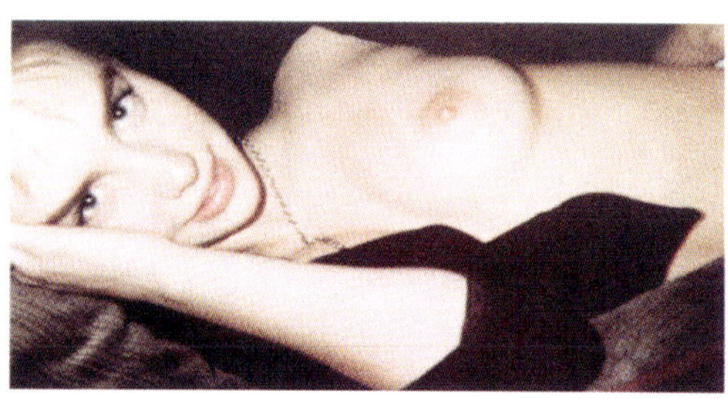

Talvez vocês entendam vendo essas fotos por que eu caí como uma tonelada de tijolos por Carmen Jeanette Hawk. Isso foi em algum momento entre 1989 e 1990, e parecíamos coelhinhos apaixonados até 91. Deus abençoe esta foto incrível.

Flea e eu sempre tivemos uma ligação bizarra e às vezes perigosa. Como Caim e Abel sem derramar sangue. Aqui estamos gritando para nossas almas, reciprocamente. Acho que tocamos juntos dez mil vezes, e não vejo a hora da próxima. 1990 ou 91.

Até hoje a casa de minha mãe em Michigan é meu santuário para ter paz e relaxar. Aqui estamos no quintal em algum momento em meados dos anos 1990. Como você pode ver pela camisa dela, é minha eterna fã número 1, e, como meu pai, foi desde o primeiro dia.

Aqui vemos a super gata do East Village em Nova York, Yohanna Logan, batendo o ponto no Balthazar, cerca de um mês antes de eu conhecê-la. Na verdade, a conheci em seu local de trabalho em 1999. Saímos durante quatro anos depois disso, com algumas interrupções. Seu encanto sobre mim era mais que poderoso e nossos momentos juntos, fantásticos. Beijo.

O Dalai Lama foi incrivelmente doce e simples quando o conheci em Dharamsala, na Índia. Vejam que ele está segurando minha mão, o que fez durante toda a nossa conversa (cerca de dez minutos). O cara também sabe se vestir.